环境心理学

徐磊青　杨公侠　编著

同济大学出版社
TONGJI UNIVERSITY PRESS
·上海·

图书在版编目(CIP)数据

环境心理学/徐磊青.杨公侠.—上海:同济大学出版社,2002.6（2024.2重印）

城市规划专业教材

ISBN 978-7-5608-2416-1

Ⅰ.环… Ⅱ.①徐…②杨… Ⅲ.环境心理学-高等学校-教材 Ⅳ.B845.6

中国版本图书馆 CIP 数据核字(2002)第 020284 号

环境心理学

作 者 徐磊青 杨公侠 编著

责任编辑 张 颖 责任校对 禾 叶 装帧设计 陈益平

出版发行 同济大学出版社 www.tongjipress.com.cn
（地址:上海市四平路 1239 号 邮编:200092 电话:021-65985622）

经 销 全国各地新华书店
印 刷 上海市崇明县裕安印刷厂
开 本 787mm×1092mm 1/16
印 张 14
印 数 28001-29100
字 数 358000
版 次 2002 年 6 月第 1 版
印 次 2024 年 2 月第 14 次印刷
书 号 ISBN 978-7-5608-2416-1

定 价 22.00 元

前言

这是一本讨论人与实质环境相互关系的书。本书的目的就是把有关行为和环境的相关研究编织在一起。

我们感兴趣的是人们如何去了解他所处的实质环境，这些实质环境对他产生了什么样的影响，并且作为结果，人们对所处的环境又做了些什么。所以本书隐含的目标是理解与揭示怎样的环境设计是适合人们的生活、生产和学习的，在创造人工环境时应注意哪些方面，以及帮助人们如何利用环境中的各项线索来达到自己的目标，并藉此促进人与环境之间良性的互动过程。

环境的三个方面

面对如此崇高的目标，建筑师、规划师等环境设计人员和心理学家、社会学家不得不联起手来，他们无任何模式可以参照，他们甘冒这样做的风险，也接受如此的机遇。对任何人而言这都是一个崭新的领域。

环境心理学首先是一门应用的学科。几十年来，环境心理学家在最有挑战性的领域中从事着最艰难的任务，由于他们关注并希望解决很多实际问题，这就使得“环境心理学”获得了迅速的发展。譬如，他们探讨城市居民是如何看待和记忆城市的；怎样才能提升城市的视觉质量；人们是如何分享公共空间的；如何藉建筑中公共部分的设计来促进人们之间的社会交往；教室应如何布置才有助于孩子身心的发展，并有益于学习；办公室的大小、它的开放与封闭程度对工作效能有什么影响；危害人们心理健康，并使人烦恼的噪声的特征和声级是多少；人们喜欢什么样的环境；人们所青睐的住房和社区有哪些特征；如何才能提升居民在社区和邻里中社会生活的品质，怎样的环境设计有助于减少犯罪等等。

这些问题并无一个普遍适用的原则，而且，在开始的时候各个研究也是支离破碎的。与建筑师和规划师相比，更注重方法论的心理学家在从事这些应用研究时，很自然地会想到经典的实验设计和传统的测量仪器，遗憾的是这些从实验心理学借来的方法和工具，在应付日常生活中各变量之间的相互关系时显得捉襟见肘，很不适用。因为在现实世界中并没有可以完全控制的变量，而且在研究人与实质环境之间的相互作用时，必须同时考虑到社会的和文化的环境，以及个体之间和组群之间的巨大差别，后者对心理学家来说是至关重要的。

从来就不存在脱离当时社会和文化环境的实质环境，实质环境的每个变化不仅具有文化上的意义，也对社会各个层面产生影响。尽管环境与行为研究并不特别针对社会方面的议题，但它无法回避环境中的社会性，因为它是连接人与环境的纽带。人们在环境中生活，而生活的各个方面不是相互孤立而是相互依存的。在这个建成的世界中，无论是一所学校、一家医院、一幢住宅或是一条公路，都仅仅是社会体系中的一分子，任何实质环境中都包含了实质因素和社会因素。所以，“行为”在实际上是对实质环境和文化与社会环境的反应。

从建筑决定论到相互作用论

我们并没有把人仅仅置于是环境的反应者这样一个尴尬的角色，很显然人与环境之间的相互影响不是单向的。在人与环境这对概念中，人创造了环境，同时又隶属于它。譬如，制定住房政策的官员和包括建筑师、规划师等在内的环境设计人员，他们对环境负有直接责任。除此之外的大部分人，是愉快也好，是忍受也好，他必须生活在由别人设计出来的环境中，设计人员也不例外。于是环境在许多不同的层次上发生作用，从建筑师设计一个街坊、一所学校、一座办公楼、一家超级市场到人们按照自己的爱好布置自己的房间，都是不同层次的环境，它们都对人产生着作用。

19 世纪末建筑决定论颇为盛行，它的影响即使在当代还持续着。现代建筑和城市规划的奠基人之一柯布西埃和霍华德是建筑决定论的积极推崇者，他们认识到在 19 世纪出现的人口向城市集中所引起的城市环境的变化，左右着人们的生活方式和生活条件。19 世纪后期，以建筑决定论为基础产生了霍华德的田园城市。美国在 20 世纪初期则有 Perry 的邻里单元理论，这一理论相信通过设施的分散布局，可以活跃居民间的交流。在建筑设计界独领风骚数十年的包豪斯学派认为，设计师可以通过设计一个理想化的容器来直接造就一个更为美好的大同社会。

通常是建筑师、规划师等环境设计人员固执于建筑环境影响个人生活质量的观念，而忽视文化和社会层面的影响，没有认识到建筑环境只是社会结构的一部分。在城市设计工作中，为了解决社会问题，调和阶级矛盾，他们铲除贫民窟，推倒一切，重新再来。这种将实质要素置于主宰一切的地位的观点是很片面的，有时也是极端错误的。改革开放以来，中国住宅建设大发展，拆旧城建新城，大量居民从市中心迁居到市区边缘的大型居住社区中，在这些居住社区的设计中有多少考虑到了文化和社会的要素了呢？

在学术研究方面，20 世纪 50 年代 Festinger，Schachter 和 Back 一起合作，探讨了居住在美国麻省理工学院的退伍军人大学生友谊关系的模式，他们发现这些人的住所的接近程度决定了他们之间的接触次数，有最多社交接触的人往往居住在邻里的中心，而住在邻里边缘的住户往往其朋友最少。于是这个理论可以解读为：决定用地与道路布置和确定住宅组团与住宅间距的建筑师，决定着居住在这里的居民的社会结构，居住在这里的居民的行为是由建筑师和规划师创造的实质环境所形成的。

当然，这不符合事实，在这个案例中之所以存在这个交往模式，是因为所研究的样本十分特殊：这些学生的性质相同而且都有相互帮助的需要。关于人与环境之间关系的讨论贯穿于环境心理学理论建设的整个过程，一些研究人员在人与环境之间增加了中间变量，其中有的支持了建筑决定论，譬如纽曼的可防卫空间(1972)。纽曼假设居住区里的犯罪是由不良的环境引起的，这些环境并不属于任何人，也不受到监督，建筑师的责任就是要设计好的环境，在这些环境中居民既有保护它的愿望，也有这样做的措施和可能性。于是通过可防卫空间，建筑师就可以促成一个安全的社区生活。

英国的 Terrance Lee(1968)在对邻里研究中更多地站在了能动论的一方,他将邻里作为一个社会空间,一个由他的被试创造的"人—环境"表象。他认为个人环境介入了个人与环境之间的关系。于是这个中间变量主要是认知上的,过去的经验和与环境的联系决定了个人环境。在这个假设的基础上,Lee 发现主妇们所认为的邻里包括最经常来访的朋友、购物的商店以及所使用设施的位置。进而他计算了"邻里商数"(neighbourhood quotient):这个邻里中所包括的住房、商店和公寓等的数量与当地所有这些的总数之比。Lee 成功地表明这个数字会随着社会地位的提高和居住时间的增加而上升,而且它还与丈夫的工作地点和出生的地方有关。总之,每个人的经验决定了他的环境的表象,以及其与环境的联系。

Canter(1983,1991,1993)则把 Lee 的个人环境推进了一步,他称之为"场所"。他认为在人与环境的关系中,人们在环境中的目标是起主要作用的,人们在环境中的行为主要取决于场所目标,场所目标既区分了不同的人,又区别了不同的环境。一方面人们在同一个实质环境中会有不同的要求和意图,这直接造成人们在环境中有不同的行动;另一方面,同样的实质环境被用作不同功能时,譬如作为教学活动的教室和作为娱乐活动的教室,人们会对它有不同的认识。于是,当我们分析个体在环境中的行为时,尽管个体的差异有很多方面,环境也有很多变数,但由于个体的特殊的场所目标,直接导致个体产生了 A 行为,而不是 B 行为。

虽然当今建筑决定论已趋式微,相互作用论在这场竞争中胜出,但决定论依然还是一支重要的力量,特别是在环境设计界尤为如此。相互作用论试图绕过传统的人—环境两分法,这些理论都强调了认知和个性在人与环境互动过程中的作用。在我们看到的众多理论中,Canter 的场所理论是其中较杰出的。在他对人与环境的分析中,不仅将个体过去的和将来的知觉过程与涉及个人的物质的、心理的、生理的行为及言辞的资料结合起来,同时也包括了社会的和文化的环境。

研究的三个部分

环境心理学一直在三个完全不同的方面开展着研究,这三个方面至今还未形成一个整体。第一个方面通常被认为是位于环境心理学中心,这就是环境认知的研究,它着重人们感知和了解他们所处的实质环境。这方面的工作根植于两个传统,即 Lynch(1960)的"认知地图"和 Osgood 等人(1957)的"环境的意义",尽管 Lynch 在他的早期工作中刻意回避了环境的意义并希望能让后者自由的发展,但 S. Kaplan 与 R. Kaplan(1982)将这两方面综合起来更丰富了我们对环境认知的了解,一些文化论者如 Rapoport(1982)一直把环境的意义作为他们工作的主题。这个领域的核心是认知心理学的信念,即我们对世界的认识是完整地与它的知觉联系在一起的。

第二个方面则是环境心理学中理论最薄弱的环节,即环境评价。这个领域是为了满足建筑师、规划师和环境政策的制订者的实际要求而形成的,它充分反映了环境心理学研究面向应用的特点。早期的研究人员努力使这种评价从民意测验的框架中脱离出来,在民意调查中环境的好坏通常是以认可者的百分率来表示。现在环境评价已经逐渐转向精确地描述舒适、美感和满意,但这种概念却在大部分环境认知研究中难以找到。这意味着环境评价和环境认知之间存在着不小的间隙。

第三个方面就是关于个人空间、拥挤、私密性和领域性的研究，有些环境心理学家把这些问题作为环境心理学的本质来探讨，但它们并没有在环境认知的研究中涉及，即使在环境评价中也很少提到。在这个方面，Altman(1975)的工作是杰出的，他认为拥挤是个体无法控制别人接近自己的状态，而领域性和个人空间是调节和控制别人接近自己的手段，藉此他成功地将这些研究统一在私密性周围。

目前，环境心理学在理论上的进展莫过于建立整合的、有机的理论框架，Canter 场所理论似乎能将这些方面统一起来，但研究还跟不上理论的步伐。

本书的组成与阅读

环境心理学是一个范围不断扩展并取得新的成就的学科，本书希望在一个较广泛的范围内涵盖环境心理学的有关知识与研究，尽可能多地介绍我国学者的工作并跟踪国外研究的最新进展。本书将明确解释环境心理学的范畴，并详细阐述本学科学术与应用的各种进展。

本书的开篇之处将阐述环境心理学的产生和发展、环境心理学的定义，并对有影响的理论和研究中使用的方法和工具做大致的介绍。这些内容组成了第一章。

我们将环境与行为的研究资料主要编织在三个篇中，即“环境认知”、“环境中的社会行为”和“评价与环境”。

第一篇“环境认知”包括两个章节，环境知觉与空间认知，城市意象和空间指认，主要探讨了人们感知和了解自己所处之实质环境的方式。

第二篇“环境中的社会行为”描述了拥挤、私密性、个人空间和领域性，它分析了人们是如何分割与共享空间的。

第三篇“评价与环境”包括了环境评价和国内外居住环境研究的最新进展，这些研究详细地探讨了包括建筑设计在内的实质环境、社会与文化环境与人们居住和社区生活品质的关系。

本书的大多数章节都有一个经精心安排的相似的结构：1)阐述主题的范畴和性质，并为其下定义；2)介绍这个主题的主要理论；3)整合与该主题有关的研究资料，并为这些已经积累的知识做总结；4)介绍几个如何在环境设计中应用这些知识的实例。

为使心理学基础薄弱的建筑师、规划师和其他环境设计人员更好地阅读本书，我们尽可能用朴素的语言来解释一些关键词和术语。另外，本书经过合理地安排，做到了每个章节尽可能地独立与完整，当读者由于时间有限或是只对本书的一个部分感兴趣时，他就可以只阅读某一章节的某一段落。譬如当他对理论不感兴趣时，便可以跳过理论部分而直接阅读有关的研究资料，以及面向环境设计的研究实例。

本书保持了我们一贯坚持的实证主义的观点，并对其他非实证主义的研究持保留和警惕的态度，这可能是本书的一大特色，但也可能是自缚手脚，很多建筑学方向的资料就没有被考虑进去。另一方面，我们不是心理学专家，心理学知识非常有限，尽管我们竭力避免，但书中肯定有许多不妥之处，敬请读者和有关专家指正，我们将深以为幸。

作　者

2002 年 3 月于同济园

目 录

第二篇 环境中的社会行为

第三篇 评价与环境

第一章　环境心理学导论

环境，是近年来人们最关心的话题之一，与此相似的“生态学”，以前只是科学家讨论的问题，今天却成为人们日常谈话的热点，各种媒体也经常提及。人类的应用科学避免不了这种趋势，这类学科的传统目的是帮助人类适应所处之环境，现在则需要进一步帮助人类去创造一个满足他们需要的栖息之地。面对如此复杂和崇高的任务，建筑师、规划师等环境设计人员与心理学家、地理学家、社会学家和人类学家们是如何相互配合与共同工作的？他们有哪些共识？他们又有哪些工具？以及它们是如何应用的？本章拟就这几个方面作些介绍，其中涉及的内容很多取自美国的研究，这并不令人感到意外，这些应用科学的发展是与迅速的工业化和城市化分不开的。环境心理学研究首先在美国开始，而后在欧洲主要是在英国、法国和瑞典展开的，以后逐步扩大到世界其他地方。亚洲最先是在日本扎下根来，20 世纪 90 年代我国才正式展开这方面的研究工作，以前只是附带在社会学、城市规划和建筑学等学科中进行一些相应的工作。

一、环境心理学的产生和发展

我们在讨论环境心理学的性质、理论和研究方法之前，可以先回顾一下这门学科是如何形成的，为什么现在对环境问题产生了兴趣？为什么过去代代相传的生活方式现在却变成了有争议的问题？想到的第一个解释是与技术发展的关系。技术发展导致了工业化和城市人口的增加，虽然它是对人类有益的，但人们并没有预见到其消极后果。汽车是一个很好的例子，工业化的流水线生产降低了汽车的价格，因而买得起汽车的人越来越多。当你有了一辆汽车时，的确比没有汽车的人有更多的自由和舒适，驾驶时也确能体验到一种挥洒自如的感觉。但这只有在车辆较少时才是真实的，当你碰到车辆堵塞和泊车问题时，就会体验到受奴役和被排挤的感觉。此外，汽车排出的尾气严重污染了城市空气，成了现代城市中的一个主要污染源。

更为普遍的是城市化的优点并不能补偿迅速膨胀的城市的缺点。扩大了的居住区毫无个性地聚集在一起，为破坏和犯罪行为提供了温床，居民丧失了与自然的接触，成为这种单一性的牺牲品。城市居民的生活方式也改变了农村社会中所具有的，甚至在老的贫民窟中也存在的社会支持机制。自然资源的无节制开发、农业化肥的滥用，以及道路网、飞机场和铁路线的建造，破坏了生态平衡和自然景观，同样也危及人的健康。这种环境的剧变，并未注意到在技术成就与心理和社会需要之间的一种平衡要求。

人类所生息的环境已不能再这样下去，要求改变现状的呼声遍及世界各地。但是环境规划问题，不能取反其道而行之的做法解决，即使有可能会有个别人或社会团体抵制技术的进步，仍然保持其传统的生活方式，但我们没有必要为了保持传统而摈弃进步和变化。现在的环境危机使人们必须承认，人类关于环境对个体行为的影响实在缺少了解。

很可能第一次试图在实验室外估计实质环境对行为之影响的调查工作，是20世纪20年代末在美国Hawthorne进行的研究，在那个经济危机迫在眉睫的年代里，总是希望尽可能地提高生产率，因此，Elton Mayo等人想搞清楚在什么样的工作条件下生产率会最高，他们在实验中提高照明水平及改进其他工作条件，并观察由此引起的工人行为上的变化，著名的生理学家和电力工程师也参与了这项研究工作及其他应用心理学的研究。由于这次实验的结果未能提高生产率，使心理学家丢弃了关于实质环境对人的心理影响的研究，遂致这方面的工作转移到环境工程师、建筑师和规划专家的手里。第二次世界大战结束以后，虽然资源非常缺乏，但迫切需要建造大量的房屋，同时又试图建成一个较为理想的环境，希望构成一个新的社会和健全的世界，欧洲有几位社会学家把他们的注意力集中到环境问题上来。这类研究鼓励进行广泛的社会调查，最后这些工作的结果以立法的方式固定下来，同时启动了环境心理学的研究。

20世纪五六十年代开始，环境心理学同时在三个不同地方和三个不同方面萌芽和成长。Ittelson和Proshansky在纽约开始研究医院建筑对精神病人行为的影响。同时Paul Sivadon在法国得到世界卫生组织的支持，对实质环境在精神病人的治疗过程中的作用进行了观察。1960年，Kevin Lynch和他的学生们在麻省理工学院分析了城市空间知觉，出版了《城市意象》(*Image of the City*)一书。在这以后又有两本书强调了城市规划中出现的心理问题，以及由心理学家、建筑师和规划专家共同合作解决这些问题的重要性。它们是Hall的《隐匿的维度》(*The Hidden Dimension*，1966)和Sommer的《个人空间》(*Personal Space*，1969)。

1966年美国《社会问题学报》(Journal of Social Issue)为环境行为与实质空间的研究工作出了一本专集，以"人们对实质环境的反应"为主题，此举首次反映出学术界重视此领域的研究工作。此后专业性学术刊物逐渐出现。1969年《环境与行为》(*Environment and Behavior*)杂志问世，成为相关研究成果最主要的发表园地之一。此外，比较重要的国际学术刊物有创刊于1969年的《设计与环境》(*Design & Environment*)，发行于1971年并在1984年改名的《建筑与规划学报》(*Journal of Architectural & Planning Research*)，以及英国创刊于1981年的环境心理学另一非常重要的学术阵地——《环境心理学学报》(*Journal of Environmental Psychology*)。这些著作和学术杂志使环境心理学获得了科学上的地位，但学科的发展仅靠这些是不够的。

1969年环境设计研究协会(Environmental Design and Research Association，EDRA)成立，它的成员包括建筑师、规划师、设施管理者、室内设计师、心理学家、社会学家、人类学家和地理学家等。自其成立之日开始，协会就积极赞助环境心理学及其相关研究，每年召开国际会议发表论文并出版论文集，所涉及的研究主题包括建筑环境研究、行为研究、设施规划和用后评价等，它是英语国家中推动环境与行为研究工作最积极的学术团体。在1987年EDRA的会员已超过了900人，23%为美国以外的会员，包括了27个国家。会员中30%为建筑师，30%为心理学家，25%为环境设计专业工作者(室内设计、景观设计、城市规划和环境规划)，15%为其他社会科学家(社会学家、地理学家、人类学家和社会生态学家等学者)。

Ittelson等人又在1974年编写了第一本环境心理学教科书，Proshansky和Ittelson在纽约市立大学设立的第一个环境心理学博士点于1975年培养出第一个环境心理学博士。

在美国、欧洲和加拿大等世界上其他有影响的大学中，环境心理学研究小组也于此时先后成立。到 1986 年，仅在北美已有 24 所大学正式设立了这一领域的博士学位培养计划，其中八所在心理学系，六所在建筑学系，四所在社会学系，三所在地理学系，二所在自然资源系，一所在社会生态学系。还有 17 所大学设立了这一方向的硕士培养计划。由建筑师、心理学家和社会学家们参加的国际会议也不断增多。至此，作为一门独立的学科，环境心理学正式出现在世界学术界中。

以上这些主要是在美国的发展历程，世界上其他国家的个别人和组织所开展的有关工作也有数十年之久了。德国 Hallpach 在 20 世纪 20 年代探究了“概念”，30 年代英国研究了住房中的照明，60 年代苏格兰的建筑效能研究小组(BPRU)对建筑心理学做了大量的工作。Tetsuro 在日本对环境与行为之间的关系思索了整个 30 年代。在 50 年代后期，加拿大 McGill 大学的 Suskatchewan 出版了关于房间布置之社会影响的著作。此后，60 年代在日本随着一本建筑心理学的问世，开始了关于神社设计如何影响朝拜者的情感和有关在大灾害中人的行为反应的研究。瑞典很早就处于环境与行为研究的前沿，他们特别重视建筑的视觉感知，并对空气和噪声污染进行了相当的研究，其寒冷的室外环境引起了许多如何创造高质量室内环境的思考，并加深了对环境之真实意义的理解。前苏联也曾开展环境心理学的广泛讨论，他们研究的范围和其他国家相似，但特别重视量大面广的住宅和社区。其他国家的发展较慢，但小组式的研究团体在荷兰、以色列、澳大利亚、土耳其、委内瑞拉、意大利和墨西哥等活动着。

中国的环境心理学发展要大大晚于世界(台湾这方面的教学与研究稍早一些)，尽管零星的工作散见于各杂志和书籍，但这些努力没有汇聚起来。1993 年是非常重要的一年，这一年发生了三件事。四月，英国著名环境心理学家 David Canter 应同济大学杨公侠教授的邀请来中国讲学，先在清华大学建筑系做报告，后为同济大学建筑系和华东师范大学心理学系的学生们授课。7 月，在中国建筑工业出版社的倡议下，由哈尔滨建筑工程学院主持，由吉林市土木建筑学会筹备，在吉林市召开了第一次“建筑学与心理学”学术研讨会，出席会议者包括本书两位作者在内，共有 20 余人。1993 年 12 月，《建筑师》杂志(总 55 期)专门为这次会议出版了一期专刊。这些可以看成是这门学科在中国的正式诞生。1993 年以后环境心理学研究开始加快了步伐，1995 年在大连召开的第二次“建筑学与心理学”学术研讨会上，正式成立了“中国建筑环境心理学学会”(2000 年改名为“中国环境行为学会”)，当时会员超过了 50 人。在此以后，基本上每两年在各地轮流召开一次学术研讨会(1998 年于青岛，2000 年在南京)。科研论文的定期交流和环境心理学基本知识在高校中的系统传授，促进了学科在国内的普及。

二、什么是环境心理学

环境心理学研究的是人和环境的相互作用，在这个相互作用中，个体改变了环境，反过来他们的行为和经验也被环境所改变。环境心理学是涉及人类行为和环境之间关系的一门科学，它包括那些以利用和促进此过程为目的并提升环境设计品质的研究和实践。对应这个定义，环境心理学有两个目标：一是了解“人—环境”的相互作用，二是利用这些知识来解决复杂和多样的环境问题。

作为一个专门领域，环境心理学是新兴的，尽管在某些问题上，社会科学家的研究持续了数十年。早期的心理学家绝大多数更重视个体过程，而不是人—环境过程，幸运的是20世纪60年代以来大量的研究改变了此状况，积累了丰富的知识并付诸于实践。在介绍这些专门的知识以前，我们来看一下环境心理学的主要理论和研究工具，通过它们就可以了解环境心理学研究的大致情况。

三、环境心理学的理论模型

环境心理学是在应用中产生的，它不是先有理论研究，在建立了理论模型和系统方法后发展起来的，而是在现实环境中产生了问题，心理学家和建筑师为了解决问题，采用传统的心理学方法进行调查、实验和研究，最后得出结论和解决的办法。长期以来一些环境心理学家在研究的基础上，提出了各自的理论模型，以便指导今后的研究工作。因此近年来出现了多种环境心理学理论，但是要找出或建立一个普遍适用的理论是困难的，即使对同一问题，也会有所不同。这里择要介绍一些主要的理论以见一般。

1. 边缘上的主题

阐述众多理论以前，很有必要回顾一下在环境心理学发展成一门独立学科之前的情况。环境心理学研究的踪迹可以在心理学的历史中找到，但它始终处在边缘位置。环境心理学关注的日常环境，在心理学界却很少获得过重视。尽管心理学每个领域中的研究都含蓄地提到了日常环境，但只有环境心理学才系统地检测它。仅仅举一个例子，关于学习的研究基本上都与教室有关，但此类研究中没有几个是在教室里进行的。20世纪30至50年代，Tolman，Brunswik和Lewin等三个早期心理学家的工作，可以证明环境心理学身处边缘这一事实。Tolman首先提出了“认知地图”，Brunswik可能是第一位使用“环境心理学”这一术语的学者，Lewin精力充沛，并鼓舞了许多学生，他们深深地改变了社会科学的发展方向，其中的两个努力研究了心理生态学，后来把这个术语改成生态心理学。

让我们向三位先驱者请教。

对于“刺激—反应系统”(这个系统在描述环境时，排除了与人无关的刺激)中的反应，Tolman建议一种全面的或整体的方法考虑那些负责知觉的介入变量。此理论说明个体对环境的反应若没有中间的认知阶段的彻底分析是不能解释的，因为这个认知阶段赋予人们所接受到的环境刺激以个人的意义。Brunswik也很重视知觉过程，他认为从环境来的一切信息对每个被试都具有特定的作用，它说明认知表现的多样性。这种情况可以在两个被试置身于相同环境中时看到。尽管周围的世界是一样的，但是由于两人看待所接收信息的方式不尽相同，具体地说，由于他们给予每一个信息的权重、它的似然性(likelihood)以及达到调整的方式都不尽相同，因此每个人对外部世界都有不同的个人解释，故相同的环境对两人具有不同的意义。

尽管Lewin对于实质世界并未给予特别的注意，但他是第一个提出符合环境心理学需要的、一致的理论结构的心理学家，他的某些理论假设是建立在抽象的命题上的，这些命题很诱人，但从未经过考证。Lewin虽然受到格式塔心理学派的影响，但他并不局限于知觉过程的研究。相当出人意料的是在他的理论体系中包括了个人的认知和情感方面的特性，因为它们给予这个生活空间中的每个个体以积极的或消极的诱发力(valence)。Lewin 清楚地表明研究的主题必须是中心的心理过程,即认知、动机和有目的指导的行为等,而不是边缘的感觉过程和运动的过程。与此同时,他强调心理事件的相互依存,它们不可能孤立地进行分析,或者不考虑它们之间的相互关系来解释。

更具体地说,Lewin 关于"力场"(force field)的定义可以作为确定环境中行为倾向的一览表,不仅有感知者(个人或集体)的特性,并且也有生活空间中"力场"所动员的范围。"力"是由"场"能够引起的变化和这些变化的性质决定的;此外还有力源的品质(友善或敌意、个人的或中性的)和赋予它力量的源的属性。上列这些可直接作为环境研究计划的指南。我们可用一项关于飞机噪声对一组住在机场附近居民的行为影响的研究来说明。他们的行为可以由下列因素确定:噪声的特性,被噪声干扰的活动的性质,这些活动的重要性,可以采取什么措施来保护他们不受或少受噪声的影响,这些人对机场的看法,机场对社会和公众生活的关系以及确定这个机场位置的原因等。很明显这组人的行为并不是直接由简单的感觉过程确定的。从方法论的高度来看,Lewin 是动作研究的先驱。动作研究本质上是包括了他们在动态过程中所含的现实环境中发生的变化,它既不排除实验研究,也不排除严格的观察。

这些都为人—环境关系的应用性研究提供了一个基础。心理学家担心的问题是缺少理论和方法论的不确定性。譬如 Proshansky ,Moss,Ittelson 和 Altman 等人都曾论及在建立理论体系,以及设计出适合于现场研究、帮助决策和行动的系统化方法时所碰到的困难。但这些人并未受到 Lewin 等人的影响,他们开始系统地改变建筑的实质元素并检测这些改变对行为的影响。此外还有 Sommer 独树一帜地研究"个人空间"。这些从 20 世纪 40 年代开始到 70 年代初期形成的一股洪流,其中许多学者在不同层次上进行着探讨。最基础的就是对基本的心理过程的研究,如知觉、认知以及影响和构成个人环境经验的个性。接下来是对空间的社会组织方面的考察,如领域性、拥挤、私密性和个人空间等方面。在更广泛的层次上,一些环境心理学家致力于探求与工作、学习和与城市中或社区中的日常生活相联系的更复杂的行为研究。最后,环境心理学关注的是如何更好地改建已建成的环境以及考察社会议题中的心理学组成,如资源管理(节能、再循环和回收废弃物)等。

2. 主要理论

基于如此众多的方面和成千上百个研究课题,学者们如瞎子摸象般地建立了许多模型。较早出现的理论基本上可以按其是否坚持决定论的观点来考查人与环境间的关系,或者按其是否分析人与环境间相互作用的过程来分。尽管决定论的观点早已受到许多人的批评和否定,但后来的理论涉及的方面越来越广,下面介绍的理论中也没有一个可以适用于环境心理学的所有主题和方面。不要对现在所出现的具有明显矛盾的理论缺乏信心,相互竞争的理论至少可以提供多个视点来看待同一现象,它也说明此领域是多么的生机勃勃。这里对目前存在的主要理论作扼要介绍(在相关章节里做详细介绍)。这些理论中最主要的是刺激理论和控制理论,其他理论出现得较迟。

(1) 刺激理论

刺激理论认为现实环境是我们很重要的感觉信息源。这种信息既包括较为简单的信息,如光线、色彩、声音、噪声、热和冷等,也包括复杂的刺激,如房屋、街道、室外环境和其他人等。环境刺激可以有两种变化，即数量和意义。数量上，它可以是强度、持续时间、频率和发生源的数目等明显的维度上的变化。意义是由我们对这些环境刺激的心理学评价得到的，譬如我们的想法、社会的交互作用、工作的效能、情感，甚至包括由于此刺激场和我们对它反应的方式所造成的健康问题等。基于刺激的理论包括：

适应水平理论(Helson,1964)　这是一种以刺激为基础的重要理论，它主张个体在环境中适应于某一水平的刺激。尽管对任何人来说，并无一个特定数量的刺激是好的或坏的，但当刺激与其适应水平不同时，就会改变他的感觉和行为。

唤醒理论(Mehrabian & Russell,1974)　此理论假设我们的许多行为和经验的形式和内容与我们在生理上被如何激发有关。与适应水平理论和唤醒理论都有关系的超载理论(Milgram,1970)的核心是刺激太多。环境与行为研究很多涉及效能，由于超载引起的唤醒水平的变化可以影响作业的绩效。

压力　近年来压力也成为一个重要的理论概念。一些环境心理学家扩展了 Selye 的工作，用它来帮助解释环境刺激超过个体的适应能力时，对行为和健康产生的影响。压力的概念被广泛用于各种日常条件。造成压力的原因可以包括：空气污染、医院、办公室、极端的温度、交通、噪声和灾害等。Camppell(1983)将它区分为：急性的压力源(在感觉前沿的、消极的、强烈的和短促的影响)，周围的压力源(存在于感觉背景中的消极的、慢性的、整体的环境条件中，并且似乎很难改变)和日常的麻烦(消极的、不急迫的、重复发作的压力源)等三类。基本上有两种压力模型：一种是强调生理反应，另一种是强调心理反应。在生理反应方面，Selye(1979)首先介绍一般适应综合症，人体的特定反应模式即使当压力源改变时仍保持不变。脑垂体和肾上腺对于压力有一系列特殊的反应：警戒，接着是抗拒，最后耗竭。Lazarus(1966)对心理压力模型进行了长期研究，他强调认知评价的作用，亦即我们尽力对情况的严重性做出评价，并与压力源对抗，这样，压力源的意义就成为一个重要的因素了。

有些心理学家更重视刺激的意义。环境的意义是我们在不断地相互影响(与我们对环境的选择、建造、修改和破坏结合起来)和塑造环境的过程中赋予的，一个人赋予一个场所的个人意义是环境经验中必不可少的部分。在此意义上说，环境的意义是从现象学角度研究的。环境，我们从它那里接收到刺激，形成了我们经验的基础。当我们熟悉了一个环境后，它就对我们产生了意义。这种意义可能是积极的，也可能是消极的、弱的或强的，与别人赋予它的意义是相似的或不同的，有意义的场所对我们的影响不同于无意义的场所，我们对这两种场所的处理也是不同的。

(2) 控制理论

环境心理学的另一组理论是集中在控制方面，而非刺激。我们可能适应于刺激的某一水平，并且刺激也会太强或太弱，但还有另一种情况没有提到，即我们对环境刺激能有多大的控制。显然那些对刺激的数量和种类能有很好控制的人要比无控制的人情况要好，这一类理论可以分成两种：

个人控制理论(Theory of Personal Control)　此理论由 Barnes 提出，它说明人们能否影响刺激的模式。人们由于缺少控制常常导致心理上的对抗，因此丧失了试图重获的自由，所以认定很难或不可能对刺激恢复控制，变成“习得的无能”(learned helplessness)，确信无论怎样努力也无法克服不愉快的、痛苦的处境。

边界调节机制(Boundary Regulation Mechanism)　Altman(1975)认为在日常生活里

人们有时试图通过几种边界调节机制以达到个人控制，譬如拥挤、个人空间和领域性等，Altman认为通过这些边界调节机制，人们可以获得所需要的私密性。这个边界调节机制理论巧妙地将私密性、拥挤、个人空间和领域性联系起来，并把私密性作为人们行动的中心。

(3) 行为场合

第三种理论建立在行为场合(behavior setting)概念之上(Barker，1968；Wicker，1979)。即场所中的活动模式是固定的、规范的，且不随时间的改变而改变，于是人们进入一个场所，就像进入一个存有预设活动程序的地方，人们的活动只是按照程序表上的内容重复着。这可在很多场合看到。如果走进一家理发店、足球场或食品店，你可以看到由一些扮演特定角色的人进行着重复发生的活动。譬如每场足球赛总是由两队球员进行的，他们奔跑、传球和得分，裁判员监督着犯规的情况，球迷们则欢呼、嘘叫或高唱胜利歌等。当然个体的活动是不一致的，但行为场合论者比刺激论者或控制论者对参与者的心理过程和个体差异注意得较少，他们对扮演某一类角色的人们的动作之一致性印象深刻并忽略其差异。但与此相反，他们对那些从事不同角色的人们的行为却予以特别的注意，譬如足球场上的球员、裁判和球迷的行为的差别。行为场合论者倾向于主要以场合的社会特征来解释人与环境的关系，诸如规则、习惯、典型活动以及其实际特征等。

行为场合理论的一个关键概念是人员的参与水平。一个给定的行为场合可能会吸引很多人参与活动，但也有可能参与的人很少。当参与的人太多时，行为场合不能拒绝接纳这些额外的人，结果是人员过多，反之则人员过少。你可以回忆一下，经验中的人员过多或过少的行为场合，这些人在这种处境中的结果如何呢？Wicker(1987)又进一步发展了这个概念，他认为行为场合不是一个静止的实体，而是一个从产生、努力、适应、成功直至最后消亡的过程。

(4) 交互作用理论

交互作用理论(Interactionism)比前面的这些理论前进了一步。前面这些理论都把产生行为的原因归之于人或环境，将人和环境看成是分离开来的实体，但实质上两者是不断啮合在一系列的相互作用中。相互作用论(Stokols & Shumaker，1981)强调人和环境均是一个相互包涵着的实体的一部分，这意味着不论是人还是环境，不可能不参照对方而单独定义，并且一方的活动必然影响另一方。我们影响环境，环境影响我们。机体论(Organismic Theory)强调在一个共同的、复杂的系统当中，社会的、社交的和个体的因素动态的相互交互作用。行为被看作是既有短期目标也有长期目标之许多可能发展中的平衡的一部分。

交互作用理论和机体论代表了环境心理学中高级的和较符合理想的理论，但它们与目前的研究方法之间，尚存在较难以克服的间隙。

(5) 操作性取向

由某些心理学家在研究中使用的操作性取向(Operable Approach，Geller，1987)，是一种理论上的展望，它建立在Skinner原理上，其目的是改变个体的行为(他们的行为是对某些环境问题产生影响的)，藉以鉴别出有特殊问题的环境行为。如果个体从事比较有益的行为时，就提出适当的积极的强化。现在已着手采用操作性取向的方法进行研究的例子为：乱扔垃圾、废品回收和住宅中的能源浪费等。

(6) 场所理论

David Canter(1977，1983，1991，1993)总结了前人的思想，持续不懈地努力发展了场所理论(Place Theory)。这是一套完整的理论模型和方法论。这里的“场所”并非是指一个地域,而是反映在人们的经验中,是人们环境经验的一个单元,是表示在此场所中活动着人们的个体的、社会的和文化的各方面综合起来的经验系统。“场所”的意义包括人们从直接的环境经验和辅助信息源获得的个人的概念和情感,许多场所对个别人和人群具有他或他们的特殊意义。简而言之,场所就是人们实质环境的内在表象。

在这个框架中,人们在场所中的目标是理论的核心,Canter 进而认为场所的目标不仅是场所的核心,而且还是环境心理学的中心。因为人们的场所经验是与人们在场所中的目标有关,正是由于人们在场所中有不同的目标、目的和意图,因而就采取了不同的行动,于是当人们评价一个场所时,便有了不同的概念体系。很显然,没有目标就无法构成评价,但不同的目标直接导致人们对场所有不同的评价,于是场所目标既区分了不同的人,又区别了环境。不同的人在环境中有不同的要求,当人们对环境有相似的环境目标时,他们也就以相似的方法来形成场所概念和场所评价。另一方面,作为一个讲演场所的讲演厅和作为集会地的讲演厅,尽管实质环境没有任何改变,但评价却是不同的。所以,Canter 的场所理论是以环境评价为取向的。

四、环境心理学的研究方法

环境心理学开始时采用了从普通心理学和实验心理学中借来的方法进行调查和实验研究,因此可以说包括了全部可能用的方法,从按照严格的析因设计的实验室实验,至不知道被试的情况和没有参照体系的自发的观察,其中还有从社会心理学中借来的问卷法和临床心理学中的投射技术等。如果要将这些研究方法在这里做全面的介绍是不可能的,但我们可以从各种研究方法的共同问题着手,这还是很有帮助的。

1. 被试的选择

这实际上是研究结果与特定的实验样本之间的关系问题,尤其是回答下列问题:观察到的情况能否用其他被试组来证实?如果不能,那么所选择的这些样本的哪些特性能说明所收集到的数据。很明显这个问题开辟了以不同样本进行比较的途径。不过环境与行为研究过程中常常是不能自由地选择样本,因而可以采用四种方法,其中有的只适合于现场研究或是实验室工作,有的则两种研究都合适。

(1) 全部参与者

在现场进行研究,而样本则包括了这个选好的现场上的全部参与者。譬如 Rivlin 和 Wolfe(1972)系统地观察了一座精神病院开业后第一、第二、第十周和第三十一周中全部住院儿童的行为。

(2) 随机抽样

想把现场内所有的参与者都作为被试通常是困难的,所以需要随机抽样。譬如你要设计一个餐厅,需要了解顾客选择餐桌的情况。但不知道什么特性影响了顾客的选择,是他们的年龄、性别、文化背景;是独自前来还是结伴而行;是首次莅临还是多次光顾;抑或是当时的心情呢?随机抽样方法就是用来分散这些样本的个别特性,很有趣的是你反而不需要再追踪此特性是如何分布的。随机抽样的原则很简单:样本的选取是总体中其每个单元或单元的次集合,被抽选的可能性是均等的。

从事环境与行为研究时,通常采用的最简单方法,是可以先由电脑产生一张"随机乱码表",由上述乱码表中取出每一轮第 n 个号码为样本,这就是系统化随机抽样。如果手边没有这样的随机乱码表,也可以想别的办法,譬如我们可以观察进入餐厅的第二、第十二、第二十二个人,以及如此类推的第 n 个人的每个人的行为。

(3) 分层抽样

已经选好了现场但不可能观察(或访问、实验)全部居民,可以从中抽出一个样本。Marans(1970)在比较四个经规划开发的社区时采用了此法。开始时规定按明确的判据(年龄、家庭组成和居住时间的长短)选择样本,并且还选择了满足这些判据的任意家庭的副样本,再将这个样本的代表性与标准的社会调查方法进行核对。

此法的要点是你假设母体中的某一特性会影响你观察的样本,所以你将此特性反映到样本中。这有好几种可能性。譬如对社区游乐设施进行调查,你多数是访问妇女,尤其是和孩子在一起的母亲,而不是男士。一些居住环境评价的研究只选取妇女做样本,如 Canter 和 Ree(1982)和 Levy-Leboyer(1993)就是如此,此间原因很多,如她们在社区中的时间较多,更关心家庭和社区,更善于在社区里的交际,也更容易调查。另外,如果事先已经清楚社区中老年人的比例,或是教师的比例,那么,在样本中就可以反映这些比例。研究人员为了非常明确的目的也应限制样本。譬如 John 和 Elizabeth Newson(1968)在儿童的发展研究中只访问母亲,他们认为母亲能更好地报告对这个问题的看法。同样这种样本可以由研究目的来决定。譬如 Goledzinowoki 研究巴黎地铁中的乘客们的空间感觉时,他将调查的对象限于那些没有赶上车的人。

分层也意味着时间分段。我们观察地铁车站内人流情况,要把高峰段和非高峰段区别开来,否则以其中任一时段的调查都会得到特别的结果。行为会随着时间的变化而变化,为了使调查更有科学性,应尽可能做长时期的调查。环境与行为研究需要长时期的调查,遗憾的是大多数的调查时间跨度却很短。

尽管现场研究中控制环境变量相当困难,需要巧妙的设计,但无论是现场研究还是实验室研究,最好是分别组成"实验组"和"控制组"。研究人员在研究之前,得先将研究对象分类,组成"实验组",加入环境变化,但"控制组"不加入环境变化。当然这两组人员的构成必须是均匀的或一致的,否则,如何判定两者结论上的差异是由环境差异引起的,还是两组成员本来的差异引起的呢?

研究人员想要减少由可知或不可知的原因所产生的误差,可以同时使用随机和分层抽样。譬如你研究的母体包括四个重要的次群体,分辨出这些次群体以后,你再从每一次群体中随机抽出样本。同样的经过分组的日、周、月、年的时间,再采用上述方法,决定那些特殊的时间去观察。

(4) 不经选择的被试

被试不经选择,等他们来到实验室或现场后调查他们对于特定环境的反应。这种志愿者常常是学习心理学的学生,这种例子在环境与行为研究中非常多,譬如,在环境评价和空间认知研究中常常使用心理学学生和建筑学等环境设计专业的学生作为被试。当然这样的调查所得之结果推广到其他人群时需小心翼翼。

2. 实验现场的选择

不论研究计划是调查还是实验，研究人员得决定“到哪里”去研究他们感兴趣的问题。在环境心理学中现场的选择非常重要，因为实质环境对环境心理学的研究来讲是主要的变量。

(1) 大现场与小现场

与被试的选择相同，即换到另一个地方去实验，是否会取得相同的结论？这里有一个大现场与小现场的问题。所谓小现场就是所研究的对象，如房间、建筑物、办公室或学校等，研究它们对被试心理上的作用。但办公室属于一个组织，房间属于一幢完整的房屋，建筑物属于一个地区，学校更是教育系统的一部分，因而所有现场都是区域的一部分，具有特定的气候、文化和地理条件。大现场就是这个研究焦点现场周围的全部。我们可以改变小现场的特点和其与使用者行为之间所观察到的各种关系。但组织心理学告诉我们，技术的和经济的环境改变了生产单元的大小及其结构对个人行为的影响。

这种区别说明了实验室研究的局限性。另一方面，环境在感觉上可以分割成片段，应用此方法我们可以系统地观察人们在不同噪声条件下的行为，或是研究空间的分组及其对组内成员之间的相互作用的影响关系。

自然情境提供一个完整的现场，它不把小现场从大现场中隔离开来。自然情境提供给研究人员特殊的机会观察人们自愿来到的场合，从事一些在设计好的情境中难以出现的活动。譬如观察学生们在图书馆的阅览室里抢占座位的情况，或是社区里青少年的涂鸦情况，以及居民在社区里的领域性行为等。自然情境特别适合于探测式研究，经过此种研究，研究人员要了解实际发生了什么情况，其中哪些因素、关系和相互作用是重要的。如果情境的某一部分在研究里被去掉，这就转变成模拟的环境、经设计的情境，于是便无法观察到在此情境下的全部行为。

(2) 模拟环境

这是让被试对模拟的环境进行评价或解释。模拟的环境通常是经过计划的可有效控制的研究环境。此种环境之一就是实验室。研究人员随机选出被试，有效地控制整个环境并改变它，测量研究对象的某些特质。

除了实验室之外，模拟环境也可以是带有重要特征的照片，并可由主试增加或减少照片上的特征，此种方法在环境评价中特别是在喜爱度评价和景观评价中用得较多，它的麻烦在于尽管不少研究说此方法是可靠的，但有的研究（Hull & Stewart, 1992）说此种模拟的准确性与真实环境中的情况相比有值得关注的差异。

另一种模拟环境与照片、图片等相比复杂一些也可靠一些。譬如 Berkeley 大学有一环境模拟实验室，里面有一套复杂的光学系统，可用三维模型重现一个景观中可能发生的一切变动，所以这种环境模拟所提供的现场感当然令幻灯片望尘莫及了。目前计算机的虚拟现实技术更是为模拟环境提供了方便，如果让被试分别置身于真实环境中和模拟环境中进行比较，可以发现模拟环境的“真实性”是很高的。现在一些寻路研究就借助计算机模拟复杂性各不相同的环境，然后让被试在里面走迷津，由于事先编制了程序，所以主试可以系统地调节环境并测量它们与寻路之间的关系。

简而言之，在模拟环境中，我们既能研究人为分开的环境的某一方面和行为之间的关系，也可预言一个环境在现实世界里可能的评价。然而在此种情况下，这种环境丧失了它们的社会、文化和时间的相互关系。在实验室里的研究缺少了大现场，因而不可能研究环境的全部和真实的状态，我们必须承认这模拟环境有它们的局限性。实验室提供了详细研究的条件和心理过程的鉴别，然而实际上相互之间的关系依然是相当复杂的，即使实验室中已经证明并提供了这种不完善的联系，我们仍不能建立一个全面的人—环境现象的系统。所以真正的现场研究是绝对必要的，因为它让我们看到变量的全部范围，以及它们在活动中的结构，并且它还包括了时间的和社会的参数。

3. 方法的选择

许多人以为自然情境与探测式的个案研究是相联的，而模拟环境又与描述或理论性的实验相联，这种想法过于简单。研究人员有时可以选择各类组合，哪一种组合最合需要，就最能解决他们的问题。与此相似的是，必须根据所研究现象的假设来选择方法，因为每种方法都有它所适宜的数据类型。所以往往是根据所需的数据类型来选择方法。表 1-1 是环境心理学研究中所用的方法和数据类型，表中说明了每种方法能直接得到的数据。见表 1-1。

表 1-1　环境心理学研究中常用的方法和数据的类型

方　法	数据类型					
	对环境的看法	对环境的评价	对环境的认知	环境对行为有难以察觉的影响	环境对行为有能察觉到的影响	对环境的行为
直接审慎的观察				√		√
系统地观察 环境行为				√		√
效能观察				√		
直接提问	√	√			√	√
标准化问卷	√	√	√		√	√
间接法	√	√	√			
游戏	√		√			√

数据共分为六类：

1）对环境的看法，个体对于他的生活质量和环境能否有效地满足需要的期望；

2）对环境的评价，个体对于环境不同方面的品质（美学、卫生和功能等）的判断；

3）对环境的认知，个体把从外部世界获得的信息综合起来的方式；

4）主试者与环境变化的影响，但是这些影响对被试来说并不是立刻能感觉到的；

5）能察觉到的环境对行为的影响，即个体能结合他对环境的体验说出来的影响；

6）个体在环境中的动作，这可包括其个人空间的安排和参与公共空间的活动。

研究人员可用七种方法（三种是观察性的，一种是用模拟，另外三种是依靠问卷）进行研究，每种方法得到的数据不同。

（1）直接审慎的观察

直接审慎的观察是指有系统地注意实质环境，找寻过去活动的痕迹，这些活动不能因为研究人员要测量而促使它出现。有系统地观察实质线索是很新鲜的一种研究方法，经过适当的调整，它可以由普通的技巧转变为很有用的研究工具。很多领域性研究就是藉此法展开的，例如观察人不在时如何表达空间的所有权。藉此法也可以考察个人空间，当年Sommer就在每天早上在清洁工打扫以后访客出现之前，去观察精神病院和病房走廊里的座椅安排，并发现两者的布置是有差异的。

收集有关实质遗迹的数据，应分类记录下来，或制成表，绘成图。此种方法特别适合于探测式研究。

(2) 系统地观察环境行为

系统地观察环境行为是指有系统地看人们如何使用他们的环境，他们在做什么？各种活动在时间与空间上如何关联起来？空间布置如何影响其中的参与者？等等。观察在实质环境里的行为，可以获得关于人们活动以及支持活动所需要的情境资料，或者有关场所规则、行为规范、预期功用、新功能的资料，也包括错误资料，或者某些行为场合提供的行为支持或限制等的资料。现场的直接观察是按既能尽量客观地收集数据，又能便于使用统计分析来将数据分类。Barker 可能是这种方法的创始者，他将受过训练的观察者安排在特定的点上，每一个观察者观察 30 分钟，并记下这段时间内所发生的事情和“行为表现”。显然这种观察的时间须视所选的现场和所观察的行为而定。如果欲使观察更加严格和客观，建议可用照相或行为标记法来代替。行为标记法由 Ittelson 提出，即按一项先导研究编制一张可能观察到的行为清单，并将它们分类，以便得到一张活动类型的一览表。观察者经过训练后记录观察到的行为，并将其分类。这样主试就可按不同的要求(譬如现场、时间或个体)将数据进行比较。Winkel 和 Sasanoff(1976)曾建议采用方格网来跟踪被试，此法可描述访问者来到一公共场所(如博物馆)后，在里面的详细活动，并以此方格网复现他们活动的次序。

系统观察环境行为时要注意实验人员参与的程度，在各种情况下，为了避免实验人员对别人行为的影响，他可以选择：一他是秘密的(远距离的观察)或是大家知道的外来者。二是作为环境的参与者，既可以是边缘的参与者(如地铁中的一位乘客，或是阅览室里的一位读者)，也可以是完全的参与者(如餐厅中的侍应生或是社区里的房管员)。无论采用何种角色，其目的都是在不惹人注目和不影响被观察者的情况下收集数据。

适合记录行为观察的工具，包括口头描述、绘图、检查计数表、平面图、地图、相片、电影或录像带等。选择什么工具主要看研究的课题需要多详细的资料，以及观察者对所要观察的行为了解多少。

(3) 效能观察

效能观察包括收集被试在不同场所的工作效率或学习曲线，以及学校中的进步等资料。这类资料主要是在实验中用来研究物理条件对工作的影响和空间布置对交流网络的影响，这些研究也可在现场进行。Glass 等人研究了住房中噪声与儿童的学习成绩之间的关系。这里必须注意每个人的效能是由包括动机在内的许多因素决定的，Elton Mayo 在 Hawthorne 做的实验是最早的例子。他证明物理条件对工作效能的影响，只有通过环境对工人的心理含义方能起作用。

(4) 直接提问

直接提问指的是向研究对象系统地提出问题，来发现他们所想、所感和所行，知道、相信及期盼什么。事实上，直接提问是极具潜力的研究工具，用这种方法可以收集到各种数据，可以要求被试描述或报告真实的情况。譬如发给被试一张活动表，要求他们说明每日生活中各自的时间分配，或者他们中有谁受到环境的干扰，按此方法得到的时间安排可以用来比较不同的组和不同的时间。

一般而言直接提问有以下步骤：

1）研究人员知道受访人曾参与“某一特定的真实情况”，譬如他们曾在一幢办公楼里工作，或居住于同一社区，或是一位母亲，或是家里刚被小偷洗劫过。这种特定的真实情况正是所要研究的内容。

2）研究人员对这一特定的真实情况完成了情况分析，暂时找出其中的一些重要元素、模式和过程，也就是说研究人员有了一组假设，关于此情况的哪些方面对参与者是重要的？这些方面的意义如何？它们对参与者有何影响？

3）基于上述分析，研究人员制定提问指南，定出假设和研究的主要范围。

4）访问曾参与此情况的人，追究他的主观经验，设法确认他们对该情况的看法。

直接提问需要一些技巧，其宗旨是既要让被采访人畅所欲言，又要让他们集中于研究课题，就是既要广度，又要深度和准确性。对前者而言，可以采用鼓励式询问、反映式询问和转移式询问。对后者而言可以采用情景式询问和个人性询问。当然也要注意发言时间和身体语言。Lynch 在让城市居民描述他们的城市时，他发现有的居民情绪激动，难以抑制，这说明城市在受访人心中的神圣地位。

(5) 标准化问卷

标准化问卷就是以一组相同的问题问数目众多的一群人，然后比较他们的回答，从中既可以发现共性，也可以比较其中的差异。问卷可以邮寄，如果短的话还可以电话回答，很多情况下是由受过训练的访问人进行专访。

标准化问卷提供的是量化的资料，所以它比定性的资料具有更大的说服力。标准化问卷分为两类，一类是以语言信息为主，一类是以视觉信息为主，包括地图、图画和相片等。前者就是狭义的问卷，所有关于环境的态度和意义都可以采用此类经典的方法，如形容词对表、语意差别量表、Likert 量表等。采用标准化问卷尤其应注意研究的品质。首先研究人员要对访问和问卷有控制力。如果问卷是邮寄的，或是其他不是直接由实验人亲自付与的，那么某些控制力就丧失了。因此为了增加控制力，邮寄的问卷通常篇幅较短，组织更严密。第二是细心地制定问卷内容，比较理想的是测量项目由研究模型制定。实际上用标准化问卷做研究，最令人沮丧的事情莫过于花了很多时间和精力去收集资料，却发现少了一项重要的资料，它本可以用来解释重要变量之间的关系。另外还要防止结构性的误导，但小样本调查可以在事前发现此缺点。

被试对实质环境的认知、感受等信息，有时以视觉媒体表达要比语言表达的要好。所以就不必使用预先编码的技巧，可以用徒手绘地图、素描、基地示意图和被试自己照相等。目前在空间认知研究中广泛使用此方法，如果此法能与问卷结合起来更能提升研究的品质。

(6) 间接法

间接法试图探索和揭示与人们对环境的态度、认知和结构的隐含见解有关的无意识过程，所以间接法通过揭示这些隐含见解来探讨这些无意识过程。投射实验曾被用来构筑个体在环境中的需要表和分析对于自然灾害的看法。Kelly 的角色构成汇总表与前者相似，此表要求被试以三个要素为一组（譬如厨房、绘图室和办公室），通过比较这三者中的两个在哪一方面是相同的，但是与第三个是不同的来做出反应。这个方法的优点是被试通过自己的思维来感知和评价环境。与此相似的还有自由分类技巧，要求被试把研究对象分类，每一类中的元素是相似的，但与别的类别里元素是不同的。这种分析技术既避免了语意上的问题，又探索人们的场所概念。

(7) 游戏

环境与行为研究中还有一种有趣的方法就是设计各种游戏，在游戏中，受访人做一连串的相关选择，表达自己的想法。目前此法用得较多的是在居住研究方面。譬如这些游戏中最老的一个，是 Wilson(1962)的“邻里游戏”。游戏中各种要素的重要程度，像社区的实质品质、卫生、管理等，都有一个价码。受访人收到一组小纸片代表他们所有的钱，可以购买游戏板上所说的各种“舒适”。拿着这些钱，受访人必须确定各种要素的优先顺序。最后，他们的判断并非集合了一系列个别的决定，而是同时达到平衡的一组决定。

Zeisel 和 Griffin(1975)也做了一次住房调查，他们发展了一套住宅单元的平面游戏。他们请受访人做一连串简单的决定：房间的进口应该放在哪里；你喜欢厨房和就餐的地方两者相对位置如何；起居室和就餐的地方又如何；还有阳台的位置等。每项决定在先前一个抉择的情境(context)中被提出来，有三种不同但相关的可能性中做选择。所有的选择加在一起，成为一个完整的平面。当然除此最终结果以外，访问者可以在游戏当中，询问受访人做这些决定的原因，继而追究做这些选择是为了获得行为上和认知上的哪些效应。

总结　上面简单介绍了环境心理学的理论和方法，使我们对这门学科的多变量和跨学科的特点有所认识，每个问题都同时涉及实质的、社会的和心理的参数。因此可以得出下列结论：对环境来说，并没有什么一般规律，环境心理学不能单纯地被看作为外部世界及其心理功能的分析。环境的确具有环境的作用，但它是由个别变量参与其间促成的，并且与它们是交互作用的。这样我们就可集合两种方法：首先从整体来观察环境行为(人—环境系统)，以便了解它们的结构和组织。第二，分析将共享环境转变为个人自身环境的各种个人因素，以便了解每个人是如何解释他的环境的。因为这种“情感—认知”的表象是中间变量的源泉，这是由个体和环境两者决定的，这反过来也就影响了环境行为。此双重倾向说明为什么在这个领域中很大一部分研究是涉及知觉和评价的。

第一篇
环境认知

本篇有两章，探讨的是人们感知和了解他们所处实质环境的方式。

第二章具体描述了环境知觉和空间认知的过程及其性质。环境知觉是环境信息的最初集合，是我们捕捉并解释环境信息从而产生组织和意义的过程。空间认知指的是对环境中空间信息的排列、储存和回忆的方式方法。本章基本上是在理论的层面上探讨这两个相互有关的过程。第三章则介绍了空间认知的一些专题研究，他们是空间认知不可分割的部分，即城市意象、寻路、距离估计等。由于学术研究的渊源不同，我们有意把环境认知的另一个阶段——环境评价，从这一部分脱离出去，并自成一个独立的领域。

语言、感觉和思想是人的主要功能，因而人们如何理解、思考和记忆他们的环境是很能说明问题的。人们思考和感觉环境的方式是以心理过程为媒介的，因而它们通常被看成是发生在头脑中的过程。很多环境心理学家认为这一部分位于环境心理学的中心。

第二章　环境知觉与空间认知

一、环境知觉

我们要想在环境中有所行动，所做的第一步就是要了解环境。我们用视觉、听觉、嗅觉、触觉和味觉等感觉接收环境信息。我们观察道路、地物、界限和其他环境特征获取某一地方的信息；我们听掠过树林的风声、沙漠的风沙声、瀑布的水声，可能更多的是各种各样的噪声，譬如大街上的车辆声和熙来攘往的行人声；我们还嗅到树木花草那沁人心脾的清香和大自然界的各种气息，有时也嗅到令人恶心的腐烂物的恶臭味。所有这一切都能让我们开始明白一些事物的位置和环境的属性。然而，环境的各个方面是一个整体，各个感官也必须同时起作用。我们观察并倾听各种环境及其各种声响，触摸并体味各种事物。浪花之柔软，尝起来却十分苦涩；苹果之光滑，入到嘴里却是甜甜的；雨丝之冰凉，溜到唇边却是无味的。我们各个感官接收环境不同特性的第一手资料，帮助我们在头脑中建立起一个个环境的画面。盛夏，当我们进入一座教堂时，看到的是充满宗教气氛的祭坛和高旷的空间，伴之以阴森森的感觉和较长的混响时间。如果这三种感觉中缺少任何一个，就会感到不自然。

1. 环境知觉的性质

把外界环境的信息通过感官传入大脑，并由大脑对这些信息做出解释，它涉及一系列复杂的心理过程。认知心理学认为知觉是一种解释刺激信息从而产生组织和意义的过程，是人脑对直接作用于它的客观事物各个部分及其属性的整体反映。

环境知觉依赖于两种不同形式的信息：环境信息和知觉者自身的经验。环境知觉包含的过程是：感官从外界获取信息，从外界刺激中抽取广泛的特征，知觉对象的前后关系和背景参与形成人们的知觉。一道实墙上的某些部分被识别出是一道玻璃门的知觉，可以解析为下面三个过程：1)感觉登记，即发现了墙体提供的各种信息；2)模式识别，发现其中的某些部分是与整体不同的，它是透明的，上面有个把手，形状和高度也有差别等。此过程的主要内容是特征抽取；3)知觉加工，我们根据它在墙上的位置（否则可能是窗）以及与行走的关系确定这是一道玻璃门。此过程的特点是加工并联系上下文。

类似于识别一道门这样的过程我们现在是很熟练了，可以在瞬间完成上述的三个阶段，这应该归功于我们的经验。在人类的各种感官中视觉最为重要，人们从外界接受的信息中，有 87％是通过眼睛捕获的，并且 75％～90％的人体活动是由视觉引起的（杨公侠，1985）。

(1) 从目标知觉到环境知觉

几十年前当心理学家开始研究知觉时，他们很快意识到摆在面前的任务是艰巨的，很多人相信在知觉研究中必须对日常生活进行简化。简化的方式之一是呈现给观察者一个简单的刺激。典型的知觉实验就是在黑暗的实验室里，被试把头放在颌托上蒙上一只眼观看前方的一盏白炽灯，这种研究纯粹是为了发展知识。传统的知觉研究认为，理解人们在简单刺激下的知觉是通向理解复杂刺激下知觉的桥梁。但是一些环境心理学家告别了这种研究方法，他们在工作中故意给被试呈现多个刺激或是模拟真实的环境，譬如把建筑物或景观作为实验的场景。有时被试不会被固定在座位上，他们可以在场景中来回走动，他们就是场景中的一部分，这意味着必须以多视点来体验。

实验中研究人员请被试在穿越场景的过程中或是之后，报告看见了什么。这种研究方法可以了解被试注意哪些元素，这些元素是活动的还是静止的，是大的还是小的，是近的还是远的，是前面的还是边上的，等等。Wargner，Baird 和 Barbaresi（1981，引自 Gifford，1987）在研究中请被试在小城中四处转，被试报告的元素绝大多数都在 40m 以内，而且在前方 30°视角之内。其中 40％在移动中，如人和汽车，而像建筑师非常热衷的窗子式样，被试提到的非常少，不到 5％，很多被试对它们视而不见。

环境知觉研究的一个重要特征是强调环境的真实性。无论在真实的环境中还是在实验室里，都要求所模拟的环境应尽可能地和现实生活一致。环境知觉研究超越传统的可贵之处正在于试图建立被试和环境之间的情境联系。日常生活说明人们观察环境时有许多企图，骑车时会格外注意红绿灯和警察的手势，去书店会直奔感兴趣的柜台，进酒吧会迅速看一下有没有合意的座位，在迪斯科舞厅时对曲子的动感和音响的效果很敏感。

日常生活中的环境知觉有许多目的，我们可以把它们分为两类，即功利性的和美学的。具有讽刺意味的是对建筑和景观的美学品质研究得很多，但研究工作发现至少在城市街道上，人们更关心环境中的功利成分，如商店的打折广告、餐厅的位置或地铁的出入口，而不是雕塑或是城市壁画。同济大学附近有一家大型的超级市场，每天都是生意火爆。它的对面有三幅大型的城市壁画，不知到底有多少人提着大包小包走出商场时会留意街道对面的墙上还有三幅精心制作的大型壁画呢？调查的结果肯定令人唏嘘不已。

总体说来，尽管在方法论上还有些可疑之处，典型的是难以说明知觉过程中那些大量的和难以控制的影响因素，但环境心理学家还是希望在日常生活的场景中去探求普通人的知觉，这显然要比在实验室里呈现非常简单的刺激引人入胜和更切实际。

（2）环境知觉和评价

事实上我们一切经验的、知觉的和情感的各种因素都是同时在起作用的。无论对于行色匆匆的过路客，还是对于常住居民来说，每个环境都是作为一个特殊性质的集合而同时被感觉到的，它们不能被割裂开来。一座山是高的，一个城市是新的，一个房间是小小的，树影是淡淡的，太阳是暖暖的，天空是蓝蓝的。这些一般的定性特征也可以用像“鲁莽的”、“高贵的”、“悲伤的”和“压抑的”等形容词描述和表达，换句话说环境的物理特征不能与感情的、美学的评价分开，这种社会性的评价依赖于知觉，但在复杂性和重要性方面超出了知觉。

一个环境是好的还是坏的，是漂亮的还是丑陋的，是有意义的还是无意义的，是令人愉悦的还是令人不快的，等等，环境的评价是与知觉紧密相联的。没有比较就没有鉴别，也就不可能去评价。相反，环境的评价，无论是美学的还是情感的，都会改变知觉和以其为基础的心理表象。广义的环境知觉还包括环境的评价，在这里，我们分离它们，以便于研究它们。环境评价涉及人们对环境感受的诸多方面，譬如美学的、质量的和情感的，等等，当人们对环境的这些品质有良好的品评时，我们就会说环境是美观的，它是令人满意的和令人愉快的。有关环境评价的知识我们将在第八章予以讨论。

2. 环境知觉的特点

照相机会摄下一张质量或好或坏的相片,但无论如何在物理上它是正确的,并与实像完全相同的,知觉却可能包含着错误。譬如当我们在雾中看物体时会感到它离我们更远也更大。当我们在水下看世界时,特别是在水色较暗的情况下,也会产生这种效果。球体效应会使登山者把邻近海拔相同的山看得比自己脚下的山高。球体效应也会影响到人们对道路的知觉,有时明明是上坡路看上去却像下坡路。又譬如,在同样面积下,长方形房间的面积看上去比正方形房间来得大。

(1) 知觉的意匠作用

尽管知觉不是完美的,但知觉是一个主动的过程,它有着重要的意匠作用。航行在大海上,我们知道大海与天空永不相交,虽然看上去是海天一线。同样地,一条笔直的道路,虽然看似两边路缘石的延长线会交在一起,但我们却知道它们是平行的。这些与透视有关的知识可以说明知觉实在是一件探测性工作,经验与习得起着支配作用。所谓经验与习得是我们不断学习的结果。下面用一位人类学家引人入胜的故事来证明。

Colin Turnbull(1961)讲述了他在刚果与热带雨林中的俾格米人交往的故事。这些人祖祖辈辈都生活在茂密的雨林中,他们的视线很难穿透树叶而达到较远的地方。一次,Turnbull 请他的俾格米朋友作向导带他走出了雨林。在荒原之上,他看到了几公里之外的一群牛。向导问"那种小虫是什么?"Turnbull 说那是草原上的牛,它们要比俾格米人所熟悉的雨林里的水牛大两倍。向导大笑着并说 Turnbull 愚蠢。随后 Turnbull 和向导往牛群的方向走,当两个人靠近牛群时,牛显得越来越大。俾格米人却确信这是巫术在做怪,马上落荒而逃。

俾格米人缺乏远距离视觉对物体大小常性干扰的经验,对于大多数人而言,尽管随着我们与物体的距离变化,物体在视网膜上的投影也会不断变化,但我们依然有稳定的知觉尺度,俾格米人没有这种习惯。真正的航海家可以不借助任何仪器判别出数海里之外的航船的吨位,或是判别航船与自己的距离。

(2) 知觉常性

有确切证据表明广泛存在着环境知觉的常性,就像一张方桌子,无论它在视网膜上形成何种图形,它总是被看成方形的。感知桌子的是人,而不是视网膜。人们很小的时候就掌握了一些与距离相关的线索。这种常性不仅指的是与距离有关的知觉,而且,其他与建筑学有关的环境知觉,在很多时候也不会因人而异。譬如,室内整齐地排列着一张张桌子和椅子,前面是一个讲台,墙壁上挂着黑板的房间是教室而不是教堂。大片森林所包围的一片空地,当中有一圈石头,其中燃烧着熊熊篝火的地方是野营地而不是办公楼。诸如此类的,即使教堂在战时成为一个临时医院,或是已经改用作仓库,教堂仍会被看成是教堂;足球场依然会被看成是足球场,而不是图书馆,即使曾用来作为书市。

这些知觉常性是人类不断学习并反复强化、建立牢固的心理表象的结果。这种强化的一个负面影响就是标签化和僵化。对建筑和行为两者关系研究多年的苏格兰建筑效能研究小组 BPRU(1972)的一份报告说明,这种附加在环境上的标签对人们的使用之影响有多大。他们报告说,人们拒绝在挂有实验室牌子的房间作演讲,尽管这个实验室的室内可以布置成一个很好的讲演场所。当然这种强化的结果更多地可以作为一个积极因素。讲演厅的尺度可以帮助人们确认它的位置，即使它处于一个复杂的会议中心的某一地方。就像我们所看到的山德士上校那标志性的笑脸，我们就知道快餐店就在附近。

(3) 格式塔心理学

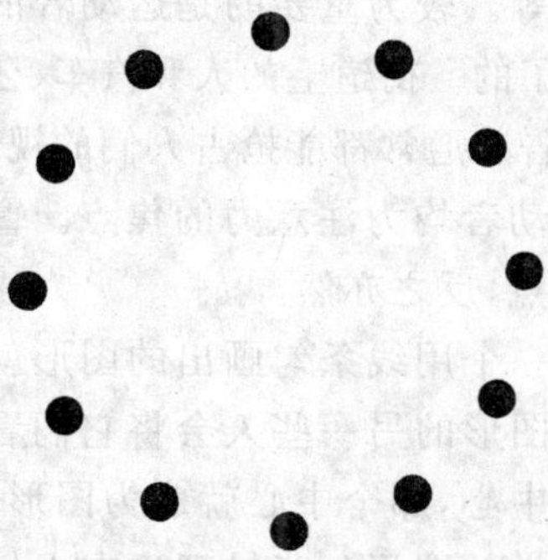

图 2-1　封闭式图形的图解

知觉活动意味着辨认形态，这方面有杰出贡献的是格式塔学派，他们提出的最重要概念就是言简意赅。它的含义是任何图形都以尽可能简单、清楚和易于理解的方式被感知。大家看下面的图，你首先感觉到的是一个圆呢还是十二个点。见图 2-1。

人们倾向于将物体解读为背景上的图形的观点是格式塔心理学家的最主要贡献之一，而且他们认为这也是言简意赅原则的先决条件，很清楚，图形与背景这一现象有助于我们看清这个纷繁复杂的世界。形体之言简意赅有几个规律。杨公侠(1985)曾以照明设计为例对此做过具体分析，它们是接近律、相同律和连续律。

接近律　这个规律说明当一些对象的位置靠得很近时，人们在感觉上往往把它们当作一个整体来接受。在实践中，这种效果常被设计人员采用，即将若干灯具组合起来形成一个单元，目的是在视觉上使布置简化。采用此做法时，灯具的形状应和空间中的其他构件，包括顶棚、梁和柱的模数，甚至是家具的布置相协调。

相同律　此律说明人们可以立刻辨认出相同的形状或图案，并且理解成一组，见图 2-2。形状愈是不相似，成组的概念愈是清楚。这种现象还可推广到其他方面，即灯具颜色的相似性，甚至根据光的出射表面的颜色外观的相似性，都可理解为成组的。根据此律可以得知，为了避免灯具布置的外观含糊不清或是混淆，应尽可能减少需要辨认的组数。

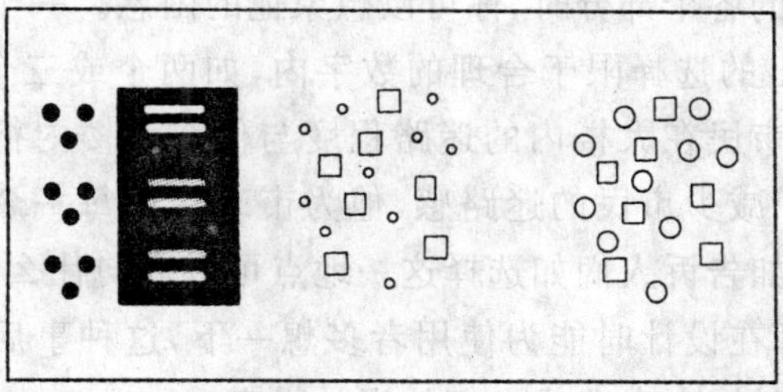

图 2-2　造型的相同律(杨公侠，1985)

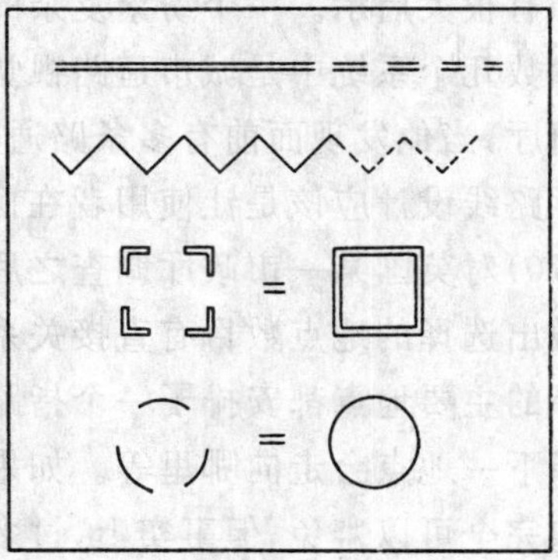

图 2-3　造型的连续律(杨公侠，1985)

连续律　此律说明一个不完整的形体在有理智的眼睛看来是连续的或完整的，见图 2-3。当这个形体在透视中看到时，这种效果还要加强。

这个图形背景理论还告诉我们，人在感知客观对象时并不能全部接受，而总是有选择地感知其中的一部分。于是感知对象必然区分为图形与背景，图形最清晰，背景较模糊；图形较小，背景较大；图形是注意力的焦点，背景是图形的衬托。同样一棵树，当它和其他的树排列在人行道上时，它不容易被注意到，但当它成为这条街道上唯一的一棵树时，你不注意到它反而是困难的，它或许已经成为这条路上的标志物了。

一般说来图形与背景差别越大，图形就越容易被感知。沙漠中的绿洲、大海上的岛屿几乎捕捉了每个人的视线。在复杂的城市环境中如此鲜明的对比较少，但城市中可以作为对比的要素几乎是无限的，如颜色的、尺度的、形式的和空间的等。较为重要的是运动着的图形在静止的背景上往往容易被感知，此点已有研究人员证明了的。街道上的人和汽车、公园中的喷泉和人工瀑布、闪烁不止的霓虹灯以及滚动播出的广告牌通常都能抢占人们的视线。不过动与静是相对的，动背景前的一个静物和静止背景前的动者均为注意力的焦点。譬如100个电风扇中99个在转而一个不转，则这只不转的就成焦点，反之亦然。

形成图形和背景关系必然也就成为注意力的焦点，譬如一个用线条勾画出的图形就很容易辨认。图形与背景的关系也是相对的，在某些人看来是图形的另一些人会将它们看成背景。这里有意识的作用，观察者主观选择什么作为注意的中心，那个中心就成为图形，余下的就成为背景。一般在要素比较少的情况下，格式塔心理学的图形—背景理论在人们的知觉过程中起着重要的作用，在要素比较多的场合里情况就复杂得多。不过作为美学基础的形态研究，在欧美相当发达。

(4) 认知容量

路上撒了一把五颜六色的小石子，你看一眼后能记住多少呢？心理学家早已注意到人的认知能力是有限的。早在100多年前Hamilton就发现人能立刻记住的石子的数量不会超过七颗。后来Jevous又进一步用黑豆做实验，结果也发现人们的注意力不超过六七个，一旦超过这个数字，正确率就低于60%。Miller(1956)出色的工作也证明了七这个数字的神奇魔力。

人类加工信息的容量是有限的，人类的环境知觉受到了这种有限性的影响。为了使人们能记住更多的石子，应该把它们分成组，最好是按颜色分成组。这种注意力的局限性对建筑师有很大启示。一个纷繁复杂的街景会让路人看起来混乱不堪，如何把各视觉要素组织在少数几个系统中是城市道路视觉形态设计的关键之一。与此类似，客人第一次来到大楼的门厅，当他发现面前有多条路通向建筑的各个部分时，你可以想象他的困惑。一个明确的门厅路线设计应该是让使用者在门厅做出的选择限于合理的数字内，如两个或三个。Best(1970)对英国某一市政厅调查之后发现，市民在大楼内的迷路程度与他在大楼内行进时必须做出选择的地点数目有直接关系。为了减少市民的迷路感，他为市政厅内每一个必须做选择的主要地点都安排了一个指路牌，譬如告诉人们如选择这一地点可以通向什么地方，如选择下一地点会走向哪里等。如果建筑师在设计时能为使用者多想一下，这种事后的补救措施完全可以避免，但事实上，过多的类似措施，会造成人们的视觉噪声。

(5) 对环境的无意识

小到轻轻拂动的发丝，大到气魄雄伟的高山大川，我们都可以注意。然而，我们有时主动观察环境的某些方面，却同时忽略了另一方面。譬如人们会比较注意发言人的性别而不太注意发言的内容，除非他对发言内容感兴趣。有时我们可能对环境太熟悉了，因而对周围的事物不太注意。相反，那些提着行囊准备在这个校园内度过他艰苦又充满想象的学习生涯的学子们，当他第一次迈入校门这一刻时，这一瞥是否与你我的匆匆浏览相似呢？

一句成语"熟视无睹"很能贴切地说明人的这一特性，我们的术语称为"对环境的无意识"，用来形容对环境的麻木状态，此情况的发生通常由于在环境的某些方面过于强烈而导致忽略其他方面。譬如我们的视听器官被朋友的侃侃而谈所吸引，或是为了某个技术上的关键问题日思夜想，就不关心其他方面所发生的事情。

对环境的无意识有很大的负面影响，它会使人们陷入一种不曾察觉的危险之中。最为明显的就是环境污染。譬如空气污染，像北京和上海已经成为空气污染严重的城市，而大多数居民却不了解，直到终于有一天政府不得不公开空气品质指数之后，人们才惊讶地发现上海的氮氧指数有的天数已经接近200(轻度污染)，北京有时甚至超过了200(中度污染)。现在我们哀叹世界上十大污染最严重城市中有八个是在中国，个别城市如石家庄、太原和兰州等地的孩子们已不知道蓝天为何物，难道这就是现代化所必须付出的代价吗?

人们注意空气污染主要在于它的陌生感。当刚刚进入一个有雾气的场所，或是所在之处雾气的浓度突然增加，这种空气品质的突然变化容易受到注意。如果城市空气中有害物质慢慢增加时，除了环保专家和有监测手段的人以外，很少有人会注意到这些变化。当广大市民开始感到空气污浊，并时不时患呼吸道疾病的时候，这种困境已经形成了:他们的城市是个空气污染区，蓝蓝的天空离他们越来越远了。因而可以说只有空气被大大污染之后，人们才会意识到问题的存在。

水的情况又如何呢?大凡空气污染的论述都适合于水的污染，大家现在也已经面对这样的困境:科研机构的报告说中国面临的水荒与其说是水量不足，还不如说是水污染造成水质下降不能使用所致。事实上，这样的讨论也同样适合于噪声。

(6) 灾害的知觉

对环境的无意识常使人对危险的环境麻木不仁，这个问题引伸开来就涉及自然灾害的知觉和对它的态度。那些生活在自然灾害威胁下的居民是如何看待此问题的呢?我们本来不准备讨论它，但面对1998年长江、松花江和嫩江的大洪水中，数百万灾民虽得政府照顾和各界捐助，有的也不免颠沛流离或是在大堤之上风餐露宿而深感不安，让我们了解一些研究人员对此问题的研究必有所助益。

常常是地理学家在进行自然灾害的社会调查时会间接接触到此问题。著名的研究包括多伦多大学和芝加哥大学所做的工作。他们发现人们似乎有持续向遭受各种自然灾害地区集中的倾向。有些地方尽管一再遭受地震、干旱、洪水和龙卷风的摧残和肆虐，但在灾害过去之后灾民们还会自发地返回原地。Burton(1972)说这种模式似乎非常普遍而且是全球性的。他提出了三种解释:一是客观上这些地区有一些有利条件，通常这些地方比较富饶。第二是人类与生俱来的被动性。灾民们常常无法克服移民至他处的困难，进而连勇气也没有了。第三就是低估环境的危险程度。灾民们普遍有乐观主义的倾向。

Kates(1962)曾经调查了经历洪水的平原居民的洪灾知觉。他与六个城市居民面谈，这些地区都曾发生过洪水泛滥。他发现许多人对灾害的理解与事实不符。虽然有些居民相信洪水泛滥是一再发生的事情，而且多半也是将要再度发生，但他们还是有些特别的理由认为洪水将不再发生，这些人不是否定这种危险，如他们声称闪电不会在同一地方打两次，要么就是强调这种事情发生的概率极低，并且相信上帝或政府会给予保护。这是典型的对“百年一遇”的错误理解。

无论如何这种解释使身处险境的人们感到了很大的“安全感”，可是这种安全感并没有建立在对环境的任何客观分析基础之上。或许对还未身处其境的人而言，对有自然灾害之虞的地区，其居民的态度和信念难以理解，他们明显低估了灾害的频率和破坏程度，看来居民们已经各自形成了一套“巧妙”的信念和态度。

(7) 个体差异

当一条眼镜蛇来势汹汹地瞪着你时,你会意识到大事不妙,心理盘算着如何与之周旋并马上离开这个鬼地方。而少不更事的幼童可能会对这冒着傻气的样子很感兴趣,嘴里“呀啊呀”的还伸出手去和这令人毛骨悚然的家伙亲近一番,更感兴趣的是动物学家们,他们会告诉你蛇攻击的时间、角度和此过程中的化学变化,并为蛇的荣耀之处啧啧赞叹。

同样的环境不同的人会有不同的知觉和反应。知觉活动离不开人的经验和习得,否则将无法辨别所看到的东西,或是无法理解其中的含义。感知环境的是人而不是视网膜,因而意匠作用的结果也因人而异。环境知觉不仅与感知对象不能分离,也不能和感知的主体分开。关于儿童知觉和认知发展的知识要大大感谢 Piaget 和日内瓦学派,但我们更关心成年人的环境知觉情况。

显然不同的知觉能力导致不同的环境知觉。如果一个人的听力或视力受到损害的话,那么他的环境知觉是不太清晰的或是受到限制的。有的研究发现摇滚乐手和年老的工人比其他人在环境中所听到的信息少。一般来说老年人的知觉能力与其年轻时相比会下降,老年人的个人空间相对比较小也与此有关。

不同的经历也会导致不同的环境知觉。刚果的俾格米人由于缺乏透视知识而不能辨别远处的牛群。爱斯基摩人对雪很敏感,他们能分辨出常人看来没什么区别的雪,如重雪、粉末雪、碎雪、冰雪和新雪等,这是因为环境中的这些部分对他们很重要,他们与之经常打交道。这样的例子很容易找,一个阿拉伯向导可以在广袤的撒哈拉大沙漠中找到道路,非洲丛林中的土著居民可以辨认并利用大象的足迹,刚多拉船夫能够区别威尼斯的运河而穿过威尼斯,但这些运河在旅游者看来没什么两样。从这点上说,环境知觉是由感知者的目标决定的,主动的探索产生了更丰富的知觉。

有意思的地方在于即使是经验方面极微小的差异也会影响人们的知觉。一般而言,当房间中家具太多时,房间会显得小些;房间中家具陈设适当时,房间会显得大些;房间里没有任何家具时,其宽敞程度在两者之间,这是实质环境对知觉的影响。Edney(1972)发现那些仅仅在房间中呆了一个半小时的观察者所估计的房间面积,要小于刚刚进入房间的观察者的估计,尽管房间的陈设没有任何改动。

比较重要的是不同专业人士之间的知觉差异,有些人一旦接受了正规的职业教育之后,他们看待世界的方式会变得很特殊。譬如工程师,别人只能看到山坡、小溪和山谷的地方他能察觉到路和水坝,又譬如建筑师,别人只能看到门窗、墙面和顶棚的地方,他能读出其中的形式和主义。很多调查发现,设计人员和非设计人员在环境评价上有显著差异,甚至不同的设计小组间也有分歧,以景园建筑师为例,Valadez(1984)的工作表明他们和非专业人士在庭院的大小、树木的高低、水色之深浅以及花朵之明暗等特征方面没什么不同,但两者在如何定义景观方面,景园建筑师就显得很特别,比较迷恋于综合性的和抽象的要素。

Feimer(1984)曾就此问题请了不少设计、规划和环境管理的专业人士以及许多当地居民对美国加州马丁郡的一个地方的景观,做了一个相当详细的交叉研究。他发现非常明显的由于设计和管理的专业人士对环境中任何瑕疵非常敏感,故他们对环境的评价也比较低。

专业设计人员对环境的建设非常重要,其贡献也十分突出,因而他们与普通民众在环境知觉上的差异变得很微妙。有的学者甚至指出设计人员在环境的理念上就与一般人有所不同。Wilson 与 Canter(1990)的一个研究报告说，建筑系学生对建筑的分类不是基于建筑的功能或是使用者的经验，而是基于建筑的形式。这个分类研究最令人惊讶的结果是建筑系的学生从一年级开始就已经学会用风格来判断建筑了。

3. 环境知觉的理论

实际上环境知觉并没有发展出特别的理论，所以指导环境知觉研究的还是一些传统的知觉理论，这些理论非常基本也很有价值，经常提到的理论有 Brunswik(1956)的透镜论和 Gibson(1979)的供给论。

(1) 透镜论

Brunswik 相信知觉是人类的一种从纷繁复杂之环境中筛选出一部分有用意象的活动。环境提供了大量线索，观察者主动地有意识地在环境中寻找那些能帮助他们的线索，而且观察者应该能够捕捉到它们。环境中通常只有一小部分线索对观察者是有用的，观察者关注着这一小部分的线索而忽略了其余的大部分。一些人在环境中不知所措是因为他们被淹没在环境线索中了，特别是幼儿和环境的陌生客，他们要么还不知道如何从不重要的线索中筛选出那些重要的线索，要么就是不知道哪些线索对他们有利。当人们反复经历一些环境并熟悉它们以后，知觉处理就没有问题了。问题出现在奇异的环境里，或是与所熟悉的环境提供的线索差异很大的环境中，譬如我们来到刚果俾格米人的世界，或是俾格米人来到我们的世界，我们或他们对环境都会有错误的认识。

透镜论又可以称为概率论，因为 Brunswik 相信没有一条线索是完全可信的或完全不可信，一条能正确反映环境真实品质之线索的存在有一定概率。他以美观知觉为例说明这个观点。一个有山有水有树有人当然也有垃圾的自然环境，人们产生的美观知觉依赖于环境中的哪些线索呢？见图 2-4。

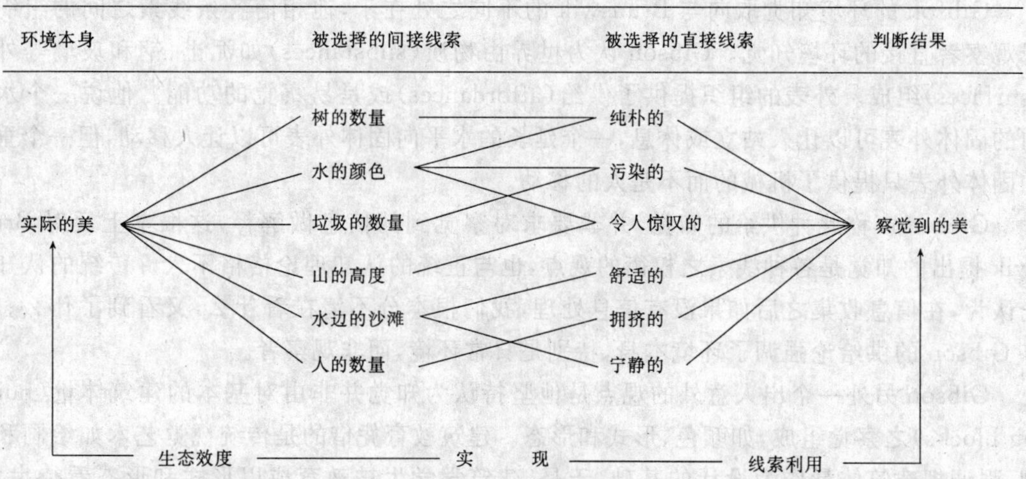

图 2-4 关于美观的知觉分析：基于 Brunswik 的透镜模型(1956)

从上图可以看到，Brunswik 相信环境本身的一些重要品质，如美——人们并不能直接察觉到，他相信环境首先向它的观察者展现了一系列客观的可测量的特征，这称为间接线索。观察者对间接线索的主观印象称为直接线索，对环境美之判断建立在直接线索的整合基础上。生态效度（ecological validity）指的是环境和每一条线索间的实际关联，如果观察者知道这些线索并对其权衡后会产生有效知觉（很多时候人们对一些线索视而不见）。线索利用（cue utilization）指的是观察者对每一条线索的实际权衡。实现（achievement）指的是观察者对环境的解读与环境本身相吻合。

察觉到的美如果和实际的美高度吻合，也就是高度实现的话，Brunswik 说要符合下面三个条件：1）实际的美能被间接线索真正表达出来（生态效度高）；2）直接线索与间接线索紧密关联；3）直接线索被紧密地用在了美的判断中（观察者有优异的线索利用）。

Brunswik 的方法指导了环境与行为研究中如何考察那些不能被环境直接体现的品质，如居住环境中对犯罪的恐惧感。按照他的方法，研究人员可以测量大量可见的环境特征，以发现其中哪些与居民的恐惧感有关，这就是透镜模型的左边。在这些有形的项目里，是前院的栅栏，还是窗户上的铁格栅说明了居民的恐惧感？Brunswik 会说没有一条线索是完全可信的（相关系数为 1.00）或完全不可信（相关系数为 0.00）。研究人员的工作就是揭示前院的栅栏和窗户上的铁格栅与恐惧感之间的联系。

在透镜模型的右边，Brunswik 的方法可以用来弄清观察者是否正确地解读了前院的栅栏和窗户上的铁格栅这两条线索。观察者既可能高估也可能低估两条线索与居民恐惧感之间的关系。高度实现意味着观察者对线索的权衡方式（透镜的右边）与环境真正的权重一样。每个人都希望他的看法与环境本质相吻合，包括小偷，他必须准确地解读面前的房子：有人在家吗？这家人家有钱吗？我能很容易地进入和逃走吗？

（2）供给论

Gibson 的环境知觉取向与 Brunswik 的不同之处在于，他相信各条线索之间的组织给予观察者直接的环境知觉。Gibson 认为世界由物质（substances）如泥土、钢和玻璃等外表（surfaces）组成。外表的组织提供了供给（affordances）或是易察觉的功能。他说一个水平向的固体外表可以让人站立或休息，一个延长的水平向固体外表可以让人移动，但一个垂直的固体外表只提供了机械的而不是人的移动。

Gibson 声称此种供给的知觉，并非要求对察觉到的信息做解释，这根本上反对 Brunswik 提出的知觉是各种线索之权衡的观点，也与正统的认知理论格格不入。传统的认知理论认为，在信息收集之后如果没有信息处理，我们根本分不清在看什么，又看到了什么。所以 Gibson 的供给论强调了环境本身，特别是日常环境，而非观察者。

Gibson 另外一个出人意外的观点是他坚持认为知觉并非由对基本的建筑体量（building blocks）之察觉组成，如颜色、形式和形态。建筑教育凭借的是传统视觉艺术如绘画和雕刻，强调把建筑体量作为设计的基础，于是，建筑学学生被教育成以形式和形态看待世界。他认为这些是真正不应该被传授的，绝大多数人在观察场所时并没有看到形式和形态，他们看到的是环境为人们活动所提供的各种可能性，看到的是场所能为他们做什么，于是建筑教育应该传授的知识是关于外表和供给之间的关系。当建筑被看成主要是一种视觉艺术而不是为了人们的工作、生活和休息提供功能空间的时候，就会过分强调形式和形态。

Gibson 的供给论说明环境提供了各种功能，这些功能为人们的各种活动提供了各种可能性，知觉就是对这些可能性的直接认识，于是供给论也就强调了知觉的目的与功能。Gibson 的理论是很有潜力的，后来的一些以环境为取向的研究者继承和发展了 Gibson 的思想，我们可以看出很有影响力的认知理论，如 Kaplan 的认知理论和 Canter 的场所理论都从中汲取了营养，这些理论的共同特点是强调了环境认知的目的。

总结 Brunswik 和 Gibson 的理论对环境知觉的研究和应用有着各自的重要影响，他们都是从传统理论出发，丰富和发展了环境心理学。虽然人类首先是视觉的存在，但环境知觉包括藉所有感官收集信息并产生意义的过程。在日常生活里知觉是一个非常复杂的现象，也有很多特点，环境知觉研究中所得到的这些知识现在已经广泛地应用在城市规划、景园和建筑设计等实践领域里，此种运用也拓宽并发展了环境知觉的研究工作。

我们的讨论是以环境知觉作为环境认知的一部分为基础的，环境知觉是我们对周围实质环境的最初反应，认知则涉及了更多的心理过程，它包括知觉、注意、表象、记忆、学习、思维、语言、概念形成和问题求解等相互联系的信息处理过程。环境心理学的认知研究之重点在于环境的表象（意象）、场所的记忆与学习以及空间问题的求解等。

二、空间认知

一个人在一个地方生活必须具备某些基本的能力，生活在城市中的人们应该了解自己家在城市的位置、家附近超级市场的地点、社区医院的方向、孩子所念学校的路径等。在较大的范围内，他应该清楚自己的公司在城市中的哪一个地方，坐哪一号地铁在哪个站下来。同样地，刚从火车站出来的他，应该知道站前广场上的哪一路公共汽车可以直达家门口，或是只要换乘哪一路车就可以看到窗前妻子秉烛以待的身影了。当他成为另一城市的陌生客，譬如一个上海人去北京，或一个昆明人来上海，尽管从未到过这个城市，他还是能准确地到达他要去的地方。

人们多少了解所在地方的空间知识，并能识别和辨认环境，这样他不仅能去他想去的地方，而且还能为他人指路。环境在人心理上的表达能力，以及记忆能重现环境的形象是人类基本的生存技能。

1. 空间认知的性质

空间认知是由一系列心理变化组成的过程，个人通过此过程获取日常空间环境中有关位置和现象属性的信息，并对其进行编码、储存、回忆和解码（Downs 和 Stea，1973）。这些信息包括方向、距离、位置和组织等。空间认知涉及一系列空间问题的解决，如在行进中测定位置、察觉街道系统、找路（或迷路）、选择（或放弃）指路信息、定向，以及其他各种空间问题的求解等。

（1）空间认知的过程

空间认知首先依赖于环境知觉，人们藉着各种感官捕捉环境特征，通过观察道路、地物、界限和其他环境特征获取某一地方的信息，并设法弄清楚事物之间的联系，了解不同地点间的距离，是否可以从此处到彼处，如何从 A 点到 B 点。人们听各种声音，嗅各种气味，触摸各种物体，所有这些工作，就能使人知道一些有关事物的位置和环境的属性。

这些信息不会从我们大脑的一边进来，又从另一边出去，它们是我们对环境理解的组成部分，是我们一再接触和记忆的基础。它们储存在大脑里，在不同情况下随时供使用。由此我们渐渐认识了环境，记住了它周围事情的各项特征。如图 2-5 所示，信息处理是在各个感官接受到信息时在大脑中发生的。信息处理过程包括对信息编码和分类，分成适合于我们过去的经验和个性的种类，如此，一个新地点不言自明地标上了“与另一地方的某事物相似的东西。”从嗅觉和触觉获得的信息也会分成相似或不同的种类，譬如“这地方闻起来有咸鱼味”或“这东西粗糙得像橘子皮”。这时我们也为位置编码，如“在邮局附近”，“在报亭对面”等。信息是经过分类和组织的，与经验中相似或不相似的环境相比较，并与环境的其他特征相关联。见图 2-5。

获得信息 ⟶	大脑处理信息 ⟶	产生作用
收集	编码	位置
和 ⟶	储存、回忆 ⟶	距离、方向
领悟	解码	组织

图 2-5　空间认知的过程

这些被编码的信息一旦在需要时可以回忆和解码。当我们在环境中走动时，向别人讲述环境时，或是在确定事物和场所的位置时，这些信息会被激活而重新整合，于是它们重新在大脑中浮现出来。

(2) 研究的三个根源

人类对于空间的认识能力和活动引起了很多学者的兴趣，来自三个不同专业的学者纷纷加入这场学术竞赛，即城市规划、地理学和心理学。空间认知的早期研究是由规划设计人员和地理学家完成的，这两个学科关注的是实质环境的不同形式对空间认知的影响。以 Lynch 为例，他感兴趣的是城市中哪些元素容易被市民记忆，这些元素如何组织才能使一个城市容易辨认，他硕果累累的研究奠定了现代城市设计理论的基础。

另一方面，心理学家比较关心空间认知的个体差异，如年龄、性别和经验对空间认知的影响。因而地理学家和规划人员强调的是结果，心理学家更关注空间认知的过程，特别是空间信息编码和解码方式。近来一些研究记忆的心理学家投入此领域工作以后，研究方向又渐渐转向了场所的学习过程。

这种多学科介入的性质使得不同专业的学者们互相激励，并产生了特殊的效果，譬如概念、理论和方法的多元化，以及创造性地使用某些术语，认知地图是其中一个突出的例子。认知地图这一概念首先由心理学家 Toleman 提出，他以白鼠为实验对象，研究它们在迷津中的寻址能力，他强调场所学习不能简单地看作刺激—反应的联想过程。Lynch(1960)假设人们头脑中的环境心理表象像地图一样，他让波士顿等城市的居民画出他们城市的地图，以寻找其中的共性元素，此方法非常成功，并被推广到其他尺度的实质环境研究工作中，如建筑物、区域等。

2. 认知地图

一个稍有生活经验的人都会对居住的地方有许多空间知识，这样他便能在环境中生活和生产，在环境中定向、定位和寻路，并理解环境所包含的意义。人之所以能识别和理解环境，关键在于能在记忆中重现空间环境的形象，很多著名理论家相信空间知识像一张地图一样储存在大脑中，这张图浮现在人们的脑海里，人们使用它就像使用一张建筑图纸。认知地图可以通俗地称为心理上的地图、头脑中的环境，或是头脑里的城市。认知地图强调了一种认知的效率，即人们是以一种简化的形式储存空间信息的。

(1) 认知地图的性质

随着研究工作的深入，人们发现认知地图实质上它不仅可以是视觉图解，也可以是一段文字或语言描述。林玉莲(1991)请中学生画上海市的草图，一些人把苏州河改名为“臭苏州河”，这种非视觉意象起到了强化(消极地)的作用，苏州河畔有再好的风景，却经“臭”字的强化而化为环境噩梦中的一幕。现在认知地图的含义逐渐扩大了，广义而言，认知地图不一定只是一张图，一张纸上的图，它更像是一个动态的过程，透过此过程，一个人对他每日生活的空间及其特性、相关位置有所感受、归类、记忆、回想和阐释。广义的认知地图等同于空间认知。

狭义而言，认知地图是一种结构，人们的空间信息将编码在此结构中，或至少解码以后整合在此结构中，此结构相当于它所代表的环境。认知地图是空间表象的一种形式，它强调了图解的性质。认知地图主要以视觉信息为主，同时又包含其他感觉信息。狭义的认知地图在理论上有一些缺陷，此点我们在后面将会讨论。但无论如何，认知地图这一术语很有吸引力，它既简化了它的意义，又简化了它在人们日常生活中的作用。它既有直觉性又有形象性，人们通过常年累月的活动和体验，构成并积累了这张大脑中的地图。它包含广泛的信息，如街道景观、建筑造型、树木流水和地物特色等。不同的人对同一环境，由于活动和体验的不同，个性、年龄、社会地位和生活方式的不同，他们的认知地图也不尽相同，但一群人对某一地区会取得一定共识，这在一定程度上会反映环境本身的特性，并对环境设计具有参考价值。从严格意义上说示意性的草图并不是认知地图，它只是认知地图的一个译本。

(2) 认知地图的特点

认知地图不是储存于大脑中的一张折叠照片，当我们使用它时便把它展平开来；也不是一个微缩的航海模型，当我们要校对航向时把它放在面前。它是经过大脑加工的产物，不精确、完形和简化是这张心理的地图的主要特色。

很多研究说明人们会把日常的实质环境知识转化为相对简单的地理形式。一个椭圆形的铁路体系人们会把它看成是正圆形的体系(Canter 和 Tagg,1975)。两条斜交道路交成的十字路口，人们会把它看成是由两条正交道路交成的(Pocock,1973)。像泰晤士河和塞纳河这样蜿蜒缠绕于城市中心的河流，市民们会把它们看成仅仅是一条流经市区的平滑曲线(Milgram,1976;Canter,1977)。维也纳建筑师 Sitte(1956)说人们认为耳布广场是规则的和直线的形状，但实际上它是不规则的，见图 2-6。玛丽亚·诺维那广场明明是五边形的而且有四个钝角，但在人们的记忆中它是四边形的，并且对各边的角度是钝角还是直角也不清楚，见图 2-7。

夏祖华和黄伟康(1992)对太原市五一广场(图 2-8，图 2-9)也做了类似的调查，他们请不同性别、不同职业和年龄的居民绘出广场的平面图。他们发现多数人的“实际感受”不同于平面图上的客观形象，也不同于地面上的客观实物形象，在不同程度上都有变形和修改。其中儿童的认知与成人的不同，广场上的交通警又与其他人不同，其共同的倾向是忽略空间中微小的差别。两个明显的简化是一条斜交 75°的路被简化成垂直的，一个不完全对称的广场被完整化为完全对称的。见图 2-9。

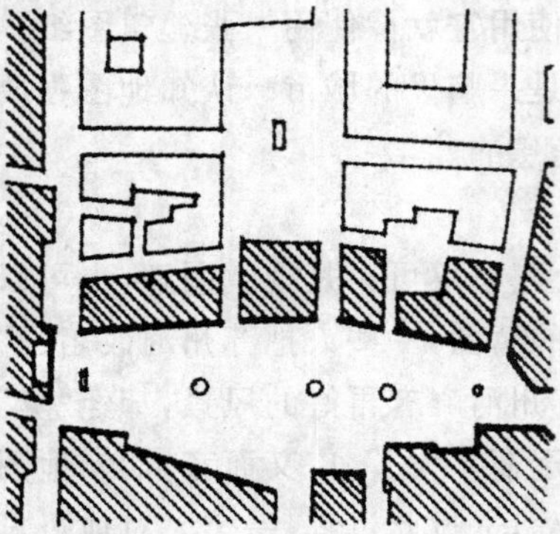

图 2-6　耳布广场

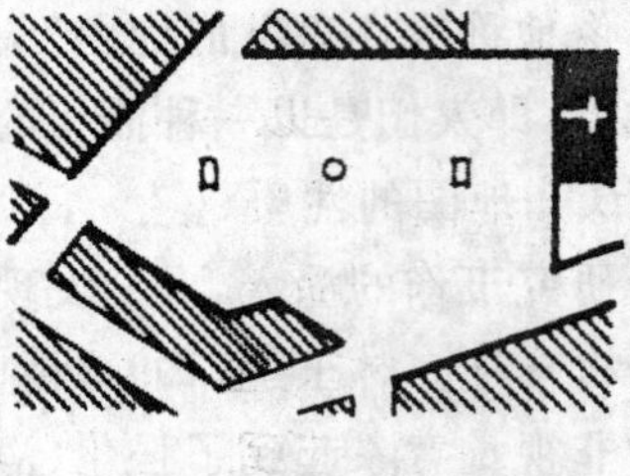

图 2-7　玛丽亚·诺维那广场

对以上这些认知地图的研究说明，某些建筑师为了追求图形上的整齐、规则和对称，而在旧城改建设计时对环境大动手术是不必要的和没有道理的，也是代价高昂的。大多数人的空间表象会忽略图形上的一些细节，并将其自动简化和完形为简单图形。所以当你很想创造一个严谨的、对称的空间时，却因为基地条件限制而不能实现，但你不必担心，请看下面这个例子，这是东南大学建筑系馆前的庭院空间，其中的四块草地是不对称的，但实际上又有多少人会察觉这一点呢？见图 2-10。

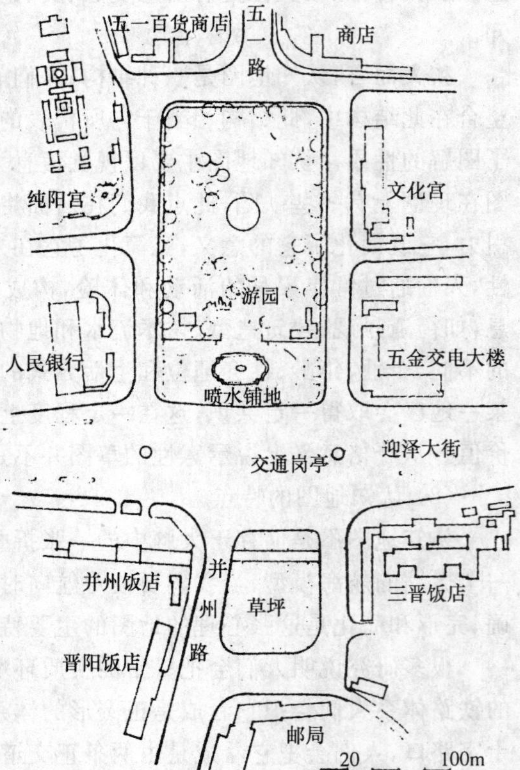

图 2-8　太原市五一广场平面图
（夏祖华和黄伟康(1992)）

认知地图中除了图形以外，空间其他方面的表达也失真。距离和方向可能会画错，通道和路线可能会画得过分突出(这可能意味着它的重要程度)，放大后和原来的不成比例，或者可能画错了地方，场所的某些特征不是强调过分就是强调不够。这说明人们在空间信息的处理过程中，在编码、储存、解码和整合的时候，存在使环境的某些方面失真的倾向。

虽然这种认知图式是不准确的、不完全的和不完美的，但它很有用。它表明我们描述环境时是有选择的，是以对我们的生活有意义的方式处理和组织信息的，其结果是产生了一个有效率的简化的认知结构，这就是认知地图。认知地图可以帮助我们解决很多空间问题。认知地图将帮助人们适应环境，帮助人们在环境中的定向、定位和寻路。它能帮助人们在记忆中对环境布局加以组织，提高在环境中活动的机动性，方便工作、学习、购物和休闲等活动。比较清晰的认知地图有助于人们更加充分有效地体验环境，使环境更有意义，为人们提供更强的安定感和控制感。已有的认知地图也

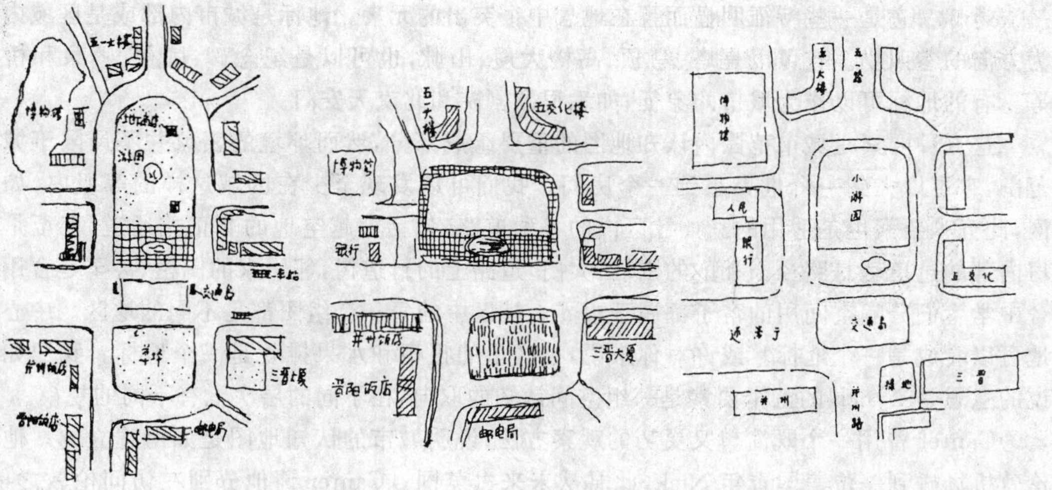

图 2-9　太原市五一广场认知草图举例(夏祖华和黄伟康(1992))

是进一步充实和扩大环境知识的基础。当我们去一个新的城市,尽管对它一无所知,我们在机场时并不会束手无策,我们可以用自己所在城市的认知地图为基础,买一张当地的交通图,尝试一次新的旅行。如果我们走对了(通常是不会走错的),便可以强化我们的空间知识。如果走错了,也可以学习新的空间知识,并储存或编码在认知地图中,我们会记住道路上的一些明显特征,如建筑物、纪念碑、高架路等空间特征和组织。我们有选择地记住了这些特征并忽略其余部分,所有这些都可以使这条道路从我们所认识的场所中辨认出来。

(3) 认知地图的构成要素

这些心理的地图是由什么东西组成的呢?这个问题首先由 Lynch(1960)提出并做系统研究的。他在堪称里程碑式的调查工作里,请波士顿、洛杉矶和泽西城的居民作为被试,要求他们介绍自己的城市,随之他分析并规定了用来构成城市表象的五个基本要素。

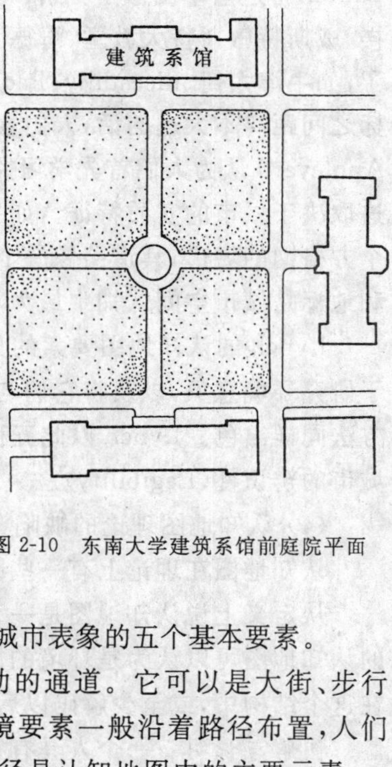

图 2-10　东南大学建筑系馆前庭院平面

路径　它是观察者经常地偶然地或可能地沿着它走动的通道。它可以是大街、步行道、公路、铁路或运河等连续而带有方向性的要素。其他环境要素一般沿着路径布置,人们往往一边沿着路径运动一边观察环境。对大多数人而言,路径是认知地图中的主要元素。

边界　两个面或两个区域的交接线,如河岸、路堑、围墙等不可穿透的边界,以及示意性的象征性的可穿透的边界。道路和边界有时很难区分。

区域　指具有某些共同特征的城市中较大的空间范围。有的区域具有明确的可见的边界,有的区域无明确可见的边界,或是逐渐减弱的方式。

节点　它指城市中某些战略要地,如交叉口、道路的起点和终点、广场、车站、码头以及方向转换处和换乘中心。节点的重要特征就是集中,特别是用途的集中。节点很可能是区域的中心和象征。

地标　它是一些特征明显而且在地景中很突出的元素。地标是城市内部或是区域内作为方向的参照物。它可以是塔、穹顶、高楼大厦、山脉，也可以是纪念碑、牌楼、喷泉和桥梁等。有的地标可以作为城市的象征，如悉尼歌剧院和北京天安门。

这五种要素是城市范围内认知地图的重要组成部分，然而环境的表象并不局限于城市范围，它可以大到一个世界小到一个房间。我们可以发现至少在区域这样的等级内，如社区，此五项要素也是适用的。如社区内的各种道路，包括穿越空地的非正式通道，甚至是住房内部的过道就是路径。社区的围墙、大门，道路上的行道树，邻居家的围栏，甚至是合用宿舍中学生们分隔空间用的帘子都属于边界。社区中的每一个组团都是不同的地区。中心绿地可以看成是一个地标。或许对你来说，社区里的报亭和水果摊就是一个地标。我们如此说的意思是 Lynch 的五个要素是一组空间认知的取向，在不同的层次上有不同的规模。

Canter 曾用一个既简单又灵巧的观察方法，说明城市的认知地图是如何建立的。他在伦敦机场碰到一位美国青年 Nick，此君从未来过英国。Canter 请他分别在访问伦敦之前，到伦敦一天以后，住了一星期以后，以及住了三星期以后各画一张伦敦的示意性草图。Canter 将这些草图做了分析。首先是可以分辨的点（地标、节点）的数目增加了，如国会大楼、威斯特敏斯特大教堂、海德公园、维多利亚车站等。随后连接这些点的线（路径）也出现了，如牛津大街、Piccadilly、Paddington 和 Euston Road 等。一般而言，如果一个地方的地标之间距离不太远的话，人们会首先学习地标和场所，随后学习路径和区域。但 Lynch 和 Appleyard 认为人们首先学习路径和区域，随后才用地标确定方向。可能两者都是正确的，这取决于城市的实质特征。如果一个城市道路系统比较复杂的话，可能是先学习地标。一个方格网的城市，其道路像一个棋盘，路径就比较容易学习。无论如何，此五项要素中，路径和地标是城市空间认知中最为重要的。

Lynch 的认知地图要素的分类法已被广泛用于研究，它的优点无可争辩，当此种方法用于研究环境意象，以及将它们与其他实质的、社会的方方面面联系起来并进行比较时，此种方法同样出色。Lynch 以此五种构成要素为基础，建立了城市设计理论中最重要的概念，即城市的辨识性（Legibility）。

(4) 认知地图理论的缺陷

认知地图在理论上有一些缺陷，至少有几个可疑点。

从定义上说认知地图是一种结构，它既包括视觉信息，也包括其他感觉信息。狭义而言的认知地图可以认为是环境的简约图解，是环境在人们心理上的投影，人们的空间知识编码在这个结构中，或至少解码以后整合在这个结构中。我们的疑惑就从定义开始。

图解与说明　一个人具有很多空间知识，且不说这些知识被编码到了何处，这些知识被记忆起来时，是否能迅速整合成一张认知地图，如果能，这些知识也是有限的，否则认知地图的容量实在太大，根本不可能在短时间内整合起来。一个人做空间判断时，并不总是需要调用这张图，他必须做的就是目标再认，譬如他看到图书馆就向左转，因为要去的教学楼在图书馆的左边，也就是说这张图不必每次都在人们的脑海中浮现出来。所以认知地图中的图解信息必须和其他形式的空间表象联合起来，才能解决空间问题。早就有学者呼吁要认真对待语言意象，因为此种信息既可靠也有价值。况且认知地图理论也无法说明视觉信息是如何与其他感觉信息相互作用的。在某种程度上，认知地图理论是被迫接受“头脑中的这张图以外，还有语言信息”这一主张的。

另一方面，头脑中的这张图是二维的，它遵守欧几里德原则，尽管 Lynch 的工作主要是二维的，但城市环境是三维的，如何以二维的信息去表达三维的环境呢？已经有工作说被试报告的意象是立体的而不是平面的。

我们相信每个人的脑海里都有关于环境的"图像—认知"地图，它所储存的空间知识是图解的、简明扼要的。它包括的就是一些主要地标的知识，包括它的位置、方向和总体特征。除了地标以外，还包括一些线性特征，如道路以及区域特征，这些可以看成是地标之间的空间关系。当然除了 Lynch 所揭示的认知地图五种构成要素以外，还需要更多的工作。

我们相信认知地图是一种结构性知识，它告诉我们这个世界在空间上如何组织，我们要去的下一个地点在哪里，它的主要特征是什么，但当我们构成行动时，譬如从此处到彼处，仅凭认知地图是不够的，需要更为详细的知识，它们部分以语言为取向，更需要很多技能。"认知地图并不反映它所代表的全部环境，它只是所代表环境的总体结构，"认知地图是环境的一种简约式图解，是人们反复体验环境的产物，也是环境知觉的基础。

认知地图与分层结构　我们提出的第二个理由是空间认知的一个基本问题，即空间知识的编码方式。认知地图理论并非是空间认知理论的唯一竞争者，尽管它能解释部分现象。譬如人们经常少估或多估距离，经常把面积估计得比实际的大或是小，经常把曲线看得比较平缓，把斜交的看成是正交的。认知地图理论的支持者认为人们是以简化的图解形式储存信息，会有很多信息被忽略，而且头脑中的认知地图的比例也不尽相同，上述现象是可以理解的，但如果让它解释下面的现象就很困难了。

请你不看地图回答这个问题"多伦多和明尼阿波利斯，哪一个城市更北面?"你一定会认为多伦多更北面。让我们复述你的判断过程。由于这两个城市很难做直接比较，因而会经过推理。多伦多在加拿大，明尼阿波利斯在美国，加拿大在美国的北面，所以多伦多更北一些。事实却正好相反。Stevens 和 Coupe(1978)已经证明当人们对两个城市的方向做判断时，是根据这两个城市隶属的州或省之间的相对位置来做出判断的。也就是说人们是分类储存空间信息的。环境的主要方面储存在第一级的类别中，第一级类别又分成很多第二级类别，储存了大量进一步的内容，再往后是第三、第四、第五级……这是一个类似树形的编码结构。多伦多被编码在加拿大这一类别里，明尼阿波利斯被编码在美国这一类别里，当次一级类别做比较时，需以上一级类别之间的关系做参照。这个理论说人们将分类或分单元储存信息并组成一个层级结构，而并非是如认知地图理论所说的那样的图解方式。

此理论可以解释很多认知地图理论无法解释的现象，并能预测认知地图理论所无法预测的事情。Allen(1981)的工作已经发现人们会把关于一条路的空间信息分成若干段落，并以段落边界作为启发点来估计距离，这些段落越多人们主观估计的距离就越长，所以一条路经过的十字路口越多，人们就感觉它越长，一条路线上的换乘次数越多，人们就越是多估距离，等等。我们也可以做合理的预测，两条路线其他方面都一样，那条跨越几个区的路要比只在一个区的路感觉上要长一些。

空间认知的原则是实用主义加经济性，其基本信念就是人们将以非常有效、简洁以及使用起来非常方便的方式储存空间信息。那么这两个理论哪一个实际一些呢？可能两个都存在，认知地图储存了一个简明扼要的图解信息，分类结构是说明性的，两者相辅相成，不过在弄清问题之前还需要做大量的工作。

总结　没有一种心理过程是与环境完全脱离的，但这部分讨论的内容通常被看成是发生在大脑中的事情，即我们如何洞察环境以及实质空间是如何组织在我们的思考之中。我们并不是机械地获得与回忆关于位置、距离和组织等的信息，而且我们的这种工作是有效的，部分原因是我们建立了认知地图。认知地图研究显示人类在收集和组织环境信息过程中的步骤与策略。一个容易辨认的环境有明显的路径、明确的边界、区域、节点和地标。这些认知图式当然会受到人们的年龄、性别、熟悉程度以及经验的影响。本章空间认知的内容是作为理论部分阐述的，它可以看成是一个引子，更为具体的专题讨论可以阅读下一章："城市意象和空间指认"。

第三章　城市意象和空间指认

城市的发展，影响了我们的时空观念，影响了对速度和距离的估计，对方向和区位的判断，也改变了我们的美感体验。崭新的物质陆续进入我们的视野，物我的关系不断调整，重新影响了我们对外界的认知方法。同时城市也是一个包容异同的空间，里面不只有一种人、一种生活方式、一种价值标准，而是有许多不同的人、不同的生活方式和不同的价值标准。就像一个个橱窗、复合的商场、毗邻的大厦，不是由一个中心辐射出来，而是彼此并列，互相连接。城市是人造的聚落，它具有开放、多样、积极向上和便捷的品质，为城市生活的推崇者津津乐道，但作为一个压力、紧张、喧闹、污染和过分拥挤的根源却为城市生活的批评者深恶痛绝。几乎所有的人文学科都在关注城市环境，包括它的实质环境和社会环境。经济学家、地理学家、政治学家、社会学家、心理学家，当然还有城市规划学家和建筑学家都在探索城市问题。本章将介绍一些专题研究，这些专题反映了在城市生活中环境心理学家感兴趣的某些特征。如同前章介绍的即使在这些专题之中，环境心理学家也得到了来自其他学科研究人员的帮助，有时这种帮助是至关重要的。

一、城市意象

城市与建筑一样，都是空间结构，但其尺度巨大，需要很长时间让人们感受，无论城市多么平淡无奇，注视城市仍让我们感到愉快。每一个人都对其居住的地区留有印象。一个市民长期居住在城市中的某一地区，他的地区印象中必然含有各种记忆和含义进而建立城市的印象。即使一个城市的陌生客，当他来到这个城市，他也有机会建立关于它的印象。譬如他坐火车来上海，他看到了进站时两边破落的棚户区，很不幸的他就会形成一个关于上海的破落印象，尽管这和上海的总体情况不符。

那么什么是意象呢？从定义上说，意象(image)就是心理上的形象，这和表象在概念上没多大区别，但是现在意象已经成为一种专门用语，那些探讨城市实质环境在人们心中所产生之印象的研究都称为意象研究。所以意象就是人们的生活感受中被记忆下来的部分，它复杂且变化多端，断断续续又零敲碎打，还常与其他有兴趣的东西相混淆，几乎每一种感觉都在起作用。城市的风貌和布置，建筑的色彩和形式，都对于人们的城市意象有重要影响。城市的声音和气味，市民的穿着打扮和语气腔调，甚至是步频大小也是形成意象的重要因素。为了能更具体而深入地研究居民的城市意象，研究人员已经设计出一些巧妙的方法，最典型的也是使用最广泛的那些方法都依据下列假设，即城市居民都有一幅城市的认知地图，它是由个人的个别特征和城市的实质特征二者共同形成的，研究人员所面临的问题是发展出一些方法去辨读市民各人头脑中具有的许多地图。从此意义上说，意象研究依赖于研究人员所发展的和使用的方法和程序。

1. Lynch 的研究

Kevin Lynch (1960)在他的著作《城市意象》一书中,详细介绍了他对美国的波士顿、泽西城和洛杉矶所进行的意象研究。波士顿是一个很有特点的城市,形式生动却不易确定方向。泽西城则是一个初次观察印象性极低的城市。洛杉矶是一个特大城市,市中心有网格状的布局。Lynch 在研究这些城市的意象时,采用了两种主要的方法。在第一种方法中,由居民中抽样并与之面谈,探询这些被试对城市环境的意象如何。他收集了以下的信息:每个城市对它的居民的象征意义,从家到工作地点的方向,人们对这一段路程有什么感觉,以及该城市中有特色的要素。另外还要求被试画出地图和辨认各个地方的位置。在第二种方法中,Lynch 要求一部分被试从照片中辨认一些地方,一部分受过训练的观察人员还到城市中去作系统的实地观察,他们被带到他们曾在采访中描述过的路线上去,询问他们所在的位置和所看到的东西。这些观察人员利用曾经在示范分析中证明富有意义的资料,描绘出环境因素,其意象的优缺点等,这种方法能将抽样人士面谈所得资料与实地分析所得资料作比较。尽管很多因素都对意象的形成有影响,如当地的社会意识、风土人情、历史变迁、城市功能,甚至是其名称,但是从 Lynch 的方法来看,他所关注的意象限于实体方面。Lynch 以认知地图的五种构成要素即路径、边界、区域、节点和地标来分析这三个城市的。

波士顿半岛在其市民心中是作为一个有区域(如波士顿公共广场)、路径(特里孟特街等)和重要的历史地物(旧的建筑和场所)的地区出现的。波士顿有突出的界限——水包围着半岛。人们认为波士顿半岛有强烈和明显的特征,有明确的界线、地区和地标。虽然道路系统像一个迷宫,但主要道路还是很有名。见图 3-1。

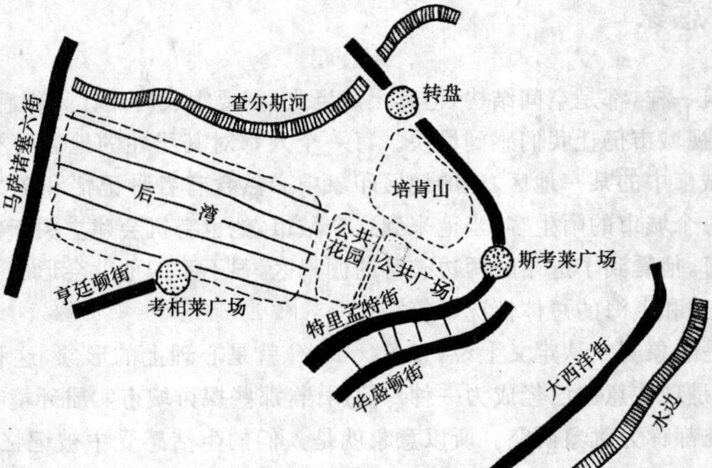

图 3-1 公众理解的波士顿视觉模式(Lynch,1960)

与波士顿相比,泽西城过目不忘的有特征的部分为数不多。泽西城的形象很贫乏,丘纳尔广场(Journal Square)因有集中的商业和娱乐而显得较为突出,但它的交通混乱,空间无明确形状。城西公园(West Side Park)是具有一定特征的唯一大公园,多次被人提及,也是整个结构中一处放松的地方。伯根区(Bergen Section)主要因是高等住宅区而突出,新泽西医院像一位白色巨人雄踞山顶,异常醒目。还有令人注目的纽约城的远景轮廓,除此以外,再也没有值得一提的东西了。一位妇女这样说:“很遗憾,泽西城没有什么地方值得我对远方的来客说:啊!我多么希望你能去那儿走走,那儿多美啊!”。Lynch 认为,在他的被试中无人对他们居住的城市有全面的了解。他们所绘的图都是零零碎碎的,且留有大块空白,只是集中于很小的宅地范围,这个城市缺少可识别的区域和标志物,缺乏公认的中心和节点。它可以说是以一些明显的边界来标志的,如高架铁路和公路、峭壁和两个河滨。即使在长期居住的市民的印象中,它的形象也是很不显著的,难以定向,无法描述和区别各个部分,结果令人不满。见图 3-2。

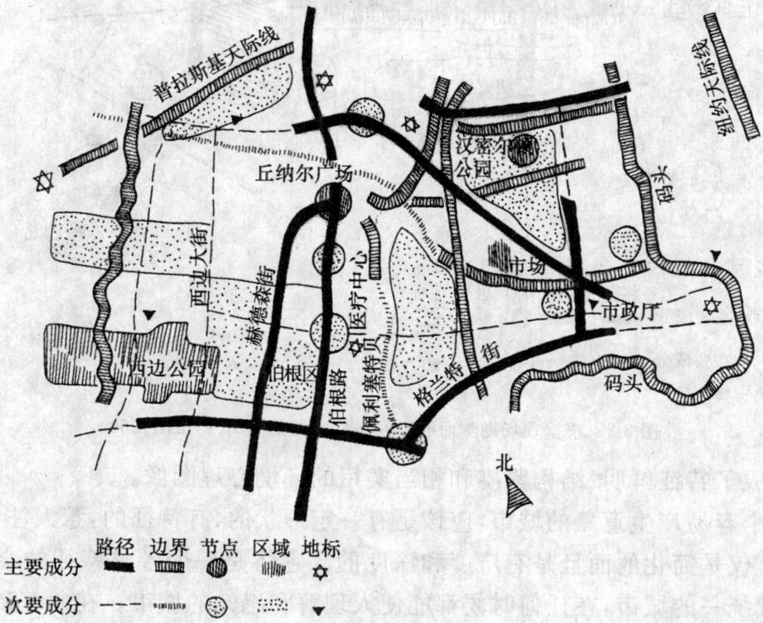

图 3-2 根据现场观测而绘制的泽西城视觉模式(Lynch,1960)

第三个城市,洛杉矶,为与波士顿和泽西城相区别,研究只限于中心区。最明显的特征是市中心和围绕市中心的明显的公路。在这个中心区内,潘兴广场(Pershing Square)在所有的构成因素中形象最突出。在地标方面,市政中心的形象最突出,没有人不被它吸引,百老汇的形象也很鲜明。在路线方面,除了潘兴广场附近的几条主要街道外,人们对街道只有模糊的感觉。人们对商业区的感觉是散、不成形状。从大一点的范围来看,某些地段和许多免费公路以及作为界线的海洋是有特色的。但是除这些地方以外,洛杉矶和商业区在被试头脑中没有什么特别生动的印象。见图 3-3。

2. 可辨识的城市

Lynch 通过对市民的心理形象的调查来讨论美国城市的视觉质量,并在此基础上提出这样一个问题:怎样的城市形式是市民容易记住和辨认的。Lynch 认为,城市景观的辨识性(legibility)指的是一些能被识别的城市部分以及它们所形成的结合紧密的图形。就像书上的每一页,只要字迹清楚易辨,就能以一种由可识别的符号所组成的模式而被人理解。所以一个可辨识的城市就是它的区域、路径、地标易于识别并组成整体图形的一种城市。所谓可意象性,指的是具体对象使一个特定的观察者产生高概率之强烈意象的性能。对象的色彩、

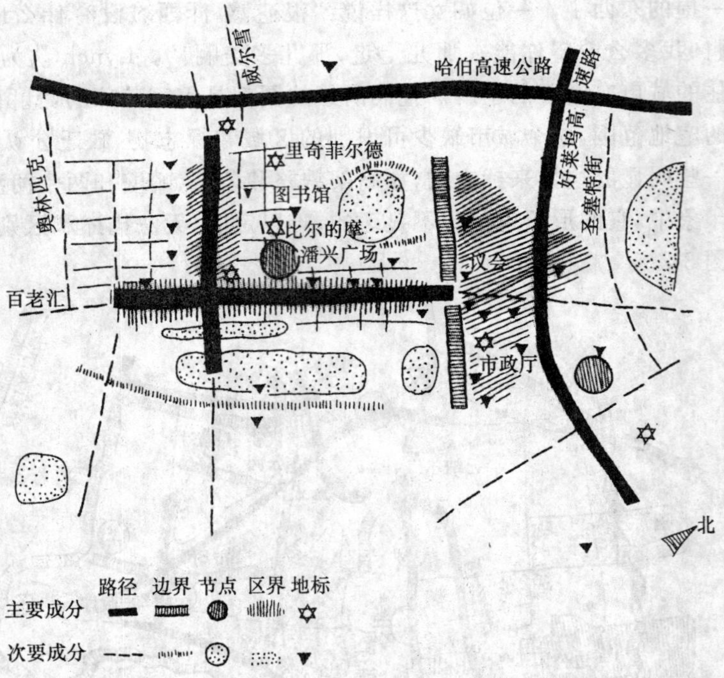

图 3-3 根据现场勘测而绘制的洛杉矶视觉模式(Lynch,1960)

形状、排列促成了特征鲜明、结构紧凑和相当实用的环境心理图像。

因而,一个容易产生意象的城市,应该是有一定形状的,有特征的,惹人注意的。对这种环境的感知不仅是简化的而且是有广度和深度的。它将是一个各具特征的、各个部分结合明确而且连续统一的城市,在任何时候都能使人理解和感知的城市。在此基础上,Lynch 提出了一系列可辨识城市的城市设计原则:譬如,主要的道路应有明显的独特的特征,从而能与周围的道路形成差别而显现出来,应用这些特征时必须保持道路的连续性;又譬如,当一条边界与城市其他结构有视觉和交通上的联系时,那么它就成为一个重要的特征;独立性及其与背景的对比是一个有存在价值之地标的基本要求等等。

撇开 Lynch 的城市设计原则不谈,尽管意象分析限于城市的实体方面,他的五种构成要素即路径、边界、区域、节点、地标,是否真的能涵盖城市中实体的所有方面,以及这五种要素在中西文化上是否也有普遍性?还有待商榷。但是他的使环境图式化的思想很有吸引力,至少一些伟大的古代城市以及有幸保留下来的古老城市都是非常图式化的。另外,容易记忆的环境对每个人都具有感情和生活的多方面重要意义。清晰的意象便于人们行动,无论是探亲访友、购买商品还是寻找警察,有秩序的环境就更为便利。它可以成为一种普遍的参照系统,一种信念和信息的组织者。清晰的可辨识的环境不仅给人们以安全感,而且还增强人们内在体验的深度和强度。虽说人们并非不能在视觉混乱的城市中生活,但如有一种更动人的环境,同样的生活在质量上会有新的提升。

在 Lynch 的基础上 Evans,Smith 和 Pezdek(1982)总结了空间认知的其他研究工作,并推荐了创造辨识性城市景观的案例。第一,在道路系统中地标安排在主要的节点上;第二,为了保持地标的特色可以夸大它的视觉特征,如拔高它的尺度,使之与相邻建筑分开,并使它包含一些较为公共性的活动等;第三,这些主要道路同时应该作为区域的界限以加强边界；第四，当一个区域进行再开发时，保护性建筑应该成为良好的地标；第五，同一性质的区域里应该构筑地标。

《城市意象》一书是二战以后建筑学界最重要的著作之一，它无论对设计人员还是对在校学生都有重大影响，特别是 Lynch 所使用的分析方法作为描述工具时十分有用。《城市意象》是西方每一个建筑学学生的必读书籍，在书里 Lynch 创造了一个架构，可以提供人们观察的方法，他是成功的。至于为什么现在这个理论在我国被公式化和程式化地套用，在我们看来，是因为很多人仅把它当作一种设计上的方法论来看待。

3. 圭亚那的意象

Appleyard(1969，1973)对于委内瑞拉的圭亚那市的意象调查则把城市意象体系推进到更精细一层的分析。Appleyard 访问了从这个城市的四个区中随机选出的 75 人，其中包括两个杰出人员组，一个是乡村俱乐部(country club)的 20 人以及负责城市发展的工程师 20 人。Appleyard 对被试提出了一系列问题，以了解他们的城市知识范围和性质。他请他们画一张城区的地图并回忆重要的特征，描述穿过城区的路径以及特殊的建筑物和区域等等。Appleyard 发现，规划工作者的城市知识更加广泛和复杂，因为他们都进行过现场和书面的调查，他们比一般城市居民到过城内更多的地方。而其他被试的草图以家为基地，并偶尔有一些围绕购物中心、工作场所、或早先居住过的地方的岛状地区。它的形状像一个星或星座，带着交通系统的触角状。他们的城市知识与其城市生活密切相关，其认知图式是一块熟悉的领地，边界上的情况不太清楚。设计人员的草图在中心很薄弱，但却以河流和城市发展的轮廓线作为边界，用心理学的术语说，居民看到了图形而设计人员看到了背景。

非常明显的特征是，被试强调的都是路径和地标，只有那些画得较为详细的地图才出现了边界、区域和节点。发现这一点很重要，这说明认知地图的五个要素并不是均衡发展的。人们在熟悉新环境的过程中，总是从重要地标开始沿着某几条路径探索，首先形成环境的路线型意象。人不是天上飞的鸟，不能短时间内对大尺度陌生环境建立起整体的意象，只有当路线型意象不断丰富发展，积累到一定程度时才能形成较为全面的城市意象，如果环境附近有登高远眺的制高点，就会加速形成整体意象。而该制高点则成为环境中的控制性标志，并与环境的各部分形成有机的联系。

与一些在美国进行的研究不同，Appleyard 发现收入低、受教育少的群体对他们的城市比上层群体有更多更广泛的了解。这似乎可归结为低收入群体的住宅区位置和他们更需要在全城走动以取得必要的用品和服务。社会经济地位和教育程度较高的人所居住的地区往往配套设施和相关服务比较完善，他们所画的地图更多地集中于地区的结构、形状和轮廓，而不是表面上形式的特征，他们选择要素时属性范围较窄，较为抽象并且更多地注意意义。另外，他还发现改变人们环境表象最有力的影响因素之一是集体运输系统的发展，特别是新的跨河桥梁的开通，具有决定性的意义。

通过实地勘测还发现一个令人感兴趣的地方，那就是城市中由专业设计人员设计的部分与非专业设计人员建造的乡土建筑之间的比较。前者从外观上看，精确地决定朝向和布局以获得空气和阳光，但与其基地的配合并不是很好，后者从飞机上看有些乱七八糟，像中世纪的村庄，但它们就像是从土地上自然生长出来的一样，与其文脉配合得恰到好处，这二者都是其创作者心理表象的清楚体现。Appleyard 在他的研究报告中还提出了一些建设性的意见，他认为总体上说个体所画的地图主要取决于他的教育水平、不同的经历等，但居民在心理上都以同样的方式构成城市，其中地标和道路是最重要的，并且通过活动、形体、可见程度和重要性来构成其关系。他认为城市设计的形态应该围绕环境和人们不同旅行方式的惯常路线来设计，应该选择有名的和看得见的区位、天际线、山顶和悬崖，来发展可以在很大范围内看得见的地标。此外，社会意义的形式和有关的名字(如路名、区名、物名等)，都是城市设计应该包括的部分等等。

Appleyard 总结道，建筑物如果想被大多数人了解，也就是建筑物的可意象性可以归纳为三方面的要素，即形式、可见度、使用与意义。

在建筑形式上，他说：

1) 突出的轮廓线能帮助人们将建筑物从环境中识别出来；

2) 有变化的、动态的东西惹人瞩目；

3) 与周围建筑在体量对比上有明显差异的建筑也容易辨认；

4) 建筑的形式应该有自己的特色，特别是与周围建筑物应有对比关系，因而一般而言在城市中那些非常简单、或是极度复杂，抑或是独一无二的形式总是使人印象深刻；

5) 建筑外表面装修材料的颜色、明度、肌理和细部的精致程度，以及建筑质量的高低对可意象性也有影响；

6) 广告牌是较次要的因素，但也须注意，因为过分突出的广告牌和交通标志牌也会导致人们看不见一些重要的设施。

在可见度方面，即使意义一般、形象不十分突出的建筑，如果它位于一个非常重要的位置上，四面八方的人们都能看到它，那么它通常也会被人们记住。所以人们通常不会忘记在主要交叉路口附近的、广场中心或其尽端的建筑。在使用和意义方面，Appleyard 说使用率高的、功能单一的、有很多人在里面的大楼通常在人们的认知地图中占有很重要的地位，譬如医院、图书馆、剧场等。另外，具有文化和历史象征意义的建筑一般也不容易忘记。

4. 其他学者的工作

在 Lynch 的鼓舞下，其他一些研究人员调查了世界各地一些著名的城市，譬如，Francescato 和 Mebane(1973)分析过意大利的米兰和罗马，Milgram(1972，1976)调查了巴黎和纽约，Orleans(1973)研究了洛杉矶，几年以前，Hanyu(1993)也做了东京的城市意象分析。此外，荷兰的阿姆斯特丹和海牙也由 De Jonge 做了比较研究。

Francescato 和 Mebane 采访了米兰和罗马两个城市中的男女老少各种社会经济阶层的市民，向他们提出的问题有：对他们的城市喜欢和讨厌的各是什么？他们记住了什么？如果他们迁走，他们可能记住些什么？对他们来说什么是重要的？他们如何向别人描述该城市有特色的部分？还要求他们画一张城市地图。许多结果与 Lynch 的结构一样，譬如，米兰的统一和放射状的街道布局(路径)明显地占有突出的地位，街道比地标和区域要突出得多。市中心有名的天主教堂出现在地图上，市中心还经常作为一个重要地区被提到，大教堂是这一地区的中心，它不仅被作为地标，而且还是节点，从它延伸出许多通道和街道。

对罗马的认知意象则很不相同。罗马散乱和多中心的特点在被试的回答中反映得十分强烈。很少有人用单个焦点来形容罗马。而是识别出三个主要场所(地标或节点)——城中的两个广场和梵蒂冈。罗马的中心区也很突出，但比不上米兰。在罗马提到最多的要素是台伯河、一些地标(圆形剧场、一个公园、一座桥)、梵蒂冈和上面提到的两个广场。街道也常被提到,但比不上米兰。地标常被用来象征罗马,却不用来象征米兰。简单地说,米兰给人的印象是组织得比较好,以市中心为基础,街道系统有条有理,罗马则给人一种散乱的形象,只是点缀着一些著名地标和节点。

研究表明,环境意象会随着被试的年龄、社会阶层以及是否在这个城市出生之变化而变化。罗马的中产阶级和下层阶级对罗马的城市意象有明显的差异,除了沿主要河流的路径和由此形成的边界(滨水地带)较为一致外,对其他四个要素:区域、路径、节点、地标的认知均明显不同。在中产阶级的草图中有两个相当完整而独立的区域,分布在河流的东西两岸,均处于城市的中心区,这表明他们有较为固定的活动范围,他们经常通行并熟知的道路多达十几条,且都是通向市中心或中心区内的道路,道路的路线清晰完整,长度也比较长。从节点和地标来看,能形成稳定意象的数目也比较多,分别为 7 处和 12 处。这表明由于社会地位高并有相当的经济基础,这部分人在城市中的活动范围较广,有较多的出行机会,能接触到城市空间的诸多方面,因而能形成较为完整和稳定的认知意象。而下层阶级的草图中,根本不存在区域的意象,这说明他们并无固定的活动范围,流动性大,能形成一定意象的道路只有 4 条,且十分不完整,道路的长度也短。可见由于社会地位低下和经济实力有限,这部分人在城市中活动的范围小且不固定,难以形成完整的城市意象。见图 3-4 和图 3-5。

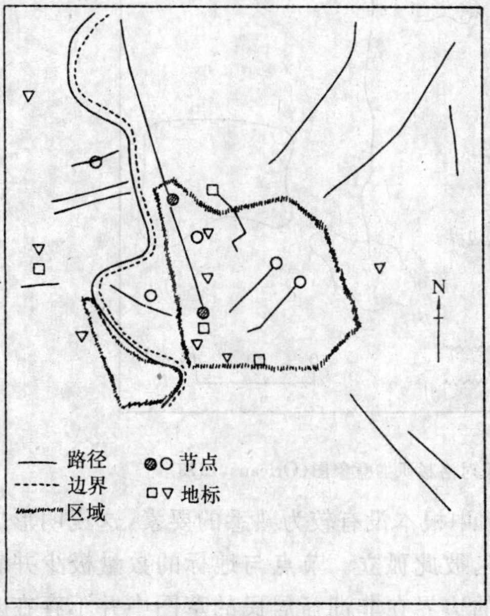

图 3-4 罗马中产阶级对罗马的意象图
(Francescato 和 Mebane,1973)

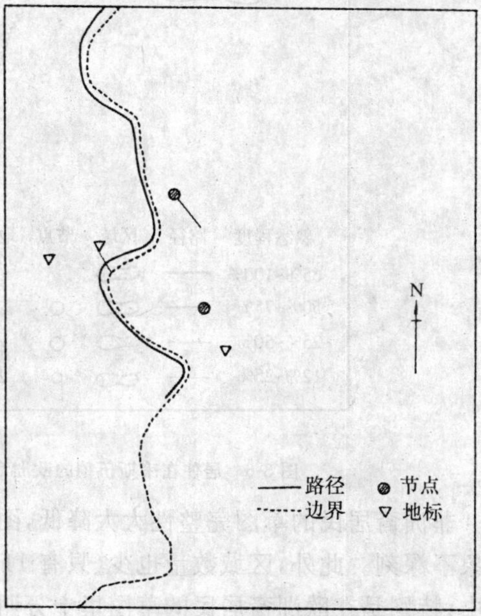

图 3-5 罗马下层阶级对罗马的意象图
(Francescato 和 Mebane,1973)

Orleans(1973)比较了不同社会阶层的被试对于洛杉矶的意象。他的研究也发现那些具有最广泛社会接触的回答者,才能够做出这个特大城市的较为完整的草图,而那些社会生活比较有限的人,只对这个特大城市的有限部分具有一幅清楚的图画,也许只有几个街区。另外种族和文化背景上的差别,也会造成认知上的差异。从图 3-6 可以看出,欧洲裔居民由于其在社会地位及经济实力上的优越性,因而对城市空间的认知较为完整,活动的范围大,能形成稳定意象的区域多(34 处)、道路多、线路长、空间边缘明确。节点、地标分布广、数量多，其较为熟悉的路径和区域较为固定，且均集中在市中心一带。

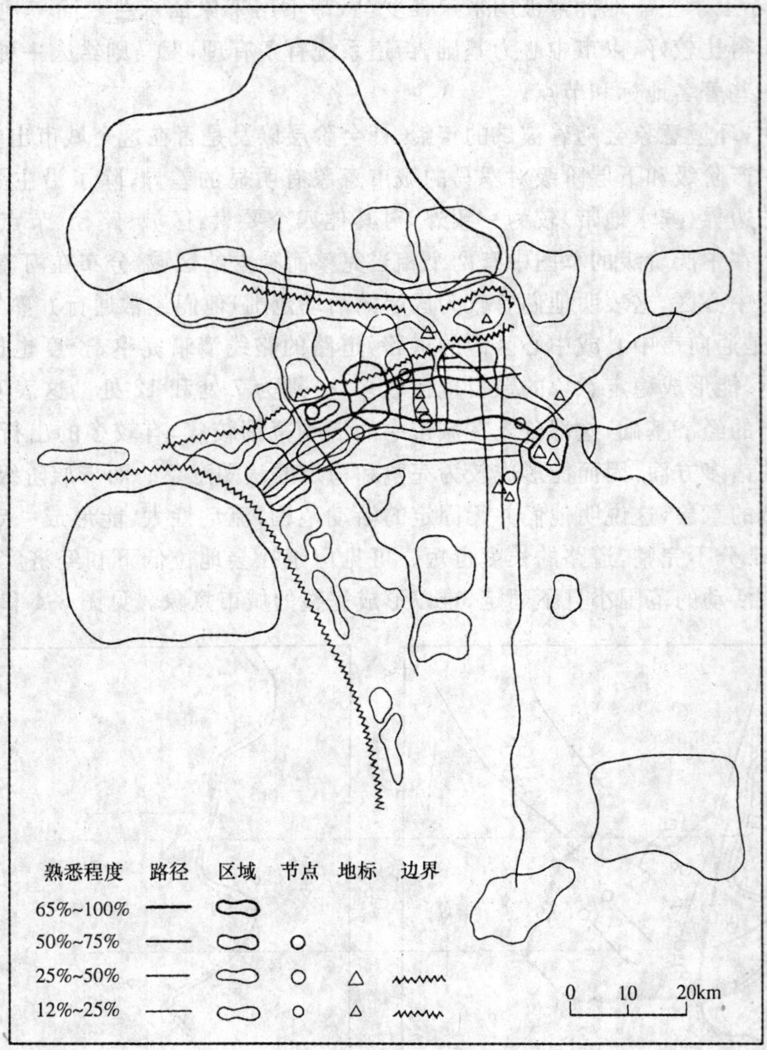

图 3-6 居住在韦斯伍德的欧洲裔居民对洛杉矶的意象图(Orleans,1973)

非洲裔居民的草图完整性大大降低，图 3-7 中根本没有较为熟悉的要素，这说明形成的意象不深刻。此外，区域数量也少(只有 11 处)，彼此孤立。节点与地标的数量极少并较为集中，特别是在欧洲裔居民的草图里十分明确的边界在非洲裔居民的草图中并不存在。道路长度明显缩短，并呈现东西方向疏、南北方向密的特征。这恰好与欧洲裔居民的草图相反，表明两者的活动范围和路线具有较明确的分界，体现了不同种族间的隔离性。与前两者相比，西班牙裔居民对洛杉矶的意象甚至连零散都谈不上，他们对整个城市空间的认知仅仅限于很小的范围之内，由一个区域、三个地标及若干小路组成。见图 3-8。

相对来说，Lynch 所采用并为后继者效仿的认知地图描绘技术是相当没有系统的，接受面谈者对问题或指示的回答也是很自由的。倒是 Milgram(1972)所用的认知地图描绘方法是比较有组织的。他以纽约的许多彩色风景幻灯片放映给被试看，要他们辨别出该风景的地点。风景的选定系采取客观的直角坐标法，以纵横坐标之交点作为一处风景点。被试由

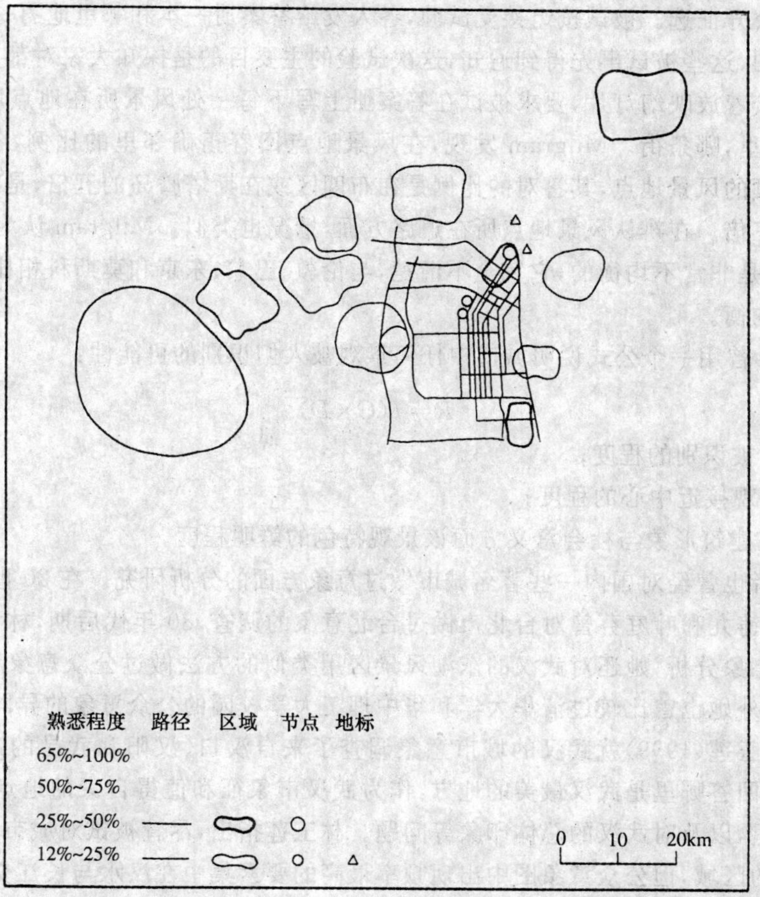

图 3-7 居住在艾瓦廊的非洲裔居民对洛杉矶的意象图(Orleans,1973)

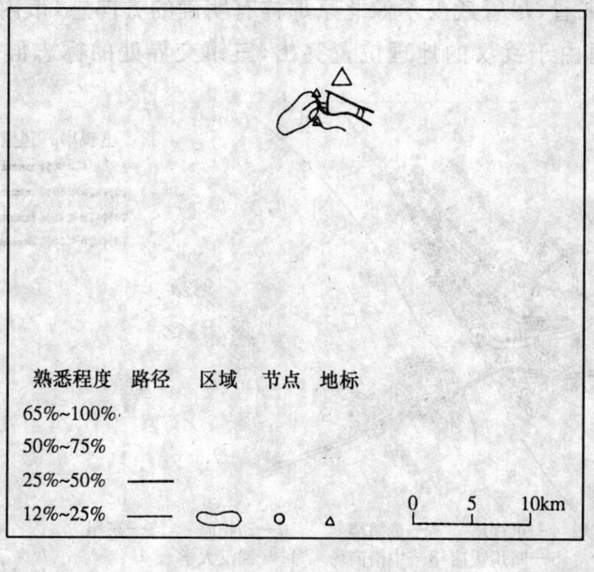

图 3-8 居住在博伊尔的西班牙人对洛杉矶的意象图(Orleans,1973)

《纽约杂志》公开征选。被试按组接受试验，各人发给答案册一本和邻里地图一份，并告诉他们要看熟地图，这些被试事先得到通知，这次试验的主要目的是探知大家对都市内各处风景认识多少。接着放映幻灯片，要求被试在答案册上写下每一处风景所在地点属于哪一个地区，哪一个邻里，哪条街。Milgram 发现，在风景地点回答正确邻里的比例，各区有很大差异。在曼哈顿的风景地点，其答对的比例是在布朗区或在斯塔腾岛的五倍，是在布鲁克林区或昆斯区的三倍。在辨认风景地点所在道路方面，情况也类似。Milgram 认为，纽约作为一个心理空间，是非常不均衡的，它完全不清楚，与伦敦、巴黎、东京和莫斯科相比，其心理感知是那样的不均衡。

Milgram 曾用一个公式说明城市中任何景观被人们识别的可能性：

$$R=f(C\times D)$$

R——可被识别的程度；

C——景观接近中心的程度；

D——在建筑形象与社会意义方面该景观特色的鲜明程度。

我国学者也曾经对国内一些著名城市做过意象方面的分析研究。在 20 世纪 80 年代初期，台湾的夏铸九和叶庭芬曾对台北市做过台北意象的调查，80 年代后期，林玉莲对上海和南京也做过意象分析，她还对武汉的东湖风景区用类似的方法做过公众意象和风景质量的评价研究，此外她也曾比较过清华大学和华中理工大学校园的公众意象的异同。

最近，林玉莲(1999)就武汉的城市意象调查了来自汉口、汉阳和武昌的总共 147 名被试，并请他们回答哪里是武汉最美的地方，作为武汉市象征和值得自豪的地点是哪些，城市的中心在哪里，以及对武汉的总体印象等问题。林玉莲指出，尽管被试对城市的记忆多偏重于自己所在的区域，但公众意象图中出现频率最高的要素集中在汉水与长江交汇处，特别是长江大桥、黄鹤楼和电视塔不仅是被试最清晰的公众意象，也是城市的象征和值得自豪的地方，而且三者的巧妙结合构成了三镇交界处一组绝对控制性的标志，见图 3-9 至图 3-13。从城市的识别性角度来看，尽管武汉不像北京那样有明确的方向感，市内跨区域的意象也存在许多模糊之处，然而由于武汉的地理位置突出，三镇交界处的标志群起到了绝对的控制作

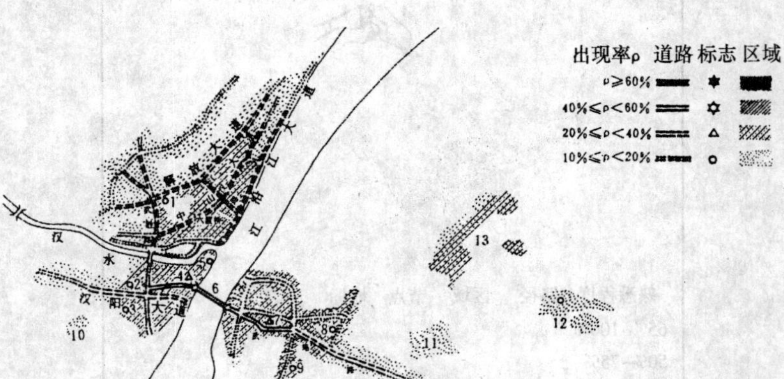

1—武汉商场 4—电视塔 7—黄鹤楼 10—动物园 13—东湖
2—古琴台 5—晴川饭店 8—中南商场 11—武汉大学
3—归元寺 6—长江大桥 9—武昌火车站 12—磨山

图 3-9 武汉市公众意象图(林玉莲，1999)

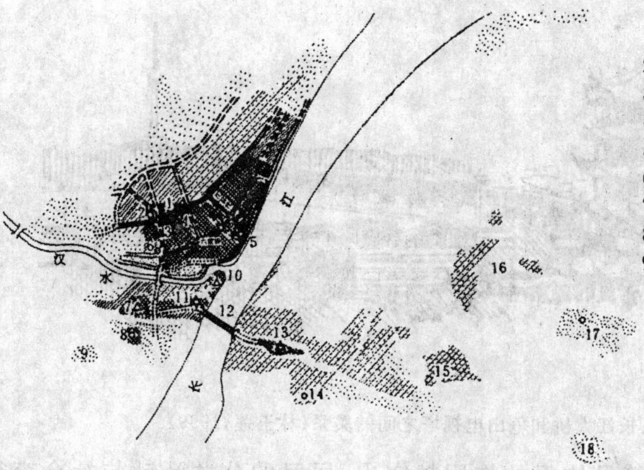

1—中山公园　10—晴川饭店
2—长江大酒店 11—电视塔
3—武汉商场　12—黄鹤楼
4—展览馆　14—武昌火车站
5—武汉关　15—武汉大学
6—新华书店　16—东湖
7—古琴台　17—磨山
8—归元寺　18—华中理工大学
9—动物园

图 3-10　汉口被试的武汉公众意象图(林玉莲,1999)

1—古琴台 4—汉阳商场 7—东湖
2—归元寺 5—电视台　8—磨山
3—动物园 6—黄鹤楼　9—长江大桥

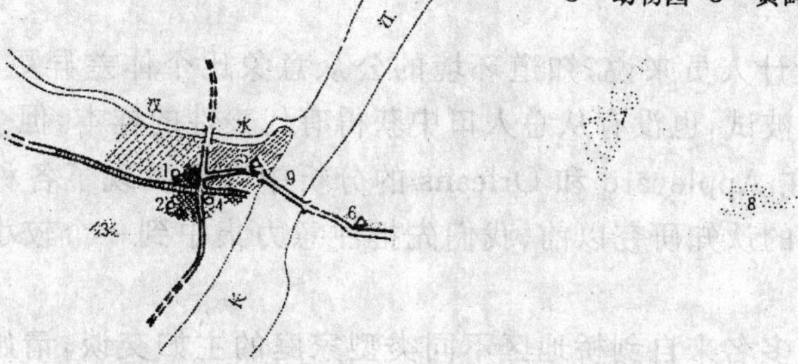

图 3-11　汉阳被试的武汉公众意象图(林玉莲,1999)

1—电视塔　6—东湖
2—晴川饭店 7—磨山
3—黄鹤楼　8—武昌火车站
4—体育馆　9—长江大桥
5—中南商场 10—大东门

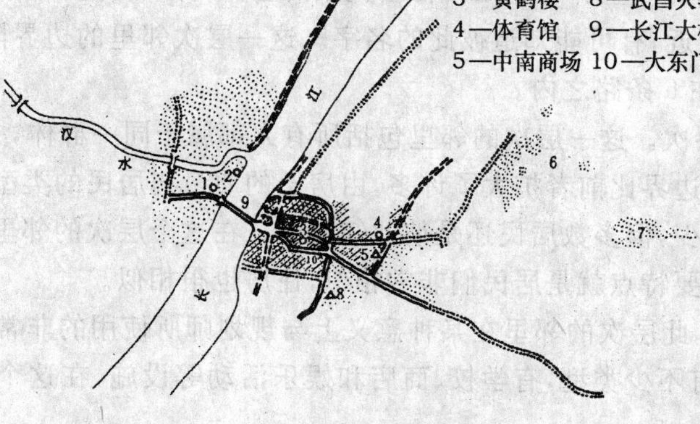

图 3-12　武昌被试的武汉公众意象图(林玉莲,1999)

用,三大区划分明确,主干道骨架清晰,城市的总体结构和大致方位不难把握。另外,被试倾向于把商业繁荣、交通便利的地段认为是城市的中心。

城市的公众意象为城市居民的公共活动与社会交往提供了必要的公共符号体系。城市的重要特征之一,就是其中的居民被通过共同的符号体系和共同的交往模式联系起来。公

图 3-13　黄鹤楼、长江大桥和龟山电视塔之间的关系(林玉莲,1999)

众意象越清晰的城市,这种公共符号体系的作用越突出,居民的公共活动与社会交往越活跃,活跃的社会交往又提高了居民城市公众意象的清晰度。

二、邻里意象与孩子

虽然 Lynch 相信对于设计人员来说,知道环境的公众意象比个体差异更重要,他在研究中不使用有显著代表性的被试,也没有从总人口中获得有代表性的样本,但个体差异在心理学中是十分重要的,我们在 Appleyard 和 Orleans 的分析中已经发现了各种人群的显著区别。在介绍两个涉及孩子的认知研究以前,我们先把注意力集中到一个较小却重要的规模上——邻里。

Lee(1968,1970)与 200 多名来自剑桥地区不同类型家庭的主妇交谈,请她们画出自己邻里的草图,并在图上注出她们的好朋友、亲戚和熟人的地点,描述她们出行时的习惯,表达她们对自己的地区的看法。而且每人都被要求说明自己的年龄、职业、居住时间、文化等背景资料。Lee 从这些材料中发掘并总结出三个层次的邻里。见图 3-14。

1) 作为社交关系的邻里。邻里是由社会关系的总体构成,在这一层次邻里的规模小于 500 户,人们住得比较近,有可能知道彼此的名字。这一层次邻里的边界限定在有社交关系的范围内,差不多是在 6 条路之内。

2) 匀质的邻里层次。这一层次的邻里包括所有人都属于同一群体,并与回答者的生活方式相似。此邻里的边界比前者扩大了许多,由房子的质量与居民的类型决定,在此范围内居民之间的社交已较少,但多数居民还是彼此知道的。在这个层次的邻里中,居民们属于脸熟但不认识。它的主要特点就是居民们非常相似,住房也很相似。

3) 大邻里单元。此层次的邻里在某种意义上与规划师所使用的非常相似,它的范围更大,其中房子与住户有不少类型,有学校、商店和娱乐活动等设施,在这个层次上,朋友和熟人是分散的。

通过研究,Lee 认为邻里规划应考虑两个层次,即作为城市单元的邻里和作为社会交往的邻里。前者主要与规划中合理安排公共服务设施有关,它所关注的问题是在什么位置上布置服务设施更合理,但在这一层次上居民们要发展紧密的社交关系是困难的。因而要想促成居民们的社交活动只有把邻里划分成更小的单元,在这些小范围的邻里中,应更多地关注提升实质环境的设计质量以促进社会交往,当然这些都与小商店和小活动场地的配置有

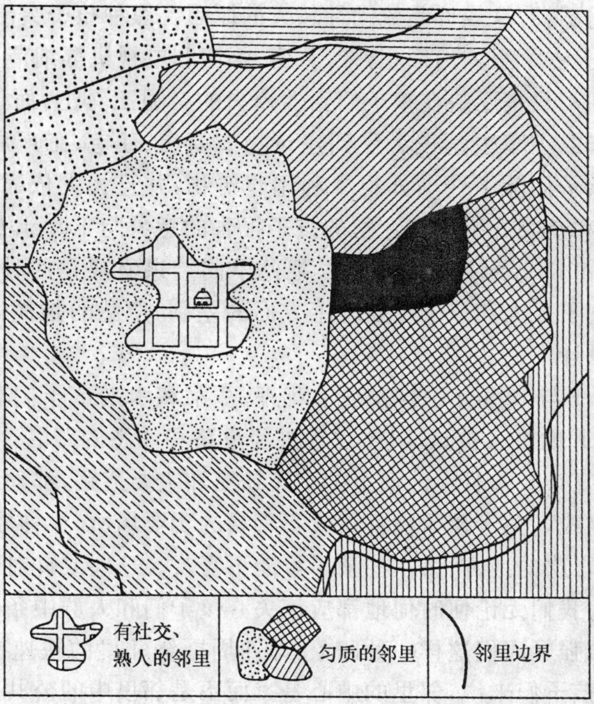

图 3-14 Lee(1970)的邻里层次
(引自 Environment & Behavior)

关。此外,Lee 还构成了一个量化指标——邻里商数(neighborhood quotient),它是这个邻里中所包括的住宅、商店和公寓的数目与当地所有这些的总数之比,Lee 说这个指数可使我们描述如何从感情的和社会的观点来感知环境,说明居民感觉到他自己被包括在社区中的程度。

邻里和孩子在研究中似乎密不可分,有人建议邻里应该以孩子们活动的区域来定义。我们来看一下孩子们是如何看待邻里和世界的。

Maurer 和 Baxter(1972)研究了孩子们对他们的家庭、邻里、到学校去的路程、城市及他们喜欢的和不喜欢的地方的表象。他们不仅检查了 7 至 14 岁的男孩女孩,而且还包括了黑、白和墨西哥裔的美国儿童,样本总数是 96 个儿童,通过试验可以弄清性别、年龄和人种的影响。不过实验并没有控制智力、社会经济水平及家庭背景,因而他们所发现的表象中的变化,有可能是由于上述因素引起的。

这些孩子都是由一个与他们相同族裔的青年女子作个别访问,要求他们画一张关于他们的邻里和住的地方的地图,表示出它的界线并标出他们的家,如画一张休斯顿城的地图,同时讲出其中的几个项目,描述从家到学校的路程,并说明哪里是他们喜欢玩耍和不喜欢玩耍的地方。与预料的情况相反,发现年龄对孩子们的意象影响很小。各组间唯一显著的差异是年幼的孩子画的邻里,比年龄大的画的小得多。但种族的影响很强烈,与墨西哥裔特别是黑种孩子相比,白种孩子的意象要广泛得多,他们中的多数人能画城市的地图,他们所画的邻里覆盖了较大的一片地区,并且他们还提到了较喜欢的玩耍场所。Maurer 和 Baxter 观察到白种孩子的亲友住得离他们的家较远,孩子们上学更喜欢骑车而不是步行,并且他们住在现在住处的时间不长，这或许是流动性较大的原因。黑种孩子突出他们的家，常常是先画家，并在邻里地图上占了很大的面积，像门、窗、烟囱和电视机等细节，更是详细描述。

种族之间的差别不只是反映在孩子们到学校去的交通工具上，而且对他们的意象风格也有影响。乘大客车或小车去学校者受到建筑物如商店、住宅、工厂和路上环境的高度影响。步行去学校的孩子们除了住宅外很少利用建筑物，并且大大依靠各种自然环境，如草地、树木、天空、太阳和动物。乘小车上学的孩子报告的意象与 Lynch 的成人被试所报告的并无差异。Maurer 和 Baxter 并不愿意别人把此不同结果看成是因种族差异造成的，他们认为此结果正好体现了成人和孩子在安全感方面的差别，遗憾的是他们并没有把他们的论点结合到所研究的设计中去。

Maurer 和 Baxter 与 Lynch 一样发现了花卉、蔬菜和水是孩子们表象能力的源泉。此外，孩子们也与 Lynch 的成人被试那样，常常讲到道路和熟悉的路名，然而孩子们的描述非常详细、生动和错综复杂。并且在地面上的交叉铁路和主要道路，都丝毫不变地成为孩子们所画邻里地图的边界线。关于孩子们喜欢或不喜欢的玩耍场所，在种族、年龄或性别方面并无一致性，某些孩子喜欢的地方，另一些孩子可能不喜欢。这些或许对邻里规划和住宅设计都有启示意义。因为我们无论何时何地都应该关心孩子们和人群中条件不利的人们。

这个研究似乎加强了人们这样一种印象，即四周围绕邻里的快速交通干道是约束孩子活动的边界，而且对孩子们来说，邻里的中心是家而不是邻里中的公共服务设施。这个研究可以认为是支持了 Bowden 等人提出的邻里以孩子为中心的想法，后者的想法不仅对小邻里即组团的规划有意义，而且对大邻里单元的规划也有价值。尽管说学校、超市和电影院等服务设施在地理上是邻里和社会的中心，但对每个家庭来说，这个中心恰恰是孩子活动的边界。所以，学校、超市和娱乐设施等大型公共建筑并不是一定要放在大邻里单元的中心的。

围绕儿童环境表象发展的讨论涉及心理学界几个最有威望的科学家，如 Piaget，他把儿童的心理发展过程划分为四个阶段。即婴儿期完全以自我为中心的动作空间阶段，在此期间内，婴儿分不清自身与环境，并且没有地形的表象，这称为感觉运动阶段。约 2 至 7 岁时形成最早的空间意象，大多数拓扑关系形成了，并且投射和欧几里德关系也开始构成。以自我为中心的定向开始为一个固定的参考系统所替代，首先集中在家，然后集中到少量不并列的路径、地标和熟悉的场所。这个孩子不再仅仅在动作空间中运转，他开始描绘他的路径(路线型表象)，这是一个逐渐地把孩子从他的环境、把孩子的观点与其他人、以及把要素和关系从环境中区分开来的时期，这称为前运算空间阶段。约 7 至 12 岁时，与具体的动作开始协调，产生许多其他重要的发展，产生了心理组织能力，开始形成直线、平行、成比例的间隔和角度等概念。他对这些关系的理解是通过同化和协调的均衡，将部分结构集合起来与整体协调的结果。现在这个孩子能够调节透视，构成欧几里德参考系统，这些对于他理解大规模的环境是最为重要的，这个阶段称为具体运算阶段。

最后，约 12 岁至 15 岁的青少年早期，这些孩子还出现了抽象的逻辑思维、判断和逻辑构成，并且不受具体事物内容的束缚，他可以通过假设推理解答问题，具有丰富的想象能力，不仅能根据直觉的想象，而且能根据抽象的命题想象，长度、距离、面积和体积等概念也能构成和保存。这称为形式运算阶段。

根据 Piaget 的发展理论，Siegel 和 White(1975)在实验观察的基础上提出，在大尺度环境中，儿童的认知地图能力经历四个连续发展阶段：1) 首先注意和记住看见的标志物；2)

识别和熟悉特定标志物之间的路径；3）将彼此邻近的标志物和路径结合成子群；4）将各种环境要素综合组织为统一的整体意象。尽管这方面的实验研究还不是很多，但现在已经很明显，这是环境心理学可以为心理学主流中的许多问题作出重要贡献的领域。

3 至 6 岁是我国儿童上幼儿园的年龄，这个年龄段的孩子们是如何设想自己的幼儿园呢？带着这个问题，林玉莲(1995)分析了学龄前儿童对幼儿园的环境意象。根据 Piaget 的理论，这一时期正是前运算阶段，这时的儿童思维带有极强的具体形象性，林玉莲收集了以“幼儿园”为题的许多儿童画，作者绝大多数是 4 至 6 岁的全国各地幼儿园的孩子。她对其中所调查的一所幼儿园进行了具体分析和讨论。这些儿童画分为两类，一类是孩子们根据记忆画出现实的幼儿园，另一类是孩子们画出自己想象的幼儿园。她发现，无论是记忆画还是想象画，自然要素的出现频率明显高于其他要素，其中太阳、花草出现频率最高，其次是树，动物中飞鸟的出现频率最高。在记忆画中楼房的出现频率不少，但是在想象画中楼房的出现频率则下降了很多。孩子们对于楼房还进行了艺术加工，以屋顶为例，坡顶、尖顶的出现率很高，尤以西方童话色彩的尖顶最突出，半数的楼房加画了烟囱。此外游戏场中的活动器械、各种旗子和孩子们的活动出现频率都非常高。

作者指出，在建筑师眼里，集教学、活动和休息为一体的主楼是幼儿园设计的重点，但事实说明，孩子们更喜欢外部鸟语花香的世界，幼儿园设计应该突出一个“园”字，绿化、野趣和游戏场才是一个幼儿园设计成功的保证。见图 3-15 和表 3-1。

表 3-1　　儿童画中各种环境要素出现的频率(林玉莲，1995)

环境要素		出现频率＝$\frac{\text{出现某要素儿童画份数}}{\text{儿童画总数}}$			
		记忆画(68 份)		想象画(69 份)	
自然要素	太阳	66%		81%	
	天、云	21%		25%	
	树	49%		45%	
	花草	65%		68%	
	鸟	29%		58%	
	蝶	6%		20%	
建筑物	楼房	44%		29%	
	小屋：平顶	10%		7%	
	坡顶	12%	37%	46%	61%
	尖顶	28%		43%	
	圆顶	3%		1%	
其他	黑板	4%			
	旗	26%		45%	
	水池、蝌蚪、鱼			7%	
运动器械	滑梯	28%		29%	
	攀登架	28%		23%	
	浪船	3%		3%	
	转椅	1%		7%	
	秋千	1%		1%	

图 3-15　儿童画——孩子们心目中的幼儿园(林玉莲,1995)

(左侧为记忆画,右侧为想像画)

三、寻路

建立良好环境意象的一个主要目的是便于人们的定向和寻路。如果人们很容易对城市中心的大致位置做出判断，并指出主要交通线的方向，那么对观察者来说，这个城市就是容易识别的。一个好的环境应使人容易了解自身所处的位置，并找到要去的目的地，这不仅指城市范围，在小一些的尺度中，如在居住区、在建筑群甚至在建筑内，人们要做到这些也必须依赖清晰的环境意象。或许有人会认为在现代城市中的大多数人是不会迷路的，因为我们有地图、门牌、路牌、汽车站等指路设施的帮助。但事实与人们的估计大有出入。许多现代建筑大楼、著名学府、医院、城市交通枢纽以及购物中心似乎专门与人的寻路能力作对，常常把人们搞得晕头转向。

Weisman(引自罗亮，1993)总结了一些美国的研究资料，他报告说，在密西根大学10幢建筑物中对73位大学生的问卷调查发现，9.1%反映经常迷路，14.1%曾至少在一个场合完全迷失方向，既经常又严重迷路者有8%，由于这些被调查的大学生对该校园或多或少都有些熟悉，因而这个结果是很令人吃惊的。此外，抽样调查阿尔伯特儿童医院的就诊者，发现他们中有23%找科室时出错，35%难于判别如厕所、餐厅等附属设施的位置。为别人指路成了工作人员的额外负担，据反映31%的工作人员每天至少要遇到一次问路，15%每天要遇到两次以上问路。密西根大学医院的情况与此相似，被调查的工作人员中有70%在一周内曾不止三次为人指路。通过电话询问密西根州费德拉大厦的使用者后发现，11%的人反映难找电梯，15%难找楼梯，30%难找卫生间，超过16%的人难找要去的办公室，甚至还有7%的人连找大楼问讯处都有困难。

交通枢纽也是人们经常寻路出错的公共环境。在对达拉斯-福斯沃特航空港的一项调查中，有25%的答卷人认为该港标识不清或混乱，也就是说在每天进出的75000人中至少有10000人要问路，于是航空公司不得不雇佣34名服务员专门在航空港内作向导。对纽约、华盛顿和亚特兰大的地铁系统的比较研究也说明，在初次进出车站的人群中(主要是旅游者和参加各种会议的代表)，纽约有23%有寻路问题，亚特兰大有20%，华盛顿有15%，华盛顿有寻路问题的人中有的还相当严重，不是走错了车站就是搭错了车，在纽约这种人有8.3%。这些大量的调查资料说明，在城市中的各类建成环境中不同程度地存在着定向和寻路的问题。

1. 寻路的过程

我们认识环境需要两种基本的环境信息，一是场所和物体的位置，二是环境的属性和特点。位置指的是距离和方向，而环境的属性或叫特征，可以补充我们对位置的了解。譬如知道某住房在居住区的特定位置，或者了解某电影院在大街的尽头(环境的属性)，都对我们的空间认知有帮助，这种属性可以是描述性的，也可以是评价性的。空间认知研究，特别是人们关于大空间的表象研究，都紧密地与空间定向和寻路联系在一起。人们的方向感是很复杂的。地图标明了东南西北四个基本方向，我们旅行时也常常依靠这四个方向。但在日常生活中，方向有多种表达形式，有些场合我们是以大家都知道的地标或节点来指明方向的。我们可以说“在徐家汇那个方向”或是“在王府井边上”。按照早期研究人员的观点，空间定向指的是准确描述空间，把环境信息绘制在较大比例的地图上并在上面确定自己所在位置的认知能力。但是近年来，空间定向逐渐被寻路所取代，这是因为人们的空间定向不是一个静态的过程，而是在一个有目的的动态的过程中完成的。

Passini(1984)认为“寻路”指的是一个人在认知和行为上到达空间目的地之能力。这种能力是建立在三种性质截然不同的工作基础上的，即寻路决定、执行寻路决定和信息处理，所以寻路就是解决空间问题。

一个人从起点到目的地，会做出很多与寻路有关的决定，譬如他到11号大楼1105室拜访一个朋友，从他到11号大楼门前开始，他会做出诸如“上台阶”、“进大楼门”、“进电梯”、“在11层楼出电梯”、“在走道尽头右转弯”等一系列的决定。在一次寻路成功之后，他就会把这些决定记录下来。如果他第二次来而且记忆良好的话，他就不需要把这些空间问题再解决一遍。人们在日常生活中所做的大多数旅行实际上都是建立在这类被记录下来的寻路决定基础上的。每一个寻路决定都包括两个部分，一是行为(上、进、出、转弯)，二是行为的地点或场所(台阶、门、11层、走道尽头)。当人们在寻路时，不仅记录了从起点到目的地的行为序列，也记录下与行为的发生相关联的环境信息，通过记录寻路决定，人们不仅能够组织和记忆从起点到目的地的行为序列，也能够组织和记忆在空间情境中的环境信息。所以空间认知和空间表象的一个重要功能就是为人们的寻路决定提供支持。反过来通过解决空间问题，又可以把寻路看成是空间认知的基础。

寻路决定意味着在合适的场所会发生一个合适的行为。但寻路决定有时并不适合于执行，因为在一个不熟悉的地方我们不可能获得所需的一切环境信息，而且已有的环境信息也可能是模棱两可含糊不清的。如果找到了预料中的这个场所，接着寻路决定中的行为部分就执行了，如果预料中的场所没有找到或不合适，就会产生一个新的寻路决定，所以执行寻路决定可以看成是一个“匹配—反馈”过程，日常生活中我们在熟悉的地方旅行时，这一过程通常是在无意识中完成的。在执行寻路决定过程中人们不需要回忆场所的所有细节，他所要做的是再认相关的环境特征，即他只需要回忆他所面对的场所和物体，此种再认既有效率又可靠。这就是为什么环境心理学和人类学的很多研究发现人们描述大空间或是绘制大空间的认知地图不是很准确，但在其中寻路却相当出色的原因。

2. 空间的影响

如果一个人设计一条新的路径他就需要回忆以前记录下来的寻路决定。他必须再现以前的寻路经验并把行为和环境信息组织到一个新的合适的结构中，也就是在环境的测量型表象中把分散的目的地联系起来并形成路线型表象。影响人们迷路的因素很多，譬如人们对环境的熟悉程度，对目的地的态度，在路径中所发生事件的密度，以及人们的年龄、性别、职业等，但实质环境的影响也非常明显。

Surrey大学的研究生就迷路问题调查了该大学中的一些大楼，他们把想得到的迷路的各个方面组织成一张包括21个项目的问卷，并请在这些大楼走道上的178人回答(Agabani和Weaver,1974)。通过因子分析发现存在着一个可解释40%方差的共同因子，这些因子所涉及的是大楼中的混乱感觉、大楼中的方向感、大楼中的迷路感和大楼中找路所耗费的时间等方面，另外在大楼里向人问路和为他人指路也在这个维度上有很高的荷载。值得注意的是不同的大楼在这个维度上的均值有很大差异，这说明有的大楼不易使人迷路，而有的大楼经常使人晕头转向。研究发现最不容易迷路的是那些平面开放、总体结构简洁的大楼，而那些有很多短小且曲折迂回走道的大楼最容易导致迷路。

迷路的原因可能是人们被迫在环境中做过多的选择，Best(1970)用他的例子说明了这一点。他在英国的一个市政厅里，考察人们迷路的程度与在该市政厅行走过程中人们需要做选择的地点数之间的关系。他认为只要减少这些地点的数目，人们就不容易迷路，所以他就设计了一个指路系统放置在这些地点上给予人们必要的提示，这样人们在该市政厅的行走中不仅减少了须做选择的地点，也使人们的选择很容易做出。通过这一措施，Best 成功地减少了人们的迷路感。这种指路信息需要精心设计及合理布置，否则过多的指路标志很可能成为新的视觉噪声。

获得可靠的指路信息以及建筑空间组织简洁是不容易迷路的重要原因。Weiseman(1981)用问卷调查了密西根大学的 72 名大学生在校园里十幢大楼内的迷路情况。由于学生们对环境比较熟悉，总体上迷路不是一个很严重的问题，但其中有三四幢大楼使学生们经常迷路和失去方向，平面图形复杂和空间不简洁是这些大楼的共同特点。

居住区里也普遍存在迷路问题，除了以上两点外，道路系统、门牌编号系统、地标系统以及邻里布置、立面设计等对此都有重要的影响，特别在我国常年以来都采用标准化设计和行列式布局，地区没有识别性，也很少有地标，缺少方向感，尤其糟糕的是其中见缝插针的某些新建居住楼并没有按照传统的编号，这给居民及访客带来很大的困扰。居民们难以向他的朋友描述怎样找到他们住的地方，建筑设计也未能赋予社区和邻里以特性。

在城市中寻路情况就更复杂一些，一般认为，具有固定结构模式的城市最容易识别因而也最容易寻路。地理学家 Wood(1971)热情探讨了墨西哥的一个城市 San Christobal 。该城具有独特的模式，而且在不同的规模上重现这个模式，每幢住宅中央有一个院落，周围则是房间，许多这样的住宅围绕一个中心广场形成邻里，而这些邻里又围绕城市的主要广场形成了城市。儿童游戏主要在住宅院落，青少年活动主要在邻里的中心广场，成年人的公共活动则在城市的主要广场，同时这些不同规模的场所都进行类似的政治、宗教和节日活动，在每个层次上都有娱乐的机会。该城居民不仅对城市有清晰的意象，而且对环境的满意度也较高，在此分析基础上 Wood 建立了“城市复制理论”。

一般来说，如果城市的道路系统比较规则，那么寻路也就方便一些，譬如在北京寻路就比较方便，在上海就相对困难一些，因为北京具有明显的城市结构模式，长达 10 公里的城市中轴线成为全城的骨干，东单和西单两条大街形成的次轴线贯穿南北，再配以南北向和东西向的次要干道，基本上形成了正交的方格网平面布局，左右对称，主次分明，方向明确，既有助于形成清晰的城市意象，定向与寻路也比较容易。

除了道路的组织形式以外，地标的作用也举足轻重。有特征的地标，特别是那些被安排在人们做寻路决定点上的地标会影响人们的寻路策略。寻路调查无论是针对室内的还是室外的空间，关注的无论是小尺度的还是大规模的环境，研究所使用的无论是定量实验还是画认知地图等的内容分析，都发现在实际生活中地标既可以帮助孩子们也可以帮助不熟悉环境的人们定向和寻路。人们最容易回忆和再认的建筑是那些使用频繁和有重要象征功能的大楼。轮廓鲜明、色彩明亮与周围环境形成显著的尺度对比等特征也有助于人们的记忆。如果这些大楼在交叉路口附近那就更好了。这不仅有助于确定它们本身在城市中的位置，也有助于人们在附近区域寻路和定向。

Evans与同事们(1984)在Berkeley大学的环境模拟实验室中请128名被试接受了一系列的实验。研究人员根据道路系统和地标模拟了四种(2×2)环境条件和两种实验背景(有噪声和无噪声)。在看了模拟现实的环境以后,被试根据要求在一张纸上画出所看到的路径,并把曾在画面中出现过的九幅彩色场景照片按呈现顺序排列,而且还按照在模拟环境中所看到的相对位置把它们放在一张大纸上,最后回答有关环境美感的问卷。实验发现在实质环境方面,方格网状的道路系统和地标都能有助于人们形成良好的空间知识,但两者的影响是有差别的。方格网的道路系统提高了被试对路径记忆的准确性,然而对于场所的实际位置和空间顺序却没有多大帮助,与此相反,地标对被试的路径学习帮助不大,但提高了对场所位置的记忆。这个结论很容易使我们联想起Bryant(1982)的工作,Bryant请被试站在校园里的各个位置估计自己所在的方向,并指出一些看不见的地标的方向,他发现两者的正确程度高度相关。这两个研究证实了有些研究人员的假设,即地标的重要意义在于它为其周围场所的位置编码,我们记住一个地标并非是要在一大堆地标中识别它,而是要以地标作为参考点来为周围其他空间信息编码。Evans等人的研究还发现在非方格网道路的情况下,地标也能促进路径的学习,倒过来说,在无地标的情况下方格网道路对于场所学习的帮助不明显。

实质环境与人们在日常生活中的环境学习这两者的关系是既复杂又有趣,而且也充满未知。Lynch等人所开创的意象调查尽管范围很大,但还是在一个二维空间即地面层上展开的。现在看来这种工作还远远不够,定向和迷路问题在三维空间中显得更突出,典型的例子就是那些刚步出地铁车厢的人们往往晕头转向,有时在一些大型购物中心里人们也常常迷路。这不仅是因为增加了垂直构成和人们无法看到别的楼层的情况,而且是因为人们看不到室外的情况。Foley和Cohen(1984)让学生们在一个高度为五层的建筑中对处于不同楼层上的场所估计距离。由于这幢楼里有一个中庭,所以从三维空间体系里估计距离要比从二维空间体系里的估计准确。其中一些被试对于这个中庭部分所报告的意象是立体化的而不是平面化的。

3. 熟悉感

复杂的建筑空间容易导致人们迷路,但人们如果对该环境比较熟悉,迷路的可能性似乎将大大降低。O'Neill(1992)制作了复杂程度各不相同的五种平面图示,并用计算机分别把这些空间模拟出来,他请了100名大学生随机分成五组,每一组在其中的一个模拟环境中“穿行”并“走出”来,共做五次。这个实验非常清楚地显示出随着平面复杂程度的提高,被试拐错弯的次数和走到出口的时间都大大增加。但是随着重走次数的增加,无论平面的复杂程度如何,被试拐错弯的次数和走完的时间都大大减少了。所以对环境的熟悉可以完全消除空间复杂的不利影响。

但我们认为,熟悉环境虽然能降低迷路的可能性,但不能完全消除迷路,上面提到的Weisman在密西根大学的调查说明,大学生们尽管对所研究的大楼都比较熟悉,但是依然有三四幢大楼持续不断地使人迷路。Brill等人(1984)在两年时间里询问了在九个不同地方上班的工作人员的寻路情况,基本上在这个时间段内人们的寻路变得越来越容易,刚来到新环境的头四个月里,这些工作人员中有40%寻路有困难,但在一年以后这个数字只下降到24%,两年以后感到寻路有困难的人还有15%,可见,相当一部分人仅通过熟悉是不能在复杂的空间中消除迷路感的。我们认为 O'Neill 为什么会取得这样的结论主要是因为他所模拟的环境还不够复杂。

四、认知距离

当我们对环境比较熟悉的时候,我们就会知道在起点和目的地之间可能存在多条路径,这时空间的导向、我们的习惯与意图、对路上可能发生事件的预测以及对距离的认知都会影响我们的寻路方式。当两条路距离不同时大多数人会抄近路,但偶尔也会绕道走,那可能是因为我们预计在近程路上会发生交通阻塞。当两条路的距离一样时,多数人会走靠近目的地的那条。在一个交叉路口同时存在地面道路、地下通道和过街天桥三种过街方式时,多数人会选择地面过街。

本书作者之一正在从事一个国家自然科学基金资助的研究项目,他与选修环境心理学的研究生一起对上海人民广场迪美地下购物中心和徐家汇地铁车站地下公共空间进行了大规模的调查(论文尚未发表)。徐家汇地铁车站是一个公共交通枢纽和商业中心,它共有 14 个地铁出口,周围有东方商厦、太平洋百货等大型商厦六七家,交通复杂行人众多,在这个节点,上述三种过街方式都存在,且有好几条通道。我们发现,尽管在地面过街不是很方便,而且地下空间可以通向各个商厦和各个方向的公交车站,但大多数人依然会走地面,特别是在上下班的高峰时段内,走地下通道的人有时仅占总人数的 10%~20%,在非高峰时段内特别是在双休日的下午,走地下通道的人数可以上升到 40%,只有在大雨如注时,地下通道的人数才会比地上的人多。在这个节点上,走过街天桥的人数要比走地下通道的多。我们发现时间的、空间的、商业的、行为的和气候等因素都会影响人们的寻路方式。

地下通道和过街天桥尽管在平面上是和地面过街的距离是一样的,但在人们的认知中它们的距离就不一样,而且所耗费的体力也不一样。实际上我们在日常生活中的出行方式大大依靠我们所具有的关于距离的知识,我们在两点之间旅行时通常了解它们之间有多长有多远,需要化多大的努力才能到达。环境心理学关于认知距离的研究从实验开始,基本上是通过对环境中两点间距离的主观估计和实际测量进行比较,现在这种工作通常在现场进行。由于依然使用定量资料,我们就可以来探讨下面的问题:是什么条件和因素导致人们正确估计或过高、过低估计距离?以及人们是如何为空间中的距离编码的?显然过高或过低估计距离的因素很容易归结于个人(他的经验和他的活动)和环境(结构和情境),事实上现在的研究已经得出了三组决定因素:环境的结构,被试做估计时的行为,"人—环境"关系中的情感方面。

Briggs(1973)调查了俄亥俄州大学地理系学生在 Columbus 所做的距离估计。研究的主要假设是朝向城市中心的距离可能会过高估计,这有几个原因:那里的交通繁杂,有较多的交叉路口,使行人和汽车慢下来,特别是因为有许多让人感兴趣的点,譬如房屋、纪念碑、橱窗等,并且十字路口吸引注意力也会把距离分散,当然与此平行的还有时间估计,因为在从事不连续活动时,时间似乎就长了起来。实验的结果证实了作者的假设:朝向市中心的路程常常过高估计,离开市中心的路程常常过低估计。然而,Lee(1970)对他的大学生样本调查则得到了与 Briggs 相反的结论,也就是说人们普遍低估朝向市中心路线的距离,并证明了 Brennan(1948)的定律。根据这个定律,城市中商店吸引顾客的地域范围形状像一个半

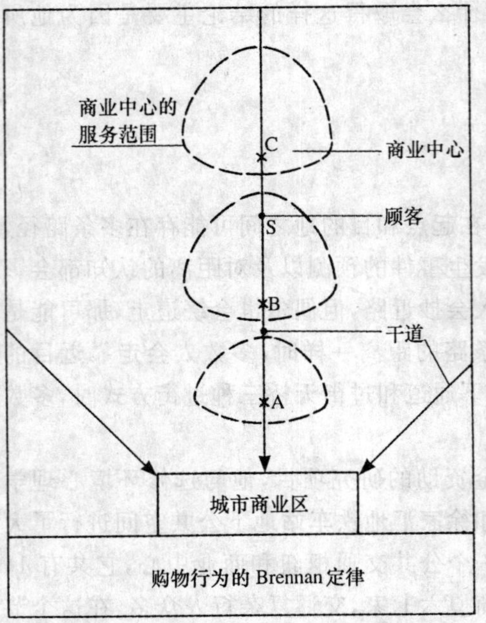

图 3-16　城市居民购物行为定律
(居民 S 将到 B 去购物而不到 C 去购物，
基于 Brennan，1948)

圆形，主妇们倾向于到坐落在她们的家和市中心之间的商店购物，而不愿到相反方向的商店去，即使后者实际上离她们的家更近。见图 3-16。Lee 说这主要是因为她们觉得到市中心方向的商店去更近。

Briggs 和 Lee 的研究出现了自相矛盾的结果，其原因可能是以学生作为样本虽方便但不是最适宜，也可能是这样的距离估计实验虽方便但没有很好的设计，更有可能是俄亥俄州的 Columbus 市和苏格兰的 Dundee 市在城市结构和地形上有很大的不同。不过按照 Canter(1975)的说法，似乎存在这样一个折中点。他对伦敦市的调查发现，约 10 公里之内被试会低估距离，10 公里之外则高估距离，在 10 公里左右时被试们能相当准确地估计距离。这也就提出一个问题，是否在一定范围之内人们才能准确地估计距离，在有的调查中被试必须估计实际有 100 公里的距离，这可能大大超过了人们的估算范围。

为了揭示出城市结构中哪些元素影响了人们的距离估计，Canter 和 Tagg(1975)观察了几个城市，发现存在着一些主观上的障碍，当人们估计一段涉及这些障碍的路程时距离就被夸大了。伦敦泰晤士河两岸两点之间的距离，要比平跨河的两点之间所估计的距离大，即使二者实际距离一样。这种过高估计可能是由于城市河流的空间表象倾向于减少曲线和弯弯曲曲所致，Milgram 和 Jodelet(1976)在巴黎地铁也观察到类似的变得平直的情况。这种障碍不仅指的是地理上的，也可能是交通系统上的。伦敦由不同地铁线路服务的各点之间的距离，常常比沿着一条线路上的各点之间的距离感觉要长。在格拉斯哥、爱丁堡和海得堡诸城市进行的类似调查，以及 Canter 在东京观察到在地铁达不到的区域距离也是被过多估计等，都说明城市的复杂性和市中心的一条河流往往与感觉上距离变长联系在一起。

已经有很多关于距离认知的调查发表，使得我们可以对这些主观上的障碍物做一个总结。一条路线，如果不是直线的而是成折线的话，那么它将比成直线者感觉长；如果它有十字路口的话，它将比无十字路口者估计得长；在路线上如果人们看不清目的地的话，那么它将比看得清者距离要多估，并且刚才谈到的与城市中心的方向也有关系。在三维体系方面，有坡度的路线，无论是上坡还是下坡都比平的路线感觉要长。这些分析都说明障碍、曲折和所付出的努力程度都影响了人们对距离的估计。

除了城市中的实质因素以外，我们必须注意到认知、情感以及个人特征的某些方面都参与了距离的认知过程。Canter 访问了住在伦敦的人，并且考察了他们使用的交通工具和所住的地方，比较了他们对距离的估计。对于乘公共汽车的人和不乘公共汽车的人来说，他们的距离估计的准确性大致相同，经常乘地铁的人低估距离，住在离市中心越远的人越是低估他们的旅程长度。很明显，一个人获得的城市空间的经验是学习和活动的函数，特别是他们外出时所取的一条习惯路线的函数。当然，越是熟悉的地方，人们也越是低估距离，有的实验甚至告诉我们如果照片上的形貌是熟悉的话，人们就会觉得近些。以上我们只是明白了由经验和行为所获得的表象确定了人们的认知距离，但我们应该如何解释这些发现呢？

可能 Allen(1981)所提出的路线分段假说是目前最好的解释。这个假说认为，人们在判断距离时，会把一条路线分成若干个环节并以各个环节的边界作为一系列启发点。这个假说非常符合认知经济性原则，由于人们对一条路线上两点之间距离所作的判断，取决于人们在“大脑中”穿越这条路线时所处理的记忆中的相关环境信息的数量，因而如果路线上的环境信息是以环节为单位储存在记忆中的话，这将大大提高认知的效率。

这个假说能解释很多已有的发现，譬如一条中间转弯的路线要比成直线的路线长，这是因为人们把中间的转弯处作为界限把其分为两段；穿过若干十字路口的路线比较长，这是因为人们把这些十字路口作为界限把其分为若干个片段；当人们在路线上需要换乘时就要比不需换乘的路线长，这也是因为无论其换乘的是公共汽车还是地铁，每一次换乘人们都是把它作为这一条路线分段的界限。

人们在判断距离时并不依靠所谓的“功能距离“，而依靠这些分段的界限，如果这些界限越少其认知距离就越短，反之则越长。那些与需要付出额外努力联系在一起的障碍导致人们过多估计距离，这是因为这些障碍就是路线分段的界限，无论它是一段楼梯还是一段坡道，一次转弯还是一个十字路口，一座桥梁还是一次换乘，一个区域还是一个城市，甚至是一个省份、一个国家、一个联盟，当一条路线穿越它们时，这些都会成为路线分段的界限。

有一些研究可以说明 Allen 的假说是有道理的。Hanyu 和 Itsukushima(1995)对 Nihon 大学主楼取了两条路线做了距离的判断，一条是该楼第五层楼的通道，另一条是从第五层楼的楼梯走到一楼。前者实际距离要远大于后者，被试是该校的心理学系学生，由于他们系就在该楼的第五层，所以他们对环境非常熟悉。实验证明，无论是距离估计还是穿越这段路线的时间估计，被试对楼梯路线所做的估计都三倍于通道路线，前者的误差很大，后者则与实际距离相当吻合。按照 Allen 的假说，楼梯路线被楼梯平台分成了九段，因而其认知距离大大增加了，不过被试能在通道上看到路线的终点也对这个结果起到了重要的作用。

五、理论总结

Allen 的假说能与其他重要的理论联系起来，一条路线上的环境信息将被分段编码在段落边界周围，人们在判断距离时不在于路线上环境信息有多少，而在于段落界限有多少，段落界限是解码的启发点，这与 Couclelis 等人的“参考点理论”同出一辙。Couclelis 等人(1987)认为一个地区是由其中的参考点(reference point)决定的，这些参考点是人们寻路和距离判断的基础。可以作为环境参考点的是那些在知觉和象征性上突出的、人们与其特征相互作用密切的、位于寻路决定点附近的、或是在某人生活中有重要意义的部分。在个体的空间认知中次一级的参考点将参照(anchor)最重要的参考点，再次一级的参考点将参照次一级参考点，以此类推形成参考点的序列。我们可以看到参考点实际上和地标非常相似。

一般认为，人们具有三个方面的空间知识，一是地标知识，二是路线知识，三是测量(survey)知识或图形知识。认知心理学又把知识分为两类，一是由事实组成，能用语言交流，也可采用抽象主题及心理表象形式的陈述性知识(declarative knowledge)；二是由技能组成的过程性知识(procedural knowledge)。两者的主要区别是陈述性知识告诉我们环境是什么，过程性知识告诉我们在环境中如何行动。前者可以用意象或是用视觉媒体表达，而后者就很困难。陈述性知识是具体的空间特征在人们头脑中的数据库，人们把这些重要的空间特征以陈述性知识的方式储存。过程性知识包括那些有助于我们调整同环境相互作用的知识，这种类型的空间知识强调了行动中的场所规则与社会规范。

通过对空间知识的分类，我们就可以把认知地图理论的成功与失败看得更清楚。它的成功之处在于其作为一种研究方法藉着使被试用视觉媒体描绘出环境意象的途径，使之像一张淘沙的大网，既把人们环境经验中的与场所规则有关的空间知识全部过滤掉，又捕获了人们环境经验中的场所的大致结构。这一点受到了建筑师与规划师的热烈欢迎，因为他们对这些空间知识极感兴趣，而不太关心场所规则和社会规范。"成也萧何，败也萧何"，认知地图理论首先就不是很完善，由于大多数的空间知识都与场所规则与社会规范有关，所以认知地图理论就难以与其他重要的空间认知理论分庭抗礼。但认知地图作为一种研究工具还是很具效力的，林玉莲以及国外的研究人员的工作大大丰富了我们对环境的认识。

总体上只有地标知识才算得上是陈述性知识，尽管地标有时也包括线形特征(如道路)，或区域特征(如公园)。路线知识属于过程性知识，它涉及一系列从起点或参考点开始(譬如家)，包括路线上各个环节、前后的地标或寻路决定点到目的地再认等连贯记录，这个连贯记录还包括与决定点或地标相配套的行为要求，如转弯或上车。更为详细的路线知识还包括路线上或附近次一级和再次一级的地标信息和地标之间的距离，将路线上的行为部分剥离掉就是路径。Lynch 很好地帮助我们分辨出路径与路线的区别。

在三种知识中图形知识类似于地图，它包括了一些几何方面的知识，如角度、方向、位置和距离等。有了这些知识以后人们就能把场所联系起来，也能把分开学习的路线结合起来，形成了一个综合的空间知识系统，形成一个路线的网络。据此，即使在一个我们从未涉足过的地方，我们也可以抄近路或是组织一条有效的线路，或是可以直接指出两个地标之间的方位。图形知识可以看成是我们在环境中行动的总结，这包括在环境中寻路、计划、旅行等的各种可能性。

在大尺度环境的学习过程中存在一个发展序列，我们首先学会的是地标知识，接着把各个地标组织在一个序列中形成了路线知识，最后路线知识积累到一定程度形成了图形知识。因而这三种空间知识是相互关联的。如果我们具有一个区域的图形知识，这说明我们对其中的道路系统非常熟悉，因而也对道路上的地标非常熟悉，其中最重要的是地标知识，我们记住一个地标并非是要在一大堆地标中识别它，而是要以地标作为参考点为周围其他空间的信息编码。

第二篇
环境中的社会行为

这一部分我们将强调与环境有关的外在行为,关注的是人们如何分割与共享空间。

分析和解释人在环境中的行为是无法避开社会行为的,这些社会行为在不同层次的公共空间中表现得特别明显。在工厂和学校,在办公室和休息厅,在地铁和公园里,人们藉实质空间来调整他们与社会和物质世界的关系,并把实质环境当做自己行为的扩展,所以行为在空间中的分布不是随意的。

这部分的研究工作在三个方向展开,但却紧密地联系在一起。第六章是个人空间,讲述的是一个我们无论到哪儿都弥漫在周围的空间。第七章领域性,描述的是人们为了一些特别的目标而设置的较大的空间,这些空间常常有一些标志物并对别人的侵入有所防卫。这个部分的核心是第五章,私密性,它是一种手段,通过它,个人可以调整自己与社会的交往,使自己与他人的沟通多一些或少一些。

于是个人空间和领域性可以看成是行为机制,藉此,人们来调整自己的私密性。个人空间和领域性的作用是创造一个人们渴望的对别人开放或封闭的层次。第四章,城市生活与拥挤,通常与环境压力有关,但由于杰出的理论,拥挤现在可以看成是私密性不足的一种状态,所以我们便有理由把它放在这个部分一并介绍。

第四章　城市生活与拥挤

城市的一个重要特征就是集中，它包括人的集中、活动的集中和空间的集中。造成集中的主要原因在于人是一种合群的动物。一般人喜欢聚集在一起，他的行为大都受群体本能的支配。人类在生存竞争中，只要采取集体行动，对内就能获得保护、鼓舞和欢乐，对外就能战胜恐惧赢得尊敬。由于群体的本能，人类倾向于集体地感受和思想，宗教因此而产生，社会因此而出现。人们紧挨在一起生活，建立营地和村庄，村庄扩大而为集镇，集镇扩大而为城市，城市扩大而为大城市和大都会。

一、大城市与小城镇

城市生活对人而言是好还是坏？人们为成功地适应城市生活要付出哪些物质和精神上的代价？这些问题一直都是学者、政治家和社会改革家多年来思考的问题。不幸的是并没有简单的答案。有些理论从一个极端认为城市生活对人是有害的，根据这种理论，人们假定城市生活有压力并导致犯罪、精神病和其他多种社会弊端，城市越大越是如此。有些理论从另一极端争辩说，城市生活是鼓舞人心的、有刺激的和有利于发展的。当然还有介于两者之间的观点，即城市生活有时好、有时坏，对有些人来说有问题，而对另一些人则不是这样，它需要某种足以处理噪声和高密度等压力的应付机制。城市生活中常被认为是压力源的一个方面就是大城市中的人口密度高，但显然城乡之间和大城市与小城镇之间不仅在密度上有差别，并且在其他实质和社会环境方面也有重大不同，不同环境里人类行为上的差异是各种因素共同作用的结果。

1.“小就是好”

(1) 决定论、构成论和亚文化群论

大城市的形象实在不佳，特别是在城市生活决定论者的鼓吹下尤其如此。城市生活决定论的观点是，由于城市生活包含着超负荷刺激，要求个人具有特殊的适应能力，最后可能导致各种变态和心理失常。大城市由于密度高、多样性和巨大的刺激迫使人们变得缺乏个性、超脱和不关心他人的福利。国外的社会学和地理学的研究报告说明，与小城镇里的人相比，大城市居民的生活品质差。这包括随着城市规模越来越大，城市居民的离婚率上升，酒精消费量增加，精神病发病率上升，对犯罪的恐惧感也大大增加。至少在美国，虽然大城市里的人们收入高，但同时其生活消费也高。这意味着城市扩张所带来的各种好处被种种原因而抵消掉了。城市居民收入也很不平均，常常是城市越大，高收入与低收入之间的差异也越大。在大城市中由于交通过度依赖小汽车，使得社会各阶层间的交流变得越来越困难。

除了这些较宏观的方面以外，在微观的行为和社会水平上，大城市和小城镇的人们也分别表现了不同的行为和态度。譬如城市大小不同，居民的生活节奏和走路速度也不一样，通常大城市居民的步频要快于小城镇里的居民。城市越大，人与人之间交流也越少，大城市人的家庭团聚机会越来越少，与朋友谈天说地的情形也越来越少，甚至他们给予陌生人的视线、微笑和帮助也越来越少。

"小就是好"在预言居民的环境知觉和评价方面似乎也同样有效。在小社区里居民对城市设施的满意度高，那些受过中等和高等教育的人士在小地方有更强的政治参与意识。随着城市规模越来越大，居民报告的总体的邻里满意度更低，某些地方问题会广泛地在城市中传播开来，居民对建成环境和安全状况的恶化要比城市的交通堵塞更加难以忍受。

与城市生活决定论不同，城市生活构成论认为，不管什么地方的人都生活和活动于小规模的首属和次级群体——家庭、扩大的亲属群体、邻居和小型社会中。即使在高密度地区，那里的人们经常碰到陌生人，但其生活的重要部分还是限制在家庭内部、邻居和朋友等这样的小群体之内。所以不管城里的人是100万还是10万，对一般的亲朋好友群体来说没有多大关系，这两种情况对该群体的社会关系及其成员的个性和基本能动性没有影响。人类学家 Lewis 和社会学家 Gans 就持此种观点。后者享有盛名的著作《都市村民》(*The Urban Villagers*，1962)中有两个重要的论点。第一，住在大城市的人常常一开始就不同于那些住在小城镇和乡下的人，有些人移居大城市，因为这里有他们盼望的东西，如自由、刺激和经济方面的机会。因此大城市与小城镇和乡村的区别主要不在于规模和密度，而在于做出选择的人。第二，大城市的集中、人口的多样性和高密度对人没有直接影响。Gans 坚持认为，城市是"城区村庄"的集中，或者说是小规模同类地段的集中。所以，构成论尽管否认城市的规模、密度和刺激对其居民有直接的影响，但它不否认它的间接作用，譬如人口规模可能使一个群体发展起自己的经济和政治的权利基础，从而为个人增加就业机会。

将决定论和构成论综合到一起的一种相互作用的观点，称为亚文化群论。它同意"构成论"关于城市居民生活一般存在于特定的种族、职业、宗教等群体之中的观点，但它又不同于构成论。亚文化群论认为，城市的生态方面包括规模、密度和多样性对人有影响，城市的不同生态性质和亚文化群之间存在着复杂的相互作用。由于允许有共同兴趣和共同价值观念的人组成"临界集团"的发展，大城市有利于亚文化群体和地区飞地的形成。这种亚文化群体可以成为一个社会支持网络并能为其成员提供亲密的感情关系。因此城市能在种族、宗教、职业和其他特性的基础上产生各种各样的亚文化群体(尽管其中有些是异乎寻常的，如黑社会、邪教等)。当人口规模较少时，这样的亚文化群体可能永远也不会产生。

于是城市中的亚文化群体内部成员常常接触，有时互相促进，有时也发生冲突。决定论者所描述的社会交往中的冷漠、超然和缺乏个性的风气确实存在，它们存在于与陌生人和群体外成员的交往中，但热情和有个性的交往也同时存在，特别是在亚文化群体之间。

亚文化群论非常符合我们的思想，它强调了文化、环境和社会过程的相互影响。城市生活不会产生精神崩溃或是无法无天的行为。但它也不否认农村、小城镇和大城市对其居民确有影响，除了经济、种族、生活方式以外，还有其他原因。

(2) 冷漠与友好

对陌生人来说，大城市人和小城镇人对他们的态度似乎是有区别的。大城市是冷漠的代名词，其居民似乎不关心其他人，他们冷淡、超脱和僵化，人与人之间的合作也较困难，这与相对友好的小城镇形成了鲜明的对照。其原因可能与前者密度高而后者密度小有关，在许多不同状况下研究人员比较了大城市居民和小城镇居民行为的差异，尽管此类工作中能称得上实证研究的少而又少，所以很难得出明确的结论，但下面的例子还是有趣和发人深省的，我们从中可以看出某些迹象。

Zimbardo(1969)将两辆没有牌照且车盖打开的汽车分别放置在两个地方64小时：一是繁忙的纽约大学附近，一是放在加州斯坦福大学附近的Palo Alto。在纽约，一家三口(父、母和一个八岁的孩子)从工具箱和车尾的行李箱内取走了一切东西，连蓄电池和散热器都拿走了。所有的这一切都发生在实验开始以后的十分钟内。过了26小时这辆车上已不存在任何可以利用的东西了。然而在Palo Alto则没有人去碰这辆车，只有一个人因下雨而将车盖盖上。

另一个例子是由Altman等人(1971)提供的，四位研究人员(二男二女)分别在纽约和小城镇里按住户的门铃，说明自己遗失了住在附近的朋友的地址，想借用电话与朋友联系一下。每人在纽约做了同样的请求100次，在小城镇做了60次。结果是，虽然女性研究人员在都市和小城镇获得居民同意的次数都比男性者多，但这四个人在小城镇中获得同意的次数至少是在纽约的两倍，而且对男性来说，获准的次数有五倍的差别。两个女研究人员在纽约只有40%的机会获得帮助，而在小城镇她们则有90%以上的机会。除了记录被允许的次数以外，研究还观察了小城镇居民与大都市居民行为上的差异。他们报告说，小城镇的人比都市人友善得多，而且怀疑心较少，后者甚至很少向研究人员开门，如果他们作出反应的话，也是通过门缝讲话，或者通过猫眼看来访者。即使允许研究人员进入屋内，仍显得有疑虑而不自然。

总的来讲，大城市(特别是纽约)居民在各种情况下的合作，比小城镇的人少得多。大城市的人们似乎不愿意为别人指路，不乐意开门让陌生人使用自己家里的电话，对打错电话的人不予以帮助，或是不帮助一个正在看地图的外国人，等等。然而尽管将纽约和其他城市做比较时这些结果是很明显的，但在小城镇和中等城市做比较时就不一定是如此了。譬如在荷兰进行了类似的实验，将阿姆斯特丹、海牙与四个城镇做比较时，却得不到城市与小城镇之间的区别，所以在此种关系中，很可能纽约人作出反应时必然考虑了自己的安全。

我们可以用社会学的理论来解释上述大城市与小城镇居民行为上的差异。社会学通常以角色分化、优势技术和向居民提供经济上的选择等方面来分析。根据Milgram(1970)的信息超负荷的观点，都市里的人们减少社会交往，并不乐意帮助别人的原因，可能是为了减少他所遭遇到的超负荷信息。长期处于高密度环境中的人们，由于信息过量，存在系统的信息超负荷，所以对超负荷环境的适应最后演变成都市人完全不理会那些他认为的与其不相干的需要、利益和要求。于是，都市人回避无关痛痒的交往并对别人的求助麻木不仁，这是长期处于高密度环境中“同情心唤醒度”(sympathetic arousal)提高所致。

Migram的理论有很深的城市生活决定论的烙印，他提出了许多这样的高密度应付机制：1)对每一种投入分配较少的时间，导致人们相互间态度粗暴，社会接触匆忙，不允许有额外的时间来从事礼仪活动和悠闲的交往；2)忽视低优先投入，或者只注意那些对自己重要的事情，不愿意帮助别人。他们被忽视、遭到压迫、受倾轧，几乎被当作动物而不是当作人来对待；3)把负担转嫁给别人，如商店不送货，要求人们自我服务，工作更专一化；4)阻隔刺激，如电话号码不登记，对陌生人和寻求服务的人不友好、不接待，使用隔离装置，如挂标牌、关门；5)采用过滤装置降低刺激强度，如把社会交往保持在表面水平并中断那些试图深交的联系；

6)建立专门机构，如警察和福利机构，由它们来照管市民的问题，从而在整体上保护公民不为他人负责。所有这一切的后果是，人们互相分离，形成符合城市人冷淡、超脱、冷漠和僵化的城市生活风气。大城市里的居民一般不愿意纠缠到那些与自己没有特殊个人关系的人和事件中去。一个常被引用的例子是1964年发生在纽约的一件谋杀案。一位年轻妇女被歹徒连续刺中数刀，当时她的喊叫声有38个人听到，却没有一个人去救她或是通知警方。

2. 场所生态学

Milgram的解释有笼统之嫌，如果用生态心理学的观点来解释都市与小城镇里的人们的行为差异似乎效果更好。生态学的研究是用城市的属性（譬如大小、密度和异质性等）来定义，因而生态心理学的研究不根据个体差异或用心理事件作为中间变量来推导，它始终是在自然主义的情境下演绎的，这种方法对我们更有吸引力。

(1) 行为场合

行为场合(behavior setting)是生态心理学的重要概念(Barker,1968)。行为场合可以看成是最适合发生某些活动并且此活动模式不随时间改变的地方，它可以是开会的办公室或上课的课堂，可以是大街、步行道和公园，也可以是举行比赛的体育馆，是做礼拜的教堂，是办婚宴的饭店，是开派对的大厅，是……一切与特定时间和特定活动联系在一起的天然的场所单元。行为场合具有一个与它栓在一起的明确的地点和特定的时间，在此时开始在彼时结束，更重要的是它有其参与者理解的固定的和重复出现的行为模式。行为模式、时间和环境中的实体共同构成一个不可分割的行为场合单元。譬如我们说课堂是一个行为场合，因为在课堂上教师总是在前面讲，学生总是在下面听和记笔记，尽管学生是一届接着一届，老师也是新人换旧人，教学内容也在不断变化，但这个活动模式却依然不变。

一旦人们了解了行为场合，就有可能预言其中任何个体和群体的行为，这在行为科学的各种方法中是前所未有的。Bechtel曾用行为场合调查法比较了小城镇的居住区和两个大城市的街区。他看到行为场合像天然产生的中心点，在调查中很容易辨认。他的另一主要发现是大城市居民能得到的行为场合，比小城镇里的居民能得到的几乎多三倍，然而后者在可得到的环境中要控制他们的活动。在大城市的每一个行为场合里的人又太多，人们常常倾向于做一个旁观者，所以大城市或大环境里的问题是人员太多，其结果是有许多人不卷入，造成参与程度低。

(2) 环境的参与程度

人员过多、人员过少和对环境的参与程度这三个概念，在解释大城市与小城镇居民在行为之间的差异上很有说服力。在人员过少的环境中，平均每个人更大量地参与环境，于是在他对环境较为满意的同时又感到对环境有更多的义务。所以问题的实质不在于环境的大小，而是对环境的参与水平。大城市居民的冷漠态度是环境中人员过多的结果，它迫使人们不卷入或成为环境中的边缘人。

环境的大小和参与水平在其他生态学研究中也曾强调过。Barker和Gump(1964)第一次提出学校大小对行为的影响。在人数从50人到2300人不等的学校中，他们应用行为场合调查法检讨了学生参与课程以外活动的水平。调查显示出行为场合的多少并不是和学校的大小成比例上的关系。尽管学校的大小与行为场合的大小有关，但小学校中的小行为场合是人员过少的情况，它鼓励所有人员成为场所的参与者并促进人员卷入的程度。与此相反，大学校里的大行为场合只是产生了一些出色的参与者，却使余下的大多数人员成为环境中有名无实的看客。这些人在场所中藉藉无名并放弃了对人际交往的控制，对行为场合提供的有益的活动也无心眷恋。

大学校小学校，到底哪一个好呢？答案是明确的。你的教学目标是什么，如果你想让每个人都有成才的机会，那么就要小学校，如果你只是要个别的尖子，那么大学校要好得多。Gump(1987)回顾了美国关于中学规模大小之研究文献以后指出，人数在500到700之间的学校是很有活力的。他建议那些大的学校应该把校园划分成较小的几个校区，他反复强调说这些校区中的学生在从事课程以外的活动时，应该尽量避免共享活动设施。当然这是一种很好的设想，可惜检验该假设的研究很少，我们所能接触到的研究报告由佐谷顺彦(Sako,1995)所做。他调查了一个与Gump的设想较接近的一个综合高中，但并没有发现该设计的优异之处。

3. 大城市人与小城镇人的场所经验

一般而言，无论在社区还是在城市的规模上，大城市人与小城镇人的场所经验既相同又有差异。较早一些由Barker和Wright(1955)领导的工作，主要是比较了小的(600人)社区和中等(3000人)社区的差别。这个研究给孩子们一个游戏，以分析他们的城市意象。分析说明在中等规模的社区里有大量的要素。尽管如此，住在小规模社区里的孩子对自己的环境有较广泛的知识。接着对每个孩子在围绕一个区域散步过程中询问他们后得知，这个区域被限制在最靠近他家的50幢房子的范围之内。调查表明，小城镇的孩子一般知道住在他家附近的20个成人的职业，而中等规模城市的孩子平均只知道7.5个。

Wright(1967)的小组继续研究这些差别是否与孩子的经验有关，又进行了一次调查，得到了关于孩子们所知道的地点的数目，在那里所化的时间等资料。从这次调查得知，这两组孩子既相似也有差别。他们在城镇的公共区域所花费的时间很相似，但小城镇孩子经常较多地重复访问同一个地方，并且在那里花费两倍于中等城市的孩子们的时间。这可能是由于后者有较多的去处，使得他们不经常到同一地方。但无论如何小城镇孩子们对环境有更广泛的了解，不过这可能存在另外的解释，譬如小城镇孩子外出时常常没有大人陪同。

Bonaiuto和Bonnes(1996)比较了意大利两个城市的居民的场所经验。他们在有近400万居民的罗马调查了434个人，在有近10万居民的莱切调查了120个人。罗马的被试来自各个阶层，莱切的被试基本上都来自中等阶层。调查采用了一张标准化问卷，请被试回答在各个场所进行各种活动的频率，并以一个四点量表测量。

由于采用了多层次场所分析法，调查结果非常丰富。譬如从研究得知，在社区里，这两个城市的居民最多的活动都是以家为中心的，如晚上呆在家里，在家里和朋友聚会等。比较多的活动是使用绿地(如去公园)和到社区里玩(特别是在大城市)。比较少的活动是参加社区的社会和政治组织。但是两个样本的区别是小城镇居民有更丰富和多样的社交活动，其中的三种社交活动即在家里招待朋友，去朋友家里作客，以及和邻居谈话，要比大城市里的居民多。

在市中心，这两个样本最频繁的活动都是那些流行的项目，如逛街购物和浏览街景。而参加政治(如游行)和文化(去文化中心)活动最少。但在小城镇里，高频率的活动远比大城市里的要多样(20个对9个)。

总体上，调查显示大城市和小城镇既相似也有区别。居民们在不同的场所活动，以多场所的活动体系建立了自己的城市经验。两个样本中家里的活动最多:对大城市居民而言,家是作为与周围环境相隔离的一个封闭的场所;对小城镇居民而言,家是向周围环境开放的,作为社会化和社会沟通的地方。另外无论是在大城市还是在小城镇,居民的城市活动体系的组织,是与居住场所(家和社区)的关系最为密切,也就是说,社区中的活动,要比在市中心和市区其他地方的活动更关键。

在一些具体特征上,下面的结论我们很感兴趣。首先,研究认为与大城市的居民相比,小城镇的居民趋向于把不同的场所经验结合起来,首先是家和社区,接着是家和城市,但从居民与市中心和市内其他地方的关系来看,这两个城市没有多大区别。第二,小城镇居民有更多的交际活动,而且主要发生在社区中。第三,小城镇居民的城市活动和情况,特别是对社会群体而言,封闭和隔绝的色彩较少。所以,这个研究支持了下面这个普遍的看法,即随着城市的规模越来越大,总体上人与人之间交际的和社会的沟通在数量上是减少了。

由于篇幅有限,无法彻底讨论这个让人感兴趣的话题,尤其在当前中国城市化大发展的时期,这个题目也很有价值。但我们应该认识到关于大城市和小城镇人行为上的差别这样复杂的问题,绝不是仅仅与密度有关,它实在是各种因素相互作用的结果。

本章的下面部分将讨论城市生活中一个特殊而又普遍的现象——拥挤。在过去的60多年里,社会学家、地理学家以及后来的环境心理学家一直通过调查研究来探讨此问题,如果把社会学和政治学方面的思想家对人群的思考也包括在内,这一研究已持续了数百年。

二、拥挤与密度

人们创造了集中的环境,而这种集中的环境,又反过来塑造了典型的城市居住者。空间的集中可以带来方便和舒适,并使生活紧凑而丰富。把空间的集中与人数联系起来就得到了密度概念,那么城市中的高密度环境是如何影响人们生活的呢?

1. 密度

在详细讨论拥挤之前,花一些时间梳理研究中使用的术语是有必要的。此方面学者们曾有重大分歧。在1977年召开的关于拥挤的一个国际研讨会上此问题十分突出。在这次会议的头两天里,几次正式和非正式的讨论都没有成功,以致一些与会者怀疑他们是否来错了地方。与会者对于拥挤的本质和拥挤研究的目的和方法等基本认识上存在的重大差异,几乎使会议不欢而散。幸好从那次会议以后,明确地澄清了拥挤理论上的不同观点。

密度这一概念,现在被严格限定在物理学的范畴内,它指的是单位空间中的人数。拥挤指的是心理学上的状态,它不是一个物理量,而是个人的主观反应,是对空间太小而周围人数又太多的感受。虽然就构成拥挤感受的众因素里,密度是必要条件,但并不意味着高密度必然导致拥挤。譬如参加一个同学聚会,虽然当时密度很高,但你却没有人太多或是拥挤的感觉。相反在同样的密度条件下,你和陌生人在一起,你或许就会有拥挤的感觉。

值得注意的是密度有不同的计算方法,如每一房间里的人数,住宅中的人数,社区里的人数,甚至是城市里的人数,这些密度是不一样的。密度的不同计算方式常常导致不同的研究结论,这也是早先的拥挤研究出现混乱结果的原因。一般说来,最重要的密度应该是那些最能反映人们社会交往密切程度的密度计算。所以,每个房间中的人数远比城市中的人数重要得多，一些工作也说明每个房间中的人数与社会病之间的关系最密切，如死亡率、出生率和少年犯罪率等。

近来的拥挤研究采用了比较复杂的研究方法，这些方法都强调了不同的密度分析，譬如Rapoport认为是知觉密度而不是密度本身影响了人们的行为。所谓知觉密度(perceived density)指的是人们所感觉到的场所密度。有的场所由于围合之严密，空间之杂乱，高度的活动水平和用途多样等性质，可能使人对场所的密度有不同的认识，进而对行为有不同的影响。

有的研究人员考察房间内或建筑物内的拥挤状况，有的则强调社区或是城市中的拥挤状况，所以区分室内密度和室外密度就很重要了。室内密度指的是单位室内空间中的人数。室外密度指的是单位室外空间中的人数，这两个变量是彼此独立的。以人口稠密的上海为例，根据统计得来的市区人口密度很高，但有的一个人或许就拥有一套四卧室的住房。在农村室外密度可能很低而室内密度可能较高。在大城市里，这两个密度可能都很高。近年来国家兴建了大量的城市居民住宅，实际上降低了室内密度，但室外密度可能在不断提高。

空间和空间中的人数共同构成密度。假如一个房间中有20个学生，现在把这个房间的密度提高一倍则有两种方法。一是在此房间里再增加20个学生，另一是在人数不变的前提下把此房间的面积减小一半。在数学上此两种方法会产生相同的密度，但McGrew(1970)证明此两种方法所产生的心理效果是不同的。这就产生了另一对密度分析用语。如果拥挤研究关注的是固定空间里的许多人(人/平方米)，称为社会密度。如果考察的是不同空间中的相同人数(平方米/人)，则称为空间密度。前者强调的是人太多，后者关注的是空间太少。区分社会密度和空间密度可以帮助我们研究因空间不足而产生的心理过程。

2. 拥挤的含义

哪些情境因素会使人们感到拥挤呢？人们在体验拥挤时会产生哪些压力呢？在这些心理过程产生以后人们会产生哪些行为呢？这些问题都是拥挤研究的基本问题。显然高密度的情境不一定都会导致拥挤，如前面所举的同学聚会的例子，虽然密度很高，但也不会感到拥挤，其原因可能是你们很熟悉。但人们之间的关系也只是一个因素，譬如你到上海音乐厅去欣赏费城交响乐团的演出，即使音乐厅里的1000多人你一个也不认识，你也不会感到拥挤。同样的情况是去上海体育场为中国队助威，这时你可能不仅不会感到拥挤或许还在埋怨看台上的人太少。但比赛结束以后，你去停车场找自己的自行车而迷失在茫茫的车海中时，你会感到实在是太挤了。

拥挤是一个复杂的过程，它是人类社会的一个普遍现象。拥挤是密度、其他情境因素和某些个人特征的相互影响，通过人的知觉—认知机制和生理机制，使人产生一个有压力的状态。这种压力可以更具体地定义为生理过程和心理过程的结果，如失去控制、刺激过量和行为限制等。这些拥挤过程会导致一系列反应，如应付(coping)、习得的无能、不友好的行为(偶尔也有善行)和生理上的变化等。

拥挤既是一个有压力的状态也是一个过程，在此过程中密度扮演着重要角色，密度可能直接导致拥挤，导致一系列心理上的压力和生理上的变化，如血压升高和唤醒度提高等。但高密度还会受到某些修正因素的影响，这包括其他情境因素和个人的某些特征。我们从定义上可知，正是由于这些修正因素导致高密度有时会产生、而有时候又不产生人们所不希望的结果，它也说明有时即使密度很低，人们也会体验到拥挤的压力。

3. 拥挤的压力

当一个人体验到拥挤时，他也体验到拥挤的压力。拥挤的压力可以看成是人们对高密度情境反应的中间变量，也就是说拥挤的压力既是高密度和其他因素共同造成的，它也直接影响了人们对高密度情境的反应。拥挤压力的心理过程可以归纳为下面三种：行为限制、失去控制和刺激过量。

(1) 行为限制

行为限制指的是朝某一目标行动的能力受到限制或干扰。这通常是由于自由的缺失引起的，特别是当实质元素阻碍人们去实现一个目标的话，则拥挤感就增强了。当你坐在人满为患的体育场里看球时，你不会感到拥挤，但比赛结束以后想骑自行车回家，和你一样想回家的球迷把道路堵得水泄不通，此时你的行为受到了很大的限制，这时你会感到太挤了。

高密度会使置身其中的人失去某些行为的自由，其明显特征是在高密度情境中人们可以做出选择的数量大为减少。譬如去电影院看电影，当你发现只有一个空位子而且还是在一位戴帽子的先生后面，这时你已无可选择了，拥挤感油然而生。同样的是你去网球场预定时间，结果发现你有空的时间都被人预定了，你或许会埋怨自己怎么会和那么多人志趣相投呢，或者是抱怨社区里的网球场太少了。

行为限制论解释了高密度为什么以及如何使人产生消极行为的。生态心理学家使用另一术语——资源不足来解释拥挤压力。这种资源可以是幼儿园里的玩具、办公室里的计算机，或是商店里的工具和教室里的书本。假如幼儿园的一个班有 20 名孩子，但在自由活动时间里只有 15 个玩具的话，老师就会对资源的配置进行管理，如排队，赋予表现好的孩子以优先权等，此种资源配置是对孩子活动的限制。往往是人口太多而引起资源不足，空间仅是资源的一种，这就是社会密度太高，人均占有资源少。按照这个观点，在高密度情境中如果能安排足够资源的话，拥挤的压力可以大为缓和。

(2) 失去控制

失去控制指的是人们在情境中失去或部分失去对自己或环境的控制能力，并使环境变得不可预测(Altman，1975)。譬如当你挤上一辆塞满人的公共汽车时，你既不能使自己移动半步，甚至也不能躲开别人的视线、声音或是冲撞，你这时唯一可干的事是看看窗外，并希望车子开得快一点尽量缩短此不愉快的旅程。当人们感到拥挤时，一个基本的感受就是失去了对发生在自己身上的事情的控制能力。这个世界要么变成不可预测的，要么变成所预测到的都是令人讨厌的事情。交通阻塞就是典型的例子。想下班回家，但交通阻塞使你无法预测何时才能到家，你不知道路上要花多长时间，但肯定要比你希望的时间长。

不幸的是高密度就是这样一个使人失去某些控制能力的环境。春节前去超市购买年货，买了一大堆东西推着车去付帐，当你看到每一个收银台前都排着长龙时，你会感到这地方太挤了，因为这时你对环境的控制能力大大降低了。如果小姐收银的速度比较慢或是队伍秩序比较乱，以及超市的空气质量比较差的话，控制的缺失感就更强烈了。Fleming 等人(1987)的工作说明，那些生活在人口稠密社区里的居民，要比那些生活在人口较少社区的居民对邻居的控制能力差。这直接导致了一系列不良的反应，如工作绩效低和生理上的不良变化等。失去控制对人类来说是非常有害的，它会导致压力增大和身体上的某些疾病。失去控制模型也认为如果在高密度情境中，为人们提供一些控制方法的话，人们的拥挤压力就会减轻。

(3) 刺激过量

刺激过量或是信息超载指的是人们在情境中所接收到的社会的和信息的负荷超出了一个合理的水平(Milgram,1970)。根据适应水平理论,一个人在不同的时间适应不同的外来刺激水平,所以存在一个刺激量的合适范围。人们在高密度情境中往往遭遇过度的、实质的和社会的刺激,造成在该场合里必须处理比平常更多的信息,于是造成超负荷。刺激过量会使人紧张不安,尤其是那些使人不愉快的过量信息令人心烦意乱,并降低工作绩效。

人们在高密度情境中为了适应这种刺激过量的情况,就通过回避、"关闭"自己的注意力等措施来过滤掉周围的一些信息。譬如在公共汽车上,乘客们应付的方法是回避别人的视线把头朝向窗外。Milgram 认为人口稠密的社区里的居民为了保存自己的心理能量,存在着尽量回避那些无关紧要的交往的倾向。这些居民与他人仅保持表面的和短时间的关系。他说,有时候城市居民看到路边有人跌倒却视而不见,这并非他们不善良或是铁石心肠,而是因为他们不得不为每天所碰到的大量信息排序,以确定哪些应该优先考虑。他们发现,如果试图帮助他们遇到的每一个需要帮助的人,那么他们就无法过正常的生活。

三、拥挤的影响

尽管拥挤研究最重要的发现是高密度并非普遍地有害于人类,但大量的研究工作说明拥挤对人类会产生很多负面的影响。根据拥挤理论,密度、其他情境因素和某些个人特征使人产生了拥挤感,因而有关拥挤影响的研究可分成两个方面,即高密度情境对人类行为的影响,以及哪些情境因素和个人特征参与了这个过程。

1. 高密度环境是一种压力

最早论述高密度与人类行为关系的著作是由坚持城市生活决定论的社会学家写的,自20世纪20年代以来,他们试图阐明人口稠密产生了各种社会病,如精神病、犯罪以及各种社会解体的形式等。Carlestam 和 Levi(1973)证明了占瑞典全部人口16%的斯德哥尔摩,其发生的偷窃率占这个国家所发生的同类案件的39%。Schmitt(1966)也报告了檀香山的少年犯罪与人口密度之间存在强烈的相关。值得注意的是后者所选择的各种密度计量中,只有两种计量(每英亩人数和平均每室超过1.5人的住房百分率)是与少年犯罪有关的。Schimitt 还报告了明尼阿波利斯和西雅图市中心的人口高密度与犯罪率之间的密切关系。在这些例子中最为权威的要数美国前司法部长 Clark 的证词:"在人口为25万以上的城市中,抢劫案为郊区的10倍,为农业区的30倍——在大城市里发生的侵犯人身、强奸和盗窃案件的比例,要比郊区和农业区高出1~3倍。"

但后来研究人员把贫困等社会经济因素也考虑在内,发现密度与社会病间的关系就明显地减弱了。譬如 Winsborough 曾说明在芝加哥,每英亩的人口密度与儿童的品行、肺病和社会服务之间存在着联系,但当他控制了社会经济和教育水平以后,这种联系就消失了。Freedman 在纽约的调查发现密度与少年犯罪和精神病之间存在着相关,密度与少年犯罪之间的相关为0.36,与精神病之间的相关为0.6。但当控制了平均收入和非白人的百分比以后,就排除了密度的影响。Freedman 断言,密度,不论其定义为每英亩的人数还是每室的居民数，不像某些人所相信的那样有重要的影响。

Freedman可能矫枉过正了，高密度确实与社会病之间存在着某些关系，这种关系可能不是简单的、直接的，它还涉及其他的许多因素，在许多情况下高密度的消极结果并不出现或不明显。“城市中的拥挤一定是坏事”这样简单的一般化概念并不是能得到普遍证实的。在工业社会里，许多人都生活在高密度的大城市中，这些人大多数都有正常的生活。倘若不是这样的话，这个世界肯定会变得不可收拾。拥挤研究的一个主要任务就是揭示出高密度产生负面效应的条件和产生正面结果的可能性。让我们还是关注环境心理学的实证研究，一些工作说明高密度对人的生理和健康、工作绩效、社会交流和孩子的成长等方面有着重要影响。城市生活里的高密度现在已经被越来越多的人看成是一种压力。

(1) 生理和健康

高密度对生理活动的影响是比较明显的。许多实验证明当人们感到拥挤时会导致生理上的激发。譬如Evans等人在1979年的一个研究中让10个人挤在一个小房间里呆上三个半小时，结果发现被试脉搏加快，血压升高。通常人们在拥挤状态下，会感到紧张、烦躁，兴奋水平也较高。Aiello等人在1979年所做的研究也发现在高密度状态下，被试皮肤的传导性增加并容易出汗。

高密度有很多生理上的影响，但它真的会导致健康问题吗？我们应该牢记生理上的唤激发不一定是坏事。人们在许多神圣的时刻都是高度兴奋的。虽然城市里的大多数情境是令人愉快的，可惜对愉快的高密度场合我们的研究做得太少了。从消极的一面说，皮肤的传导性增加使得病菌在人群中的传播变得更容易，因而高密度会加快疾病的流行。所以，是室内高密度而不是室外高密度影响了人们的健康。

(2) 工作绩效

有一些工作考察了高密度对工作绩效有没有负面作用，譬如Freedman等人曾给数百名被试一些智力方面的工作，这些作业变化复杂，需要化好几小时才能完成，被试们在不同密度的情境完成这些作业。结果发现，密度高低与工作绩效间没有什么必然的联系，若干其他实验室研究也有类似的结论。

当然有的研究人员也发现高密度对作业有消极的影响，并且作业越复杂消极作用越明显。Evans(1974)要求被试在实验室完成几项作业，这些作业包括一些基本的信息加工和做决定等认知过程。每一个作业都有简单和复杂两种版本。Evans还为这些作业设计了两种空间密度(1平方米/人，6平方米/人)。结果说明，对大多数作业而言，高密度影响了复杂作业的绩效，但对简单作业则没有影响。这个结论与Paulus等人的迷津实验的结论相似，在后者的实验中，处于高密度条件下的被试平均错误为37.44次，而处于低密度条件下的被试的平均错误为34.20次。

高密度对工作绩效的影响还取决于情境中人们相互作用的程度，它包括人们是否说话，为了完成作业是否要来回走动等。其实在生活里这些都是很平常的，但在实验室里绝大多数实验却把被试固定在坐位上。有一个研究检测了人们之间的相互作用与工作绩效的关系。在实验中，Heller等(1977)让被试完成一个简单的办公室作业——在装订前按页码整理稿件。研究人员为作业安排了两种条件：一是打字稿散乱在房间四周，二是打字稿整齐地堆在一起。在前者条件下，研究人员要求被试之间讲话或四处走动。结果发现，当被试间不讲话以及在环境中不走动时，高密度对作业绩效没有影响，但被试们相互讲话以及来回走动时，高密度条件下的作业绩效明显比低密度条件下的差。

(3) 社会交往

人们之所以指责高密度的环境，主要是因为它对人与人之间的相互交流有不良影响，迄今为止，已经发现高密度产生了好几种消极的社会行为，如攻击性行为、不合作、回避、空间行为和审美能力降低等。这方面的研究工作很多，我们举一些有代表性的例子可以概览这方面的研究情况。

屈服于高密度环境中的人们常常回避社会交往。一个典型的例子就是在拥挤的火车上乘客们以阅读报纸来打发时光。在拥挤的电梯里，即使很熟的人也很少谈话而保持安静。此类回避社交有很多方式，譬如离开这个场合；选择一些较公共的话题来谈论；采取防守型的姿势(如转身、回避别人视线或是增大交际距离等)。Baum 和 Valins 在 20 世纪 70 年代所做的针对大学公寓的系列研究很好地说明了人们在拥挤状态下对社交的回避情况。

建筑师对于大学公寓常采用两种方式设计，一种是走道式，一种是套间式。走道式设计中，每一间公寓通常没有独用的休息室和卫生间，这些公共房间一般安排在走道的两端或是在楼梯边上。套间式设计常常是几个人合用一套起居室和卫生间，所以这些设施是半公共的。这两种设计的一个重要区别在于走道式设计中会有更多的大学生使用起居室和卫生间，也就是说在走道式设计中公共区域里的社会密度比较高。Baum 和 Valins(1979)分析了分别住在较拥挤的走道式公寓里和住在六人一套带起居室和卫生间的成套公寓里的大学生的情况。他们发现住在较拥挤的走道式公寓里的大学生不仅表现出更多的压力和不满，而且利用各种应对机制在门厅里调节他们的社会交往，他们更多的时间是在卧室里度过的。而住在成套公寓里的学生经常使用他们的起居室。住在走道式公寓里的大学生比住在成套公寓里的大学生，更多地表现出回避社会交往的愿望，他们常常是离开公寓在公寓外建立友谊，而成套公寓里的学生们则倾向于在公寓内建立友谊。

通过观察也注意到，两种生活环境导致学生们在公寓以外的社会交往也存在区别。走道式公寓里的大学生在门厅休息室里比成套公寓里的学生坐得离陌生人远，较少聊天，较少看着陌生人。Baum 和 Valins 认为此结果表明在稠密环境中生活的人们有回避社交的倾向，这种倾向不仅发生在公寓内，也发生在公寓外。

高密度还常常使人们在社会交往中出现不友好的举止，特别是那些长期处于高密度环境中的男子，此种倾向尤其明显。Cox 等人在 1984 年的报告中说，在美国南方的监狱里，密度和暴力活动存在明确的联系。几个月的时间里一所监狱的在押犯人减少了 30%，此段时间内犯人互相攻击的事件也减少了 60%。后来此监狱的人数又增加了 19%，随之而来的是犯人间的互相攻击事件也增加了 36%。当然此类事件的发生不是孤立的，其他与密度无关的因素依然会起作用，但 Cox 等人的报告与其他监狱里所发生的情况非常相似。

短时间处于高密度环境中的人们也会在行为上有微妙的反应。在实验室研究中，空间密度较高也会使人产生不友好的举动。研究人员发现那些处于较高密度里的被试会占据房间中间的椅子，或在模拟法庭上把罪犯判决一个较长的刑期。Thalhofer 甚至发现在高密度(社会密度)条件下，男人侵犯女人的个人空间的次数也增多了。

如果人们在高密度环境中呆的时间不长，他虽然会感到厌恶，但由于受到良好教育而不一定把此种厌恶感直接表达出来。那么孩子们会怎样呢？他们的教育程度比成年人低，他们在高密度环境里的行为是否更为明显呢？Lee 在 20 世纪 70 年代的系列研究中发现，空间密度与社会密度有不同的影响。在社会密度(每组中的人数)较高的时候,孩子们的活动增多,侵犯性行为增加,容易发怒和离开房间等负面效应也很明显。空间密度(每一孩子占多少平方英尺)较高时,孩子们的相互交流减少了,一起活动的时间也减少了。与低密度的情况相比,孩子们的独自活动时间增加了。而且孩子们趋向回避与其他孩子和大人的接触。在一个较细致的工作中 Smith 和 Connolly(1980)发现,当空间密度提高到 25 平方英尺/人以上时,空间密度才会对孩子们的社会行为产生明显的影响。当密度在 25 平方英尺/人到 15 平方英尺/人之间时*,孩子们的集体活动减少了,而敌意行为增加了。

社会密度的增加常常意味着人均资源的减少。空间密度的提高则意味着除了空间减少以外其他资源没有减少。这就是为什么社会密度要比空间密度更容易产生负面效应的原因。在较高社会密度环境中,对可用资源竞争的人数增加而导致人们之间敌意行为增加,这些可用资源可以是幼儿园里的玩具或是休息室里的座位。确实,如一些文献所揭示的那样,当操场上的活动设施、器具和场地不足时,幼儿园孩子们的不友好行为和竞争性行为增加了。

长期屈服于高密度环境的一个不良影响是使得人们学会放弃,而不再努力争取。Rodin(1976)发现当让孩子们选择实验的奖品时,那些来自于较拥挤家庭里的孩子常常会放弃选择权,让实验人员代他们选择。他也观察到长期处于人多教室里学习的孩子最终会放弃学习。Saegert(1984)也报告说,那些家庭密度较高的孩子在学校里的表现差,男孩比女孩更差。家庭密度与孩子所掌握的词汇和阅读能力存在关系。家庭高密度意味着孩子们的个人空间少、私密性不足以及受到的干扰多,这些都是导致孩子成绩差的重要原因。如果从个人控制假说来解释,那么长期处于高密度环境使得人们失去个人控制,他们会发现试图对环境进行控制是徒劳的,于是逐渐放弃个人控制养成依赖他人的恶习。

人们对高密度环境的一个典型反应就是不愿意帮助别人。在 Bickman 等人的工作中,实验人员把封了口贴上邮票的信函故意放在三种密度不同的公寓的地板上。他们发现放在高密度公寓里的信函常常还是在地板上,而放在低密度公寓地板上的信函则被大学生们从地板上拣起邮寄走了。在另一个实验里,Jorgenson 等人为咖啡厅制订了一个规则,即顾客们在喝完咖啡后把咖啡杯和托盘放回洗涤区。研究人员发现当咖啡厅里人很多时,这种助人的行为减少了。

上述的高密度的影响都是负面的。偶尔有的工作也说明高密度能促进生活品质,如 Freedman 说高密度情境提高了人们对幽默的欣赏力,但这些工作实在太少了。可是不管如何,高密度对人类行为的影响不能一概而论。Freedman 的密度-强度理论认为,在特定的情境中,其他人的存在也是一种刺激,高密度则强化了此种刺激。如果我们喜欢某个情境,则高密度会让我们更喜欢它,反之如果讨厌此情境,则高密度让我们忍无可忍。譬如乘公共汽车,如果人人都像沙丁鱼一样挤在里面连转身都很困难,那么人们的竞争性和敌意就会恶性放大。因而最恶心最难听的脏话通常是在拥挤的公共汽车上听到的。迪斯科舞厅则是令人兴奋的地方,多数人特别是年轻人喜欢这个拥挤刺激的场所,人越多音乐越响人们跳得越有劲越疯狂。如果舞厅里的人少,舞客们不仅跳得不开心,下次可能也不再来了。Freedman 说城市里令人愉快的环境占大多数。可惜,在这方面所做的工作太少了。

---

* 1 平方英尺=0.092903 平方米

2. 情境因素和个人特征

其他情境因素和个人特征显然参与了密度与人类行为的相互影响过程。有时它们甚至是至关重要的。某些人认为拥挤的环境对另一些人而言则并不拥挤。相同的密度情况，有的情境人们体验到拥挤，而有的情境人们则感到快乐。鉴别出哪些情境因素和个人特征参与这个影响过程是拥挤研究的一个主要目标，它不仅可以大大丰富我们的知识，而且在现实生活里在环境设计中有着重要价值。通常改变一个空间的密度是难以做到的，但如果能调整某些情境因素，则可以大大降低高密度给人带来的压力。

(1) 个人特征

个性　哪些人最有可能体验到拥挤？这方面提到最多的是人们在控制信念上的差异。个体是否相信自已能够把握和支配生活，如果认为能，在心理上他就被认为是内控制点的人(internal locus of control)，如果不能，他就被认为是外控制点的人(external locus of control)。内控制点的人比外控制点的人对环境有更大的控制欲望。如果他们在现实生活中能始终保持这个信念，他们就会在生活中学会如何克服所遇到的各种困难。因而如果高密度的时间不是很长的话，内控制点的人将能缓和高密度带来的压力，并对环境有较积极的反应。但是如果长期处于高密度情境中，则结果正好相反，内控制点的人将比外控制点的人体验到更多的拥挤压力。因为外控制点的人会放弃对环境的控制而随波逐流逆来顺受，但内控制点的人则会继续在情境中寻找控制的方法。不幸的是，如失去控制模型所预言的那样，高密度情境会大大降低和减少人们对环境的控制能力。因而如果长时间处于高密度情境里，那么对情境的控制欲望越强烈，他所体验到的拥挤压力就越大，他对情境的反应就越消极。

似乎喜欢交际的人能缓和拥挤的感受。至少 Miller 和他的同事们是如此认为的。他们(1971)请被试在一个房间模型上粘贴一些人形，直至他们感到拥挤为止。结果发现爱交际的人粘贴的人形最多，在另一实验中(1981)，他们把好社交的学生分别安排在不同密度的公寓里，他们发现在低密度公寓中的被试，要比在高密度公寓里所感到的压力大，这是否意味着这些人在社会负荷较高的环境里反而感觉更轻松呢？

性别　一致看法是男人和女人对待高密度的方式是不同的，男人比女人体验到了更多的压力，因而对高密度的反应更消极。在高密度情境中，男人们的情感、态度和社会行为比女人更具有敌意。相反在高密度情境中，女人们的竞争性和相互间的敌意较少，而相互爱护则比较多。这些倾向甚至在幼儿园的拥挤研究中也得到证实。这可能是与男人的天性有关，女人往往把逆境看成是分担苦恼的场所，但男人则不大能做到此点，他们害怕或不善于在别人面前表达情感，而且男人之间的人际距离比较大。在 Walden 等人(1981)对大学公寓中合住两人房间和三人房间里的大学生的调查里发现，在三人合住一室的时候，男大学生往往离开公寓以缓和拥挤的压力，并获得更多的私密性。与两人房间里的大学生相比，他们在公寓外所呆的时间比较多，显然这是以一种逃跑的方式来回避社交以维持可以接受的刺激负荷。

除了以上这些较为一致的结论以外，有些观点得到的掌声就少多了。譬如有些学者相信，如果人们经历过高密度的情境，或是对拥挤的场所较熟悉的话，他们就能较适应此种情境。两个大型研究为此观点作了有力的注脚。芝加哥的一个大型调查说明，在乡村长大的人要比在城市里长大的人对高密度的反应更敏感(Gove 和 Huges,1983,引自 Gifford,1987)。Booth 在多伦多的调查工作表明,那些成长于高密度家庭中的人,当他们长大后生活在高密度环境里的话,他们患那些与压力有关的疾病的可能性就少一些。但也有人不这样认为,对一所大学调查以后发现,在与人争吵的学生当中,那些有高密度环境经历的学生反而比家有豪宅的学生多,由于这是一个多重相关实验,故结论应该有一定的可信度。所以有高密度环境经历的人似乎未能从过去学到些交际方面的知识。

(2) 情境因素

情境类型　有时尽管密度相同,但在不同性质的情境里人们体验到的压力是不同的。所谓不同的情境是指空间是否受到限制(如公寓或监狱中),设施是否可用(如在商店里),个人空间是否常常受到侵犯(如四世同堂挤在一起),暴露时间的长短(短者如电梯)等。

据 Stokols(1976)的观点,环境应分为首属环境(primary environment)和次级环境(secondary environment)。在首属环境中,人们耗费了大量的时间,从事着主要活动,和与他们的生活关系密切的人呆在一起。这些环境包括住宅、教室、个人办公室等。在次级环境中,人们所花的时间是短暂的,遭遇是微不足道的,而且环境往往是无名的。此类环境包括交通工具、运动场地、休闲场所等。因而高密度所引起的社交干扰,在首属环境中的要比次级环境中的更具破坏性。

其他人　毫无疑问的是,如果共享空间中的人们的关系比较好,那么这种关系可以缓和高密度带来的压力。Schaeffer 和 Patterson 让被试相信即将和他们作伴的那个人与他们志趣相投,能和谐相处,果然这些被试所报告的拥挤比较低。而另外的一些被试则发现他们的新伙伴一言不发地盯着他们,结果这些被试所报告的拥挤是最高的。此实验在大大小小的房间里做了三次,但结论都一样。

除了关系以外,其他人的行为也会影响拥挤体验,有时感到拥挤并不是因为周围的人太多,而是他们的行为令人厌恶。Womble 和 Studebaker 访问了阿拉斯加公园里的野营者,他们发现野营者之所以感到拥挤,主要是讨厌其他人的行为。“我的拥挤感觉是与其他野营者有关的,如果他们又吵又闹,一点也不为他人着想,我想马上回家。”有的野营者虽然不得不与别人共用一个野营地(因为空的营地已经没有了),但他们也不觉得拥挤,他们发现他们喜欢与别人共享这个空间。

文化差异　在我们可以利用的研究中,一个重要的结论是高密度不一定就导致个人的或社会的病症。香港的人口密度差不多是多伦多中心区的四倍,但它的犯罪率只有多伦多的 1/4,而多伦多的犯罪率在北美的大城市中是算低的。在北美的一些地方,社区的高密度往往与较多的社会病联系在一起,但在其他地方,如荷兰和非洲的某些地区,这种联系就消失了。

这就是文化差异。在高密度对人类行为的影响过程中,文化具有调节作用,有时它对高密度无能为力,有时它则提供了抵御高密度的盾牌。

在芝加哥的一个大型研究中,Gove 和 Huges(1983)发现黑人、西班牙人和其他人(主要是白人)对高密度的反应有差异。在控制了教育、贫困、性别、年龄和其他可能的因素以后,发现黑人对高密度的反应最强烈,特别是他们的私密性受到影响时更是如此。而西班牙人对高密度的反应最平静,这主要是由于西班牙人比较欣赏近距离的接触,人与人交往比较亲密,个人空间比较小。此结果意味着高密度对黑人的冲击最大。

文明的历史也是重要的，那些拥挤与社交障碍联系在一起的文明往往是后起之秀。在这些文化中，高密度常常与不友好的、敌意的行为、精神上或身体上的疾病以及犯罪紧密相连。这可能是因为这些年轻的文明还没有找到应付和调节拥挤的机制。但在一些历史悠久的文明中，特别是那些历史源远流长且人口众多的社会，常常发展出一套成熟的机制来调节高密度的压力，并且控制人们的社会行为以加强社会道德。

我们中国人是应付高密度的能手，这似乎为世界公认。一些外国学者甚至相信中国人应付高密度环境非常出色以致于即使中国人能生活在较低密度环境中的话，也会选择高密度的居住方式。Sommer(1969)曾举了一个香港住房建设的例子。香港为低收入家庭建造的公屋的设计标准为3.5平方米/人，当有人问建设局的官员"为什么不多提供些空间"时，他回答说如果设计标准提高到6平方米/人，那么，居民会把部分空间转租给其他人。但这个例子举得不一定很恰当，因为这些低收入家庭之所以会把宝贵的空间租出去，实在是出于其窘迫的经济条件。

从国内城市规划特别是小区规划的图纸上我们还是可以清楚地看到，我们的社区密度是非常高的，所以中国人比较适应高密度的居住方式不是空穴来风，而是有据可查。如果我们回头看一下我国的传统民居，就可以找到一些与高密度的生活方式相协调的建筑特征。如围墙，中国建筑文化又被称为墙文化，它把居住活动与墙外嘈杂混乱的城市隔离开，此种明确而具体的界限真正隔离了不需要的交往。在北京的四合院中，还设置了前院，可以保证外人未经许可不得擅入内庭，打扰主人的生活。在住宅内部空间变化多端丰富多采，这与西方古典住宅有很大不同。厅与堂等空间限定严格，但廊和大小院落则限定得不很明确。这些空间可以灵活使用，是多功能的复合空间。为了确保较私密的活动如睡眠、读书等不被干扰，主要的活动通常都安排在厅、堂、廊和院落中进行，并常常是通过时间错开的方式。某些时候，厅堂等主要空间还可以用灵活隔断和开门大小来灵活使用。我们应该认识到空间为什么是多功能的、复合的，其中的一个重要原因是人太多而空间太少。

高密度的居住方式使我们有青睐小件物品的倾向。譬如我们喜欢盆景，欣赏国画。国画与西洋画的一个区别是在展示的时候前者可以展开来，平常它可以卷起来。以园林为例，虽然它是上层阶级的标志品，但它也不大，小的只有半亩一亩，中等的十来亩*。关于"小就是美"或"小中见大"的美学原则的讨论还是应该倾听历史学家、文化人类学家的见解，但我们相信，人口密度大使得我们倾向于使环境小型化，并养成以追求完美细节的精神来处理有限空间。

我们能成功地定居于高密度社会应归功于我国灿烂的文化，这些文化产生于高密度的社会并使它能成功地运转。《论语》要求以血缘宗法为基础，所有社会成员的行为要以"仁"和"礼"为规范，并以此建立一种既有严格等级秩序又具某种"博爱"的人道关系。这样就强调了人在社会交往时保持男女之间、长幼之间、尊卑之间的秩序。团结、互助、协调，强调非礼勿视、非礼勿听、非礼勿言。这样，当我们的空间是复杂的、多功能的，并且有时不敷使用时，人们的生活能照常进行，并摆脱高密度带来的困扰。我们可以去仲裁邻居家里的冲突，甚至可以训斥别人家的孩子，这些都不被看成是越权或干涉。在此社会里，我们每个人都被赋予一系列的交往要求和相互责任，在高密度的定居方式中维持社会秩序和公德为己任。

---

* 1亩＝666.67平方米

但这些在现代社会里，特别是价值多元的现在已差不多给搅得粉碎，当越来越多的人搬进经规划的密度较高的新公寓时，他们已不能再依赖过去的那种应付高密度的文化机制了。我们可以看到，在我们的大城市中，人与人之间的隔阂日深，邻居间互不串门，社会联系日益减少，社会公德逐渐低落。“只扫自家门前雪，莫管他人瓦上霜”，实际上在现代中国，高密度的定居方式已经出现了某些问题，只是我们还没有展开此方面的研究罢了。

我们还可看一下日本人是如何应付高密度所带来的难题的，因为他们的文化和我们相近。总的来说日本人也具有应付高密度生活的熟练技巧。在日本的住宅里，已经出现了一种灵活使用空间的习惯。他们住宅中的隔墙是可移动的，于是空间也是可变的。同一个空间也有几种功能，可以是吃饭、娱乐甚至睡觉，也是以时间错开的方式进行。Rapoport 观察到日本的城市具有调节与其他人联系和控制刺激过量的手段。有些城市如东京分成一个个小地区，在这些地区里，吃喝和娱乐场所很容易进入，这为人们相互见面和沟通提供了地方，就不会有太多的人登门拜访而把主人小小的房间给挤破了。在荷兰，Rapoport 也发现类似的机制，荷兰各城镇间有明显的分隔，中间有易于进行的开阔空间、就给人以容易避开人口稠密区的感觉。此外荷兰也有珍视小件物品的习惯。

还有其他一些人类学者的工作考察了拉丁美洲、非洲和亚洲其他地区的人们如何应付高密度环境所带来的压力，他们所依赖的文化准则和习俗是什么，很显然在高密度环境中没有体验到压力不能简单地归功于社会体系的某些特征。人类能成功地定居于各种不同环境，或炎热或寒冷，或稀少或稠密，或山区或沙漠，或海岛或大陆，成功的生活能力是多种因素复杂作用的结果。达到了文化习惯的存在得以应付各种具体情况的程度，达到了人们能够调节相互交往的程度，达到了心理、物质和文化过程的适当混合并发挥作用的程度，人们就能成功地适应他们的环境。此意义上我们认为，无论是大城市生活还是小城镇生活，既不是“好的”也不是“坏的”。令人满意的城市生活取决于许多因素——物质资源、设施、空间、有效的文化和心理上的机制等。因此，必须避免简单的好或坏的结论，而应谨慎地分析与社会、心理和文化等各方面有关的、人们在城市环境中的各种生活情况。

四、高密度环境与环境设计

在城市环境中，一些特定的设计手法可以提高或减少拥挤的感受。我们相信某些建筑设计特征，包括允许使用者对空间的再调整将会使人们能从容地应付高密度带来的压力，使生活变得更舒适。

当人们感到拥挤时，最简单的方法就是提供更多的空间。但此方法可能会有两个难题。首先，更多的空间意味着投资的增加，因而此点并不总是行得通的。第二，从以上的讨论得知，拥挤不一定就是由于高密度引起的。所以合理的空间布置能有效地缓和拥挤的压力，有时精心构思合理安排空间比单纯增加空间来得更有效。

1. 城市的密度

城市的密度是城市规划与设计的首要内容，它以土地规模和人口数量两方面来衡量。城市显然不是越大越好，或是越小越差。城市不是农场，它是人们居住、工作和社交的地方，这就需要有彼此相对的接近度。密度是一种可以感知的现象。在城市规模上，对居民来说察觉到的密度远比单位面积里的人口数重要得多。

城市中的人口密度与是否拥有对城市生活非常重要的特殊功能和服务设施有关。譬如在城市的一定地区中，小型商店和服务设施（杂货店、酒吧、咖啡厅、洗染店等）出现的数量和种类，在一定程度上正是密度的作用，也就是说在人们彼此居住较近的地区（密度较高），这些商业设施很可能存在，且种类繁多。公共交通的可行性在一定程度上取决于居住区的密度。另一方面从能源保护出发，就应该增加密度。在城市设计过程中寻找这样一个最佳密度是困难的，但它很有价值。

操作性更强的密度指标是最小密度和最大密度，即在一个可居住的街道、邻里和城市中，该土地上居住的最少人数和最多人数。城市设计中的最小密度可以确保城市的活力和各项指标的经济性，最大密度可以确保此土地上生活的人们有可控制的健康性和可居性。Jacobs和 Appleyard(1987)曾建议城市生活所必需的最小净密度(人数或居住建筑占地面积比，不含道路)为每英亩 15 个居住单元*(30 人～60 人)。不过这个密度在我国来说还是太低。

最优秀的城市场所必须具备一些混合功能，这种方式可以反映出公共性与多样性的价值观并突出地区的个性。但我们应该牢记，是混合活动而不只是密度，给一个地区带来了生气。

2. 住房

我们已经了解主要环境中的高密度对人们行为的负面影响最大，而且以每个房间中的人口数为度量标准的密度与社会病关系最为密切，所以住宅里的高密度对人们的生活有最重要的负面影响。我们在家里所呆的时间最长，从事很多重要的活动，和我们最亲密的人在一起。家是我们最基本的环境，迄今为止我们还没有发现一则报告说家庭里的高密度能产生什么积极的效果。

绝大多数对居住环境的拥挤研究都是在大学公寓里展开的，已经有资料说明，生活在成套公寓里的大学生比生活在走道式公寓里的大学生更善于交际，并且此种社交能力的差别似乎影响到了公寓以外的世界。所以在有可能的情况下，应该避免长走道的设计，而为学生提供成套的住宅或学生公寓。

假如现在已经是长走道的公寓楼的话，有什么方法可以挽救呢？Baum 和 Davis(1980)的建议是当走道较长时，可以用减短走道长度的方法来减少拥挤的压力。他们的实验设计非常简单，在一个公寓楼的某一层的长走道中间设置一道分隔墙，并在墙上开了两扇门。开学仅仅几个星期之后，这一层楼学生的拥挤感就明显减少了。尽管此扇门并没有关上，但由于走廊一分为二，似乎减少了学生们的过量负荷，促使两边的学生分开使用公共设施，如厕所和浴室，并有助于形成和睦的关系。这个实验还发现为了减少拥挤的压力，避免干扰，此公寓楼其他楼层的大学生的房门比刚开学时关闭的时间明显增多，但这个被隔开走道的楼层里的大学生，他们房间的关门情况则没有什么变化。

在大学公寓的一个房间里往往要住好几个学生。如果允许他们在房间里进行适当分隔的话，哪怕只是挡板或是帘子，虽然挡不住声音，但至少可以遮挡视线，拥挤感也会减少。这

* 1英亩＝0.405公顷

些措施可以减少不必要的交往并提高大学生的控制感，保障他们的私密性。我们认为让大学生建立一个属于自己的小空间要比与别人分享一个大空间来得好。在这些小空间里学生可以建立自己的个人控制，不受别人视线的干扰，并有机会对空间进行个人化的设计。作者有一位学城市规划的吴姓朋友，他在自己空间的入口处贴了一块牌子——吴家可归，令人印象深刻。其实这些建议也同样适合于专业教室，遗憾的是学校总是以不利于管理为名剥夺学生的此种机会。

3. 幼儿园

高密度的环境对孩子们的成长不利。孩子最重要的两个环境就是家和幼儿园，住宅里的高密度对孩子的打击最大，因为大人们为了在拥挤的家里获得更多的空间而忽视孩子的权益。据 Saegert(1984)的调查说，与低密度家庭的孩子相比，那些来自高密度家庭的孩子在学校里的表现差、容易焦躁、容易分心、活跃较过度。男孩比女孩更差，他们的词汇和阅读能力较低。当他们感到恼怒时，会挥拳相向，但低密度家庭的孩子则只是以离开了事。

如果家和幼儿园都是高密度的话，这对孩子有何影响呢？Maxwell(1996)对此做了详细的探讨。她发现如果这两个环境都是高密度的话，孩子们的行为会出现一些问题，如侵犯性行为、打架和竞争性增加，过度活跃，并回避社会交往，其负面效应更甚于只有一个高密度的环境。曾有研究说当密度提高到 25 平方英尺*/人以下时，才会出现负面效应。而 Maxwell 的研究表明，如果家里也是高密度的话，那么幼儿园教室的密度远远低于此指标时也会有负面效应(其教室的密度是 36 平方英尺/人)。这个研究还认为，如果家与幼儿园都是高密度的话，孩子呆在幼儿园的时间也是个主要指标。半托的孩子比全托的孩子在学校里的表现好，其负面效应也小。

在幼儿园设计时，班级的大小是很要紧的。Rupp(1979)曾建议班级的人数应少于 15 人。如此则孩子们容易相互合作，比较守纪律，孩子们在课堂上发言的次数增加，并在从事其他活动时较为投入，不友好和敌意的行为也减少了。此点在 Maxwell 的工作中也得到证实，所以应该设法减少班级或小组的人数。这些对于家里较拥挤的孩子来说有很大好处。我们似乎应该确立一个幼儿园教室的密度指标，但这必须依靠研究工作才能确定。我国现行规范中确定幼儿园班级人数为 30 人左右，活动室的面积最少 50 平方米。

总结　本章首先对人们如何应付和适应城市生活做了探讨，并对“小就是好”、“大就是坏”展开讨论，尽管我们支持亚文化群论的主张，即城市生活不会产生精神崩溃、无法无天的行为或是人与人之间的疏远，大城市居民与小城镇和乡村居民一样统一在一个有活力的社会中，但我们还是从决定论、构成论方面得到很多的教益，而且决定论依然还是一支重要的力量并有很多支持者。最后我们讨论了拥挤，其最重要的结论应该是一方面拥挤缘起于高密度，但高密度并不一定就会让人体验到拥挤的压力。另一方面，拥挤的压力确实在人的生理上和心理上产生了负面的影响，特别是对人们的社会交往方面。

* 1 平方英尺＝0.092903 平方米

第五章 私密性

生活真是妙不可言，它不事声张地教会了我们很多东西，使生活成为有规则可循的事件组合。私密性就是这样的一种社会规则，我们中的大多数人都了解它、熟悉它，并应用它。譬如与情人幽会，我们会选择僻静的地方，极亲昵的举止，总是发生于别人的视线之外；和爱人吵架声音不会太响，否则应把门关上；办公室里可以嘻嘻哈哈，但不要谈及私事；接听男友的电话语调应有所节制，不应太过放肆；去别人家作客，到得不要太早，留得不要太晚，尤其应注意主人看表的提示。还有，两幢住宅楼不要靠得太近，卧室在晚上应拉上窗帘，卫生间的玻璃应该是不透明的，坐在客厅里不应看到卫生间里的马桶，也不应该看到卧室里舒适无比的席梦思等等。这些我们都很明了，为了生活的美满和健康，我们必须非常熟练地平衡自己的期望、别人的需要和现实环境之间的关系，以获致自己的并照顾别人的私密性。

如今，私密性不仅是心理学家的术语，而且也经常被政治学家、社会学家、人类学家和律师挂在嘴上，这代表了私密性在社会、文化和法律上的普遍意义。这里我们将探讨私密性的内涵和它的作用。在我国，目前人权得到逐步尊重之时，正确理解私密性的意义显得尤为重要。因为隐私权得不到尊重而愤然上诉法庭的案例很多。1998 年上海一位女大学生因在超市里被无端搜身而把超市告上法庭的案件曾轰动一时，其他类似的案例后来也多见诸于报端，这说明全社会的私密性意识正逐步唤醒。

一、私密性的性质

私密性是一个广泛使用的术语，如同其他许多术语一样，人们常认为对此术语有一致的意见，但事实远非如此。对很多人而言，私密性意味着两件事，一是从人群中脱离出来，二是确保别人无法进入某一特定领域或接近某些特定信息，这两种日常生活中的概念仅仅代表了私密性的部分含义。

1. 私密性的含义

学者们对私密性的定义也有分歧，有些人强调私密性是回避、隔离和避免相互交往。Westin(1970)将其定义为一种控制意识或是对个人的接近度有选择的自由，是一个个体决定关于他自己的什么信息以及在什么条件下可以与其他人交流的权利。Sundstorm(1986)则将私密性分为言语私密性和视觉私密性。前者指谈话不被外人听见，后者指不被外人看见。

最有影响力的定义由 Altman(1975)提出，他给私密性确定了在某些方面与传统用法相反的定义，即私密性是“对接近自己的有选择的控制”。这一定义的重点是有选择的控制。它意味着人们（个人或群体）设法调整自己与别人或环境的某些方面间的相互作用与往来，也就是说，人们设法控制自己对别人开放或封闭的程度。当私密性过多时就对别人开放，当私密性太少时就对别人封闭。私密性当然不是简单地仅仅把别人挡在门外，私密性也包括社会沟通并让别人分享你的信息，其中控制是关键。私密性很强的人未必就是离群索居的隐士，而是那些分清楚什么时候可以交际往来，什么时候应该离群独处的人，是那些既可以与朋友倾诉肺腑之言又懂得适可而止的人。接近这一术语涵盖了很多感官渠道。为了获得私密性，你可以躲进自己的房间并把门关得严严实实。但有时也会被音乐声、别人的谈话声和卡车的轰鸣声搅得心烦意乱。在开放式办公室里工作的白领职员可以躲在挡板后面而获得视觉上的私密性，但他们常常抱怨办公室里杂七杂八的声响严重地影响了他们的工作绩效。从定义上说接近我们的渠道有很多，但两种方面是主要的：视觉的和听觉的。

如此简洁的定义使得私密性可以包含某些重要的概念，譬如信息。私密性不仅包括与空间有关的对社会交流的管理和组织，也包括与空间关系不大的个人信息的管理和组织。我们都同意如果有人蓄意地收集我们不愿为外人道来的信息，如私拆我们的信件或偷看我们的日记，则我们的私密性受到了严重的侵犯。上面提到的超市职工强行对女大学生搜身就是粗暴地侵犯了个人信息并藐视人的尊严。

私密性有四种基本类型（Westin，1970），即独处、亲密、匿名和保留，其中独处是最常见的。独处（solitude）指的是一个人呆一会儿且远离别人的视线。亲密（intimacy）指的是两人以上小团体的私密性，是团体之中各成员寻求亲密关系的需要，譬如一对情侣希望单独在一起，这时他们的亲密感最大。匿名（anonymity）指的是在公开场合不被人认出或被人监视的需要。社会名人对此点的体会最深。总统、明星和导演都希望与平常人一样上街购物而不被崇拜者团团围住。有的明星上街不得不带墨镜，英国戴安娜王妃则因躲避"啪啪垃圾"的追逐而在法国香消玉殒。平常百姓也有匿名需要，譬如你并不想让全城的人都知道你的家庭住址和电话号码。保留（reserve）指的是保留自己信息的需要。无论在公开场合还是私下里，你都不想让别人知道太多有关你的信息，特别是那些私人的、比较羞于见人的，甚至是一些生活上的污点。为了防止此类信息为人知晓，你必须建立一道心理屏障以防止外人干涉。

2. 私密性的特点

私密性的定义已经抛弃了某些传统的看法，它不仅仅是拒他人于门外或与各种信息隔绝。在当今社会中离群索居的隐士极为少见，大多数人并非一味排斥别人，为了生存他们不得不与别人和平共处。私密性是一个能动的过程，以此来改变与别人的接近程度。人们控制自己与别人的接触与沟通，使私密性成为一个界限控制过程。

(1) 界限调整

Altman 独具慧眼，提出了"界限调整理论"，以涵盖私密性、拥挤、领域性和个人空间的研究，并满足了环境设计界对正式理论的要求。在此理论中，私密性控制就像一扇可向两个方向开启的门，有时对别人开放，有时对别人关闭，视情境而定。见图 5-1。

这个太极图很能说明私密性作为一个开放和封闭过程的特征，通过使用不同的行为机制（每个小圆圈代表一种机制），有时向他人发出开放的信号，有时发出封闭的信号。小圆圈的开放部分和封闭部分是随时间而变化的。通过此模式，私密性可以看成是一个变化的过程，此过程能对人际的、个人的或环境的诸方面在短时间内做出反应。

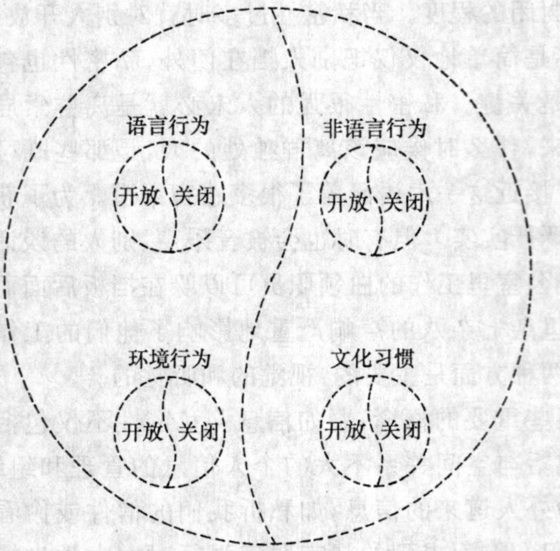

图 5-1　私密性调整的辩证模式

(Altman 和 Chemers,1984)

没有黑夜就没有白天,没有冲突就没有和谐。开放与封闭的愿望是随时间而涨落的,这完全取决于他是和谁在一起、在什么地方、当时的环境如何以及他的心情怎样。如此,私密性也是一个最优化过程,人们并非试图寻找更多的独处、更多的匿名或保留。私密性的原则并非让你在生命的大部分时间里独处一人,而是你想单独呆一会儿时就关起房门,你想与别人交流时就走出去找人聊天。生活中我们常常可以看到这样的例子,有的人朋友很多而且常常与他们在一起,但他的私密性依然很强,而有的人常常是形单影只、孤家寡人的样子,但他还认为私密性不够,实际上这不是私密性,而是孤独。所以私密性也是社会交流的合适度。

人们可以使用不同的行为机制来控制他们的开放和封闭。譬如我们可以用语言告诉旁人我们的愿望:"我们聊聊好吗?""我可以和你在一起吗?""对不起,我没空。""不,现在不行。"等。这时说话的语气和腔调,或冷漠或热情,可以帮助传达你的意愿。当然也可以使用非语言方式来调整私密性。我们可以用点头、微笑、畅怀大笑、聆听、凑近、注视对方等身体语言以表示自己与对方交流感到高兴。反过来,我们用皱眉、移开视线、背着对方,或是不安地玩弄领带和扣子、搓手和看表等动作表示自己对此番谈话没有兴趣。

除了语言和身体语言以外,我们还可以用空间来反映对别人的开放或封闭。打开房门把别人请进来,一旦客人进入自己的领地时,我们可以请他坐下,如泡上一杯特级龙井,客人会感到特别高兴,他知道自己是受欢迎的。反过来我们可以关上房门,对不速之客我们一般在门外和他们谈话。即使进入自己的领地,我们也常常是坐在离他们较远的位置上,谈话很少,出于礼貌的敷衍以赶紧打发了事。最后我们可以用文化上的某些习惯、规定和准则来表示对别人的开放或封闭,不同的文化有不同的准则,但是私密性作为基本人权具有文化上的普遍意义。在文明社会里,无论是在美国或欧洲,还是在日本或中国,这些准则和习惯大多数是相通的。譬如我们到别人家里作客,最好是打电话问问别人有没有空;参加晚会应避免到得过早或留得太晚。在别人家里,客人通常不闯进关闭着的门,特别是浴室的门。人们对主人看表是很敏感的。

以上四种行为机制并非单独工作的,为获得私密性,我们会组合几种机制共同作用,有时把重点放在语言上,有时则把重点放在空间上。正式场合我们可能选择语言表达,把语言、具体的动作和文化习惯组合起来表示开放或封闭的愿望。非正式场合,我们或许用空间的或身体语言传达自己的要求。

(2) 私密性、拥挤、领域性和个人空间

如果沿着界限调整理论继续思考下去,我们会发现这四种社会行为之间存在着明确的关系,其中私密性最为重要,它是使四项概念结合在一起的粘结剂。私密性是一个能动的调节过程，依此过程，一个人或团体使自己更易于或较不容易接近，而个人空间或领域行为是用来获致私密性的手段，拥挤可以看成是私密性的各个机制未能发挥作用的一种状态，结果是产生了过多的令人厌恶的社会接触。见图 5-2。

图 5-2 说明，个人空间、领域性、语言行为、非语言行为以及文化习惯等一起，构成了私密性调整的行为机制。通过上述的分析，这些行为机制可以用来调整人们对社会交流的开放与封闭。有时天从人愿，实际的私密性与所希望的私密性相等。有时实际的私密性少于所希望的私密性，此时就处于拥挤的状态。拥挤的发生是由于未能成功地使用个人空间、领域性、语言和非语言等行为机制来保护一个人或团体免受不希望的相互作用的影响。有时私密性的调整会矫枉过正，导致一个人或团体得到的社会接触少于所希望的，这就产生了社交隔离。

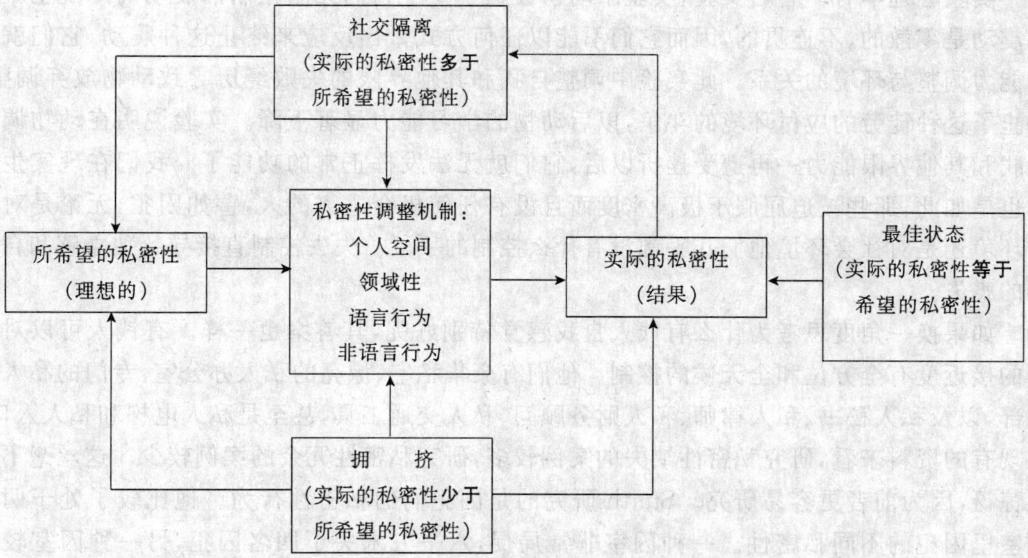

图 5-2　私密性、拥挤、个人空间和领域性之间关系的总览（Altman，1975）

3. 私密性的作用

至此，我们已经了解什么是私密性以及它是如何在我们生活中起作用的。私密性是人们用来控制他们与别人相互作用的辩证的界限调整过程。那么私密性在生活中扮演了怎样的角色呢？为什么说私密性是非常重要的而且它是一项基本人权呢？研究发现，我们能否处理好与别人的关系、个人控制的程度、情感能否渲泄，以及最重要的自我认同感、自尊感和价值感，无不与私密性调整过程有莫大的关系。

(1) 社会交流

我们把人际关系处理得好与差，与私密性调整的关系甚为密切。一方面通过调整开放和封闭，我们可以按自己的愿望，按照自己与别人关系的密切程度和场合进行适当的交流。我们渴求私密性的主要原因就是欲保护自己与别人的交流。你可以在拥挤的公共汽车上和朋友讨论昨晚中国足球队的糟糕表现；但只有远离别人的耳目，你才能和律师开诚布公；和爱人讨论家里的存款时又唯恐隔墙有耳，有些话欲言而止只是因为没有找到合适的场合。

显然私密性调整对于社会沟通有着重要的利害关系。

办公室中人际交流与私密性二者间的关系一直是学者们关注的焦点，这方面工作也取得了很大的进展。在开放式平面办公室工作的职员们对私密性不满意，具体地说，他们认为无法保证某些谈话内容不被别人听到。实际上有的职员为了接听或打一个比较私密的电话，一直要等到同事们下班全部离开之后。事实上很多人都有过这样的经历。如果欲进一步了解办公室里私密性研究，可以阅读本章的稍后部分，那里将展开更详细的讨论。

(2) 控制

为了适应环境，我们必须具备调整自我的能力，调整开放和封闭的界限就是这种能力的一部分。如果一个人无法与别人来往，他会感到孤独；反之，如果他不能把别人的干扰限制在一个合理的范围内，那么也很难说此人有明确的自我。

实验心理学有一著名实验，实验中动物被置于一个它们无法控制的震动的环境里。这种震动是零散的、不连贯的，因而它们不能以任何方式做出反应来终止这种震动，它们就没有能力调整与环境的关系。此实验中调整自我和其他界限的失败经历导致动物放弃调整，停止了这种徒劳的应付环境的斗争，以后动物的学习能力显著下降。实验说明在动物调整自我和其他界限能力一再遭受挫折以后，它们就无法发挥正常的功能了。我们在现实生活中也是如此，那些被迫屈服于极高密度而且没有任何机会逃离的人，譬如囚犯，无论是对实质环境还是对社会环境他们几乎都没有什么控制的手段。失去控制直接导致独立感和自由感的丧失。

如果换一角度思考为什么有钱人自我感觉特别好呢，其答案也一样。有钱人可以对别人的接近度有全方位和全天候的控制。他们有豪华私宅、漂亮的私人办公室、专门的私人俱乐部，以及私人秘书、私人律师、私人财务顾问、私人交通工具，甚至是私人电梯和私人入口。从现有的资料来看，研究私密性缺失的案例较多，研究私密性冗余的案例较少。这丝毫不令人惊讶，因为前者更容易研究。Smith 研究的是囚犯们的私密性行为。他比较了处于两种囚室里囚犯的不同私密性。一种囚室非常局促，六平方米关了四名囚犯，另一种囚室较宽敞，六平方米关了一名囚犯。通过比较，他发现前者的囚犯对独处和保留(Westin 的两种私密性类型)越偏爱，他们对自己生活的控制程度越差。后者的囚犯对独处和保留越尊重，他们的控制感也越强。很明显实质环境是私密性和控制之间的平衡器。

城市是我们自豪与恐惧的源泉。在我们充分享受丰富多采的城市生活的同时，不得不屈从于各种各样的噪声、受污染的空气、难闻的气味以及有时令人窒息的拥挤。如果我们对与别人交流的程度也缺乏控制的话，那实在是太糟了。

(3) 认同感

私密性调整的成功与否将对自我认同感、自尊感和自我价值感，以及对人们的生存能力有着相当的影响。从这方面说来，私密性调整的成功与否是人们幸福的一个重要影响因素。

自我认同是一个人或一个群体从认识上、心理上和感情上明确自己的存在。它包括人们知道他们从何处开始到何处结束，物质世界的哪些方面是自己的部分，哪些方面是他人的部分。它包含自我认识一个人的能力和局限、实力和弱点、情感和认识、信念和怀疑等。对自我明确的人来说，重要的不是包含或排除他人，而是在需要时调整接触的能力。如果我能控制什么是“我”，什么不是“我”；如果我能明确什么是“我”，什么不是“我”；如果我能遵守“我”控制的限度和范围，那么，我在明确和理解“我是什么”方面就进了一大步。所以私密性机制的作用是帮助明确自我。

遗憾的是认同感的概念非常复杂，私密性与自我认同之间的关系较难用实证检验，但毫无疑问，人们在与他人的交流中，如果缺乏控制界限的能力，那么他的自我认同感和自我价值感是会有问题的。

(4) 感情

随着社会的复杂化，人与人的关系、精神与物质的关系也日益复杂和多样，情感对协调人与物、人与人之间关系的重要作用也日趋显现。私密性的一个重要功能就是保证情感得以渲泄。情感得不到渲泄是很糟糕的，但在人前，特别是在公共场合，我们连对别人善意的批评都很吝啬，渲泄情感几乎难以想象。我们可以在人前开怀大笑，但不能在人前号啕大哭，即使此刻是多么的痛不欲生。听到一首美妙的曲子，在家里可以和着节拍翩翩起舞，但在大街上我们甚至都不会摇头晃脑，即使“此曲只应天上有，人间哪得几回闻”。社会学家常把人们在公开场合中的行为称做“前台行为”，而把非公开场合的行为称作“后台行为”。通常，人们在后台是“不化妆的”、如释重负的。在舞台后面我们远离在公开场合中所扮演的角色，摆脱别人对我们角色的期待，这时我们真正体验到自我，并把真实的情感酣畅淋漓地渲泄出来。

二、私密性的影响因素

每个人都需要私密性，任何时候任何地点都有这个要求。随着实质环境和社会氛围的不同，不同的人对私密性的行为、信念和喜爱度方面都有很大差异。文化环境的不同、个性的不同、社会经历的差异会使得某些人对私密性的要求比别人更强烈。不同的实质环境，如前文介绍的囚犯例子那样，对人们的私密性也有不同的影响。毫无疑问某些时间和某些社会环境会让你更强烈地渴望私密性。

1. 个体因素

(1) 性别

男人与女人在私密性方面存在着明显差异。Walden，Nelson 和 Smith(1982)对大学一年级新生作了问卷调查，这些大学生有一半住在两人一间的公寓里，另一半住在三人一间的公寓中。他们发现虽然住在三人间里的男女大学生都认为居住状况是拥挤的，但住在两人间里的男大学生要比同样居住条件的女大学生更觉得拥挤。令人感兴趣的是住在两人间里的男大学生精心布置他们的房间以尽量保证每人的私密性不受干扰，住在三人间里的男大学生则采取了一种走为上策的回避策略，他们并没有煞费苦心地安排自己的房间，而是有机会就远离这个烦人的地方。

与此相反，住在三人间里的女大学生呆在公寓里的时间相当长，除了睡觉，每天有几乎7个小时，女孩子们面对高密度的情境没有像男孩子们那样消极，相反表现出积极的态度。有意思的是当被问及“你们感到有多少私密性?”时，所有的被试都回答说他们(她们)得到了足够的私密性，这似乎说明每个人都以自己的方式与高密度的情境作斗争，并非常成功，以致于虽然感到拥挤，但他们(她们)说并不缺少私密性。

一些研究说，女人对付高密度情境比男人更积极，上述的工作只是为这个结论又增添了一个注脚。其原因可能是在高密度情境中女人们更同病相怜，比在同样情形下的男人们更喜欢或同情她们的室友与同伴，因而她们之间的合作要优于男人。也有可能女人们对高密度情境有更有效的私密性调节机制。譬如有报告说，在大学公寓里，女大学生比男大学生告诉室友更多的社交上的事情（信息上的私密性），而且在此环境里女大学生之间的关系更亲密更友好。相反男大学生在对付高密度情境问题上似乎调整了他们对私密性的价值观，并在可能的情况下逃离这个地方。

以上研究都是在大学公寓里展开的，基于年龄的影响几乎和性别的影响一样广泛，所以来自非大学生样本的调查值得重视。Firestone，Lichtman 和 Evans 对护理环境的研究也发现女人比男人更适应那些身心受到限制的环境，这个结论足以支持女人这一优势现象——女人是“社会—情感”专家。

“妇女则一开始就具有那些使人与人之间的交流更容易的感觉能力，体力上和心理上成熟得较早，说话流利，口头表达能力较强……更可能从人的、道德的和美学的角度看待世界。”(Hutt，1973)。

(2) 个性

哪些人对私密性的需要更强烈呢？尽管此方面的工作不多，主题也较分散，但还是取得了一些一致的意见。

首先，自尊感低的人有更强烈的私密性需要。Aloia 比较了生活在养老院里和不在养老院里生活的老人之后，发现自尊感与私密性需要之间存在着负相关关系。Golan 发现那些有单独卧室的被试比那些合住一间卧室的被试在自尊感方面的得分高。私密性对个人的认同感和自尊感方面扮演着关键的角色，私密性不足的人其自我认同感和自尊感必然较低。有更高私密性需要的人往往幸福感较低，自我控制能力差且有更多的焦虑感。较为焦虑的人往往需要私密性来保护自己，或是自己在受到伤害以后有地方复原。

另外，精力无法集中的人常常有较高私密性需要，因为他们希望免受别人的干扰。与此相似，性格内向的人也对私密性有更高的要求，性格内向的人比性格外向的人有更多的保留，而保留就是私密性的一种类型。Weinstein(1982)对小学生在教室里的学习情况做了调查。她在一间大教室里布置了三间小的学习隔间(booth)，此三个学习隔间能为孩子们提供更多的私密性，免受别人的干扰。经过数星期的观察，她发现这种小隔间在小学教室里是不受欢迎的，只有那些不善于交际的、易于分心的和有较强攻击性的孩子才有可能选择此类小隔间，但此选择与孩子们的自尊感无关。

2. 情境因素

(1) 社会情境

社会情境同样影响私密性，这包括你与谁在一起、你在做什么、当时的心情如何等。私密性是一种事过情迁的过程，有千变万化的情态。当你与爱人晚上刚看完电影回家时，你们希望保持更多的私密性，但你与朋友们讨论本周波澜壮阔的股市变化时，你们的私密性就不一定很高。同样的，你希望有一单独的房间与律师讨论你们诉讼案件的是非曲直，但在大街上你会与律师一起对申花队的新外援评头论足。总的说来，我们对私密性的满意程度因社会情境的变化而变化，遗憾的是关于私密性的意向、动机、信念、价值观和期望的讨论非我们所擅长，还是把注意力集中在实质环境对私密性的影响方面。

(2) 实质环境

实质环境是如何使得某些人偏爱较高的私密性，并让另一些人偏爱较低的私密性呢？家庭密度在实质环境里是很有影响力的。是那些住在较拥挤房子里的人还是住在大房子里的人偏爱较高的私密性呢？

有两种理论可以预言家庭密度与私密性偏爱之间的关系，但这两种预言是完全相反的。从驱动力(drive)减弱的观点来看，可以预言，如果一个人在家庭里不能获得充分的私密性的话，他在其他场合会努力寻找更多的私密性以弥补在家庭里的损失。按照适应水平理论，可以预言，如果一个人在家庭里获得的私密性不是很高的话，那么他在其他场合里对私密性的兴趣也不会太强烈，因为他已适应此种状态。

Nancy Marshall(1972)对独户住宅居民做了调查，她发现生活在大家庭里的居民偏爱较少的私密性。她推测说他们(大学生和他们的父母)已经适应了高密度的状况，因而比那些家庭人数少的被试更偏爱较少的私密性。似乎适应水平理论在这场竞争中占了上风，但需谨慎的是此方面公开发表的实证研究案例却很少，其中有的结论也在两可之间，或是不支持其中任何一方。不管最后的结论如何，家庭密度与私密性偏爱间存在着的影响是毋容置疑的。

人的适应能力是惊人的，即使非常拥挤的环境，人们在此环境里得不到多少私密性，人们照样会利用可以利用的资源以适应它。病房里的情况就是如此，在大病房里经常可以看到四至六人同住一室，穿衣脱裤、亲属的陪夜、朋友的探视，以及一些特殊的生活习惯皆暴露在人前，可是病人照样适应此类私密性差的环境。上述 Firestone 等人对护理环境调查以后说明，那些住在单独护理间中的病人比住在大病房里的病人期望有更多的私密性，尽管他们所拥有的私密性远远超过了后者。此研究与 Marshall 的结论一致，人们似乎已适应了他们的环境。

局促的住房条件必然导致家庭里私密性的缺失，但人们还是成功地适应了这种情况。是啊，有的人连婚姻都可以勉强，私密性的缺失又有什么不可以忍受呢？问题在于此种适应不是健康的适应。任何一位有理智的建筑师都会发现，随着我国经济的发展和住房制度的改革，以前因住房紧张被迫埋头在油盐酱醋堆里的人们对理想居住环境的需要，会随着媒体的宣传、房地产广告和阅历的增加，特别是经济地位的提高而被激发出来。私密性需要正是人们此种需求的一个部分。

Marshall 的工作还有一个发现：那些生活在具有开放平面特征住宅里的居民偏爱较少的私密性。开放平面是建筑学用语，指的是房间并没有完全封闭，空间与空间之间互相连通渗透。此结论与开放式办公室的很多同类调查所得结论完全相反。在后者的工作中几乎所有的学者都发现，工作人员偏爱在较私密的传统办公室，不喜欢开放式的大办公室。在开放式办公室里工作的雇员，由于他们的私密性受到影响而导致对工作满意度的评价较低。当办公人员从传统办公室搬迁到开放式办公室里工作以后，他们的工作满意度大大降低了。甚至 Block 和 Stokes(1989)通过一个实验也说，办公室中理想的工作人员的数目为三人以下，当办公室里人数超过三人时，被试的满意度就下降了。

总体上说，工作人员对私密性的满意与周围空间的可封闭程度密切相关。私密性满意的最好的预报因子，是工作人员工作台周围的隔断和挡板的数量。私密性的满意度可以看成是环境能提供的单独感的函数。

不太清楚为什么在住宅里开放空间导致人们偏爱较低的私密性，在工作中开放空间又往往与对私密性的不满联系在一起，这不仅仅是由于地点不同所致。在理论上私密性的偏爱是与私密性的满意是不同的，前者指人们希望有多少的社会接触，而暂且不论此种期望能否得到满足。后者指人们所期望的私密性在多大程度上得到了满足，但它不考虑对社会接触有多少期望。

私人信息的组织与管理也是私密性的重要组成部分，可是此方面的研究工作比较少。令人感兴趣的是什么样的实质环境会让你透露更多的信息。Chaikin，Derlega 和 Miller 的工作说"柔性空间"使你透露了更多的心事。所谓柔性空间即软软的地毯、温暖的壁挂、布艺的扶手椅、装修过的墙面，以及摇曳的烛影等等这一切所勾勒的气氛之总和。在此种情境中你会打开话匣子，向对方倾诉你的秘密。反之坐在惨淡的荧光灯下，在光秃秃的墙边，手扶着硬梆梆的椅子，你可能坐不了一会儿就准备离开，更遑论与别人推心置腹了。

咖啡店的老板、茶室的主人显然比我们先知先觉，深谙其中之道。暗淡的灯光可以拉近人与人之间的距离。温软的空间使人一吐为快。个人间的沟通常常发生在温馨宜人的环境里，只要稍微留意一下就会发现这个模式是多么的生机勃勃。

三、私密性与环境设计

建筑师的目标是尽可能为每一个人提供足够的私密性，要达成此目标，并不仅是说要建造更多的面积，以保证每个人都拥有单独的部分。私密性意味着在对别人封闭的同时，又保留对别人开放的可能性。重要的事情是允许人们可以选择：是对别人开放还是对别人封闭。所以环境设计的重要性在于尽可能提供私密性调整的机制。

1. 空间的等级

(1) 公共空间

城市空间可以组织成从非常公开到非常封闭的空间序列，在这个序列里，最外面的就是公共空间。譬如城市里的体育场和影剧院，市中心的步行街和广场，社区里的超级市场和游乐园等，互不相识的人可以在此相遇。视觉接触、声音传递，在公共空间里的大多数属此类交流，或大或小都未经计划，是例行公事。当然在小一些的环境里，如酒吧、咖啡馆等，人们也会和自己的熟人或朋友把盏而坐。总体上，在公共空间的设计中考虑使用者的私密性，就是对空间进行合理安排，使陌生人之间的例行接触平静和有效。

(2) 半公共空间与半私密空间

半公共空间比公共空间较私密一些，如公寓的走道、组团内部的绿地、大楼的门厅等。半公共空间设计时考虑使用者的私密性，重点在于创造一个既能鼓励社会交流，同时，又能提供一种控制机制以减少此类交流，所以半公共空间中如何照顾使用者的私密性是一个难题。在图书馆的阅览室里，私密性设计通常是安排一些小隔板以阻挡其他读者的视线与声响。

半私密空间包括开放式办公室、教师休息室和贵宾室等。这些空间拒绝绝大多数的外来人员，只有该群体的成员才可进入。在半私密空间的设计中考虑使用者的私密性，指的是在空间中创造各种活动的有效界限,否则就会引起冲突。如果这些边界设计得好,它就能满足使用者的私密性需要。如果此类空间里没有足够的视线与声响上的屏障,那就会出现问题。Gifford(1987)提供了一个市政厅设计的例子。在设计时规划部门被安排在一个大房间中,建筑师认为规划部门的工作人员在工作中需要相互联系,并传阅应审核的设计图纸。但使用以后此部门的工作人员怨声载道,因为他们还要做一些不那么公开的活动,如打电话、写报告或两人间的私人谈话。半私密空间的设计并不容易,需要建筑师仔细斟酌,半私密空间如设计得不好,要么是造成空间的使用率不高,要么就是使之成为充满摩擦的地方。

(3) 私密空间

私密空间指的是只对一个或若干个人开放的空间。卧室、浴室和私人办公室都是私密空间。一般来说,当人们拥有私密空间时,他们往往更合群,而不是更孤僻。人们拥有一个私密空间时,他们就又增加了一个自我控制的机制。私密空间是人们在生活里的真实需要,在住宅、办公室和社会机构的设计中,如果人们拥有了私密空间,他们遇到的社会压力也会减少很多。

2. 办公室

工作是人们生活的重要内容,每个人都希望有一份好工作,有好的收入、好的社会地位和好的工作环境。工作环境对办公人员的工作效能与工作满意度有着重要作用。

过去,人们在设计办公室时,对空间的合理使用及对办公人员和公司的需要往往注意不够。以往办公室的空间布置主要考虑每平方米可安排几个工作人员,而不是他们的工作效率,但恰恰后者才是设计的基本点。拙劣的设计会使经理和雇员感到沮丧,近来环境心理学家针对办公室设计做了大量的调查工作,工作人员在工作时的私密性是研究的焦点之一。目前已发表的对办公室中视线、声响、社交和信息的私密性研究都表明办公室里的布置情况远远不能令人满意。尽管如此,工作人员还是认为工作时的私密性非常重要。Farren,kopf和 Roth 做的一个关于学校办公室的调查发现,工作人员把私密性看得比空间的大小、室内温度、通风、家具、灯光、视野和美观等更为重要。

(1) 私密性、工作满意度和工作空间满意度

每个人在工作时都有一定的私密性要求,在工作时不希望受到别人的干扰,不希望别人在自己身边走来走去,有意无意地扫视自己手头的工作,讨厌身边一些无聊的谈话、闲言碎语和反复无常的电话铃声会打断思路,分散工作时的注意力。

大量的调查表明,工作时的私密性和整体的工作满意度有关。缺乏私密性的办公室会影响员工的工作满意度。一般说来在私密的办公室里工作的人,要比在与人共享的办公室里工作的人对工作更满意。Oldman 和 Brass(1979)的研究工作说明,雇员们从传统的封闭办公室迁往开放平面的办公室以后,工作满意度大幅下降,而且在以后的测试中工作满意度也一致偏低。

私密性与工作满意度之间的相关关系存在两个层次。在一般意义上,私密性对个人的控制感、自尊感和认同感有重要的价值,这些价值在工作中同样珍贵。私密性意味着雇员们在工作时有一种更自由的感觉,更有创造性、独立感和责任心。除了以上的感觉之外,私密性与雇员们对工作环境的控制意识有着强烈的联系。Kaplan 发现对作业缺乏控制是导致雇员们在工作场所心理和生理紧张的重要根源。另一方面,私密性还意味着一个人的社会

地位，私密性强可使人觉得这个人在公司里的社会地位高。在公司或组织中，私密性强的人常常是高级职员或管理者，他们不是有着个人办公室，就是与普通职员的办公地点有一段距离。这些人的收入又比较高，所以他们对自己的工作和工作环境更满意是不足为奇的。从这方面来说，私密性意味着工作条件的改善。

在具体的层次上私密性也与工作满意度有联系。工作场所的私密性意味着降低外界的干扰和减少分心的因素。这些可以降低他们的工作压力同时集中注意力，雇员们可能更乐于主动工作，容易取得成绩，个人能力容易得到发挥，积累更多的工作经验，将来会获得更大的成功。

有的学者所持观点和我们的不一样。Sundstorm(1986)坚持认为私密性和工作满意度的关系会随着时间的推移而减弱。他说任何具体环境的影响都是短暂的，因为人们有着非凡的适应能力，此种具体环境就包括建筑中的私密性。任何工作环境的改变起初都被看成是新奇的，如从个人办公室搬到开放式办公室，一开始环境的变化对人们的知觉有强烈的影响，然而在新环境里呆上一段时间以后，人们便会接受此种变化或认为此种变化是理所当然的。因而，如果说私密性对工作满意度有影响的话，此种影响也只是发生在一段时间里。

难道雇员们真的对环境"麻木"了吗？DuVall-Early 和 Benedict(1992)就这个问题调查了国际职业秘书公司弗吉尼亚分部的 130 名职员，他们请被试回答满意度问卷上的各个问题，这些人在同一工作场所的时间有长(一年以上)有短(一年以内)。结果发现尽管私密性不是和工作满意度的所有方面都有联系，但它确实与总体上的工作满意度有关，也和其中的某些方面有关，譬如工作中的创造性、独立性、社会地位的责任感等。这个研究多少解开了一些疑团。

工作满意度非常复杂和综合，除了私密性以外，还与工资收入、公司政策、社会福利等与环境设计毫不相干的因素有关，相比而言，还是工作环境满意度与私密性的关系更密切一些。确实，环境心理学家更重视工作环境满意度与私密性之间的关系，因为建筑师不是超人，他唯一承担责任的地方就是空间的组织和设计。在探讨工作环境满意度与私密性之间关系时，研究人员把私密性在技术上处理成"对空间接近的有选择的控制"，也就形成了"建筑私密性"的概念，它与私密性概念的区别在于它不再包括与空间无关的社会交流，如信息的组织与管理。建筑私密性特别强调工作场所的可达性如何，也就是说那些被隔墙或挡板围起来并且可以上锁的办公室，其建筑私密性要高于那些很多人一起办公的开放式办公室。

建筑私密性是环境满意度的重要因素，如果在空间里雇员们不能对别人的接近有任何控制，无论是身体上的、视觉上的、还是听觉上的和嗅觉上的，按照信息超载理论，雇员们所遇到的令人厌恶的社会接触的机会将大大增加，这将导致雇员们负面的感受，使他们感到沮丧，导致工作压力增加。

在私密性的污染源中，最令人厌恶也最难以控制的就是噪声。噪声是一种环境压力，是人们对环境不满的根源之一。噪声既影响了私密性，也影响了人们的工作环境满意度。办公室里此起彼伏的电话铃声、同事们的谈话声、空调的启动声和复印机的滚动声等，使得办公室成为复杂、混合但很不悦耳的交响曲。除非是在个人办公室里，在开放式办公室中大量的杂七杂八的声音几乎难以避免，这也是为什么个人办公室要比开放办公室的私密性高的主要原因。

针对办公室的环境评价研究已经指出，工作人员对其直接工作空间的评价在他的工作环境满意度中最具影响力，所以工作场所中决定工作人员评价的关键性设计特征，往往出现在与他们关系最密切和最个人化的部位。最有说服力的证据是 Marans 和 Yan(1989)提供的。他们对美国工作场所做了全国范围的调查，发现无论是在封闭办公室里，还是在开放式办公室中，私密性名列工作环境满意度诸要素的第四和第五位，仅次于空间评价、照明质量和家具品质。在稍后的一个调查中，Spreckelmeyer(1993)选取了不同的样本，他发现在封闭办公室里，言语的私密性名列满意度诸要素的第三位。在开放式办公室里，视觉私密性名列满意度的第三位，仅次于照明质量和空间评价，并在家具品质之上。

(2) 个人办公室

和住宅一样，受欢迎的办公室通常是较大的、较封闭的且能“对接近度可控制的”办公室。与有很多人一起办公的大办公室相比，个人办公室的私密性程度高，也更受人欢迎。大办公室里有太多的干扰和令人分心的种种因素，但在个人办公室里，门与墙体是保证私密性的关键，个人办公室能让不必要的令人烦心的因素止步于门前或墙外。Block 和 Stokes (1989)通过实验室工作发现，与四人在一起工作的办公室相比，被试更青睐个人办公室。

人们总是希望有自己的个人办公室，要是能做到这一点，除了私密性以外，他还能得到其他的好处，但对公司而言，这实在是太不经济了。公司要求工作人员之间有良好的沟通，顺利地交换意见和通畅地文书往来等灵活性和机动性。于是开放式办公室，又称为景观办公室逐渐流行起来。

(3) 开放式办公室

开放式办公室最先是 20 世纪 50 年代末在德国发展起来，它试图通过把各部门合理地并置在一起以实现良好的通讯与信息沟通，其目的是为全体员工提供一个舒适的工作环境，同时又能经济地使用空间，提高管理部门改变办公室布局以适应工作方式之改变的能力。同传统的大办公室以几何学规律配置桌椅不同，开放式办公室与环境美化运动密切相关，在这些宽敞的大空间里，设有很多绿树盆景和低矮的屏风式隔断，它们与自由布置的桌椅一起，有机地组合成适用的空间。当工作方式改变，或对环境感到腻烦时，随时可方便地移动桌椅与隔断，就能使办公室获得新的组织和形态。

开放式办公室中的私密性显然低于个人办公室的私密性，但开放式办公室量大面广，是市场的主流。据一份调查说，全美销售的办公楼中 50%以上是这种开放式办公室。所以开放式办公室的各设计特征与私密性之间的关系更受到学者们的重视。

在开放式办公室中，如果工作空间周围有各种隔断的话，那将有助于提高雇员们工作时的私密性。Sundstorm 等人(1980)发现，随着周围空间隔断数量的增加，雇员们的满意度提高了，私密性增强了，工作绩效提高了。Oldham(1988)也发现在开放式办公室里增加一定数量的隔断以后，雇员们的拥挤感减少了，私密性与满意度也提高了。

除了隔断的数量以外，隔断的高度也与私密性有关。一般来说，隔断的高度越高，被试们对私密性、交流和工作绩效等项目的评分也越高。当然，如果隔断隔到顶棚就成为隔墙了，隔墙的私密性最高。典型的隔断由单片的、实质而不透明的板构成，通常比人坐着时的视线略高一点。另一种隔断的形式是由板材通过插接组合在一起，成为围合工作空间的面，见图 5-3。此种组合件往往有一片隔板的高度等于或低于人坐着时的视线。O'Neill(1994)的工作表明，组合隔断与单片隔断相比，提高了工作人员的私密性并提高了对工作空间的满意度。尽管在单片隔断的工作空间中，隔断的高度一样且略高于人坐着时的视线，但组合隔断中有一片隔板略低于人坐着时的视线，如此，工作人员可通过在隔断后挪动位置来控制自己在别人视野中的暴露程度。当他觉得不舒服时就可以把椅子移动到高隔板之后，别人就看不到他，于是私密性就提高了。这也再次说明，私密性是人们对开放与封闭的控制程度。

可调节的、性能优良的隔断只能遮挡视线，但对噪声干扰无能为力。办公室里噪声干扰确实是难治的顽症。但设计师在此方面也应该是有所作为的。办公室设计时应进行声学处理，以减少噪声的音量，如铺地毯、做吸声吊顶，在墙面和隔断上铺钉吸声板，以及增设帷幔等措施都可以减小办公室里的噪声。一个计划良好的折中方案应既能提高办公室里的声学控制，也能提高雇员们的私密性和满意度，声学设计应保证私密的谈话不被相邻者听到。

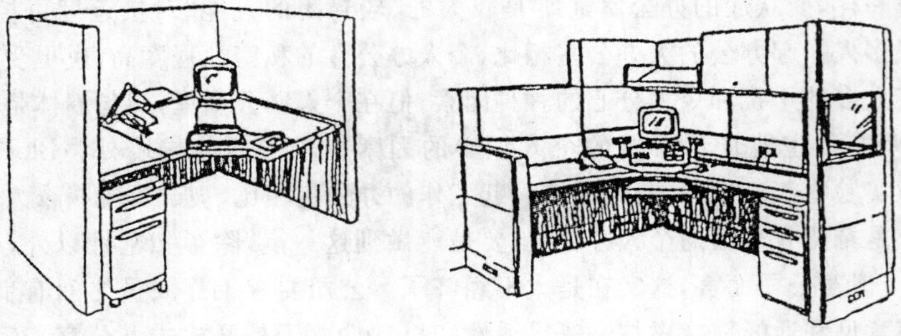

图 5-3　单片隔断与组合隔断(O'Neill,1994)

DuVall-Early 和 Benedict(1992)说，在开放式办公室里巧妙地布置桌椅也能提高私密性。他们发现如在工作时看不到同事也可以令人有私密的感觉。这意味着在共享的办公空间里职员们背靠背办公，不产生视觉接触就能创造某种程度上的私密感。这个研究还认为，即使在工作时会看到同事，但与他们保持一定距离，如至少大于 10 英尺*，也能促进私密感。此处有一问题，10 英尺是否就是私密感的最低限度，是否随着距离的增加私密性也就随之增加，这需要以后的工作来检验其中的关系。

总体上，工作环境设计出现了深刻的变革，这是与环境的快速变化、跨国公司在全世界迅猛发展以及办公自动化的普及有关。工作环境的这种变化不仅反映在办公室里，也反映在设施和工作组织的不断调整之中。遍及全球的经济与市场的压力正深刻地改变着工作的性质，各个公司和机构被迫持续而迅速地重组自身来应付越来越大的竞争压力，一种全新的工作场所设计策略正应运而生，此种设计策略的主要目的在于减小环境变化给员工所带来的冲击，增强工作本身的特性以及缓和工作中的巨大压力。

于是组织中的个人与团体的复杂关系突现了出来，人们意识到只有增加投入才能增加自己在竞争中的优势，此种投资就包括对员工的各种培训费用和分析他们的各种需要。最新的办公室设计方案不仅须考虑建筑物整体的结构与布局，也应考虑到员工们在办公时的工作需要，以及在一个作业完成后员工们为下一个作业进行重组的可能，建筑师必须在办公场所中采取有效措施减小员工们的工作压力，以适应高度变化和流动的环境。这里明显存在一个矛盾：一方面为了适应并应付越来越强大的竞争，环境的灵活性必不可少；另一方面不稳定的工作环境必然会给员工们带来较大的工作压力。所以，开放式办公室正好能成功

* 1 英尺＝0.3048 米

地对付上述挑战，它有着个人办公室无可比拟的优点：易于管理、便于组织和调整，尽管其在私密性方面有某些缺失，但可以通过环境设计使私密性的缺失减至最低限度，所以开放式办公室比个人办公室具有更广阔的前景。

3. 社会机构

有的环境是为社会上一些特殊的群体建造的，譬如养老院、大学公寓和监狱等。老人们将在养老院里颐养天年，大学生将在大学公寓里住上少则三四年多则七八年，监狱则更是一个特殊的环境，其建造的目的与其他环境的建造目的迥然不同。这里我们将探讨在大学公寓和老年公寓中的私密性的情况。

(1) 大学公寓

作为生活环境，大学公寓与养老院、监狱等大为不同，大学公寓并不是大学生们唯一的生活环境，但从学生们在公寓里所呆时间、完成的作业以及从事的各种活动而言，大学公寓在大学生的学习生涯中占很大比重。以前我们普遍对学生公寓的研究和设计不够重视，现在随着大学生人数的增长，政府对教育投入的逐年增加，则对学生公寓的投入也会大幅增加。

从学校的角度来说，大学公寓就是以合理的低廉费用为学生提供居住的地方，对私立大学而言，大学公寓还是学校收入的重要来源；从学生父母的角度来说，大学公寓是为他们的子女提供学习、休息和生活的场所；然而最重要的是从使用者即大学生来说，大学公寓是满足其求学的、社会的和个人的需要之环境。不论在什么地方，一定程度的私密性对学生的有效学习都是必要的。在公寓里学生们除了睡觉、个人活动和娱乐时希望有私密性以外，也十分重视学习时的私密性。Stokes 的调查说，公寓是大学生们学习的重要环境，他们 55%～78%的学习是在公寓里完成的。受调查的学生中有 80%比较喜欢小一点的地方，而不喜欢到大空间里学习，有 85%的人喜欢单独学习。

此类研究工作对合用公寓的设计和制定管理政策很有价值。当同房间学生人数增加时，房间内学生的学习时间普遍就减少了。如 Walden 等人的工作说明，当男大学生人数由两人增至三人时，他们在公寓里的时间就少多了。所以多人公寓迫使大学生们寻找其他空间以满足学习需要，如图书馆或公寓中的休息室。然而在理论上这种空间与公寓相比，它的私密性都比较差，因而当学生们在公寓中或其他地方无法获得足够的私密性，特别是学习上的私密性，其学习成绩差是在预料之中的。

在公寓设计上，似乎走道型公寓在导致私密性缺失方面显得严重，特别是双负荷走道，其服务的房间数多，使大学生之间有太多的相互作用与交往，这导致拥挤感大为增加。Valins 和 Baum 在 20 世纪 70 年代的系列研究说明走道型公寓里的居民由于遭受了更密集的社交影响，因而普遍有回避社会交往的倾向。走道型公寓有一个难以克服的缺点是噪声干扰。走道里来往人众，谈话声和杂七杂八的声音难以避免。Feller 曾建议藉调节走道上的灯光照度来控制走道里的噪声，以利于休息和读书。具体地说，当走道里的照度由 54 lx 降低至 5 lx 时，在实验的多数状况下，走道上的噪声都显著降低。藉此发现，至少在听觉上可能获得更佳的私密性。

在空间策略上，可能套间式公寓，即有若干个房间围绕一公共起居室的设计模式，是一个很不错的模式。Zimring(1982)转引自 Gifford(1987)曾对一学校公寓改建前后做了比较研究。在改建之前，很多学生都住在一个没有分隔的大房间里，当时改建设计提供了三种方案：套间式(二、三或四个房间围绕一起居室)，走道式(房间沿走道布置，一人或二人一间房)和组合式(如同一开放办公室，在现存的较大空间里分隔出一部分做睡眠用)。改建完毕付诸使用以后，他们发现在改造成套间式和走道式的公寓里，学生们与别人的交往较频繁，并比改建之前更多地使用了自己的空间。

这个研究有三个启示。首先组合式设计最糟糕。当很多人共享一个大房间时，如果仅划分睡眠区而不对其他活动提供控制私密性的手段的话，也无法控制噪声干扰，那么学生们在公寓里私密性之缺失也是相当严重的。第二，在套间式设计中，不能以缩小私密的或半私密的睡眠区为代价，而提供一个较大的公共起居室，否则就是把学生赶到公共起居室去读书，于是又会引起同样的问题。第三，短走道和低密度(一人或二人一间房)的走道式设计效果并不差。此种设计的成功之处在于它允许学生能有效地控制自己的实质环境，如照明、温度以及自己的社交生活。他们可以较好地控制什么时候与别人交往、是否交往、与谁交往。引人注目的是在这个走道式改建案例中，也提供了某些象征性的障碍物来提高居住者对自己空间的拥有感。

以上都是国外关于大学学生公寓的研究，对比我国的大学公寓则有较大不同。其中主要有三点：首先是我们大学公寓中的密度还是比较高的；第二是大学生对公寓没有选择权；第三，也许是最重要的，即我们的大学公寓中，其学生的生活模式与国外相比有很大的不同，公寓主要是作为休息的场所，学生们通常不在公寓中而是在各专业教室和图书馆里学习。但现在大学公寓的住宿条件在逐渐好转，以上海为例，市府要求在2000年各大学公寓的标准是四人一间。与此相应的是越来越多的学习会在公寓里完成，特别是个人电脑逐渐在学生公寓里普及，以及公寓中学生人数的减少，都有助于学生们在公寓里学习，这些都会导致学生们对公寓里的私密性有更高的要求。此外随着房地产市场的完善，将会有学生放弃大学提供的学生公寓，而在校外租房，引起学校的学生公寓与房地产市场的竞争，无论这场竞争谁输谁赢，私密性毫无疑问将是一个主要因素。

(2) 老年公寓

对住在医院、养老院和老年公寓等公共机构中的人来说，私密性是个大问题。这通常是因为没有足够的钱可以使人们拥有一个独用房间的缘故，而其他形式的私密性也很难获得，譬如在这些地方与朋友或家人亲热的机会也不多。

Howell和Epp(1976)曾对老年公寓中53户的设计情况进行考察，以观察老年人的行为模式与私密性的关系。她们研究了高层老年公寓中老人们的社交情况。两幢高层公寓的设计特征大致相同，其细微差别在于B幢由入口到电梯须经过交谊厅，A幢却不需要如此。于是研究人员想弄清楚此设计上的差异是否会产生影响。她们发现，如果一幢建筑物强迫它的居民在交谊厅碰面而事实上他们不希望如此的话，会使老年人觉得自己好像生活在一个金鱼缸里，彼此更不和睦，更不愿意使用交谊厅。此种情形与B幢中居民的行为相合。相反A幢中居民们是被鼓励和暗示，而不是强迫彼此交往。A幢中的居民可以在几个活动室中很舒适的私下交谈，结果他们使用这些空间的频率很高。见图5-4。

两位研究人员还通过与上百位老人谈话，观看房间里的空间布置，以及老年人对这些空间布局的行为调整和适应情况，提出了一些可以最大限度提高私密性的设计准则，其中的一些是与空间有关。

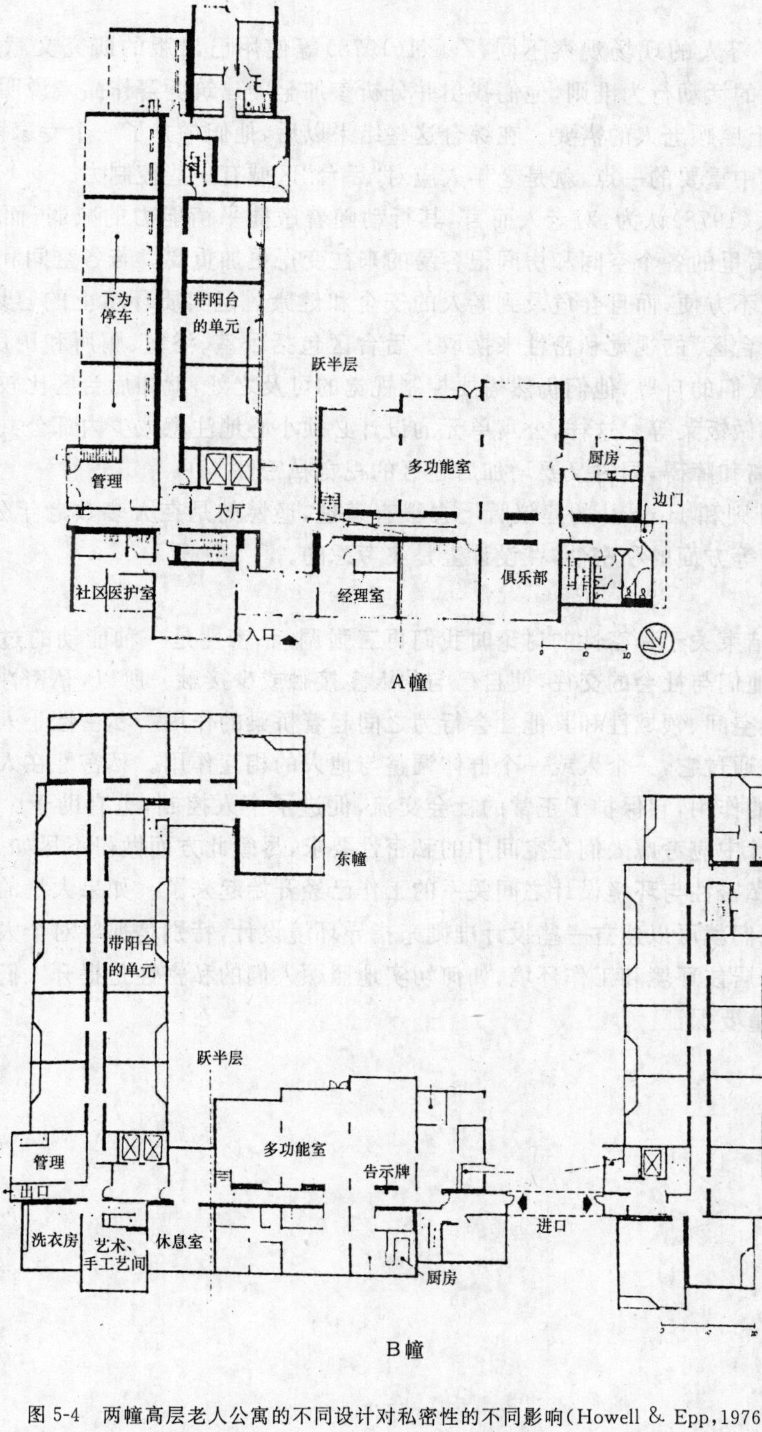

图 5-4　两幢高层老人公寓的不同设计对私密性的不同影响(Howell & Epp,1976)

譬如：

“避免直接从入口可以看到非常私密的区域,如厕所、厨房和洗涤池”;

“客人不应该穿过睡眠、穿衣和化装区而到厕所”;

“应该提供一种区域,在里面老人们可以看到来往的人的活动,但减少被他人监视的机会”等。

与 Howell 等人的现场观察不同，Zeisel(1978)等使用已出版的研究文献作为基本资料，提炼出老人的活动行为准则，他们找出并分析参加全美建筑竞赛作品来说明一般设计者应如何在设计上照顾老人的需要。在综合这些结果以后，他们举办了一个专家审核会议，提出设计准则，其中重要的一点，就是老年人应对“后台”区域有一些控制力。

Zeisel 等人(1978)认为，对老人而言，其行动随着敏捷平衡能力的减弱，而变得迟钝他们是否能在公寓里的各个空间和房间很容易的来往变得更加重要。若各空间和房间来往不便时，不仅造成不方便，而且会危及到老人的安全和健康。但实质环境上的容易往来，不一定要以放弃“后台区”的视觉私密性来换取。后台区包括卧室、浴室、厕所和厨房，为了在访问面前保持老人们的自尊，他们仍然需要控制视觉的可及之处，就如后台区比较私密的活动如盥洗、睡觉和做饭菜等。这样，公寓单元的设计必须小心地注意减少内部公共与私人区域之间的实质距离和障碍，同时又要增加后台区的视觉私密性。

Zeisel 的准则和 Howell 的建议听上去很有道理，遗憾的是在大多数老年公寓中，对视线、声响和亲密等方面的私密性，在设计上是欠考虑的。

总结　在结束关于私密性的讨论时我们再三强调，私密性是一种能动的过程，通过它，个人可以调整他们与社会的交往，使自已与他人多接触或少接触。所以，私密性是一个中心概念，它在个人空间、领域性和其他社会行为之间起着桥梁的作用。私密性是人与人之间的界限调整过程，通过它，一个人或一个群体调整与他人的相互作用。私密性在人们的社会生活中有着重大的作用，它保护了正常的社会交流，促进了个人控制，也有助于个人的认同感等。在环境设计中应考虑人们在空间中的私密性要求，尽管此方面做得不尽如人意，但令人高兴的是探讨私密性与环境设计之间关系的工作已经开始起来了。如果大量的工作能够继续展开，那么我们就可以建立一些设计准则来指导环境设计，特别是那些对个人的生活非常重要的环境，如居住环境和工作环境，如何切实地照顾人们的私密性是提升人们的生活品质和工作绩效的重要保证。

第六章 个人空间

空间是物体存在的形式。所以空间，首先是距离，它几乎决定了我们生活里的所有方面。距离决定爱和美，决定欢乐和幸福，也决定机会和成功。距离是权利的象征，物体在空间里的不同位置足以显现不同的关系，同时距离也是沟通的手段。

生活常识告诉我们，两人谈话时的距离与位置不可小视。距离过于近，到了“促膝抵足”甚至“耳鬓厮磨”的程度，大概就不可能是贸易谈判或外交对垒了；若坐位相对并且高低两分，分到了被告需仰视法官的地步，那大概也就只能公事公办而不容易柔情蜜意了。眼下各服务机构，包括医院、邮局和航空公司纷纷降低柜台高度，撤除营业窗口的栏杆和隔板。这种空间改革当然寓意深远，一种买卖双方轻松亲近、自由平等的气氛扑面而来悄入人心。

“你不可能把人和空间分开。空间既非外在对象，也非内在经验。我们不能将人除外之后，设想还有空间存在。”海德格尔的这段话用来概括个人空间是最合适不过的。曾有人做过这样一个实验。A、B两人同去一家饭店吃饭，两人相对而坐。A拿出一包香烟点燃了一支，然后把烟放在桌面3/4的地方，确切地讲是放在了B的前面。接着A不断的和B交谈，B总感到不太舒服。后来A还把自己的餐具不停地推向B，这时B看上去更加不安。最后A竟然把身体倾斜过桌面与B讲话，这时B更加难受，A的话他一句都听不进去，本能地将身体向后仰。此时A停止了刚才的行为，他告诉B刚才是在说明一个有趣的空间界定问题，B不解的问“这是怎么一回事呢?”

答案就在我们身边。如果仔细观察人的空间行为，你会发现人与人之间总保持着一定距离，人好似被包围在一个气泡之中。这个神秘的气泡随身体的移动而移动，当这个气泡受到侵犯或干扰时，人们会显得焦虑和不安。这个气泡是心理上个人所需要的最小的空间范围，Sommer(1969)把这个气泡称为个人空间(personal space)。

每个人都有一个个人的空间，多数情况下人们不会意识到它的存在和价值，因而对个人空间的最佳提示出现在它受到伤害和破坏之时，就像B所遇到的那样。看看下面这些例子，你在生活里可曾有此经历：在一台很大的空电梯里，有人进来紧挨着你站着，或是在一辆没有其他人的公共汽车里，有人上来紧挨着你旁边坐下。在顾客稀少的快餐店里你正在享受辣鸡翅的美味时，忽然有人把托盘放在你的桌子上不由分说地坐在你对面。如果有人这样做，你会有何感受？你会做出何种反应？在柔情蜜意的场合里，女友似小鸟依人般地靠着你，假如这时你向后退了一米，她会有什么反应？或是情况相反，在大街上你向别人打听地铁站的入口，假如此时你向他靠近，譬如凑到仅离他30厘米的距离，他又会有何反应？

个人空间现象司空见惯。顾客在餐厅中总是尽可能错开，在公园里如果还有空的座椅，就没有人愿意夹在两个陌生人中间。生活中我们常常忽略一些简单却很普遍的事实，个人空间就是一个典例。在日常生活里，我们与他人之间保持一定距离，人们用它来调整与他人交往的程度，所以个人空间是人们在环境中使用的一种行为机制。通常它是隐含的不显眼的，我们每个人都拥有它使用它。

个人空间是环境与行为研究中最令人感兴趣的领域之一，很多环境心理学家都曾就此主题做过研究。据 Altman(1975)的统计，到 1975 年已经发表了约 200 项关于个人空间的经验的、定量的研究。到 1985 年，Hayduk 就报告说此方面的研究已经超过了 1000 个。

一、个人空间的性质

在与人交往中我们利用环境的一个基本方式就是与他人保持距离。用接近或远离其他人的方法使我们自己和他们多接近些或少接近些。动物行为学家早已观察到在此方面动物与人类很相似。譬如鸟儿在电线上停成一排，互相保持一定的距离，好像它们曾用皮尺丈量好似的，恰好使谁也啄不到谁。两只陌生的狗走到一定距离内，它们会停下互相打量对方，然后进一步靠近或是一方逃之夭夭。一些学者还指出许多动物进食时也是均匀地分散开来，这样它们之间就保持差不多的距离。个人空间，动物学家称为个人距离，所指的仅仅是一种人与人之间的距离吗？

1. 个人空间的定义

Robert Sommer(1969)曾对个人空间有生动的描述："个人空间是指闯入者不允许进入的环绕人体周围的有看不见界限的一个区域。像叔本华寓言故事里的豪猪一样，人需要亲近以获得温暖和友谊，但又要保持一定的距离以避免相互刺痛。个人空间不一定是球形的，各个方向的延伸也不一定是相等的……有人把它比作一个蜗牛壳、一个肥皂泡、一种气味和'休息室'。"

所以个人空间是人们周围看不见的界限范围内的空间，人们走到哪儿这一空间就跟到哪儿。基本上它是一个包围人的气泡，有其他人闯入此气泡时，就会导致某种反应，通常是不愉快的感受，或是一种要后退的冲动。另一方面，个人空间并不是固定的，在环境中它会收缩或伸展，它是能动的，是一种变化着的界限调整现象。我们有时靠别人近一些，有时离别人远一些，是随情境而变化的。虽然每个人都拥有各自的个人空间，但他们的个人空间并不完全一样，而且，尽管个人空间主要指的是人际距离，但它也不排除社会交流的其他方面，如交流方向和视觉接触等。Gifford(1987)还认为，个人空间不是一种非此即彼的现象，也就是说个人空间这个气泡并没有一个明确的边界，更多的是一种生理和心理上的梯度变化。

2. 个人空间的作用

在个人空间的各种功能中控制距离是最重要的。在各项工作里，学者们发现不合适的空间安排会导致不舒服、缺少保护、唤醒、焦躁和无法沟通等效应。不合适的人际距离通常会有一个或多个负面影响。相反，合适的距离则会产生积极的结果。

(1) 私密性调整的空间机制

根据 Altman(1975)的理论，我们已经看出私密性、拥挤、领域性和个人空间是彼此关联的，私密性是这些概念的核心。私密性是一项动态的界限调整过程，人们通过一系列行为机制以获得私密性。这些行为机制包括语言行为、环境行为和文化习惯。个人空间和领域性都是环境行为。因此个人空间就是用来调节与其他人相互交往和获致所希望之私密性的一种技巧和手段。个人空间就是私密性调整的空间机制。如果从此点看来,个人空间和领域性不仅性质相同而且功能相近。领域是一种不能随意进入的场所,个人空间也有一个界限和范围。虽然它不是视觉可见的,但它明确、实在而有效。个人空间和领域的不同之处在于个人空间是可以随人们的移动而移动的,它是人们可以随身携带的领域。

(2) 舒适

当 Sommer 开始研究个人空间时,他的出发点就是为人们交往时的舒适感寻找合适的距离。双方交谈时站得太近或太远都不舒服。Hall 曾对此做了一个研究。他让一个士兵在离军官三步远的地方立正,此时军官开始和他谈话。Hall 说对进行交谈的两人而言,三步的距离实在是不舒服。其他人的调查也发现,不合适的远距离人际空间使人不舒服。而不合适的过近的人际空间不仅让人不舒服,还使人体验到压力,那就是拥挤。

(3) 保护机制和交流控制

Dosey 和 Meisels 把个人空间作为一种自我保护的机制。两人都认为,如果来自外界的威胁和自我意识增强时,个人空间也就变大了。一些在监狱里展开的研究也说明,暴力犯罪者要比监狱中无暴力史的囚犯的个人空间大四倍。这些研究人员认为这些暴力犯罪者不仅威胁他人也特别容易感受到来自他人的威胁。由于害怕别人报复而扩大了个人的保护区域,因而个人空间也就变大了。

控制人与人交流的强度和程度也是个人空间的重要功能。比如说我们和朋友、亲人在一起时,个人空间就比较小。但和陌生人在一起时,个人空间就比较大。所以个人空间可以调整与控制所接受的刺激量。

人类是如何把个人空间作为调整社会交流的工具呢?此方面系统而理论化的阐述是由 Hall 提出的。Hall 把个人空间看成是传递信息的一种方法。他的一本有关个人空间的早期著作——《无声的语言》(1959)中有一章题为“说话的空间”表达了这个观点。数年以后,他出版了个人空间研究领域里最重要的著作之一——《隐匿的维度》(1966)。他在该书里系统地揭示了在人与人交往中空间所起的作用。他把此理论称为“近体学”(Proxemics)。

3. 近体学

(1) Hall 的近体学

Hall(1966)的理论有两个中心点。首先他说,北美人在日常交往中有规律地使用四种人际距离,即亲密距离、个人距离、社交距离和公共距离。人们使用这些人际距离是随场合的变化而变化的。譬如公开场合就与私下场合不一样。第二,作为人类学家,Hall 认为不同文化背景的人们,他们的个人空间也不一样。譬如阿拉伯人之间就保持较近的距离,而德国人在交往时距离就比较大。

亲密距离　亲密距离的范围为 0 到 18 英寸*。它包括一个 0 到 6 英寸(约 0 到 15 厘米)的近段和一个 6 到 18 英寸(约 15 到 45 厘米)的远段。在亲密距离内,视觉、声音、气味、体热和呼吸的感觉,合并产生了一种与另一人真切的关系。在此距离内所发生的活动主要是安慰、保护、抚爱、角斗和耳语等。亲密距离只使用于关系亲密的人,譬如密友、情人或配偶和亲人等。在北美文化里陌生人和偶尔相识的人不会用此距离,除非是在个别有规则的

* 1英寸=25.4毫米

游戏里(如拳击比赛等)。一旦陌生人进入亲密距离,别人就会作出反应,如后退,或给以异样的眼光。Hall说,一般来说,成年的中产阶级美国人在公开场合里不使用亲密距离,即使被迫进入此距离,也常是紧缩身体,避免碰着他人,眼睛毫无表情地盯着一个方向。

个人距离　个人距离的范围从1.5到4英尺*。它包括一个从1.5到2.5英尺(约45到75厘米)的近段和一个2.5到4英尺(约75到120厘米)的远段。在近段里活动的人大都熟识且关系融洽。好朋友常常在这个距离内交谈。Hall说如果你的配偶进入此距离你可能不在意。但如果另一异性进入这个区域并与你接近,这将"完全是另一个故事"。个人距离的远段所允许的人范围极广,从比较亲密的到比较正式的交谈都可以。这是人们在公开场合普遍使用的距离。个人距离可以使人们的交往保持在一个合理的亲近范围之内。

社交距离　社交距离的范围从4英尺到12英尺。它包括一个4到7英尺(约120到200厘米)的近段和一个7到12英尺(约200厘米到360厘米)的远段。这个距离通常用于商业和社交接触,如隔着桌子相对而坐的面谈,或者鸡尾酒会上的交谈等。Hall认为这一距离对许多社交而言是适宜的。但超出此一距离,相互交往就困难了。社交距离常常出现在公务场合和商业场合,就是不需过分热情或亲密时,包括语言接触目光交接等,这个距离是适当的。

公共距离　公共距离在12英尺以上。它包括一个12英尺到25英尺(约360厘米到750厘米)的近段和一个25英尺(750厘米)以上的远段。这个距离人们并非普遍使用,通常出现在较正式的场合,由地位较高的人使用。比较常见的是在讲演厅或课堂上,教师通常在此距离内给学生上课。讲演厅里的报告人离与他最近的听众的距离通常也落在此范围里。据说在赎罪日战争之后,阿拉伯与以色列和平谈判时,双方代表的坐距正好是25英尺。一般而言公共距离与上面三种距离相比,人们之间的沟通有限制,主要是在视觉和听觉方面的。

Hall强调说距离本身并不是重要因素。说得更恰当一些,距离提供了一种媒介,许多沟通可以通过此媒介发挥作用。在亲密距离内视觉的、听觉的、嗅觉的、触觉的等感官都可以发挥特殊的作用。随着距离的增加,视觉和听觉越来越成为重要的感官。

(2) 近体学的验证

Hall的理论来源于他独具慧眼的观察和思考,但他的观点在多大程度上得到了证实呢? Altman和Vinsel(1977)考察了100项关于个人空间的定量研究,这些工作都提供了实际测量到的距离。这些实验采用了不同的方法,实验中有些由男性参加,有些只有女性参加,还有一些研究男女都有。有的研究是在关系亲密的人之间进行,有些则测量了陌生人之间的行为,另有一些则涉及了不同文化和种族的人,所以两人所回顾的研究涉及了相当宽的情况和因素。见图6-1。

图6-1是Altman和Vinsel的分析结果。图中两条曲线分别表示站着的人(实线)和坐着的人(虚线)。一般而言,坐着的人要比站着的人之间的距离大。当人们站着的时候,用得最多的距离是亲密距离的远段和个人距离的近段,平均在18英寸(45厘米)左右。这与Hall假设的人们日常公开场合的交往距离相当。由于这些资料来自许多类型不同的人,所以此结果令人印象深刻。只有极少数的人站在亲密距离的近段,也只有极少数人使用社交

---

* 1英尺=0.3048米

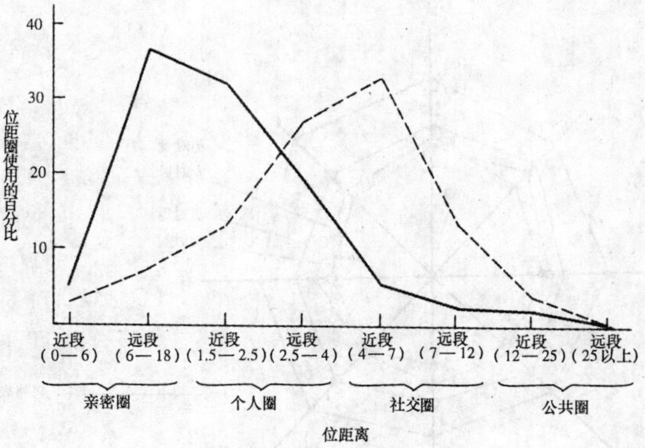

图 6-1 人际距离近段和远段的分布(Altman 和 Vinsel, 1977)

距离和公共距离。

虚线代表了坐着的人的比较资料,这里的距离明显较大,人们倾向于使用个人距离的远段和社交距离的近段。他们之间的距离(测量两个人之间或测量两把椅子之间)大概是 4 英尺(120 厘米),这比站着的人增加约 1.5 英尺。这增加的距离是由于人腿长度造成的。因而当人们坐着的时候,他们的距离既不太近也不太远,好象他们知道并选择一个标准的和可接受的彼此间的实际关系。

可以说 Hall 关于人际距离使用的观点,在总体上,尤其是日常交往中的个人距离和社交距离的论述得到证实。这些结果加强了个人空间是人们调整社会交往的一个重要机制的观点。所以,Altman 认为一个人周围的空间可以被看成是调整与他人交往的最后屏障。

我国此方面的工作很少,杨治良、蒋韬和孙荣根曾对 160 名 20～60 岁的成人被试进行实验研究,这些被试相互陌生,男女各半,有干部有工人,文化程度也各有不同,有的是大学生,有的只有初中文化。研究揭示了中国人个人空间的一些数据。他们发现陌生人之间不论同性间的接触也好,异性间的接触也好,确实有一定的人际距离。实验测定,女性与男性接触时平均人际距离是 134 厘米,这是在所有组里最大的,当女性与女性接触时平均人际距离是 84 厘米,可见两者相差悬殊。而男性与女性接触时平均为 88 厘米,男性与男性接触时平均为 106 厘米。可见男人之间的人际距离要大于女人之间的人际距离,而且男人与女人接触时显得相对放松,特别是与女人和男人交往以及男人之间的交往相比,这种关系显得更清楚。研究人员认为总体上中国人的人际距离要小一些,见图 6-2。

但另一项由赵长城和顾凡(1990)提供的资料说明,中国人的人际距离与外国人相比一点也不小。他们检测了 180 名 11 岁、16 岁和 21 岁的小、中和大学生的人际空间,被试男女各半。他们说 16 岁的人际距离最大,平均为 147 厘米,11 岁时的人际距离为 139.4 厘米,21 岁时的人际距离为 140.1 厘米。这两个资料有很大差异,看来此方面还需要更多的研究工作才能确认中国人的人际距离。

二、个人空间的测试

个人空间的研究方法可以分为三种,它们是模拟法,实验室研究和现场研究。

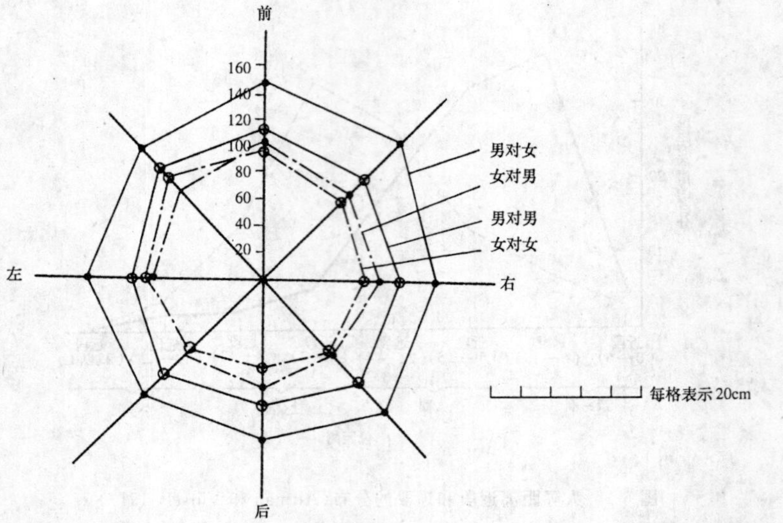

图 6-2　女人与男人接触、男人与女人接触、男人与男人接触和女人与女人接触四种情况时所要求的人际距离(杨治良、蒋韬和孙荣根)

1. 模拟法

模拟法在个人空间研究中一直是最受欢迎的,有文献记载的研究几乎有一半以上采用此方法。模拟法中,研究人员将代表人的图像和符号给被试,被试的工作就是根据自己的记忆重新构成自己与别人的距离,将这些图像或符号重新排列起来。实验中通常采用一些用纸、毛毡切割而成的图形代表人,然后把这些图形再贴在一张纸上。近年来各个研究使用过不同的符号,如玩具娃娃、人的剪影、线条画和抽象符号。模拟法之所以受欢迎还在于它的简便和易操作。Knethe 在 1962 年首先使用了模拟法。他请被试根据与别人的距离把毛毡人像粘在一块毡板上,他发现被试的粘贴绝不是随意的,这种粘贴表现出相当的一致和有组织。Knethe 认为这是人们用图形表达出来的亲近程度的心理表象。譬如在实验里,代表孩子的图形通常安排得离代表女性的图形近,而代表男性的图形被置于较远的地方。

虽然模拟法普遍采用,但有些学者怀疑这种方法的真实性,他们争辩说,这种方法是在测量客观的个人空间呢?还是在测量社会交往时人们之间的距离感呢?Gifford 曾以一简单的实验发现,自我报告的距离要大于实际的人际距离约 24%。也就是说在日常交往中,我们似乎相信我们与别人保持了较大的距离,而实际的人际距离要稍近一些。Love 和 Aiello 验证了实际的个人空间和人们的距离感之间的关系。他们首先测试客观的个人空间,几分钟以后,他们请被试尽其所能用三种模拟法把他们的个人空间复制出来。他们发现自然的、未经计划的个人空间确实与复制的个人空间有关,但不管如何,至少在理论上,模拟法是有缺陷的。

2. 实验室研究

在实验室研究里,请参加实验的人接近被试,通常要近到令人不舒服的距离,此时命令被试停下来或报告,然后测量两人的距离。这些实验是在人工场合而不是在日常环境中观察被试。以杨治良等人的工作为例,实验前他们请被试熟悉和了解指导语,实验时主试即从四米处的某方向(如正前方)向被试慢慢靠拢,直到被试叫停为止,这样此方向与陌生人接触的距离就得到了,这个实验测试了左前方、左方,左后方、后方,右后方、右方,右前方和正前方等八个方向与陌生人接触的空间距离。通过丈量得到八个数据,一个被试的实验即告结束。该实验说明,正前方的人际距离要比后方的大。

实验室研究的优点在于研究人员可以对实验条件施加控制,但其缺点是被试知道研究与空间有关的行为,有时会用欺骗的手段,所以将实验室研究的发现归纳应用到现实世界中去时,应该谨慎小心。Altman(1975)报道的研究中约有 1/3 采用了实验室研究方法。

3. 现场研究

现场研究方法,就是在日常环境里实地考察人们的人际距离,如观察人们在教室、图书馆、游戏场和酒吧等环境中人与人之间的距离。在自然场合里的研究对被考察人而言没有任何限制,人们并不知道有人在观察他们。研究人员可以用高倍变焦照相机或摄像机拍摄正在游戏场中玩耍的孩子们,然后分析他们之间的距离。虽然现场研究方法使用得较少,是最后出现的研究途径,但它有着极大的前途。

三、个人空间的影响因素

Hall 对个人空间的开拓性工作鼓励了很多学者参与这个课题,研究人员对于哪些因素会对个人空间产生影响很有兴趣。许多研究是针对个人空间的差异方面,譬如性别、年龄、社会经济地位、文化(包括民族、种族、文明等)等对个人空间的影响,很明显这种差异是存在的。

1. 个人因素

虽然 Hall 没有强调个人空间的个体差异,但这依然是一个令人感兴趣的题目。个人因素包括个性、简历和人口统计方面的一些变量,如年龄、性别和身高等。普遍的看法是人们对那些明显不正常或在容貌上和身体上有缺陷的人保持较大距离。譬如人们对癫痫病患者、同性恋等拒而远之。除此以外,研究确实发现一些个人因素对个人空间有影响。

(1) 年龄

一般而论,个人空间随着年龄的增长而增长。在一项由 Tennis 和 Dabbs 在 1975(引自 Gifford,1987)主持的工作中,曾讨论年龄、性别和环境等对个人空间选择的影响。被试包括一、五、九和十二年级,以及大学二年级的学生,他们是以同性为一对,在实验室里的角隅和中央接受实验。之所以选定角隅和中央位置是因为以前由 Dabbs 主持的另一个研究中发现,在房间角隅的被试,当有其他人接近时,他所保持的个人空间比在房间中央者大。

Tennis 和 Dabbs 研究显示,一般而言,年龄大的被试所保持的空间比年龄小的被试大。男性保持的空间比女性大,在角隅者又比在中央者大。应用模拟法也有类似的结论。在一项由儿童用挑选出的某一种尺寸的圆圈,来代表他们自己的个人空间的工作里,Long 等人发现被试挑选出来的圆圈尺寸的大小,随着年龄的增长而增长。

但个人空间和年龄之间的比例关系并不是一成不变的，老年人的个人空间比较小。Heshka 和 Nelson 曾进行了一次现场调查。他们不被人觉察地测量了正在交谈中的两人的距离，测量好了以后，再分发有关个人特点的问卷。他们发现较年轻的和较年老的组与中年的组相比，人与人之间保持的距离较小。最大的间距是 40 岁组所保持的。这个研究被试年龄的跨度很大，从 19 岁到 75 岁。由此项工作得知年龄与人际距离的关系是曲线型的。年轻人之间保持的距离较小，另一方面老年人的人际距离也小。对后者我们可以解释为老年人的各个感官不再如以前那样灵敏，因而希望依靠不同线索包括空间来部分地补偿此种能力的降低。老年人喜欢靠近其他人，以增加触觉和嗅觉等刺激作为信息沟通的手段。

(2) 性别

在性别方面，男人的个人空间比女人大。而且，同性之间交往时的人际距离与异性之间交往时的人际距离是不相同的。杨治良、蒋韬和孙荣根的调查说明，男人们交往时他们的人际距离为 106 厘米，女人们接触时她们的人际距离为 84 厘米。女人与男人接触时，女人需要 134 厘米她才觉得舒适，而男人与女人交往时，他只要 88 厘米就够了。从杨治良等的研究，我们可以清楚地看到女性与男性接触时的个人空间要远大于男性与女性接触时的个人空间。作者解释说此与社会化过程有关，除了传统上"三从四德"、"男尊女卑"等思想作怪以外，女性还有害羞的心理，这些都导致女性与他人接触时十分小心，有一种防卫心理。而反过来男性则不然，男性与他人接触时胆子较大，心理压力也较小。

当个人空间被闯入时，虽然男性和女性都会感到困扰，但男性比女性的感受更糟。闯入的方向也有关系。当别人从侧面闯入时，女性比男性反应更消极。而男人对从正面侵入的反应比女性消极的得多。

(3) 教育水平

不同文化层次的人，对人际距离的需求也不一样。杨治良等人的工作表明，在当男人与女人接触的一组实验中，大专生所需的人际距离平均为 98 厘米，而初、高中生所需的人际距离总平均为 81 厘米。男人间交往的一组就更明显了，大专生所需人际距离平均为 110 厘米，初、高中生所需的人际距离总平均为 99 厘米。可见不同文化层次的人对空间的需求是不同的。

2. 社会因素

个人空间是人们相互沟通的工具。社会因素也会影响个人空间的大小，这些社会因素包括人际关系，交往的性质以及社会地位等。

(1) 人际关系与吸引力

早期主流的个人空间研究考察了个人空间和人际关系之间的相互作用。研究结果显示相互熟悉和吸引的程度是个人空间减小的决定性因素。在与他人交往中，如果喜欢他们或对他们比较友好，则使用的人际距离较小，人们离得较近。反之，如果人们不太熟悉或印象不好，则使用的人际距离较大，离得较远。一般而言，密友之间靠得较近，使用 Hall 人际距离的近段，熟人和关系一般者使用个人距离的远段。另一方面，如果对方举止得体、风度优雅，则使用的人际距离也较小。

(2) 合作与竞争

交往的性质也会影响个人空间的大小。Sommer(1969)曾进行此方面的系列研究。他发现如果人们之间相互合作的话，他们会选择较靠近的坐位。但重要的是坐位的方向。相互竞争时，人们会选择相对而坐，在相互合作时，人们会选择不太直接的方向，如并排坐。不过，这种行为方式显然受到了实质环境的布局与风俗习惯的修正。譬如一对恋人进入酒吧，他们会首选相对而坐的方式。

(3) 社会地位

杨治良等人在实验中考察了干部与工人的个人空间，他们发现不同的社会角色对空间有不同的需求。在男人与女人接触的实验里，干部所需的人际距离总平均为 97 厘米，而工人的人际距离平均为 82 厘米，所以干部所需的人际距离要明显大于工人的。Barash 曾应用角色概念聪明地改变助手的打扮来观察学生们的反应。这位助手穿了上衣和结领带打扮成一个讲师，到图书馆里坐在离学生很近的地方，结果学生们纷纷远而避之。但当他穿牛仔裤 T 恤一副学生摸样，学生们的反应就不这样消极了。

空间是很珍贵的东西，人们有很大的能力控制人际间的交往，并利用空间使这种控制进退自如。一个次要角色的人，一个地位卑微的人，宁愿与一个重要角色、社会地位高的人保持较大的距离。此种非语言的的沟通，明明白白地告诉别人两者之间的关系，这正是近体学的本义。

3. 文化

文化人类学的工作告诉我们，文化对人类行为有很大影响，文化是左右行为的一个重要因素。Hall 的另一核心观点就是不同的文化使用不同的人际距离。他观察到在不同的文化中，家具的布置、住家的设计，以及人与人之间的相对角度都有不同。譬如 Hall 把中东和地中海的人描绘成是重感觉的，这些社会里的人在交往时距离很近。以亲密距离的远段为例(6 到 18 英寸)*，成年美国人通常不使用这样的距离，但在阿拉伯世界里，此种距离相当普遍，很多情况下这意味着信任。在地中海的奥斯特里亚，人们聚会时可以接受此种距离，但在美国人的鸡尾酒会上此距离就显得过于亲密。

Hall 认为阿拉伯文化与其他文化相比，倾向于保持高度接触。在阿拉伯人的交往中，拥挤、浓重气味和密切的接触扮演着极重要的作用。阿拉伯人很少感到入侵或别人靠得太近的感受。当阿拉伯人凑到对西方人而言的是亲密距离和个人空间之内时，西方人会显得非常反感。有人把美国学生和在美国读大学的阿拉伯学生进行比较，当学生们小组讨论时，阿拉伯学生和美国学生相比，阿拉伯学生的坐位靠得更近，更直接地面向对方，视线接触更多，互相触碰更多，说话声音也高。

不过，美国人的个人空间并不是各种文化里最大的。Little 和 Sommer 曾用模拟法让来自五个国家的人按相互关系放置玩具娃娃，结果他们的结论与 Hall 一致，来自意大利南方和希腊的人，放置的娃娃比来自瑞典和苏格兰的人所放置的近，美国人使用的只是中等距离。普遍的看法是德国人的个人空间比较大，而且德国人对侵犯个人空间非常敏感。德国人常藉私人房间、关闭门户、厚壁重墙和围垣等方式维护私密性，并做得非常彻底。按照 Hall 的看法，德籍学生表示任何接近到七英尺(210 厘米)* 范围内时就已构成不合时宜的侵入了。在德国人的观念里，个人空间更多的是指对一种界限的特殊定义，在此界限内，个

* 1 英寸＝25.4 毫米，1 英尺＝30.48 厘米

人的私密性会受到他人的威胁。如果客人搬动椅子想靠近主人，这种举止在美国和意大利是可以理解的，但在德国常常被看成是无礼的和冒犯主人的行为。著名的建筑大师密斯所设计的椅子重量就比非德籍的建筑师和设计师所设计的要重得多，所以你很难搬动密斯设计的椅子。

当然，不同文化在使用人际距离时也存在一致性。Sommer 曾要求来自不同国家的大学生区分不同坐位的亲密程度。美国、英国、瑞典、荷兰和巴基斯坦都把并排的坐位看成是最亲密的，其他依次为邻角的和面对面的坐位安排。坐位间的实际距离越远，亲密程度越低。每个人都是如此判断的，所以虽然不同民族存在差异，但还是显示出不同文化之间潜在的一致性。

四、个人空间与环境设计

个人空间的丰富知识和经典理论主要是从站着的人考量出来的，可惜建筑师很少关注人站着时的交谈，相反，人的流动性才是建筑设计的基本点。建筑师必须为人群的流量和方向作好计划，但很少有建筑师为人们站立时的交谈准备合适的距离，因而假使事后证明设计得很好，多数也是出于偶然或丰富的经验，而不是事先合理的构想。非常自然的情况是，很多研究考虑了人坐着时的人际距离，研究人员希望发现怎样的坐位布置有最佳的效果，能对人们的沟通有促进作用。他们希望通过自己的工作为建筑师、环境设计师提供建设性的信息。确实，个人空间可能不是环境设计的基础，但它对环境设计依然有着重要的参考价值，下面介绍的例子可以充分说明这一点。

1. 舒适距离

Sommer(1959，1962)在一连串的实验里，曾探讨了人坐着时可以舒适地交谈的空间范围。两个长沙发面对面摆着，让被试选择，他们既可面对面，也可肩并肩的坐。通过不断调整沙发之间的距离，他发现当两者相距在 105 厘米之内时，被试还是愿意相对而坐。当距离再大时，他们都选择坐在同一张沙发上。Canter 后来也找了一些完全不知道 Sommer 工作的学生重复了此实验，他测量到面对面坐的极限距离是 95 厘米。考虑到测量中可能出现的误差，可以认为这两个距离是相同的，而且显示出此结果不随时间和地点而改变的性质。

除了距离以外，角度也同样重要。Sommer 的一位老师，有远见的精神病专家 Osmond(1957)经过长期观察发现他所在的医院尽管条件很好，给病人提供了足够的空间，但病人都不喜欢相互交往，一个个愁眉苦脸的样子。Osmond 就找了学生 Sommer 一起选择餐厅做为实验地点，通过大量观察，他们发现餐厅的不同位置与人们的交往有一定的联系。见图 6-3。

从图中可以看到，长方形餐桌提供了最基本的六种交往联系。Osmond 和 Sommer 发现 F—A 之间的联系最多，通常比 C—B 多两倍，C—B 又比 C—D 要多三倍。在其他位置上，他们没有发现有多少交谈发生。通过此项研究 Osmond 想到医院病房里唯一属于病人的东西就是床铺和椅子，他们缺乏共同活动的设施，如果安排有书籍报纸和杂志的大桌子，就会促进彼此间的交往。Osmond 认为关键问题是房屋的设计和室内陈设必须与功能之间相适应，以便空间有不同的变化，同时根据自己的活动需要和情绪状态决定使用何种空间。

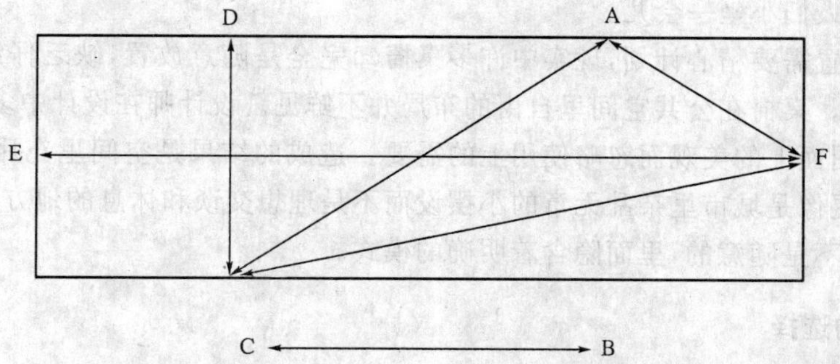

图 6-3 可能交往的六种方位联系图(引自 Osmond,1957)

2. 桌椅布置方式

椅子的功用是让人坐下来,但它的设计和布置足以影响人们的行为。Sommer(1969)举了一个丹麦家具设计师的例子。这位设计师曾设计一张椅子坐起来极不舒服,坐不了多久就得站起来。请他设计的业主是一位餐厅老板,原来,餐厅老板不希望看到顾客泡上了一杯咖啡就赖着不走。

一些研究也曾考察交谈与桌椅布置之间的关系。如果桌椅背靠背布置,或者桌椅之间有很大距离,就会有碍交谈甚至使之不能进行。像路边的咖啡座、酒吧和餐厅那样让椅子紧紧围绕桌子,人们相对而坐的方式,非常有利于谈话。但如飞机场、公共汽车的坐位就不利于交谈,乘客们一排排朝前坐,只能看到前排乘客的后脑勺。

Osmond(1957)曾用两个名词描述此种现象,他把鼓励社会交往的环境称为社会向心的(Sociopetal)环境,反之则称为社会离心的(Sociofugal)环境。Osmond 并未把这两个术语限制在桌椅布置上,譬如他说走道式病房是社会离心的,环形病房是社会向心的。这两个术语用在桌椅布置方面实在合适。最常见的社会向心布置就是家里的餐桌,全家人围桌而坐,共享美味佳肴,其乐融融。机场休息厅里的坐位布置则是典型的社会离心式,多数机场的侯机楼里,人们很难舒服地谈话聊天。这些椅子成排地固定在一起,背靠背,坐着的人脸朝外,而不是面对同伴。即使是面对面的排列,则因为距离太远而无法使人舒服地谈话。Sommer 指出,机场坐位之所以采取如此的排列方式,其动机和上面提到的那位餐厅老板订做使人不舒服椅子的想法同出一辙,其目的就是想把乘客赶到咖啡厅、酒吧和商店里去,让他们在那些地方花钱。

显然,社会向心布置并非永远都是好的,社会离心布置也不是都坏,人们并不是在所有场合里都愿意和别人聊天。图书馆就是个例子,阅览室里要的是安静而不是嘈杂。如果有人愿意对某个主题畅所欲言,可以专门找个地方讨论。

在公共空间设计中,设计师应尽量使桌椅的布置有灵活性,把坐位布置成背靠背或面对面是常用的设计方式,但曲线形的坐位或成直角布置的坐位也是明智之选。当桌椅布置成直角时,双方如都有谈话意向的话,那么这种交谈就会容易些。如果想清静一些的话,那么从无聊的攀谈里解脱出来也比较方便。建筑师 Erskine 一直都把这些原则广泛地应用到他的居住区设计中。他创造的公共空间设计里,几乎所有的坐位都是成双布置的,围绕桌子成一直角。桌子为休闲活动和餐饮提供了有利条件。如此这个空间就具有了一系列功能,远不止于仅仅让人们小坐一会儿。

桌椅的布置需要精心计划，现实中许多桌椅却完全是随意放置，缺乏仔细推敲，这样的例子俯拾皆是。桌椅在公共空间里自由的布局并不鲜见。设计师在设计中多半考虑的是美学原则，为了图面上的美观而忽略使用上的需要。造成的结果是空间里充斥着自由放任的家具，看上去更像是城市里杂乱无章的小摆设而不是理想交谈和休息的地方。事实证明，人们选择桌椅绝不是随意的，里面隐含着明确的模式。

3. 坐位的选择

(1) 图书馆

Estman 和 Harper(1971)在卡内基-梅隆大学图书馆中观察了阅览室里的读者如何使用空间，他们的目标不仅是理解使用者对空间的使用情况，而是希望能发展出一套方法来预测相似环境里的使用模式。两位研究人员的记录包括哪类使用者以什么次序使用了哪些坐位，以及使用了多长时间。根据 Hall 的社交距离的近段假说，他们假设一旦某个椅子被选择了，那么使用者就会回避该范围内的其他椅子。此点在实验中得到证实。但他们还是发现了一个强烈的趋势，即使用者会选择那些空桌子，并且读者很少选择并排的位子，如果读者们这样做的话，则两人很有可能交谈。所以，Estman 和 Harper 归纳了一些使用原则：

1) 人们最喜欢选择空桌子边的位子；

2) 如果有人使用了这张桌子，那么第二个人最可能选择离前者最远的一个位子；

3) 人们喜欢背靠背的位子，而不是并排的位子；

4) 当阅览室中已有 60%以上的坐位被占用时，人们将选择其他的阅览室。

(2) 教室

关于坐位选择行为的研究，证实了环境中最有影响力的刺激因素是其他人的存在。Canter(1975)观察了一个讨论班里的学生是怎样选择坐位的，在此工作中要求学生以八人一组进入此教室，并发给每人一张问卷要求他们各选一个坐位坐下。控制的变量是讲演者与第一排坐位间的距离和坐位排列的方式(直线或半圆形)。当讲演者站在离直线排列的第一排 3 米远时，学生们都坐在头三排坐位。当讲演者与第一排相距 0.5 米远时，学生们都坐到后面去了，只有半圆形排列时，讲演者的位置对他与学生之间的距离没有影响，见图 6-4。

这个实验表明在半圆形的环境里，随着角度的变化，抵消了在直线排列时产生的关于距离选择的某些影响因素。由于有证据说坐在边上和后排的学生参与教学活动少并且不认真。因而环形布置更有利于提高讨论课上学生们的投入程度。实际上半圆形的桌椅排列可以增进全班师生之间的合作与交流。

(3) 会议室

位置的选择直接透露出人们交往的方式，在会议场合里两者关系表现得更具体。在一个长桌上开会，通常是会议主席坐在桌子的短边，即使在非正式场合，谈话最多的或居于支配地位的人倾向于坐在桌子的短边，因而领导人常占据该位置。这种会议场合透露了一种强烈的上下级制度，坐在长桌长边的人只能看到他对面的人和桌子一端的老板，而老板能看到所有人，于是坐在不同位置的人有不同的和不平等的视域，权力最高的人有最好的最全面的视域。另一方面，如果选用圆桌的话，此种不同和不平等关系将消失，代之的是与会者平等的视域。所以一个民主意识较强的组织在开会时应选用圆桌。

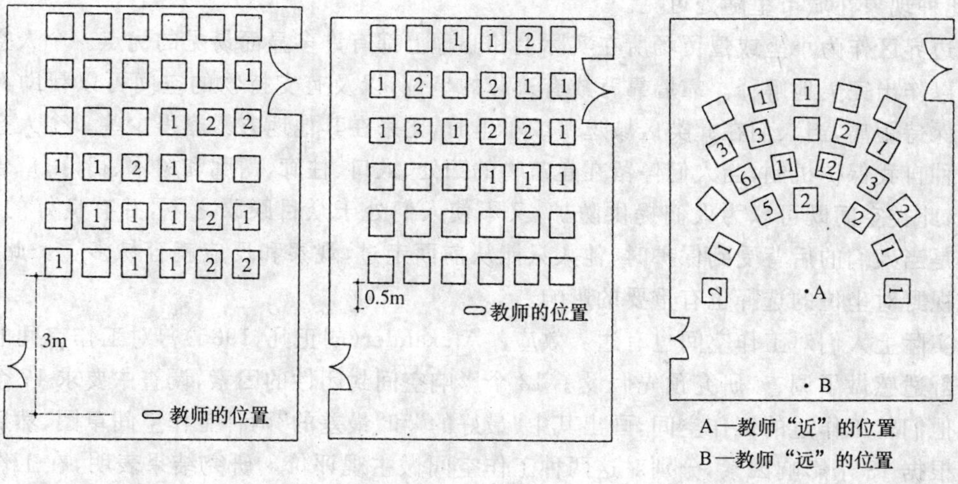

(a) 坐位直线排列在三次会议中，当教师站在远处时，坐位选择的频率

(b) 坐位直线排列在三次会议中，教师站得较近时，坐位选择的频率

(c) 教师在四次“近”的试验和四次“远”的试验中，每只坐位学生们占用的频率

图 6-4　学生们如何选择坐位(Canter,1975)

现在我们可以搞明白，为什么在国际会议上代表们会如此关心桌子的形状。据说在讨论越南问题的巴黎和会的某个阶段，各方代表对于会谈采用的桌子是圆是方曾有过激烈的争论，而且曾一度陷入僵局。确实，桌子的形状以及人们所处的位置对他们之间的交往有着重要的意义。

(4) 边界效应

沿建筑空间边缘的桌椅更受欢迎，因为人们倾向于在环境中的细微之处寻找支持物。位于凹处、长凳两端或其他空间划分明确的坐位，以及人的后背有高靠背的坐位较受青睐，相反，那些位于空间划分不明确之处的坐位受到冷落。

社会学家 Jonge(1968)在一项有关餐厅和咖啡厅坐位选择的研究中发现，有靠背或靠墙的坐位，以及能纵观全局的坐位比别的更受欢迎，其中靠窗的坐位尤其如此，坐在那里，室内外景观尽收眼底。餐厅里的侍应生证实，无论是散客还是团体客人，大都明确表示不喜欢餐厅中间的桌子，希望得到靠墙的坐位。

人们对边缘空间的偏爱不仅反映在坐位的选择上，也体现在逗留区域的选择上。当人们驻足时会很细心地选择在凹处、转角、入口，或是靠近柱子、树木、街灯和招牌之类可依靠的物体边上。丹麦建筑学家 Gehl(1991)说许多南欧的城市广场的立柱为人们较长时间的逗留提供了明显的支持。人们依靠在立柱或是立柱附近站立和玩耍。在意大利古城锡耶那的坎波广场，人们站着时几乎都是以立柱为中心的，这些立柱恰好布置在两个区域的边界上。近一点的例子就是上海外滩。改造以前作为情人滩时，成双入对的青年男女都是靠在防洪墙边谈情说爱。

Jonge 为此提出了颇有特色的边界效应理论。他指出，森林、海滩、树丛、林中空地等边缘空间都是人们喜爱的逗留区域，而开敞的旷野或滩涂则少人光顾，除非边界区已人满为患，此种现象在城市里随处可见。

边界区作为小坐或逗留场所在实际上和心理上都有许多显而易见的优点。个人空间理论可以作出完美地解释。靠墙靠背或有遮蔽的坐位，以及有支持物的空间可以帮助人们与他人保持距离，当人们在此类区域逗留或小坐时，比呆在其他地方暴露得少些。个人空间也是一种自我保护机制，当人们停留在建筑物的凹处、入口、柱廊、门廊和树木、街灯、广告牌边上时，此类空间既可以为人们提供防护，又不使人们处于众目睽睽之下，并有良好的视野。特别是当人们的后背受到保护时，他人只能从前面走过，观察和反应就容易多了。此外，朝向和视野对坐位的选择也有重要的影响。

实际上人们对工作空间也有边界效应。Alexander(胡正凡，1985)曾对工作空间的封闭性与舒适感做了调查，研究预先假设了13个影响空间封闭性的因素，调查中要求17个被试回想他们曾工作过的工作空间，画出其中“最好的”和“最差的”两种工作空间草图，然后要求他们根据13个影响因素，分别对这两种工作空间做主观评价。研究结果表明，在工作空间中，如果工作人员后面与侧面有墙，他就会感到更舒服。同时该研究也指出，工作人员前方8英尺之内不应设置无窗的实墙面，以便工作人员可通过观看前方而改变视距。另外，良好的工作空间设计还应使工作人员能看到外界的景色。对此著名美国建筑师Portman体会道：“人们希望从禁锢中解放出来”，“在一个空间中，假如你从一个区域往外看的时候能察觉到其他人的活动，它将给你一种精神上的自由的感觉。”Alexander在他的名著《模式语言》中总结了有关公共空间中的边界效应现象，并精辟地指出“如果边界不复存在，那么空间就绝不会有生气。”

总结　Hall告诉我们，人类应该开拓对文化环境与自然环境的视野，所以我们应当重视研究“无声的传播”，就像重视研究文字、语言的传播一样。要是我们做不到这一点，那么我们付出的代价便相当高了。本章从个人空间入手，我们详细探讨了日常生活里人人都使用但不太意识到的这种人类沟通的工具，当然与我们的专业有关，重点偏向了空间的方面。私密性与领域性、个人空间是紧密相连的，它们都涉及空间中的行为与社会关系之间的联系，以及涉及将空间作为一种社会表象或是作为一种与别人关系的样式。它们都与社会范围内人们使用、占有和防卫空间的方式有关。根据Altman的理论，领域性和个人空间是与空间有关的私密性控制机制，我们基本上也是沿着这个思想论述的。

第七章　领域性

领域性是一个非常广泛的现象，它既发生在大尺度的环境中，也发生在我们身边。国与国之间需要勘定明确的边界，否则摩擦不断甚至导致战争。在日常生活里，如果有陌生人未经允许擅自闯入你的办公室，或是有人占用你的桌子，你定会感觉不快。生活里到处都有领域性行为，一旦意识到它，你会发现它无处不在，下面就是一些随手拈来的例子：

学生们为了在图书馆阅览室里占有一个坐位，便在桌子上放些书或是本子；孩子们很快学会用“我的”一词来指他的玩具，要是别的孩子动用了这些玩具，他就会上去把它夺下来；对停车难感到头痛的公司会花钱租一些私有停车位；居住区纷纷用围墙围起来，入口处设置了大门并由专人看守；学生们在寝室门上写上了自己的名字等等。这些仅仅是人们通常使用领域的几个例子，但它们包含了我们下面要讨论的具体问题，譬如，领域必有其拥有者。这些拥有者小至个人、集体，大到组织或民族。领域有不同的规模，小到物体、房间、住宅、社区，大至城市、区域和国家。最后，领域常常标有记号以显示出拥有者的存在。

领域性(territoriality)是一个复杂的概念，它有许多特性，本章将详细讨论此人类普遍现象，探讨它的意义和作用，介绍有关理论和研究成果，最后分析如何在设计中利用领域性来提升人们的环境质量。

一、领域性的性质

尽管领域性行为非常普遍，概念也不算新，可是领域性行为研究的数量与它在生活中的地位并不相称。目前如何给领域性一个明确的定义还有困难，在如何真正对其研究上也难达成一致，但对此主题感兴趣的人士正在增加，已发表的论著对此也有系统的见解。这些研究中也有相当出色的理论。通过这些工作，我们还是能一窥其中概貌。

1. 领域性的定义

显然领域性的定义很多，但尚无为人普遍接受的说法。Edney(1974)认为领域性包括实质空间、占有权、排他性使用、标记、个人化和认同感等，然而这些显然不是该清单上的全部，至少还可以加上诸如控制、支配等。定义缺乏统一说明，每个定义都强调了不同内容。Edney 说大多数定义都是下列三类中的一类。一是强调了主动保卫某一地区和物体的重要性，因而领域性就是针对一特定地区或物体实行保卫而已。第二类定义除了强调保卫外还承认须注意其他性质，譬如 Brower 说领域性是生物在它的实质控制周围建立边界的一种习性，在界限内主持其空间或领域并加以保卫以防侵入。第三类定义则避免使用保卫一词，譬如有的定义是：领域性为涉及某些个人或团体所专用之物体或地区。

总体而言，领域性指的是个体或团体暂时或永久地控制一个领域，这个领域可以是一个场所或物体，当领域受到侵犯时，领域拥有者常会保卫它。显然我们的总结很不简洁明了，只是一个操作性的定义。近来领域性的概念又有逐步扩大的趋势。有的学者把思想范畴也划归到领域性的定义中，如创意、专利和版权等，此类"某种意义上的领域"不在我们的讨论范围之列。

2. 领域的类型

世界上有无数个领域，世界的快速变化也使很多新的领域不断地生成。这些领域有大有小。有的属于个人控制，有的则与别人共享。为了理解领域的运作情况，需要对这些领域加以分类。此方面最好的分类体系由 Altman 和 Chemers(1984)提出，他们认为所有的领域可归纳在三个类别里，即首属领域、次级领域和公共领域。

(1) 首属领域

首属领域(primary territories)与社会学中的首属群体，又叫初级群体的联系密切。所谓首属群体，指的是由面对面互动所形成的具有亲密人际关系的社会群体。最早提出此概念的是美国社会学家 Cooley(1909)，他说："初级群体指的是具有亲密关系的面对面交往与合作关系的群体。这些群体在多种意义上是初级的，但主要意义在于，它们对个人的社会性及其思想的形成是至关重要的。……是人性的养护所。"(周晓虹，1997)这类群体主要包括家庭成员等。首属领域就是由个人或首属群体拥有或专用，并且对他们的生活而言是重要的、基本的和必不可少的。卧室、住宅、办公室和国家等都属于首属领域。虽然领域的规模和领域拥有者相差悬殊，但这些领域对其所有人而言在心理上极其重要，它承担着重要的社会化任务，并满足人们的感情需求。这些领域通常受到拥有者完全而明确的控制，是与他们融为一体的地方。

(2) 次级领域

次级领域(secondary territories)和社会学中的次级群体有关。次级群体中的人可能是重要的，但他们只涉及个人生活的一部分。典型的例子就是组团或同一楼里的邻居。次级领域和首属领域相比其心理上的作用较少，拥有者也只有较少的控制权。但尽管如此，它对拥有者而言也有明显的价值。组团绿地、住宅楼里的门厅和楼梯间，大学里的公共教室等都属于次级领域。此类地方与住宅或专用教室相比其重要性低，其中的流动性也很大，但这些领域无论对人们的生活，还是对首属领域来说都很有价值。

(3) 公共领域

公共领域(public terrotories)是对所有人开放的地方，只要遵守一般的社会规范，几乎所有人都能进入或使用它。公园、广场、商店、火车、餐厅和剧院都是公共领域的例子。公共领域是临时性的，通常对使用人而言重要性不大。在文明和民主的社会里，遵守一般的行为规范就能使用公共领域。只要不赤身裸体就能走在大街上，只要买票就能上车或看电影。公共领域在一切文化中都有，不管一个社区有多小，人们总可以看到其大多数成员都可以使用的区域。

在三种领域里，次级领域最复杂，它既有私人的成分，又有公共的性质。它是首属领域和公共领域的桥梁。在次级领域里，领域所有人的身份和地位并不明显，实际上领域拥有者对外人只是表现出某种程度的控制权，并且有可能与陌生人共享或轮流使用该地方。所以此种控制和使用是不完全的和间断性的，这也造成了次级领域的一个重要特性，即它存在误解和冲突的危险。

次级领域和建筑设计里的半公共空间和半私密空间相似，它们之间的区别在于，半公共空间或半私密空间虽然也强调了半公共和混合使用的性质，但它还是属于实质环境范畴。次级领域则在其基础上更强化了涉及场所和物体的使用与控制行为，因而它也强调了实质环境中的社会层面。

Altman 和 Chemers 的分类体系并不是唯一的，尽管它被广泛接受。Lyman 和 Scott 曾建议另一种分类方法，即相互作用领域和身体领域。相互作用(interaction territories)领域是暂时由一组相互有关的个体控制的区域，如教室、足球场、会议室等，此类领域通常有标志物，无关人员进入这些地方会被看成是干涉或冒犯。身体领域(body territories)与人的身体有关，但与个人空间不同，它不是指身体间的某个距离，它的界限为是否碰到人的身体。人们对自己的身体受到别人的触碰是很敏感的，通常会有强烈的反应。

3. 领域性行为

从领域性的定义可以看到领域性行为涉及很多方面。不同类型的领域性行为可能是按不同的规则起作用的。但人们涉及领域的行为通常与领域的占有和防卫有关，对领域性行为的研究也只强调了少数几个主题。

(1) 个人化和做标记

确立领域的基础就是要得到旁人的承认。想做到这一点，除了明确地告诉他以外，如"对不起，这是我的房间，请走开"等，还需要明示或暗示领域的归属。国界线上的界标就是一种明示。所谓暗示就是在策略性的位置上安排一些线索来告诉旁人领域的归属。典型的如住宅庭院前的栅栏、围墙和树篱等。我们可以将它们归纳为两种领域建立线索的行为，即：个人化和做标记。

个人化就是为领域建立明示线索的行为。如学生们把写有自己名字的纸条贴在公寓门上，公司经理在门上挂一块经理室的牌子。人们常在首属领域和次级领域中建立个人化的标志物。与此相比，做标记则常常发生在公共领域里，如学校、餐厅、街道等。学生们为了使自己在图书馆阅览室的位子不被别人占据，在离开时会放上一些书。做标记就是为领域建立暗示线索的行为。在拥挤的火车上，旅客为了不使座位被别人抢走，动身去餐厅前也会在坐位上放上一些小东西。

我们可以在很多场合里找到个人化和做标记的行为遗迹。在城市、社区、大街、广场和住宅等地方，如果我们开始用这样的眼光来打量周围环境，领域的标志品真是无处不在。进入一个城市我们首先看到的是公路上方一个巨大的牌子：××市欢迎你。城市的主要地区在主要马路的入口处也会写上此类的标语。然后社区在入口处设有大门，门上写着××新村等。传统上海里弄的入口上方往往有刻有弄堂名字的匾额，这些东西是摄影爱好者和怀旧人士所青睐的，但在我们看来，它们是最好的领域标志品。在更小一些的尺度上，一个书包、一件毛衣、一本小册子，一双筷子，都有可能是别人用来声称领域主权的东西，而且我们通常也默认此类小物品所声称的内容。

领域标志品　领域限定的实质要素从强到弱依次为墙体、屏障和标志物。墙体把人们隔离在两个空间里。墙体的材料、厚度和坚实程度决定了隔离的程度。屏障，包括玻璃、竹篱、浴帘等比墙体更有选择性，它们通常只分隔一到两个感官的接触，因而它们既把人们分开，也把人们联系起来。几种材料加在一起，配合各感官，可以造成不同程度的分隔和联系。屏障也可以设计成由使用者选择控制隔离的程度。譬如玻璃门上加锁与门铃，为家人、朋友还有小偷提供各种程度的穿透性。

标志物可以分为两种，一种是空间方面的。譬如房间顶棚的高低，低坪标高的不同，铺地材料和方式的变化，灯光颜色和造型的变化等。比这更明确的标志物是字符性的，包括数字和符号。譬如校长室、经理室，××人的住宅等，这些又可称为个人化的标志。最后，领域限定中最模糊和最暧昧的元素就是物品。放在空间里的东西可以视为空间的分隔物，其本质是一种阻碍。城市广场上的雕塑可把空间分开来。两家共用庭院中的一根柱子可以把空间在感觉上分开。见图 7-1。

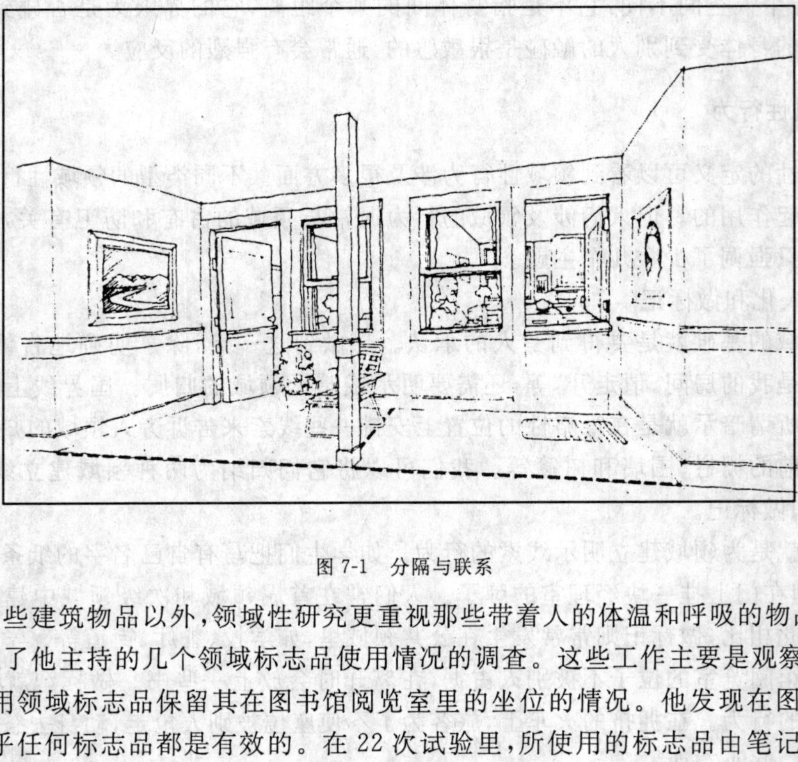

图 7-1　分隔与联系

除了一些建筑物品以外，领域性研究更重视那些带着人的体温和呼吸的物品。Sommer (1969)报道了他主持的几个领域标志品使用情况的调查。这些工作主要是观察使用人在短暂离开时，用领域标志品保留其在图书馆阅览室里的坐位的情况。他发现在图书馆里的人不多时，几乎任何标志品都是有效的。在 22 次试验里，所使用的标志品由笔记本到旧报纸等不同的东西，领域被人侵占的只有三次，两次是旧报纸，一次是廉价书。Sommer 指出，确认作为标志品的东西，不应是杂乱的东西，而且“这个物件要具有作为领域标志品的象征意义——“勿占用”或“已有人用”的标志，或具有价值的东西，如外套、钱包，或物主不会随意丢弃的东西”。个人的标志品，如毛衣和夹克比非个人性的标志物更能有效地阻止潜在的入侵者。但也有有趣的例外，Hoppe 有一次在酒吧进行的研究中发现，以半杯啤酒来保留坐位要比一件夹克有效。

在高密度的情形下，各种标志品的效用如何呢？Sommer 进一步调查了一间高密度的阅览室。调查人员早早来到阅览室放妥标志品以后，即在另一张坐位上观察。在未放标志品的地方，在两小时开放时间届满之前都有人使用了。每一个领域标志品都使占用坐位的时间延迟了，只是有些东西比别的更有效。他还报道了另外一项研究，在此项工作中，标志品留在一所饮料店的桌子上。这些标志品包括一包三明治、一些平装书或一件毛衣，都有使人避免占用该桌子，而去使用临近坐位的倾向。Edney说，那些住宅有明显领域标志品（如标识、树篱或围垣）的居民和那些住宅无这些标志品的居民相比，通常居住在该处的时间较长。把这个结果与其他一些标准综合起来看，我们可以认为，那些住宅有领域标志品的居民对该地方有较长期的约束，并准备在此地长期居住下去，且对领域被人侵犯也较敏感。

从领域限定的要素而言，墙体、屏障、标志和物品都属于领域标志品。值得注意的是，人们常常使用其中的两项甚至更多来为自己的领域服务。在首属领域和次级领域里，人们通常使用限定性强的标志品。而在公共领域里则使用限定性弱的领域标志品。

(2) 领域的防卫

当领域遭到侵犯时常会发生保卫行为。Gifford(1987)为侵犯行为做了总结。最著名的也是最严重的就是侵入。一个外来者进入一个领域，常带有一种从拥有者手里夺走控制权的意向。典型的侵入就是一个国家侵略另一个国家。根据国际法，被侵略方有权为保卫国家而奋起抵抗。另一类型就是骚扰。一种暂时的侵犯行为，骚扰者并非想夺走拥有权，而只是骚扰或破坏，打砸抢、偷窃就属此类。第三种类型是污染(contamination)，即在别人的领域内留下不堪入目的东西。在城市中，最典型的莫过于黑色广告和涂鸦。

对领域的防卫可分为两个阶段。一是预防，二是反应。为领域建立个人化的标志或其他领域标志品都属于预防。一旦领域受到侵犯，接下来就是反应。需要注意的是领域并非经常被侵犯，而且在受到侵犯时，并不总是防卫它。这要看谁是入侵者、侵犯的原因、侵犯的地点和领域的性质。有的研究甚至显示一个恰当的侵犯或许还可以有积极的效果。这个调查询问了在海滩上的女士有多少男士会侵入她们的领地(Jason，Reichler & Rucker，1981)。平均每个女士所报告的人数为一个。当然许多侵犯是令人讨厌的，过半数的女士说她们想劝阻男士们的接近，然而相当数量的侵犯，最后还是导致两者的约会，而且有10%的女士在外出时通常与那些侵入她们领地的人在一起。

朋友或是家人、或是旁人侵犯了你的领域，此种侵犯是无意的还是有意的。侵犯的是首属领域、次级领域，是人身还是公共领域，被侵犯的地方以外是否有其他空间等，都会影响到领域是否防卫，以及防卫的程度。一般而言，如果人们在公共领域中建立了个人化标志或领域标志品，而侵犯者忽略了这些标记，则通常不会发生强烈的领域保卫行为。譬如在图书馆，侵入者不顾标志品存在依然占据该位子，那么被侵入者会放弃这个位子而不是主动防卫它。在影剧院别人先你一步占了你的坐位，如果旁边还有空的位子时，你也许就不会和他论理。

如果别人未经允许侵入了次级领域特别是首属领域，则事态就严重多了。当今世界因边界冲突引发战争的事例不胜枚举。未经允许侵犯别人的住宅所引发的反应，小到主人重重地把门关上，重到甚至可以把人从窗子里扔出去，不过暴力的防卫行为是不常见的。在文明社会里，人们有很多非暴力的方式，譬如高喊、怒视等。对首属领域和次级领域人们普遍重视预防，建立个人化和领域标志品，有时甚至预先做出警告。譬如有的地方贴上这样的标牌："私人产业，勿入内"、"请勿穿越"、"谢绝推销"。有些不雅的警语也时有所见。

不幸的是，暴力性的防卫也会发生。领域的价值越高，主动防卫的可能性就越大。有时社会也会容忍防卫首属领域时使用暴力。譬如美国有的州法律明文规定主人在家里向小偷开枪不会坐牢。

(3) 占有和使用

领域的控制常常用标记和其他标志品表示所有权。通常人们也认可这些东西所表达的内容,并回避这些场所。其实简单地占有和使用场所也是向人们表明对领域控制的一种方式。一个地区的特性常常由占有者的存在和其活动决定。上海外滩就是很好的例子。在改建以前,它是著名的情人幽会的地方,也不知从何时开始,这个特性就形成了。晚上情人们总是倚在江堤上,面向黄浦江,谈情说爱,灯火阑珊。虽然这里没有什么明确的领域标志品,但其他人群很少在这个时候涉足此处。仅仅是情人们的存在及其独特而明显的特性就给人以强烈的领域感。

由于公共场所的某些地点反复被一定的人群占用,因此该地点的领域特权就可能被人们所默认。譬如在公园里,某个地方被一些人占领了,其他人就会避免纠缠绕道而走。不同的群体在公园里都有自己的地盘,尽管这些地方表面上没有任何标记,占有者对此区域也没有任何合法权利,但大家都心照不宣,其他人很少闯入。有时一块绿地在时间上会有不同的特色。早晨,老太太们在此处挥舞木兰剑;放学后,这里或许是孩子们踢球的操场;而到了晚上,这块地盘就完全属于青年男女了。在这些事件中都没有明确的界限或标记以表明所有权。使用方式就足以明确领域的归属。

4. 领域性行为的作用

领域性行为有着不同的作用,其中多与基本的生活过程有关。领域性行为在社区和个人的各个层次上都是人们日常生活的重要组织因素。领域性行为起着促进社会过程的作用,如制定计划,预测他人的行为、参与不间断的活动和安全感。没有领域性,社会就会一片混乱。基本上领域性的作用可以分成两方面,一是认同感,二是安定和家的感觉

(1) 认同感

领域性通过实质环境这一媒介使个人和群体得以显示他的个性和价值观。人们把他的个人印记表露在自己拥有的场所上,这不仅是为了调整与他人的交往,也是以此来建立个性和特色。个性化的标志出现在各种不同的场所中,如住宅、办公室、学生公寓和教室等。学生们在墙上贴满了足球明星、摇滚歌手和好来坞影星的画片。经理办公室的书柜上放着自己的毕业证书和荣誉奖状的复印件,桌子上更是有家人笑容可掬的照片。人们努力地点缀其场所并突显主人的爱好和品味,并通过这些标志来帮助确立领域的控制。Altman 和他的同事分析了犹太大学的新生入学后头三个月公寓墙壁上的装饰。他们发现 90%的新生到校以后两周内就把墙壁布置好了。当第一个季度结束时几乎 100%的学生都布置好了。常见的布置内容有地图、日历、风景画、运动图片、摇滚乐队的照片,以及宗教和政治宣传品。这些多数是商品,但很能反应出他们的兴趣、爱好和个性。这些个性化的标志,一方面向别人表示领域占有者的控制,另一方面也表明自我认同。

更大规模的领域,如聚落、村庄和社区,领域性行为也和认同感有着密不可分的联系。严明(1992)引人入胜地分析了西双版纳少数民族的聚落。傣、哈尼、布朗等民族按照古老的传统习惯建立村寨都要举行仪式,挑选寨址,选定村寨的范围和寨门的位置。“布朗族在选定寨址后,群众按寨主或佛爷的指点,用茅草绳与白线先把寨子的范围围起来,在中间栽上许多小木桩……然后建立四道寨门,每道门旁都要栽两根村桩,象征守寨门的神。”

寨门和村寨的象征性范围线共同构成了聚落的边界。这一边界虽然没有以较多的实物形式出现,但它具有神圣的约束作用。这使村寨聚落从自然环境中相对划分出来,使之成为

能够控制的领域，这一领域相对于保卫它的“外部”环境而言，是作为“内部”来体验的，见图 7-2。

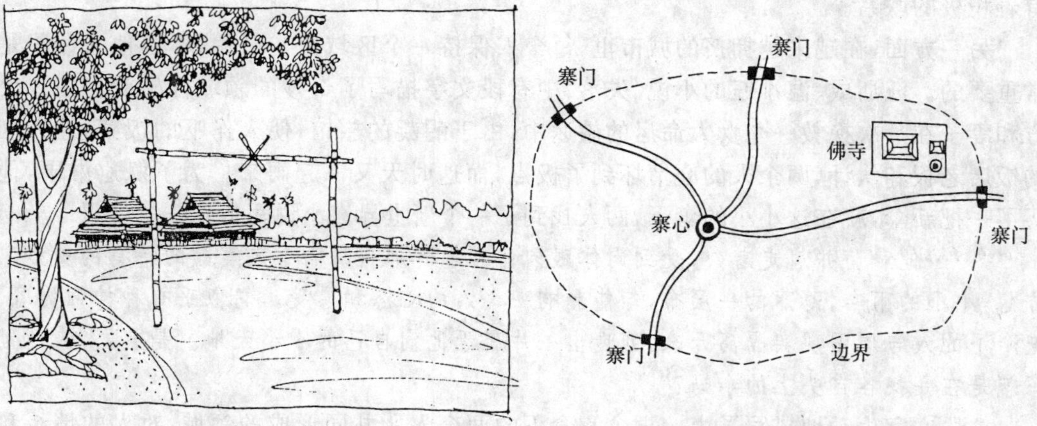

(a) 寨门　　(b) 傣族村寨结构示意图

图 7-2　寨门和村寨的象征性范围线共同构成聚落的边界(严明，1992)

现代社区也是沿着这个思路来确定边界。社区四周用围墙围住，入口设置由专人看守的大门。这样既利于安全防卫和聚落的稳定，又使社区更具场所感，增进居民对社区的认同感和归属感。

(2) 安定和家的感觉

没有对不同空间的所有权、占有权和控制权，人们的相互交往就会一片混乱。领域性可使人们增进一种对环境的控制感，并能对别人的行为有所控制。Edney 说：“生活上没有了领域性，势必会出现无关联、无效率以及无基本反应的集合体之特性。自然的、社会的和社区的生活也会受到损害。一堆乱闯乱转的个人并不属于某一个特定的地方。首先要找一个人就会有困难，同样要避开一个人也有困难。”如果没有领域性，人们的生活将是没有组织的、艰辛的，生存也将飘忽不定。由于没有地方安家，人们只好随地移动，这将破坏社会的相互联系的生活方式，使得人们彼此间很难相互避开。没有领域性，那些需要抽象思维的复杂行为以及在较长时间内承诺的行为也将无法进行。无法确定具体时间和地点，无法约会，无法安排未来事项，只能做一些局部的安排。在宿舍里没有属于自己的领域，只好找地方睡觉，还得每天找地方储藏自己的财物，一切都变得没有秘密可言。

Altman 等人(1971)做了一个研究，这是海军协作功能研究计划的一部分，主要是观察自愿的两人一组在与社会隔绝的宿舍里生活和工作 4 天到 10 天的美国海军士兵的行为。两项研究都表明，在头一二天就建立起领域的小组，将发展成生存能力较强且功能较好的群体。他们在工作中效率较高，较少显示压力的症候，并能在隔绝的环境里呆更长的时间。那些没有早早建立领域的小组容易发生冲突，功能差。一个组织得较好并获得成功的小组的特点是，他们在第一天就确定衣服放在什么地方，谁在什么地方储存物品，就餐时间怎么安排。通过这些领域性行为和其他手段，他们能在恶劣的条件下生存下来。O'Neill 和Paluck 对领域性行为与群体稳定性的关系又提供了有利的证据，他们在对弱智男孩的研究中发现领域性行为导致放肆行为减少。Paluck 和 Esser 也以低能儿童为被试，考察了 17 名康复中心的男童。在10周的观察中，建立领域的直接结果就是打架、戏闹和不守纪律的行为明显减少，儿童在生活中受到了某些约束。上述各种都表明，领域性行为和社会体系的安定确实有着积极的联系。

另一方面，在越来越拥挤的城市里，每个人保持一个区域留作己用，不容他人侵犯是非常重要的。汪浙成、温小钰的小说《失落》中有段文字描写了奇妙的领域性感受。主人公袁方和妻子在一次挽救一个女人命运的旅途中，由于龌龊的旅馆，使人作呕的饭菜，让人恼火的饭店老板和伙计，两个人的心情坏到了极点，而这时天又下起雨来。为了躲避淋雨，他们买了一把新伞，就在这小小的伞下，两人找到了一个新世界。小说写道：

"……他和茵并肩走着，感受到肉体跟肉体碰触时那一瞬间令人震颤的特有的美妙。袁方想，小小的雨伞，薄薄的一层布，却能影响一个人的心态和感受。它似乎有种神奇的魔力，把伞下的人与周围现实隔离开来，创造出一片属于他们自己的小小天地。是啊，人来到世上不就是在寻找各自头上的伞吗？"

这段文字生动地描写了由一把伞和伞下的两个人所共同形成的领域，对人的情绪和心态的重要意义。确实，在拥挤的城市中如果人类的这种领域性需要不能满足的话，很难想象社会会变成什么景象。

二、领域性的影响因素

领域性行为是人类行为中一种很明显的模式，但在各种情况下领域性行为有复杂的表现形式。有很多研究探讨了个人、社会和文化的各方面差异对领域性行为的影响。

1. 个人因素

领域性因年龄、性别和个性的不同而有变化。譬如，男人的领域性似乎强于女人的领域性。在一个经典的现场研究中，Smith考察了海滩上游客的行为。太阳浴者通常用收音机、毛巾和雨伞来做领域标记。他发现女性声称她们的领域小于男性，男女混合组和人数多的组的人均空间，要比同性别组和人数少的组小。Mercer和Benjamin对大学公寓的调查也得出相似的结论。他们请大学生画一张他们与人合住公寓房间的示意图，并指出哪一部分是他自己的，哪一部分是另一位室友的，哪一部分又是共享的。结果是，与女人相比，男人所画的属于自己的领域更大。

很多成年男性比女性在工作上的地位高，成就大，因而通常他们的办公空间也大，所以他们声称的空间也大。但Mercer等人的工作说明，在男人和女人的社会地位还没有显著差异的时候——学生时代，两者的领域性就不同了。那么女人是否在家里占据更大的空间以弥补她们工作时的失落呢？Sebba和Churchman(1983)调查了185个高层住宅居民并提供了一些答案。首先，男女双方都认为厨房属于女人。另一方面，超过30%的男人认为房子的所有部分属于自己。父亲(48%)比母亲(27%)更多地说他们在家里无空间。总体上，女人们一致认为家在整体上是一个共享的领域，而其专属领域只有厨房。

在个性差异方面，Mercer和Benjamin亦发现男女中的优秀分子都为自己标上了更大的领域，曾有住大房子经验的男女学生为自己所画的空间比别人大一些。细心的男大学生所画的空间也大一些。自信但控制他人欲望不强的男人所画的空间也大一些。从这个研究中可以看出，性别和个性都会对领域性行为有所影响。

2. 社会环境和文化

领域的合法拥有者对领域更关心。譬如房东和租房者都控制住房，但合法拥有权使前者的领域性行为比后者多。邻里的社会气氛也影响领域性行为。Taylor，Gottfredson 和 Brower(1984)发现和睦愉快的社会气氛往往和积极的领域感联系在一起。在和睦相处关系融洽的邻里中，居民们能更好地把无端闯入者从邻居中辨认出来。他们对邻里空间有较强的责任感，所以碰到的领域性问题也较少。

领域的产生和发展也受到了社会环境的影响。Minami 和 Tanaka(1995)对日本的小学和初级中学所做的调查工作说明，在孩子们眼里，学校各个空间在不同层次上有不同的归属，而且此类归属与老师们的看法不同。譬如七年级学生在学年的第一个月(四月)里，把其专用教室看成是私密空间，楼梯和走廊是公共空间。在五月份他们已开始把走廊中与其专用教室相毗邻的一小部分看成是半私密空间。到了六月，走廊空间已被各个班级瓜分成各自的半私密空间，只有阅览室才是公共空间。这个研究告诉我们，当学生们已习惯学校环境，并被学校文化社会化以后，领域发展并逐渐完善起来。此外，该研究也发现班与班之间的交往往往发生在半私密空间的边缘。

文化背景不同，领域性行为也不尽相同。Ruback 和 Snow(1993)观察了喷水池边的饮水者在有人不断靠近时的反应，这是一个领域防卫问题。根据一般推测，如果这个饮水者受到打扰和侵犯时，他会在喷水池边呆得更久，以此来声称该领域属于他。结果发现，有旁人侵入时，黑人和白人总体反应无多大区别。譬如与没有人侵入相比，有人侵入时无论是黑人饮水者还是白人饮水者在喷水池边所呆的时间明显长。但两者还是存在一些差异。当有人侵入时，黑人饮水者在喷水池边所呆时间更长，而且存在跨种族效应。与白人侵入相比，白人饮水者在受到黑人侵入时在喷水池边所呆时间更长。倒过来这一情况对黑人也一样。另一方面，研究也发现，黑人并不愿意靠近白人饮水者，就像白人也不愿意凑近黑人饮水者一样。

这个研究与先前工作所得之结论是相似的。在有跨文化、跨种族的领域侵入时，人们普遍表现出强烈的反应。这种侵入所产生的心理唤醒和活动要比同种族同文化所引起的大。

有两个研究可以对美国人、法国人和德国人在海滩上的领域性行为做比较。一是 Smith 所做的，他调查了海滩上的法国人与德国人。二是 Edney(1974)的工作，可以发现这三种文化在某些地方很相似。譬如在所有三种文化里，人数多的组声称的人均空间较小，男女混合组声称的人均空间较小，以及女性的人均空间较小。但三种文化也有不同。法国人似乎领域性较差，他们似乎对理解领域性概念有困难。他们常说"海滩是每一个人的"。德国人对领域所做的标志最多，他们经常用沙围成圈，以此来声明这部分海滩是"他们"的区域。这三种人的领域形状相似但大小不同，以德国人的领域为最大。个人领域是椭圆的，群体领域是圆形的。

Worchel 和 Lollis(1982)也观察了美国人和希腊人的不同的领域观。实验人员故意在三个地方各遗留了一个垃圾袋：前院、住房前的步行道，以及住房前大路的围拦旁。他们发现前院的垃圾袋被清理的速度美国人和希腊人一样快。而美国人对住房前步行道和住房前大路的垃圾袋的清理速度要比希腊人快得多。这是美国人的领域性比希腊人强吗？

Worchel 和 Lollis 不这样认为。他们说此种差别缘于美国人和希腊人对住房周围空间的认知不同。美国人认为住房前的步行道和围栏是半公共、半私密的区域，因而他们很快就清理了垃圾袋。而希腊人常常把这两个地方看成是公共区域，所以对这两个地方的清理不重视。

三、领域性与环境设计

领域性的重要功能就是维持社会的安定。一个空间如果不能明示或暗示空间的所有权、占有权和控制权，人们相互交往就会一片混乱。领域的建立可使人们增进对环境的控制感，并能对别人的行为有所控制。领域性理论对环境设计的重要意义存在于确立一种减少冲突，增进控制的设计，提高秩序感和安全性的设计。

1. 增进领域感

领域感，即个人或群体控制某个场所或物体的能力与感觉。人们能随自己喜好使用此空间，或在实质上加以改变以反映他们的特性。领域的拥有者对领域的认同，并在某种程度上表达出来，就构成了领域感。具体地说，这种表达在实质环境方面就是建立了领域标志品。这包括保持户外环境的整洁、美化院落、种植花草和树木、做围栏和篱笆。建立个人化的标志品，如在外墙上挂一块标有自己姓名的牌子等。这些领域标志品可以向外人传递一些不言自明的信息，而且此类标志品也可以把别人和自己的住家隔离开来。如果有人想跨越领域的界限而无端闯入，居民可以大声呵止，或呼唤邻居和打电话给警察。

Brown 和 Altman(1983)对同一社区中被小偷光顾过的住户和没有被小偷光顾过的住户做了比较。他们说那些建立个人标志物的住户(外墙上挂一块标有姓名的牌子)以及建立领域标志品的住户(如作树篱和低矮障碍物)，较少受到小偷的光顾。这些记号似乎能阻止小偷。如预料的那样，那些表现出领域感的住户——不论是有意的还是无意的，也很少被偷。Perkins(1986)也发现，那些对犯罪恐惧感较低的街区里，住户们大都贴上了一些个人化的标志物。

为什么领域感有助于附近居民的安全感呢？领域标志品除了能帮助进行更为明确的空间限定、提供居民控制空间的能力和方法以外，领域感和社区的认同感紧密相连。领域感较强烈的社区，居民间的社会交往也较积极，社会合作也较多，所以财产受侵害的可能性也较小。领域感有两个层面：在实质设计元素层面上，它意味着建立领域标志品，并以此划分和界定空间，在社会层面上，它意味着居民对场所的责任感和对社区的非正式社会控制。

2. 可防卫空间

领域感为环境设计提出了新的要求，即如何通过环境设计促进领域感。促进领域感的环境设计方面最重要的理论是由 Newman 建立和完善的，他对低造价住宅的犯罪率进行了细致的分析。他的结论是公共和半公共空间的设计与犯罪率有关。在他以前，Jacobs (1961)首先提出某些城市设计手法有助于减少居住区的犯罪。譬如，住房应该朝向有利于居民自然观察的区域，公共空间和私有空间应该明确区分开来。公共空间应该安排在交通集中的地方等等。Newman(1972)发展了这些想法，并给他的理论贴上了“可防卫空间”的标签。Newmann 建议，可防卫空间的设计特征有助于居民对领域进行控制，这将导致犯罪案件的减少和居民恐惧感的降低。

"……真正的和象征性的屏障,加强限定的影响范围和改善监视的机会——组合起来,使环境可由其居民加以控制。可防卫空间是一种既能提升居民生活,又能保障家庭、邻居和朋友们安全的现代住宅环境。"(Newman,1972)

Newman 认为,有了可防卫空间能达成两项目的进而阻止犯罪。第一,可防卫空间能鼓励居民之间的社会交往,有望促进感情而加强邻里的团结;第二,改善视觉接触,增加对居住区的监视。这可以由居民们不拘形式的或是由警察正式执行。建立真正或象征性的屏障,可以帮助居民控制环境。真正的屏障包括篱笆、大门、高墙等,象征性屏障包括花园、树丛、灌木和台阶等,通过这些屏障可以使得住房不能轻易进入。而且此类障碍物可以把一个似乎属于所有人而实际上没有多少居民真正关心的公共空间,划分成一个个可以管理的区域,于是居民们的参与意识和主权感也得以焕发了出来。

可防卫空间下列两个方面是非常重要的。首先,需要明确哪些是公共领域,哪些是次级领域,哪些是首属领域,因而需要更为明显的领域界限。明确的领域界限有助于每个人把私有住宅外的半私密、半公共区域视为住宅和居住环境的组成部分,有助于在住宅边形成亲密和熟悉的空间,可以使居民能更好地相互了解,加强对外人的警觉和对公共空间的集体责任感,这有助于防止破坏和犯罪。而领域标志物,无论其是实质性的还是象征性的,都是领域限定的要素。

第二,可防卫空间理论突出了居民自我防卫的重要性,居民的自我防卫,首先是提高对空间的监视机会,从而对犯罪分子具有心理威慑作用。Newman 以建筑内楼梯和电梯为例指出,这两个地方都是犯罪案件的多发地点。在大多数集合住宅里,楼梯间与通道隔开,因此邻近的住户不仅不能主张将此划入他们的范围,而且也没有机会对这些空间作非正式的监视。由于这个原因,楼梯间常常是犯罪的多发地。Yancy 在他的研究中曾叙述了高层住宅居民对使用楼梯时的恐惧。然而更明显的是在关闭起来的电梯里,犯罪人在电梯里的所做所为更不为人所知。Newman 认为领域过渡和所有权最不明确的地方存在于下述这样的住房设计中:许多住家共用一个出入口,而任何人都可以通过此出入口进入某一单元;很容易进入的半公共区域,住户对有些地方监视不到。此外他还认为,那些有栅栏、庭院以及其他区分公共和群体区域手段的公寓楼犯罪率较低。共用一个出入口的家庭数量少,窗户和过道的位置使人能够进行监视的地方,犯罪率也低些。

由于很多人对 Newman 的资料的准确性有不同的意见,自从他的理论问世以来,很多研究检验了可防卫空间的准确性。绝大多数都支持可防卫空间的一个或两个基本原则。譬如在一次调查中,有一个公园晚上所发生的反社会活动比其他公园少得多。研究人员就去寻找其中的原因。他们发现在公园边上有一住户到了晚上会点亮一盏灯来为夜晚的游客照明。这明显支持了 Newman 的可监视机会的想法。

我们的看法是,可防卫空间作为一种设计要素可以提高人们的安全感。但此结果的产生首先必须能影响人们的行为。一个较全面的观点应该是这些设计特征既影响了居民,又影响了破坏者,这种影响才是使犯罪活动下降的真正原因,否则,就落入了建筑决定论的窠臼。可防卫空间的设计特征对居民的影响可以有两个方面,一是居民们的领域感增强了,二是他们的行为改变了,领域性行为增加,并加强了对领域的监视。

一个巴尔的摩的研究工作中,研究人员给居民看一组设计特征不同的房子的图片。这些特征包括围栏、栅栏、植物等，在有的图片上院子里还有人。当图片上有栅栏和植物时，居民们相信外人擅自闯入的可能性较低，被偷的可能性也较低，此类房子是安全的。但当图片上院子里有一个人时，居民的判断出现了差异。那些来自犯罪率较高地方的居民把这看成是潜在麻烦的标志，但来自犯罪率低地方的居民却把这个人看成是降低犯罪可能性的因素。实验用的是一些线条图，这意味着来自高犯罪率地区的居民趋向于把这个人看成是外来者，这个人可能会进行犯罪活动。来自低犯罪率地区的居民则把这个人看成是邻居，认为到房子外面放松一下或做一些园艺。所以这是一个很有趣的问题，这个人究竟是被看成是邻居呢？还是过路人呢？显然，可防卫空间的特征并不能让每个人都感觉安全。

可防卫空间是一种设计要素，它对安全感这样复杂的问题有着重要的意义，但它不是社区犯罪的唯一的解决方法。包括 Newman 在内都承认在居住的安全感和犯罪问题上，社区的社会环境要比设计特征更重要，如关心此方面研究的读者可阅读后面的有关章节。

3. 邻里的道路系统

社区中四通八达、畅通无阻的车流是居民活动的重大威胁。现在，居民感到社区里的车子实在太多了，为了限制车流，许多社区非常有必要在其出入口设置路障。限制车流最明确的理由是使儿童的活动更安全，并减少交通噪声，此外还有一个重要原因就是可以增强居民的领域性行为。Newman 为此提供了观察资料，他说在美国圣·路易市的一些大街上有可防卫空间特征，包括入口上方有门楼，并严格限制了车流，降低了车流量。居住在这条大街附近的居民经常在屋子外面散步或在院子里工作，从事户外活动。虽然这些行为并非全是领域性行为，也不是都被看成是对邻里的防卫，但其效果却非常明显。它降低了不法分子反社会活动的可能性。并且由于居民们自然形成对邻里的监视，也导致无端闯入者大为减少。这是一个自然观察研究，不能作为一种严格的论断。然而此例显示出如果能限制车流的话，社区里所遇到的麻烦事就会少得多。

在许多城市里实施的诸如封闭街道等一些措施，使居民对社区有控制感和认同感。如果进入社区的车不多，而且都是本社区居民自己的，居民们也能识别它们。

改进住宅区的街道设计是提升公共开放空间质量的策略之一。目前许多住宅区内的路面不是太宽，就是不能作为居民活动与交通运输之间的缓冲。事实上住宅区现有路网可根据其功能重新规划，比如在不通行汽车的地方设置路障，为了减少车流也可将原有的道路改成尽端式，使它成为只是通往道路两侧住宅的通道。改变道路功能以后，多余的街道可以设计成小公园、停车场，或兼具两者功能的街道空间。出入道路可以适度降低交通量，并创造更多样性和人性的街道景观。在著名的旧金山城市设计方案中，就包括在传统的方格网道路系统中，供非穿越性交通使用的整体街道改善计划，以及环状的出入及服务道路系统。

Appleyard 和 Lintell(1972)两人的研究肯定了此项计划的效益。他们发现，社区意识与穿越邻里道路的交通量成反比。两位研究人员选择的是一个旧金山意大利裔社区的一个邻里，这个邻里中有三条街，交通量有很大差别，他们对这三条街上的居民做了调查。三条街中一条交通量最大，为 15750 辆/天，第二条街的交通量中等，为 8700 辆/天，第三条街的交通量最少，为 2000 辆/天。居民类型多种多样，有的早已在此地住了许多年，居民中有小孩的家庭大都住在交通最少的那条街上，也有一些单身住户，不过他们多住在交通最多的那条街上。

Appleyard 和 Lintell 向居民们提了很多问题，这些问题涉及交通事故、噪声、压力、社会交往、私密性和家庭领域所及范围等诸方面。那些住在交通量最大的那条街上的居民报告说他们感到环境恶劣，街上常常有交通事故等。当被问及住户间的邻里关系时，住在交通量最大之街道上的居民只认得街这边的几户邻居，街对面的住户都不认得。而住在交通量中等和交通量最少的两条街上的居民，他们的社交关系可以发展到街对面。交通量最小的街上的居民平均每人有 9.3 个朋友，交通量中等的街上的居民平均每人有 5.4 个朋友，而交通最频繁街道上的居民每人只有 4.1 个朋友。当研究人员请居民们画出他们家的领域所及范围时，交通量小的街上的居民倾向于把领域范围扩大到整条街上，有的居民说："我感到我的家扩展到整个街坊"，而交通量最大的街上的居民，他们所画的家的领域只涉及整幢房子，其领域绝不延伸到街上。见图 7-3。

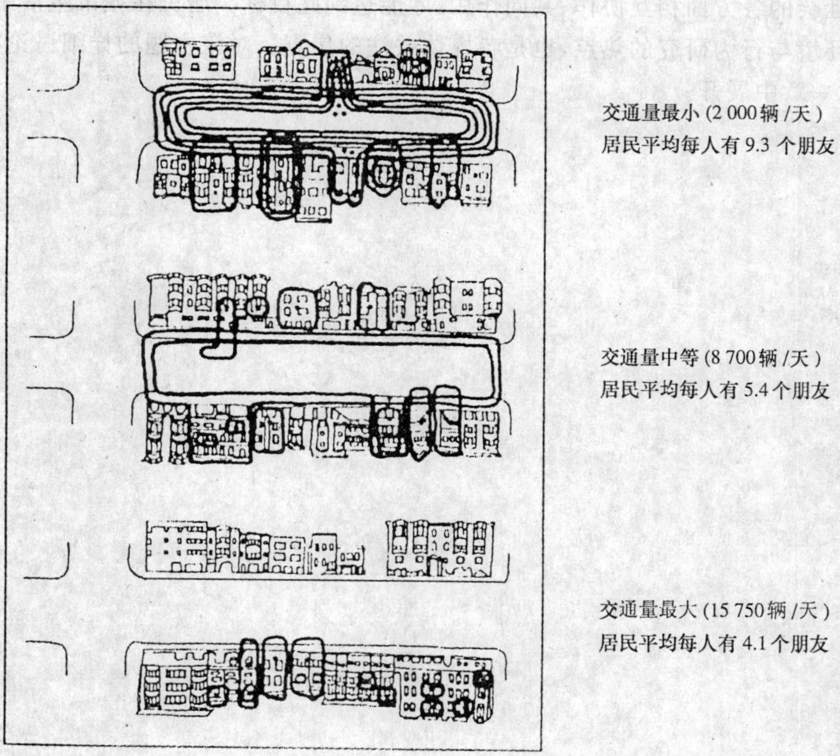

图 7-3　不同的交通量与居民所察觉到家庭领域范围之间的关系

（Appleyard 和 Lintell，1972）

但是想在社区内实行限制交通的措施通常会有很大阻力。"街道属于人们，而不是汽车"是规划人员常挂在嘴上的一句话，但实际的问题却不是那样简单。拥有汽车的人是不会轻易放弃既有的停车空间，或是改变上班的路线。

改变整个邻里的政策是困难的。譬如交通路障将会受到乘公共汽车者的反对，而且也会受到那些感到交通不便居民的反对。另外，任何改变，其费用还是落到住户头上，这也是一个难点。但是无论如何，改善居住区的道路系统是增进邻里的领域感和邻里关系的重要方法，良好的街道形式会鼓励积极的社区活动。改善街道形式并不仅仅是将盗贼从社区中赶走，而是促进社区的邻里关系，增进社区活动的品质，进而提高居民的社区意识才是最重要的目标。在各种街道形式中，研究人员发现尽端式道路会提高居民对邻里的归属感。

总结　本章考察了领域性行为的各个方面，包括它的含义、类型以及它在人类生活中的重要作用。领域性行为在社区、大小群体和个人的各个层次上都是人类生活的一个重要组织因素。没有领域性，人们的生活将一片混乱，我们在这里强调了领域性对人们的认同感和社会体系的安定感方面的贡献与价值。当然领域性行为也受到了各种因素包括社会的、文化的和个人的诸方面的影响。最后我们也探讨了一个非常有影响的 Newman 的可防卫空间理论和它对社区和睦与安全的意义。

在结束本章之时，我们应充分认识到社区的安全性和犯罪率的减少，只有通过设计的、管理的和社会的各方面相互协作、共同作用，才能达到此目标。居民在城市生活中的安全性是近年来环境与行为研究的热点，也是各媒体关注的焦点。对该主题的详细讨论将在“社区的安全”这一章中展开。

第三篇 评价与环境

本书有一个明显的脉络，即从心理过程到社会过程，最后到环境中的场所，其实它们之间是密切相连的，只是研究还不能把它们完全编织起来。这个部分汇聚了围绕某些具体环境类型的研究，我们主要探讨的是国内外居住环境研究中的最新进展，这些信息对建筑设计和城市规划等环境设计很有参考价值。

你或许会奇怪环境评价应该属于心理过程的，它并非完全是以场所为取向的。确实，这就是这个领域的特色，这个领域是为满足建筑师、规划师和环境政策的制定者的实际需要而形成的，它充分反映了环境心理学面向应用的特点，而且在这些方面理论又是非常薄弱。

第八章，环境评价，揭示了环境的价值。我们在这一章探讨了美学评价、满意度的评价、情感评价以及目前在建成环境的评价中普遍采取的用后评价。第九章，住宅与社区，我们试图勾画良好的、受欢迎的居住环境的主要方面及其特征。我们以居住满意度为主线介绍了在住宅和社区两个层次上影响人们对居住品质评价的主要因素，探讨了建筑设计和小区规划与居民的居住品质之间的重要关系，以及居住环境中人们的行为。本书的最后一章，详细论述了实质环境的设计、社会结构和管理对居民的安全感以及减少社区犯罪的重要意义。

第八章　环境评价

人们常常把一些颜色说成是暖色调的，譬如红色、橙色和黄色；另一些则说成是冷色调的，譬如蓝色和绿色。这种观念可能是由联想引发的，碧蓝的海水暗示冷天的低温，红色、橙色和黄色则激发了人们对太阳和火的联想，这似乎说明对这些颜色的感受基于人们的直觉。Benett 和 Rey(1972)曾试图用实验来弄清楚房间的颜色与其中使用者的舒适感之间的关系，他们把被试请进温度和湿度皆受控制的房间里，要求他们先后戴上红色、蓝色和无色的眼镜，在每一种条件下温度是系统地变化的，并要求被试估计他们的热舒适感。结果表明眼镜片的颜色并不影响估计，红色、蓝色和无色透明(clear)对于被试的热舒适感并无影响，但是在颜色和温暖之间存在着一种“理性”的关系，因为被试们断言“暖”色比其他颜色更有助于温暖感。

Acking 等人(1974,1972)也提出了相同的问题，他们请被试用一张形容词表来评估一套房间的彩色幻灯片，房间墙体的颜色是可以控制的，实验说明在这些被试看来，房间使用者的社会地位是房间内的视亮度的函数：房间愈暗愈是充满了各种装饰细节者，愈多的被试判断它是花钱的和富丽的。房间的宽敞感是随着颜色的明度之提高而增加，当墙面保持浅色时愈多的被试认为房间更开阔了。房间的宽敞感经证明还取决于两个方面，一是房间细部的颜色强度(intensity of the color)增加，二是使整个墙面的色彩饱和度降低。房间的复杂感，是由各种色调的颜色强度决定的，房间色彩饱和度大时，所获得的复杂感评级就高。至于房间的舒适感则因人而异，没有什么特定的色彩偏爱。

很显然上述几位研究人员并不仅仅是在探讨环境知觉的问题，他们感兴趣的不是人们看到了什么，而是对于所看到的事情是如何感受的。我们说一个房间是大的或明亮的，这堵墙是黄色的或粗糙的，这是一回事，而感觉到愉快的兴奋的或是安全的则完全是另一回事，尽管这些印象仅仅是那些房间、墙面或颜色所产生的。如果我们要建成一个适合于居住的环境，就必须确切地知道这个环境应该满足什么需要，这是一个从环境知觉到环境评价的过程，上述几位研究人员感兴趣的也就是我们本章所要讨论的主题即环境评价，它与环境知觉之间存在着密切的联系，在很大程度上是机能性的。

环境知觉是构成人们行动的基础，但仅仅依靠环境知觉是不够的，人们必须了解接下来的行动是好的还是坏的，它的意义和价值有多大，环境知觉和环境评价联系起来人们才能做出行动的决定。环境知觉的任务是了解环境的本来面目、性质和规律，环境评价的任务是揭示环境价值的大小、性质、变化和各种可能性。所以我们研究环境评价时，对于环境的具体特性可以在物理分析的基础上，譬如大的、静的、明亮的等等，增加心理学的概念，譬如舒适的、惹人喜爱的和私密的等等，并研究两者之间的关系。我们可以提出一系列的问题，是什么使人愉悦，是干净的街道？是打扮入时的邻居？还是路旁小贩的叫卖声？

一、环境评价

环境评价涉及人们环境感受的诸多方面，譬如描述、满意、喜爱和情绪等，它们都是在我们与环境的相互作用过程中发展出来的。有时这几个印象相互关联，如果一个城市是美好的，你很可能也认为在这个城市中感觉很愉快，然而这些环境感受又不总是形影不离的，一个场所使人们在情绪上很有刺激作用，这种刺激可能是一种恐怖的体验而不是让人舒适，因而环境评价的不同方面在概念上应有明确的区别。这意味着我们对环境评价的理解在很大程度上取决于我们采用了何种评价方式，在某种意义上我们对被试所提的问题要比被试的个人特征和环境特征还重要。

1. 描述

语言是受环境和行为影响的社会存在，人们可以用语言来描述主观感受并表达他对世界的品评，特别是一些形容词可以表达主观感受的程度，譬如人们可以用诸如“太好了”、“很好”、“一般”、“不好”、“太糟了”等词汇来表明他对环境的喜爱程度，由于这个原因多年以前心理学家就已经开始用形容词来测量情感方面的主观感受。然而环境品质的影响因素很多，研究人员在调查中也使用各种不同的形容词来考察这些因素，这往往会导致各种研究之间很难比较。另外，作为评价使用的形容词应该具有代表性并容易理解，不能含糊和模棱两可。一些环境心理学家希望发展一套综合的标准的环境描述结构，它是一个描述环境的形容词词库，当评价相似的环境时，研究人员就可以在里面挑选相似的形容词。采用这种评价结构在发现人们对于环境的特定方面做了怎样的描述时显得特别有用。

(1) 环境描述

寻找标准的环境描述结构的努力最早可以追溯到 Kasmar(1970)，她提出了一个问题，这个问题成为早期环境评价的一个经典问题，即人们的环境描述是否包括一些明确的维度、主题和要素，如果有的话，这个环境描述的概念可以发展成为一个综合的评价结构，那么这些维度是什么，是否有的维度是基本的，而有的是次要的呢。

尽管心理学家对意义的研究已经成功地揭示出三个基本的维度，即有效、活动和评价(Osgood 等人，1957)，但有意思的是没有一个研究人员满足于这三个维度，所有研究所提出的维度都超过了这三个，因而这个三维体系对勾勒环境特征来说是远远不够的。Kasmar 想开发一部字典，其中的词汇可以用来描述复杂的建筑环境，这些词汇在建筑情境中是相互关联的，而且它们不是专业上的术语，对于普通人而言它们是容易理解的。她让学生们描述他们喜欢的和不喜欢的房间，如好—坏、亮—暗等。她让人判断这些形容词对在建筑总体和建筑各个方面评定时的合适程度，然后削减它们的数目。以此方法她构成了评价建筑环境的形容词对，她在其中选择了 66 对。下面的形容词对是我们在 Kasmar 的 195 个形容词对中挑选出来的。

色彩鲜艳的—色彩暗淡的	变化多端的—没有变化的	通风良好的—通风不好的
使用方便的—使用不便的	色彩丰富的—色彩单调的	温度合适的—温度不适的
容易理解的—莫名其妙的	光线柔和的—光线刺眼的	生气勃勃的—死气沉沉的
空气新鲜的—空气污浊的		

大小适度的一不够大的　有魅力的一无魅力的　吸引人的一不吸引人的
舒适的一不舒适的　流行的一不流行的　健康的一不健康的
和谐的一不和谐的　有异味的一无异味的　有管理的一无管理的
呆板的一生动的　愉快的一消沉的　热闹的一冷清的　喜欢的一讨厌的
清洁的一肮脏的　粗糙的一细致的　优雅的一粗俗的　空旷的一占满的
昂贵的一便宜的　复杂的一单调的　现代的一传统的　满意的一不满的
独特的一平凡的　坚硬的一柔软的　温度的一冷淡的　宽敞的一局促的
亲切的一冷漠的　豪华的一简朴的　有序的一无序的　刺激的一平淡的
安静的一喧闹的　有趣的一乏味的　明亮的一昏暗的　神秘的一明了的
自然的一人工的　开放的一封闭的　整齐的一杂乱的　私人的一公共的
安全的一危险的　紧张的一轻松的　有用的一无用的　清晰的一模糊的
协调的一失衡的　夸张的一朴实的　庄严的一随便的
美的一丑的　动的一静的　热的一冷的　好的一坏的
大的一小的　新的一旧的

评价工作产生了大量的维度,有的维度出现得很频繁,有的维度只是出现在一二个研究中,尽管还没有出现一个被普遍接受的环境描述结构,而且我们认为寻找共同维度的努力如果不算是徒劳的话,至少也是在理论上经不起推敲的。但是 Cass 和 Hershberg(1973)提出的维度表还是值得重视的,在这张维度表上有些维度范围很大,反映了环境的许多特征,如美感,有些则范围很小,只反映了很少的特征。见表 8-1。*

表 8-1　　测试设计环境意义的语意量表(Hershberg & Cass)

概　念	主要量表	替选量表
1. 总体评价	好的一坏的	愉快的一讨厌的
2. 效用评价	有用的一无用的	友好的一敌意的
3. 美感评价	独特的一平淡的	有趣的一乏味的
4. 活动	积极的一消极的	复杂的一简单的
5. 空间	小巧的一宽敞的	私人的一公共的
6. 效果	简陋的一精致的	粗糙的一平滑的
7. 整洁	干净的一肮脏的	整洁的一污浊的
8. 组织	有序的一凌乱的	正式的一随便的
9. 温度	温暖的一寒冷的	热的一凉的
10. 照明	亮的一暗的	欢快的一沉闷的

次级量表可以包括:

老的一新的　昂贵的一廉价的　大的一小的
兴奋的一平静的　清楚的一模糊的　鲜艳的一柔和的
安全的一危险的　安静的一嘈杂的　闷热的一通风的

* 引自 Cass & Hershberg,1973

合适地选择形容词对可以组成语意差别量表，各种环境评价特别是在评定环境的美观程度、吸引程度及合意程度时，语意差别量表通常是最常用的方法。Kaye 和 Murray(1982)曾在一个室内空间评价的研究中使用这个方法。他请了 176 名心理系学生作为被试，实验刺激是八幅关于一个起居室不同情况的钢笔淡彩画，这八种情况分别是窗(有与无)，家具密度(高密度与低密度)和家具布置(社会向心布置与社会离心布置)。实验采用了一张有 30 个形容词的量表，它们是从作者假设的六个维度上发展出来的。数据分析得到了四个因子，第一个因子称为“社会—美感”，它包括了诸如“高兴”、“诱人”、“友善”以及“明亮”、“兴奋”、“色彩感”和“美丽”。第二个因子称为实体组织，它包括“杂乱”、“组织”、“偶然的”。第三个因子所包括的形容词有“没有吸引力”、“单调”、“死气沉沉”、“封闭的”和“沮丧”，这个因子称为情绪。第四个因子包括“大的”和“宽敞”，它被称为尺度。数据统计说明，在起居室的三种情况中，有无窗户和家具密度大大地影响了被试的评价，特别是前者明显地影响了“社会—美感”、情绪和尺度等因子。家具密度明显地影响了实体组织和尺度因子。

如果把这个研究和 Canter 的房间友善评价研究和 Gārling(1973)的调查一起考虑的话，似乎说明美学方面和社会方面的因素始终在评价中占据了主导地位，如 Canter(1969)在他的研究中所得到的特征因子包括了“明亮—昏暗”、“美丽—丑陋”和“令人感兴趣—令人乏味”，这和 Kaye 和 Murray 的第一个因子相似，Kaye 和 Murray 的第三个因子情绪也和 Canter 的友善因子很相像，实体组织因子也和 Canter 的和谐因子差不多。Gārling 的例子中，用形容词评定后所得的最重要的因子是美感/总体评价，第二个是社会地位。

事实上在采用形容词对作为量表的评价研究中，大量的案例似乎都告诉我们“环境的美学方面”是评价中最重要的。但是在我们把这个发现推广之前有一点是绝对不能忽视的，这些研究所使用的实验刺激不是钢笔淡彩画就是透视效果图，都不是真实的环境。

这些研究的结论也有某些不同，在 Kaye 和 Murray 的案例中窗户的有无很重要，但 Canter 的研究认为在被试评定房间的友善程度时，家具类型和屋顶类型要比有无窗户重要得多，这可能是由于样本不同造成的，Wools(1970)用不同的被试把实验再做一次时就发现窗户的有无就不是那么无足轻重了。

(2) 视觉环境

下面是一组我国学者所做的视觉环境评价研究，他们也采用了语意差别量表，在工作中他们通常是以所评价环境的特殊性为基础，在借用国外同类研究的量表的同时，合理删除那些在语言上、情境上、国情上不太合适的形容词对，并增加与评价密切相关的形容词对。譬如，杨公侠和周志(1988)在中国画陈列室的视觉环境研究中，对于画幅评价的量表借用了 Loe 等人在评价西方水彩画的评价量表，尽管中国画和西方水彩画受照明条件影响的很多因素已被包括在 Loe 等人的量表中了，但结合中国画欣赏中雅与俗的感觉方面，他们增加了幽雅/粗俗这一形容词对。由于光辐射对于中国画会产生严重的危害，为了保存这些艺术珍品，应尽可能地降低展品上的照度，但是给人观赏又不能让画幅和视觉环境显得昏暗或模糊不清，两位学者试图找出适合陈列中国画的最佳照明条件。

杨公侠和周志选择了石涛、倪赞、唐寅和王秋野的四幅画为代表，请了 21 名被试，其中与中国画及其陈列有关的 9 名，非专业人员 12 名，实验在一个模拟的陈列室中进行，陈列室外还有一个准备室，实验中他们变换了各种灯具组合并调节了画幅照度和空间光分布，被试在随机呈现的各种照明条件下对画幅和空间光分布各做一套评价。通过因子分析他们找到了两个因子，一个是“辨明感知”，一个是“情绪”，前者占有主导地位，在陈列室空间评价中这两个因子都有随照度增加而上升的趋势。研究找到了反射率不同的水墨画、工笔画和现代水墨画的适宜的照明条件，结合展品保护，杨公侠和周志认为在中国画的陈列室中宜采用白炽灯作为照明光源，并建议了适宜的画幅照度和空间光分布。

在对青铜器、彩陶和唐三彩陈列室的视觉环境评价研究中，杨公侠和司耘(1987)采用了相同的方法。由于立体展品的照明要求与平面展品有很大不同，所以他们把方向性照明的方位角、高度角和矢量/标量比(被定义为立体感强度)作为主要的照明变量。实验在一个能提供各种方向性照明的模拟的陈列室中进行，使用了16名被试，男女各半，专业人员与非专业人员各半。三种不同的展品采用了三个语意差别量表来测定不同照明条件下的主观感受，青铜器外表图案复杂，内壁刻有铭文且色彩变化少，所以加上了“模糊/清晰”，减去了色彩方面的量表。瓷器的高光问题复杂，因此采用了“单调乏味/活泼生动”、“脏/干净”、“吸引人/不吸引人”等量表作为高光问题的综合评价。三种展品各发现了两个因子，第一个都与外观总评价有关，第二个因子有差异，青铜器和无釉彩陶相似都是古朴感方面的，唐三彩是色彩质感方面的。通过把因子得分按照矢量/标量比、方位角和高度角分别绘制成图，他们得到了三种展品陈列的适宜照明条件。

与通常的做法不同，郝洛西(1998)在她的博士论文中试图建立一个关于视觉环境评价的双极形容词词库。她首先请了54名大学生参加问卷实验，要求他们描述他们所喜欢的两个房间和不喜欢的两个房间，然后请11个建筑系四五年级的学生在建筑师和设计师所建议的13个重要的空间方面把这些形容词对归类。在取消了意义繁多的形容词对以后，第一步的工作获得了197个形容词对。接着她对这197个形容词对进行评定，请另外42名大学生根据一般建筑空间视觉环境的准确性对每个形容词对进行评定，在197个形容词对中重复使用了23个，以考察可靠性，第二步工作保留了113个形容词对。随后她用六张具有代表性的室内环境幻灯片作为评定剩余形容词对准确程度的刺激，另外44名大学生参加了评定，这一步骤保留了66个形容词对。最后她把这66个形容词对组成的七级量表用来考察三个房间，以验证它们的稳定性。郝洛西以此方法建立了一个包括66个形容词对的视觉环境描述量表(VEDS)，她从事室内环境视觉诱目性的主观评价研究时就从VEDS中挑选了部分形容词对组成了语意差别量表。

2. 满意

对于环境评价来说，一个更为直接的考察方式就是询问人们对环境是否满意，然而满意是一个非常综合的评定，它涉及了环境的很多方面，其复杂程度有时甚至超出了研究人员可以处理的范围。城市的发展常常又是无规划的和任意的，很多时候产生的是讨厌而不是满意，尽管环境评价的原则是每一个环境因素是与所有其他因素联系起来评价的，不存在任何独立于环境其他因素的变量，但是我们不得不承认实际上绝大部分的满意度评价仅涉及环境的某些特殊方面，甚至是家具的式样、布置或者是照度问题。另外建成环境会有许多目的，其中有些是相互矛盾的，譬如一座办公楼既要安静又要邻近交通是很困难的，大楼中声环境的良好评价可能是以不良的热环境换来的。所以确切地说我们需要用一种精确的方法来了解环境各因素之间的相互作用。

(1) 满意的结构

事实上建筑师和规划师应该最能理解环境评价的这种复杂性，在环境设计时他们需要平衡各方面之间的关系，如经济的、材料的、场地的、环境的、文化的和设计的各方面之间的相互制约，建筑师和规划师必须沿着这些所有方面进行通盘考虑并做出权衡。这些必须考虑的方面就是我们所说的维度。建筑师和规划师用以权衡各种可能性的评判标准主要来自于他的职业教育和执业经验，不幸的是建筑师和设计师的权衡标准并不总是科学的和符合事实的，因而环境评价的一个重要任务就是为设计人员提供设计所必须的权衡标准和价值依据。

我们举一个由 Canter(1973)介绍的苏格兰建筑效能研究小组(BPRU)曾做过的建筑物满意的维度研究作为例子，他们考察的是教师所认为的满意与学校设计中各因素之间的关系。研究人员首先与许多对学校建筑设计很有经验的建筑师讨论，并在 BPRU 中建筑师成员的紧密配合下，拟定了建筑师在设计时通常考虑的五个方面。它们是：1)家具和设备空间的适用程度；2)供暖、照明和通风；3)教室在建筑中的相对位置；4)分心、视线和噪声；5)总体上的建筑和房间。研究人员在与教师的讨论中以及对教师的先导调查中，已经发现教室在教师心理上最具影响力，因而前四个方面针对了教室进行评价，第五个方面针对的是对教室和建筑的总体评价。

他们根据这些方面设计了一系列问卷总计有 100 多道问题，共有 500 多套问卷发给来自 30 个学校的教师，研究人员并没有按照学校来分析数据，而是考察了所有教师的反应结构。从问卷的个别分析得到了 18 个对教师有意义的并能控制的环境方面，接下来的工作就是找出这 18 个方面的维度。因子分析表明可有三个维度来解释。第一个维度可解释共同方差的 56%，具有很高的普遍意义，虽然它担负了教室满意的总量度，但也涉及供热、景观、照明和教室大小等问题，这说明在人们的反应中出现一个满意的总维度，这个维度上物理特性(如热工)和教室本身(如房间大小)的满意方面荷载都很高。

第二个维度可解释共同方差的 25%，它涉及教室的位置，即教室位置的方便程度和教室在大楼中的位置是否居于中心。这个维度令人感兴趣，它说明尽管学校的平面差异很大，但对教师的心理体验是相似的。第三个维度可解释共同方差的 19%，而且与建筑的整体的满意相关，它包括了从走廊来的分心作用、从建筑物外面来的噪声和其他教室来的分心作用等方面，这个因子可称为“分心”，它非常独特，但与建筑的满意有很密切的关系。

一旦鉴别出评价的维度之后，我们就可以判定它们彼此间的权重，因为设计人员不可能设计出各方面都达到最佳水平的建筑，从理论上说权重可以确定满意结构，通过揭示满意的不同方面的相互关系，我们就可以建立一个比较好的满意模型。

有好几种方法可用来确定满意的各方面的权重，最显而易见的做法是通过评定环境各方面的相对重要性来确定权重。譬如冯国胜和张遴伟(1995)就采用评定重要性程度来确定权重。为了弄清楚在旧城区住房改造中各住房功能指标的相对重要性，他们选择了 13 项指标，它们分别是户建筑面积、楼层层高、室内给排水管道、卫生设备、洗澡设备、厨房、煤气、隔声、隔热、采光、通风、环境(噪声和绿化等)、使用安全。他们邀请专家评定它们的重要程度，分成从极重要到暂不考虑五级。聚类分析表明其中最重要的是厨房和户建筑面积，通风和采光分列第三、第四位，煤气设备和室内给排水再其次。这个研究针对的是老上海旧城区改造，研究结果在推广于他处之前必须谨慎，但毫无疑问，如果设计之前能进行类似的调查的话，就能大大提升建成环境的质量。

不同的人对环境的评价可能不一样，设计人员和普通市民对同一幢大楼的评价可能不一样，观察者和使用者可能也不一样，Marans 和 Spreckelmeyer(1982)提供了很好的例子。他们调查的是 Ann Arbor 政府大楼。这座政府大楼在开放后不久就获得很多的荣誉，包括得到美国建筑师协会底特律分会和密西根建筑师协会的优秀设计奖。但几乎就在同时报纸报道了该建筑物所发现的问题，并说雇员不满意他们的工作场所。为了确定这些报道是否属实，他们在调查中考虑了大楼内的工作人员和大楼附近居民是如何从建筑学的方面来评定该建筑的。

对居民的调查分成两组，一组是由电话本上选样获得，共有 113 个居民接受了调查。另一组是 60 名大楼的来访者，在他们离开大楼时与其接触。研究人员向大楼内所有的工作人员都发了调查表，共有 239 个人接受了调查，除了调查表以外，数据收集工作还包括记录环境信息，如施工图，家具布置平面图，以及照度、温度和噪声的现场实测值。

超过半数的居民和三分之二的来访者对大楼是持肯定意见的，虽然有一些特征不是很令人满意，譬如大多数来访者对大楼的停车地点不满意，但重要的是这两组人中的大多数都说大楼中有一些特征是他们喜欢的，居民们喜欢广场景观和台阶，并认为大楼的总体设计和吸引人方面做得不错，来访者最喜欢的地方是总体设计和宽敞的内部空间。大楼的工作人员被要求从四个方面来评定建筑质量，它们是大楼的设计、大楼吸引人的程度、空间的动人程度和建筑质量，这四项与环境舒适程度一起可以构成建筑品质的指标。工作人员对大楼建筑质量的看法有较大差异，虽然他们对环境舒适程度和总体吸引力方面有中等程度的满意，但对建筑设计和内部空间则不太满意。尽管有的人还是为能在此工作而感到骄傲，但有的人说“如果这幢大楼赢得优秀设计奖，我就再也不愿在政府大楼里上班了”，或是“设计者不顾雇员的利益去领奖，我对此很不满意”等。

研究最重要的发现是在影响建筑质量评价的各项因素中，雇员对于所在工作部门环境的评价最为重要，对大楼保养的评价为其次。当研究人员寻根究底般的考察后他们终于弄清楚雇员对工作部门的评价中最重要的影响因素是雇员门的直接工作空间，其次是空间品质和从其他部门传来的噪声，以及别人在工作空间来回走动和本部门发出的噪声。

Marans 和 Spreckelmeyer 的调查说明尽管在每个层次的评价中都包含了美学的和物理的因素，但是在使用者心目中最重要的是其直接生活和工作的空间，其中物理的因素超过了美学的看法，而且人们对其直接工作空间的感受可以部分地代表他对整个工作空间的美学看法。这可能正是观察者和使用者之间的区别，在此案例中居民和来访者的看法和建筑师的看法差不多，但使用者的看法就相差较大。

(2) 工作环境

工作人员对其直接的工作空间的看法，是他对工作环境满意评价中最有效力的因素，这点已为大多数研究人员所接受。一个良好的工作环境可以使工作人员心情愉快，也能提高工作效率，因而很多公司和机构也舍得在这上面投资，把它既看作是为员工提供的福利，也是提高竞争能力的有效措施，但现实不那么乐观。Bosti 公司曾用六年的时间对 70 多个公私机构近 1 万名职员和经理所做的调查发现，81％的员工感到他们被排除在工作环境的设计决策之外，79％的人乐于参加这类决策，72％的人对被排除在外感到不满。鉴于这么高的不满意率，对一个进行办公室改造或是即将搬迁的公司来说，请员工参与不失为一个好主意。

工作环境也是随社会进步而发展较迅速的环境之一，景观办公室的兴起和电脑的普及大大地影响了环境的外观，但建筑工效学的某些相关调查曾说明视觉显示终端（VDT）和设计不佳的家具，在总体上与视力疲劳、头颈肩膀和后背的疼痛、紧张、疲劳以及持续的劳损等有关系，而且也降低了对办公环境与工作的满意度。

Kurk(1989)提供资料说美国为赔偿与工作有关的后背劳损的案例，每一个案例的赔偿金为6000美元，每年此方面的赔偿金总数约为60亿美元，这使得符合工效学的家具在市场上大受欢迎。这些家具的工作台能组合进键盘和显示屏，工作面的大小也可以调节，椅子也能随个人的形体而调节高度和靠背。Housh(1988)作证说投资在这些"系统式家具"(systems furniture)上将有极高的回报。在一个案例中生产率在头两个月中上升了15.4%，两个月以后又上升了13%。他引证国家职业安全与健康研究所(National Institute for Occupational Safety and Health)的统计资料，该资料表明与一般的工作空间相比，在经良好设计的工作站里工作的职员其工作绩效平均提高了24.7%。

工作空间、家具和电脑这些方面都与职员们对工作环境的满意程度有关系。Carlopio和Gardner(1992)具体调查了这些方面对满意的影响，他们向一个银行四个部门的370人分发了包含一系列量表的问卷，在回收的问卷中33%的人是在全开放的办公空间里工作，50%的人是在有遮挡的半开放办公空间中工作，在传统的封闭办公室中工作的人有34%。在这些接受调查的人中39%的的雇员报告说他们的桌子上有个人电脑(PC)，66%的雇员报告他们有某些工效学家具。研究人员发现那些有电脑的工作人员与无电脑的工作人员相比对环境的地点和设施比较满意，但尽管如此，有电脑者不太满意环境的安全和健康方面。那些使用符合人体工效学家具的工作人员对环境也较满意，而且他们较满意工作地点，所察觉到的拥挤感明显减少。与全开放（无挡板）办公室相比，在传统的封闭办公室里的工作人员拥挤感少，而且在与人沟通上有更好的私密性。因而对环境较为满意，半开放（有挡板）办公室的满意情况在两者之间。

当把办公人员分成普通职员、专业人员和管理人员三种级别来考虑时，发现普通职员主要是在全开放办公室和半开放办公室里工作，专业人员主要是在半开放办公室里工作，也有相当一部分专业人员在全开放办公室中工作，而大多数管理人员是在半开放办公室和封闭办公室里上班。调查说明经理更满意于封闭办公室，对开放和半开放办公室则不太满意。与此相反，普通职员最不满意封闭办公室，倒是对开放和半开放办公室较为喜欢，专业人员则对半开放和封闭办公室较满意。

另一方面，如果家具是符合人体工效学的话，经理和专业人员会对环境更满意，但普通职员则不是。这个研究与早先的调查一样发现，与普通职员相比，实质工作环境对经理和专业人员的工作满意评价上有更大的影响力。因而提升工作环境质量特别有助于高级职员提高工作积极性并提高工作绩效。

大量的调查发现很多环境特征影响了人们对工作空间的满意评价，譬如工作空间的大小，包括工作面的大小、储藏空间和周围办公空间的大小；封闭和私密性控制程度，譬如工作台周围有没有挡板或是可上锁的门，能否看到或听到同事门的动静；环境舒适程度，包括供热、通风和照明系统；周围环境品质，包括墙体、顶棚和地面的材料、质感和颜色，以及有无室内外沟通的窗户；当然大楼的空间组织，包括办公室的位置，同事的工作位置，空间的形状都会对工作环境的满意产生作用。

Marans 和 Yan(1989)曾对工作环境的满意问题展开过一次范围较大的国家性调查,他们所取得的预报因子中,最重要的是工作环境的空间评价,其次是照明品质和家具质量、安静和嘈杂、谈话私密性和视觉私密性分列第四、五、六位,而且无论是封闭办公室还是开放办公室,这些预报因子都一样,只是后几项的排序略有差异。现在满意的评价和使用者调查普遍采取用后评价的方式,用后评价可以评定从自然环境到建成环境的范围广泛的环境质量,这些将在本章的稍后部分予以讨论。

3. 喜爱

当询问别人的场所感受时,他们经常作这样的回答,“它很不错,我很喜欢那个地方”或是“一般,没什么让我感兴趣的”、“它太糟糕了,比别的地方差远了”。我们说评价包括这样一些概念,如品质、价值、爱好以及等级次序等。在对场所的品质、价值进行判断时,人们会有意无意地在场所之间进行比较,这种标准是由经验中的评价构成的,而且这种把一个环境与另一个环境的比较是含蓄的,但是对喜爱(preference)和等级次序进行判断时,这种环境之间的比较则是明确的。我们问学生是否喜欢这个教室,在做此判断时他会把它与所到过的其他教室一一进行比较,就像我们问是否喜欢上海博物馆,他会把上海博物馆与故宫博物院或是江苏省博物馆相比较一样。因而环境评价的一个重要特征就是比较性。

(1) 空间特色

是否存在一些环境是大多数人所喜欢的而有的环境人们就不太喜欢呢?有的研究已经说明典型的自然景观要比典型的城市景观和市郊景观更漂亮,也产生更积极的心理效果。曾有人认为在室外,城市环境中空间的闭合感是喜爱度的重要影响因素,空间的闭合感越强,人们越有可能喜欢它。瑞典国家建筑研究所的 Brodin(1973)检验了这个假设,她挑选了分别代表城市中心、市郊和别墅(villa)三种地方特色的一些钢笔线描透视图,这些透视图中除了反映空间品质以外,既没有车、人,也没有植物,更没有颜色、质感,Brodin 解释说这样做可以消除这些中型的“无关的”元素所带来的影响。

她首先请建筑师在一个七点量表上为挑选的透视图给予闭合感评定,因为她认为闭合是建筑师用来创造实质环境的一种手法,所以闭合感也是建筑环境的一种使公众满意的视觉品质。然后她请来自城市中心、市郊和别墅环境的 270 名被试在一张包括 29 个形容词对的量表上评定这些透视图的视觉品质。故这个研究实际上探讨的是公众如何看待建筑师所认为的闭合感。

实验的结果出人意料,对于人们喜欢闭合感强的空间这个假设,只有在别墅环境中才成立,在市郊环境中只能说存在这个趋势但在统计上不显著,而在城市中心,闭合感越强的环境人们越不喜欢。另外大多数被试喜欢别墅环境的特色,最不喜欢城市中心环境的景象。从后者来说,住在城市中心的人比其他人较乐观些。对于这个结果 Brodin 有些失望,她认为空间的开放程度不是影响喜爱度的唯一空间因素,而且它也是和其他空间因素共同起作用的,后来的研究证明她可能是对的。在城市环境中人们并不喜欢闭合性强的空间。

我们可以从多个方面来区分空间,如开放和闭合,宽敞和局促,无组织和有组织,限定的和无限定的,多功能的和单功能的等。认知心理学家 Kaplan(1979)建议根据人们喜爱程度的评定可以把环境分成四个类别,首先是宽敞一有组织型空间(spacious-structured),在这种空间中通常包含树、植物、边界和地标等元素,而且这些元素在空间中合理地安排,使人们能在深度上认知组织这些元素。与之相反，开放—无限定型空间(open-undefined)通常是无景深的、开放的和缺乏空间限定的。闭合型空间(enclosed)常常是一个掩蔽的(screened)或是人们可以躲藏的保护区域。视线—阻隔型空间(blocked-views)指的是在观察者附近有阻隔视线的东西而使视线不能穿越。在这个环境分类中两个关键的空间变量是开放和限定，它们不仅区分了空间也影响了喜爱度。人们最喜欢宽敞-有组织型空间，不喜欢开放-无定型空间和视线—阻隔型空间。某些闭合型空间人们是喜欢的，有些太局促的闭合型空间人们就不喜欢。十年以后这个理论没有多大变化，只是闭合型空间从这个体系中被去掉了。

Herzog(1992)在一个调查中检验了这个假说。他请了300多名大学生被试让他们对70幅幻灯片在一系列的量表上予以评定，其中包括一个喜爱度量表。他用最小空间分析(SSA)来作为环境分类的数据统计工具。在最小空间图上确实发现了四种空间的集中趋势，而且在喜爱度评定中只有宽敞-有组织型空间得到了好评，其他三种空间都是人们所不太喜欢的。

环境特征是影响喜爱度的重要因素。但好象对那些不太精彩或没有吸引力的景观而言，实质元素和视觉喜爱之间的关系就不明显了，因而我们还需要继续发现哪些线索导致观察者喜欢某个景观或不喜欢某个景观。一般而言人们总是喜欢容易理解的环境，如Kaye和Murray(1982)说明有窗户的房间要比无窗户的房间更有吸引力。Nasar(1983)对于居住环境调查后报告说人们喜欢装饰华丽的、清洁的、开放的且用途单一的建筑景观。他还发现方形的房间要比三角形的房间更受人喜欢。有些调查也发现电线、电线杆、标志、广告牌、汽车、涂鸦以及被高密度使用的工厂等人工构成物时常让人讨厌，而树木、花草、水面等自然的东西总是令人喜欢。

其他影响喜爱度的实质环境特征要抽象一些，在这些不太明显的特征中，秩序和复杂性是较受人瞩目的。秩序指的是环境中元素的协调组织程度，秩序感可以提高辨识性、清晰感和一致性，特别是在对城市道路景观和居住区景观的评价中，人们往往喜欢秩序性强的风景。而复杂性与秩序正好相反，它指的是环境各元素之间的对比。复杂性与喜爱度之间的关系是随环境的不同而不同，有的研究说复杂性和喜爱度之间是一个线性关系。但在这些研究中难以控制复杂性场景中的无关因素，如电线、电线杆、标志，一些采用反映自然环境特色的幻灯片复杂性也不够，其他的一些控制变量如人们使用的强度等，由于没有控制也会使结果产生偏差。复杂性和喜爱度两者之间可能还是一个反向的U形关系，即随着复杂性的增加喜爱度将提高，但复杂性增加到某个阶段喜爱度会达到一个最高水平，然后喜爱度随着复杂性的增加而减弱。

各种城市景观中可能算商业景观为最复杂了，城市商业常产生视觉超载现象，引起超载的主要因素是标识图像的多重复杂性。尽管标识能引起路人的高度注意，但观察者只能以简单的方式来理解。

Nasar(1984)曾利用一个商业区的模型研究了标识的复杂性和一致性以及它们与喜爱度之间的关系。他拍了9张不同标识景观的彩色照片，并区分了三种复杂水平(不复杂、中等复杂和非常复杂)和三种对比水平(无对比、中等对比和最大对比)，模型模拟了建筑、人行道、铺地、街头家具、汽车、动物、人、和街道轮廓线。这些与景观和标识的其他特点保持恒定，于是每个景观仅仅是标识景观的复杂性和对比有所不同。他访问了92个人，让他们看这9个场景，请他们根据自己的感觉选择最想访问、购物和逗留的地方并对场景排序。结果说明大多数人选择了中等程度复杂的标识景观和最一致的标识景观。

总的说来，环境复杂性和秩序与喜爱度之间的关系非常微妙，复杂性增加提高了人们的唤醒程度，因而提高了人们对环境的兴趣，秩序感的提高减弱了人们对环境的兴趣却提高了喜爱度，所以只有中等程度的复杂性和较高的秩序感才能获得较高的喜爱度。

(2) 老房子、新房子和自然

城市的空间总是不断变化不断填入新的内容。有些本来是边缘的地方可能变成了一个中心，本来是中心的地方现在变成了边缘，本来是一些新的房子现在变成了老房子，作为城市发展目击者的我们总是发觉这儿有点什么被拆去了，那儿又有点什么建起来了。如果一个设计方案存在两种可能性，其一是保留老房子并对它改造；其二是推倒再建新的，除了是国家和当地政府规定的保护建筑以外，大多数建筑师会选择后者。这就是老房子的命运。这也丝毫不奇怪，老房子在结构和使用上的缺陷以及改建设计的取费过低等都是推倒重来的理由。但有的时候明明是适用的老房子也难逃被拆除的命运。

在城市环境中建筑房龄的长短会对喜爱度有强烈的影响。很多人都喜欢老房子，老房子所具有的独特感、神秘感和历史感深深地俘获了它的观众，老房子所具有的丰富的视觉特征也是大多数现代建筑所没有的，复杂的线条、丰富的图案、浓重的颜色和变幻的空间，或秀美壮丽，或素朴典雅。但是有的调查说人们并不喜欢老房子，它和喜爱度之间是负面的相关关系，这是怎么回事呢？

Frewald(1989)在她的博士论文里回顾了八个研究案例，其中的六个说明人们喜欢较古老的环境，余下的两个里，一个说老房子是人们最不喜欢的环境类型，另一个则说老房子的喜爱度是中等，既不是特别喜欢也不是特别讨厌。Frewald 断言有的研究为什么会发现人们喜欢现代建筑而不喜欢老房子，是因为被调查的老房子的物质状况比较糟糕，因而如果老房子能得到保养的话人们就会喜欢它。她仔细挑选了保养情况差不多的 52 幢新旧房子来评价它们的喜爱度，她发现尽管这些房子的建筑特征有很大差异，但在此情形下人们确实喜欢老房子而不是现代建筑。实际上一些居住环境评价的调查也已经说明房屋的维护与环境的喜爱与否有很大关系。

上述 Herzog 的调查曾说明老房子也影响了喜爱度，但它的影响是负面的，其原因可能就是由于没有考虑建筑维护。Herzog(1996)请了 453 名大学生作为被试重新检测了二者的关系。实验刺激是 60 张城市建筑的幻灯片。实验变量除了房龄、维护和喜爱度以外，还增加了自然元素。早先的一些理论家以及后来的调查都说明城市环境中的自然元素如草地、树木、鲜花等使环境生辉，因而提高人们对环境的喜爱程度。这个结果说明，如果不考虑建筑维护的话，人们喜欢新房子，但如果把维护变量控制起来的话，人们就喜欢老房子，换句话说在相同的保养情况下人们还是喜欢老房子。这强调了维修和保护老房子的现实意义，老房子能提高视觉环境的品质，而且它丰富的视觉特征也很难替代。与此相似，尽管说自然元素能提高环境的品质，但无人护理的树木和花草不会让人愉悦，与其提供一个杂草丛生的背景，还不如没有它们。

维护无论是对建筑还是树木花草都是重要的。一些调查说，高山、树木、花草、植被和水面被认为是人们喜欢的自然元素，可能多姿多彩的水是其中最具感染力的，大面积的水面、水的倒影，流水和被树木植被包围的水面可以大大提高环境品质。而岩石、沙漠等硬质自然是人们所不太喜欢的。城市街道如果能种上大树的话，视觉品质也会大大提升，联想到在上海淮海路改建时，竟然会把有几十年树龄并作为淮海路街道景观象征的法国梧桐连根拔掉，更美其名曰“为商业空间让路”。殊不知在城市的“文化、现代、商业、娱乐和校园”五类景观中（Herzog 和 Kaplan，1976），人们最不喜欢的可能就是商业景观了。后来又不得不在淮海路上重新栽树，经济损失就不去谈了，但是当年人们在淮海路树影婆娑下流连的快事，近年内是很难找到了。

(3) 熟悉和文化

无论一个人是喜欢还是不喜欢某一环境，评价既取决于实质环境特征也取决于个人特征。Sonnenfield(1969)所做的探索性调查是针对个人因素的，实验采用了一组反映阿拉斯加和德拉瓦风景的幻灯片，他发现观察者的喜爱度强烈地受到个人因素的影响，如年龄、性别和文化。年轻人喜欢奇特、浪漫的风景，妇女喜欢有很多植物和暖调子的风景。德拉瓦人更喜欢德拉瓦的风景，阿拉斯加人更喜欢阿拉斯加的风景。Canter 和 Thorne 曾给苏格兰人和澳大利亚人看一些苏格兰的住宅景观，结果发现澳大利亚人更喜欢其他国家的风景。

文化的影响颇令人费解，三种可能性都有据可查。Kwok(1979)调查了新加坡的华人学生和伦敦的中产阶级专业人士，研究使用了 Küller 的语意差别量表，他发现二者对建筑和景观的评价与 Küller 对瑞典学生调查所获因子一样，这说明不同文化之间在喜爱评价方面是相似的。而 Kaplan 和 Herbert(1987)在对澳大利亚人和美国人的喜爱度评定中则发现二者有惊人的相似，也有某些令人意外的分歧。

第三种情况是不同文化背景的人在环境喜爱方面有很大不同，譬如 Nasar(1984)的调查说日本学生喜欢美国的街道景观，美国学生却喜欢日本的街道景观。Yang 和 Brown (1992)的报告中还有一个跨文化调查案例，他们选择了代表日本式、韩国式和西式的 40 张黑白园林幻灯片作为实验刺激，作者之所以选用黑白幻灯片是为了消除色彩的影响。他们请了汉城居民、汉城大学的景园建筑学学生和非景园建筑学学生，以及在汉城的西方旅游者作为被试，用 Likert 量表评定幻灯片的熟悉感和喜爱度。结果说明如果不考虑文化差别的话，韩国人和西方旅游者都最喜欢日本式园林，如果把文化因素考虑在内，则韩国人更喜欢西式园林而西方旅游者更喜欢韩国园林。

该如何解释上述的分歧呢？可以说肯定存在其他未为实验控制的影响因素，尽管不同的个性导致人们喜欢不同的环境，而且不同的个性确实影响了环境的喜爱，但这不足以解释文化的差异，更糟糕的是各个调查报告所反映的个体差异和环境喜爱之间的关系相差甚远。社会文化因素的作用现在看来是场所知觉和评价的关键变量，但这些方面的报告很少，还需要更多的调查和研究。

还有就是两个方法论上的难题，大量喜爱度调查采用了幻灯片作为实验刺激，结果是一方面我们必须用实验室研究作为基础，然而感知和评价的应该是情境的全部，人们在现场中的情境因素如心情、态度、意义和新奇感经证明会影响评价结果，但它们很难在幻灯片研究中考虑到。另一方面我们对语意和行为之间的差别也不是很清楚。

(4) 环境需要

上述分歧我们如果把它引伸开来的话就变成一个大题目了，个人对环境有什么需要，这些需要是否普遍，或是只是某一类人的需要，这些心理需要的性质是什么，它们是否超出如屋顶、温暖和安全等最基本的需要。环境心理学的研究领域很少涉及这类问题，然而在职业心理学中类似的研究已经持续了几十年，提供了一张不同需要的等级表，在这张等级表上我们可以看到某些社会集团会提出特殊等级的需要，它反映了他们文化上的爱好、职业经历和个人的处境。

人们对环境的需要也是建筑师和规划师经常提出的一个问题，人们在环境中期待什么呢？喜爱可以看作是一个“社会—美感”方面的评价，满意更多的是一个综合全面的判断。不愿意住在城市中或住在市郊的人们(如果他能自由选择的话)的环境需要将包括：生活更安静一些，与自然更亲近一些，与邻居更远一些，住房更宽敞一些。住在城市中的人们的环境需要可能是：生活更舒适一些，社交更活跃一些，与工作单位更近一些，与朋友的联系更方便一些，信息也更灵通一些。一个全面的选择是几种需要共同的结果，人们不得不在多种需要之间权衡各种好处和代价。

了解人们的环境需要必须依靠综合的调查而不仅是特定问题的专访。Levy-Leboyer (1982)报告了一个调查，她要求一个公寓街区的未来居民和其他多户住宅中的居民对他们的环境需要发表意见，绝大部分的老年人说喜欢在户外的某一地方坐坐，但要遮阳和避风，所以建筑师就采取了措施，每套公寓提供了一个阳台，然而住户们很不满意，他们不用这些阳台并抱怨减少了公寓的面积。他们事实上要求有一个共用的地方可以坐坐彼此聊天，而不是一个人坐在里面的专用空间。这本质上是一个社会需要。

如果我们能了解人们有哪些环境需要并知道环境能满足哪些需要的话，我们就能了解个人的行为并预测个人的反应。Levy-Leboyer(1982)的报告中还有一个调查，这是在1500个17岁到24岁的法国青年中展开的，她用因子分析法分析了100多道问题，得到了好几个可鉴别的和独立的需要。第一个涉及安全，它包括了人身的安全和对家庭的根的需要，它产生了一种稳固的社会基础的感觉。第二个与环境评价的方式有关，即在环境的固有价值(如宁静、美、完整、和谐等)中获得它的价值是重要的。接下来是功能方面，如接近工作单位，交通方便和容易展开业务等。这里环境的重要性是划分两类人的依据：那些认为环境不如就业前途、工作成功可能性和工资级别重要的人，与那些认为环境作为表征社会地位而言是重要的人。

然后是社会需要，它包含了三种不同的目标：注意整体化(integration)，譬如或服从(conformity)或自由选择一个人的社会关系的可能性；较多或较少的依赖于社会和它的服务；以及社会生活的重要性，不论是基于家庭内部还是基于家庭之外。最后是参与活动的需要，也就是说希望主动地为环境的规划做出贡献，这可以用个人空间或公共规划来表示。

Carp和Zadawaski(1976)报告了另一个研究，他们调查了2541名18岁以上的各类人士，这些人尽管很不相同，但兴趣比较集中(全都关心一种新的道路系统)。数据分析揭示了20个因子，它们又被作者重新组成了六种基本需要：安静和无噪声、环境的美感、邻里关系、安全、流动性和防止讨厌事情的一般保护。我们比较这两个调查以后可以发现，某些需要会随着年龄而消失，有些需要会一致地存在。

(5) 理解和参与

人们在场所中的目标与环境需要密切相关，人们总是喜欢那些能满足需要并有助于完成基本目标的场所，譬如安全的、容易寻求保护的或是食物充盈、气温宜人的。Levy-Leboyer的研究是希望要找出一个一般的需要体系，这些需要对每个人来说都是强烈的，不论他的年龄、性别、职业、社会经济地位或所负的责任如何。S. Kaplan和R. Kaplan (1982)的说法则超出了基本需要的范畴，他们相信人们与环境的相互作用要比环境的内容更重要，并提出了一个著名的喜爱度模型。

S. Kaplan 和 R. Kaplan 认为人们在环境中有着强烈的能理解(make sense)和参与(involving)的愿望，人们理解场所的一个结果就是建立和使用认知地图，人们喜欢某些风景和建筑景观是因为“这些地方提供了参与和存在意义的保证”，所以这个理论带有很明显的Gibson(1979)供给论的影响。S. Kaplan 和 R. Kaplan 说，环境喜爱是由两个认知过程调和的：理解和探索。理解指的是在环境中寻求和领悟意义，探索指的是环境使人兴奋，人们被额外的信息源吸引，这两个过程都作用于喜爱度。这个模型可以解释一些作者建议的环境变量，如 Lynch 的一致、神秘和清晰以及 Nasar 的复杂。见表 8-2。

表 8-2　　环境喜爱度框架

信息的有效性(availability)	理　解	参　与
现时的或立即的	一　致	复　杂
将来的或有保证的	清　晰	神　秘

S. Kaplan & R. Kaplan(1982)

一致性的景观使观察者能立即组织景观中的各个元素，是直接能理解的景观。复杂的景观提供了大量的信息来维持观察者对环境的兴趣，这种直接环境的丰富与变化导致观察者的直接参与。清晰的景观可以使观察者在环境中不会迷失或迷向，它保证观察者在一段时间内会理解环境的。神秘的景观告诉观察者如果能进一步深入环境就能得到更多的东西，它保证了这种参与在将来可能会得到惊喜。

这个理论能部分地解释熟悉在喜爱度上的作用。一旦成功地理解了一个场景，我们便熟悉它，高度的熟悉感有时降低了参与的意识，于是理解和参与有时侯导致环境喜爱趋于相反的方向。如果环境对我们而言是陌生的，环境喜爱度依赖于我们的对环境的理解，但这时参与是低水平的。然后存在一个中心点，我们对环境的理解相当丰富，使得我们可以参与进来。最后我们对环境意义的理解足够丰富了，我们不再保持高水平的喜爱度了。在多数情况下随着熟悉程度的提高，人们在环境中的价值将依附于环境中的特定意象，而有的环境，可能只占少数，我们对它的好奇心会越来越强烈，参与将永远持续下去，我们对环境的喜爱也不会减弱。

用一致、复杂、清晰和神秘来预测喜爱度不是一件容易的事，一个环境过于清晰很可能降低了神秘，环境一目了然便减少了趣味，而寻找一致和复杂高度统一的环境又很困难，如果复杂性增强了，而景观的组织性又可能降低了。但这个模型很有吸引力，它告诉我们一个喜欢的环境至少包括三个内容：首先，环境必须对生活在里面的人有意义；其次它必须提供新奇、挑战和不确定性，因而当界限被打破了，未知的变成已知的，人们依然会探索并控制新的部分；第三，环境必须允许选择和行动的自由，环境必须提供变化但不强加。

这个综合的认知理论来源于经验，而且首先是在自然环境的研究中发展出来的，把它应用在城市环境中是否合适尚需要检测。尽管其中的大多数元素如复杂和一致很多研究人员都曾经考证并支持它们，但神秘很可能难于成立。在城市环境中神秘的环境往往导致不安全，而安全是城市环境最重要的目标之一。

4. 景观评价

美像泡沫，难以分析，稍纵易逝——Lynch，1976

喜爱度评价通常探讨的是环境中的美感和视觉品质，它可以为建筑师、规划师和景观建筑师做很多工作。藉着它，在城市以外我们可以探讨以自然风貌为主的国家公园的视觉品质，或是旷野的宜人程度，以及一个高速公路的地景，在城市内部我们可以分析一个城市设计方案对城市环境的影响，也可以检讨一个高层住宅设计对社区外观的冲击等等，由于它可以检测那些还未建成的尚在图纸阶段的设计对视觉环境的影响，所以它具有极大的潜力。

很明显，视觉外观可以增进使用者的满意度，提高资产的价值，居住环境评价的一些研究资料已经指出社区的外观可以和其他设计方案一样转化为经济效益。如果一个区域、一个城市、一个社区以及一幢商业建筑有良好的视觉质量的话，则既可以提高当地的环境品质，提升居民的信心，也会促进当地的经济发展和土地经营。

以前视觉景观的评价工作都是由建筑师、城市规划师以及景观建筑师处理的，根据传统的看法，设计是由艺术家来做的，这些人有艺术的天赋并经过良好的培训，他们对视觉设计更专业，对美也更敏感，因而设计方案基本上体现了这些艺术家的审美经验。对于大众的批评他们往往嗤之以鼻，认为这是典型的不理解前卫艺术的表现，并讥讽那些要求视觉品质评价的人，认为他们庸俗不堪。因而传统的设计与视觉品质的喜爱度评价是有抵触的。但是随着研究事业的深入，环境设计界已经对这种固步自封的态度有所警觉，并对公众参与持欢迎的姿态。

我们大致可以将视觉品质的评价分为两种，即以专家评价为主的，认为美既存于景观之中的形式美学模式，和以检测公众的知觉与认知为主，应用社会科学方法的喜爱度模式。

(1) 专家法

无论是专家评价也好还是喜爱度评价也好，都可以找到同一个人，他就是 Lynch。他是强调现场公众的认知与实质环境设计之间相互促进的代表人物。Lynch 的五种认知地图构成要素：路径、边界、节点、区域和地标，实际上是一种图形符号系统，这些元素是城市环境设计与社区规划的基本单元，于是藉着探讨公众的意象，Lynch 把专家法又推进了一个层次。

1961 年 Gullen 的《城镇景观》(Townscape)一书发行以后，很快获得建筑师和规划人员的认同。他的主要贡献是在城市景观分析的概念与方法上，他以图解方式分析城市景观，他指出城市设计的概念就是一种程序、一种产物。令人印象深刻的是该书以简单的文字准确地表达了城市所包含的结构、颜色、质感、尺度、形式、特征、个性和独特性。

Appleyard，Lynch 和 Myer(1964)年在《道路上的景色》(*The View From the Road*)一书中建立了动态知觉评价的基础框架，他们认为城市环境中的公众都是处在运动中，不论是步行的或是坐车的、来或去，对这些变幻的景致、延伸的视野、时时改变的意象复杂性的了解，是城市设计评价重要的课题。在运动过程中包含了事件、视觉、知觉、判读解释的连续性，因而须对现存的情境、事物的内容、环境以及可能变更的计划以特殊的绘图及概念系统加以分析。见图 8-1。

所以对城市设计评价来说，重要的是形成一套景观分析的方法，发展一套可以作为结构

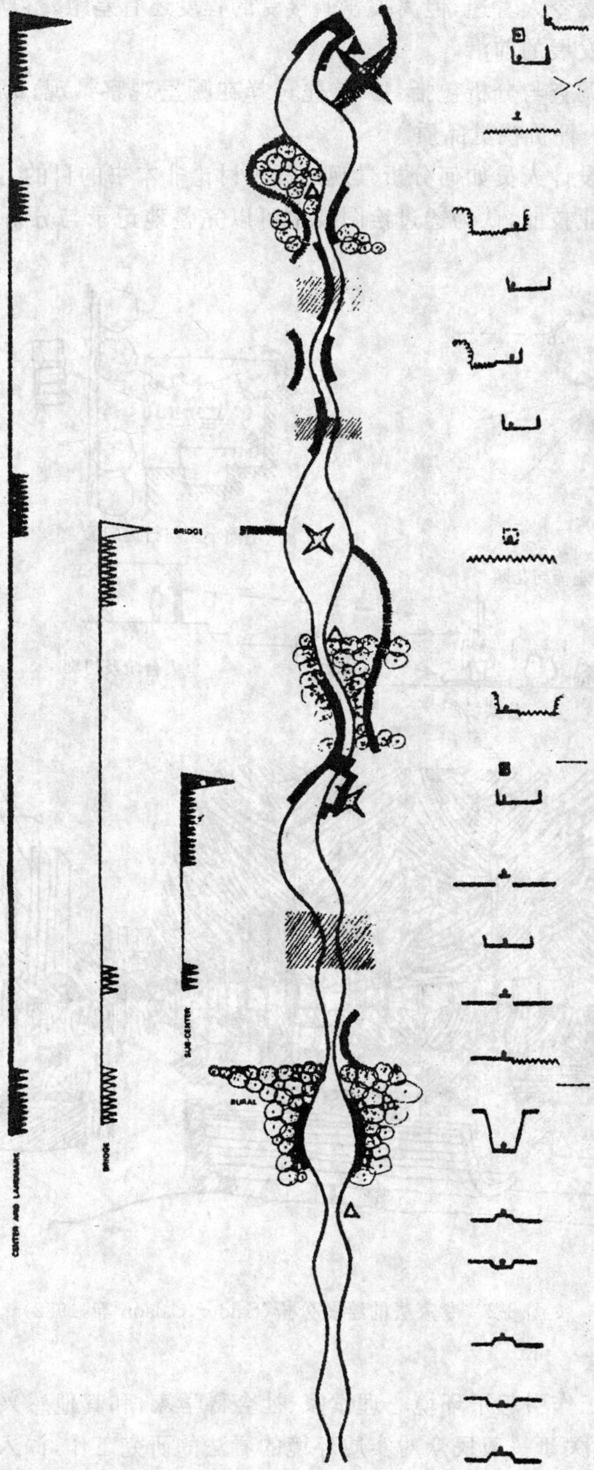

图 8-1　连续性的概念(Appleyard,Lynch 和 Myer,1964)

性分析的基本语汇,这个程序可以修改、改进或是详细描述,它是可以应用在任何城市设计计划之上。可是城市显然要比单幢的建筑物或是一个特别的景观复杂得多,一个标准的城市景观分析方法虽然令人着迷，但离被普遍接受的程度还有差距。很明显，该领域的研究工作已经站在了学科发展的前沿。

专家法的视觉调查与分析包括：1）首先选择在哪里观察景观；2）视觉景观的描述；3）视觉环境的展示；4）评价视觉品质。

可惜关于环境设计人员如何分析景观的详细讨论非本书的目的，无论如何，在总体上专家法坚信自已的专业技能，认为透过绘图技术可以完整地记录与分析视觉要素的关系。见图 8-2。

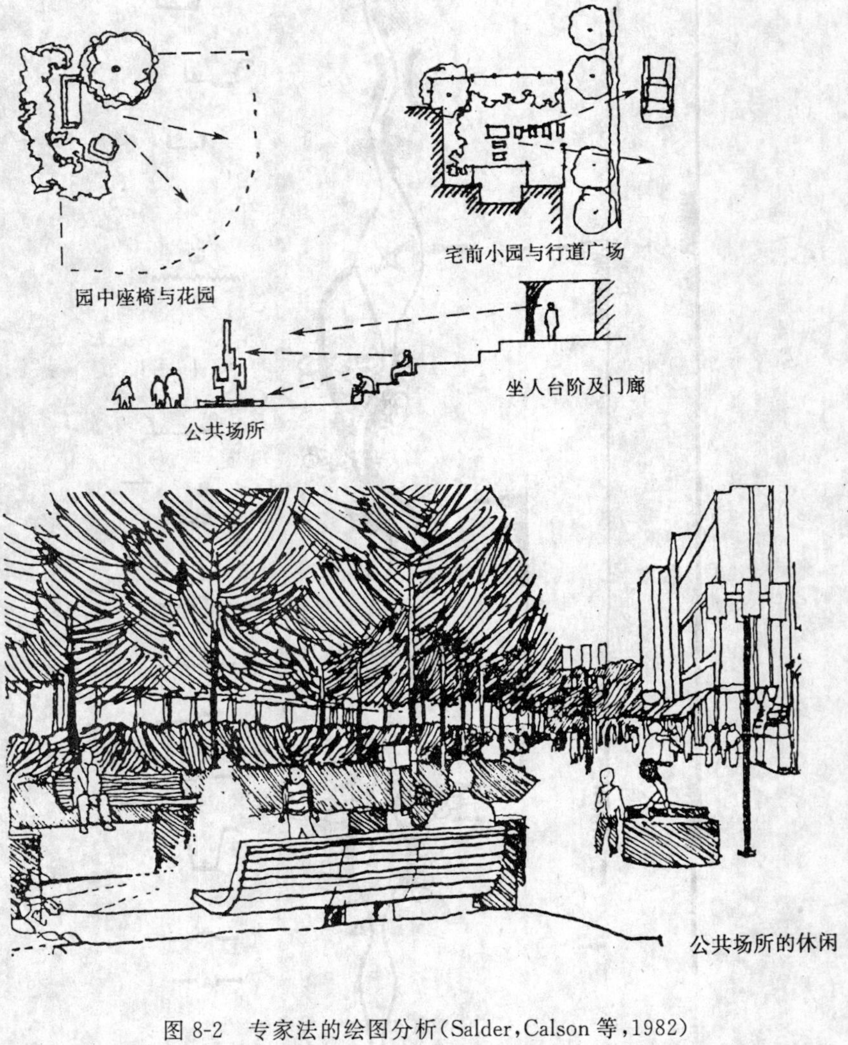

图 8-2　专家法的绘图分析(Salder，Calson 等，1982)

(2) 社会科学法

Lynch 的研究工作引起了环境心理学家、社会科学家，和其他感兴趣的环境设计人员的兴趣，他们继续开拓关于一般民众对实质环境的看法的研究工作，深入了解人与实质环境关于美感的复杂关系。对于美观知觉的研究我们很自然地想到了 Brunswik 的理论，但是他的模型只具有一般的指导意义。

一个标准的景观研究的方法至少要考虑四个方面，即观察者、环境展示、研究目的和测量工具。

首先是研究目的,社会科学法可以帮助我们:1) 揭示环境品质的属性或因素,所以它可以分析环境的意象和环境的意义;2) 揭示环境的价值,可对环境做比较、评判和排序等,所以可以分析人们对环境的喜爱与满意程度;3) 对环境中的变化做预测。

不同的目的导致研究工作中挑选不同的观察者、环境和测试工具。对观察者来说,环境评价存在着个人与群体的差异,所以在大部分的工作中都是要确定这些观察者是否有代表性。

景观评价也可以检测人们对建成环境的反应。不过,大多数工作探讨的都是还在图纸阶段未建成的环境,所以重要的是环境展示。我们可以选择:1) 现场勘测;2) 建筑的平面、立面和剖面展示。前者是最准确的,但比较昂贵,主要用在建筑环境的评价上。后者对一般公众而言是太专业了一点,我们也可以选择;3) 系列的照片、幻灯片和录像带;4) 模型。这两种模拟法比较适当,特别是在目前 3D 模型和虚拟现实技术可以模拟包括高速公路上的连续景观等一系列复杂的环境。

测量方法就是测试观察者反应的量化方法,对美感这种无法用物理定义的品质,主要用问卷来测试人们对环境的喜爱程度,以判定环境的美感。常用的量化方法有配对比较、分类、排序和等级测量等。这些方法依赖语意,但是我们也可以用态度量表测量。

通过实验、案例研究和准实验研究等,环境美学有了很大的发展。譬如,Schroedor 和 Daniel(1980)测量森林景观,他们发现大树、大面积的地被植物及灌木、小量乔木与小树的组合,有较高的美感。Buhyff 和 Wellman(1980)从照片测量景观特征,并发展出如下的预测模式:

景观喜爱度＝

10.83	(凸出的山形)
−0.59	(凸出的山形)^2
1.57	(远处的森林)
−8.60	(中景中闹虫害的树木)
0.97	(平坦的地形)

这些数字指的是这些项目对景观喜爱度的贡献程度。虽然凸出的山形、远处的森林与对景观喜爱是正相关,凸出的山形有近 11 倍的值,是相当重要的预测因子。但在这个回归方程中,凸出的山形与景观喜爱呈倒 U 形的关系。也就是说对凸出山形的喜爱上升到某一点以后,如果照片上有太多的凸出山形(方程式中的 2 次因子),则反而它就降低了环境中的美感。

一般来说,自然景观中的树木、天空和水体等自然要素的面积、类型与位置(中心与边缘、附近与远处等)对于环境的喜爱度都有影响,而且在不考虑个体差异的情况下,这些实质要素能构成美感方面的差异。Hull 和 Buhyoff(1983)探索了距离在美感判断中的作用。在他们所呈现的图片中间有一座小桥,他们发现景观美丽的程度随着背景中桥的距离的变化而变化,但这种变化不是线形的,桥略近一点或是远一点,美丽程度便会提高。当桥在中间距离时,景致的美丽程度就下降了。

在另一项研究中,研究人员也证明植物在景观中的位置也是美感的重要的预报因素(Patsfall 等,1984)。他们请心理学学生评价几十张在一条州际公路上拍摄的风景照片的美感,在第一个实验中他们饶有兴趣地发现,位于中心的中景植物和位于中心的远景植物对美感的判断最重要，而且前景中的植物对美感也有影响，前景中左边有植物时美感会降低，而前景中右边有植物美感会提高。研究人员接着做了另一个实验来判断这种“左右效应”，他们把原先在左边植物换到了右边，而把右边的换到了左边。结果发现这回是前景中左边的植物提高了美感，而右边的降低了美感。他们总结说观察者对前景中的内容及其布局非常敏感，并没有存在左右效应。

这些关于环境美感的实验已经说明下面几点在审美中的重要作用：1）景色中不同元素的比例；2）距离；3）景色中这些元素的位置。

案例研究能帮助我们探讨一些更为具体的问题，案例研究强调了基地的独特性，它适合应用在景观设计、城市设计、小区规划和建筑单体的方案阶段上，特别是有两个或多个方案相执不下时，喜爱度评价可以帮助确定其中哪一个更为优秀。在城市中做景观评价需考虑更多的因素，譬如声音、阴影、日光、灯光、风和空气品质等等。案例研究中应重视观察者的选择，由于方案可能牵涉某些人的切身利益，所以一定要选择有代表性的观察者。

专家法和社会科学法在评价环境时各有优缺点，前者切中要害但不一定正确，后者精确有余，却不一定切中要害，所以应把两者结合起来，取长补短。某些可以直接描述的实质因素应该由专家来评价。我们应该认识到现有的一些美学概念并不适合于当代人的审美观点，但是现代的环境美学却未能发展成为设计的基础，这是一些环境设计师抱着虚无主义的态度的原因之一。

5. 情绪

对环境的实质或是客观方面做出了价值判断的同时，这种判断本身也会引起我们情绪上的变化，譬如觉得愉快、兴奋、激动，或是不安、沮丧和恐惧。我们说环境评价是人们对环境信息的价值的估计，评价环境是好的还是坏的，也就是说它是值得接近还是回避，因而评价是赋予环境以意义的结构，有些心理学家认为评价是情绪产生的根本条件，在我们看来情绪是我们对环境的一种反应，它既是评价的结果，也是一个中间变量，作为环境评价的情绪很可能不是情绪的全部，而且建筑环境所引起的情绪不是强烈的、直接的而是持续的、累积的。

一个人评价某一环境是好的、满意的、美的、喜欢的，那么他也可能感到愉快，在某种程度上品质的评价、喜爱的判断和积极的感觉之间是相互叠搭的，但是情绪的生理、行为和认知方面与美观、满意的判断所引起的东西完全是两回事，有必要把环境引起的情绪从描述、满意、喜爱诸方面独立出来。

(1) 情感评价

情感(affective)评价指的是个体对在环境中产生的情绪品质的判断，一个环境是舒适的还是烦人的，是欢快的还是忧郁的，是兴奋的还是沉闷的，这些环境所引起的情绪都属于环境的情感评价。尽管情绪是心理学研究的重要内容，早在19世纪著名的实验心理学家Wundt就提出了情绪评价的三维体系：愉快—不愉快，兴奋—平静，紧张—松弛。不过环境心理学很少涉及这个方面，只有Russell等少数人一直从事这方面的工作。他和Pratt(1980)提出的情感评价模型包括两种基本的情绪：愉快和唤醒，这两种基本的情绪在模型中形成了一个圆环，愉快和唤醒分别是圆环上的横轴和纵轴，他们相信环境的情感评价可以对应圆环上的一个位置。见图8-3。

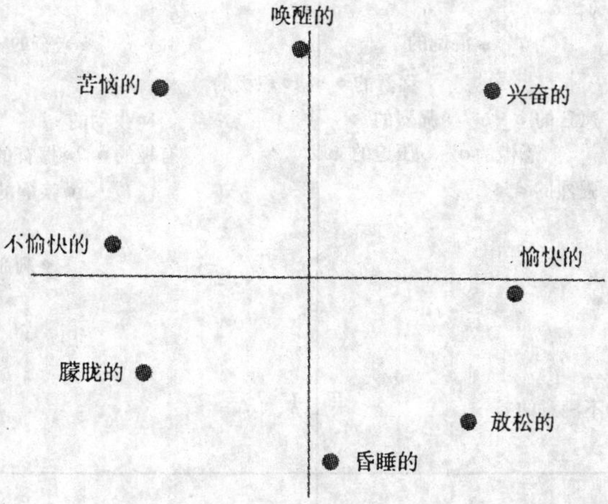

图 8-3　情感的两个主要维度和它们形成的圆环(Russell & Prutt,1980)

图中的 8 个变量只是典型代表,如果细分的话可以把它们分为 4 个象限,见图 8-4。象限Ⅰ中包括将环境评价为高度唤醒和高度愉快的词语,像兴奋的、有趣的和振奋的;象限Ⅱ包括将环境评价为高度唤醒和高度不愉快的词语,譬如疯狂的、紧张的和混乱的;象限Ⅲ包括唤醒程度低的和不愉快的,譬如沉闷的、不刺激的和昏睡的;而象限Ⅳ包括了唤醒程度低的和愉快的方面,譬如宁静的、安详的、平和的和休闲的等。

按照作者的说法,评价场所的第一步是对愉快和唤醒的品质进行判断并得到一个值,这可以在图 8-3 上为评价的场所找到一个合适的位置。第二步则是把该场所引起的情感进行分类,譬如是愉快的、沮丧的、或是无压力的、放松的,这些情感反映在此二维空间的某一位置上。然后可以比较场所在二维空间上的位置与该情感在同一空间内位置之间的距离比例。所以图 8-4 的意义在于它反映了一个情感评价的结构。Russell 和 Pratt 所提出的这些情感尽管涉及情绪的很多方面,但是这些词语也反映在很多专业工作者的研究之中,此外 Russell 等人的工作是在几百个真实环境中总结出来的,有一定的可靠性和完整性。

环境品质引起的情绪可以通过形容词来测量,多数此类研究针对的是较小规模的场所,在大尺度环境中并不多见,但 Hanyu(1993)的工作调查的是人们对东京的情感评价。他请 32 名当地大学生判断东京 23 个区的相似性,多维量图分析和聚类分析产生了两个维度和五个组。为了减少多维量图解释的主观性,又请了另外 87 名大学生在一张包含 15 个形容词对的量表上对每个区予以评定,得到的三个因子是动态/静态、评价和兴奋。其中前两个因子是和 Russell 和 Pratt 的唤醒和愉快相似的,它们可以代表多维量图上的两个维度,这个调查说明情感评价的结构东方人和西方人没有多大的差别。

这份调查报告揭示了被试是以土地使用方式、社会经济地位和发展时间长短来看待各个区的,每一个组中的各个区在这些方面很相似。第一组讲述的是传统住宅区,这里有很多年代久远的庙宇和神社,保留着高密度的土地使用方式和传统的日本式景观。第二组代表的是老的中心商业区,这些城区包括重要的政府大楼和公共设施,譬如皇宫、国会大楼、最高法院等,以及日本和世界大公司的办公楼。第三组表达的是新的商贸区,与第二组的城区相比这些城区是市中心区而且高楼林立。第四组中的城区代表的是中上阶层住宅区,这些地

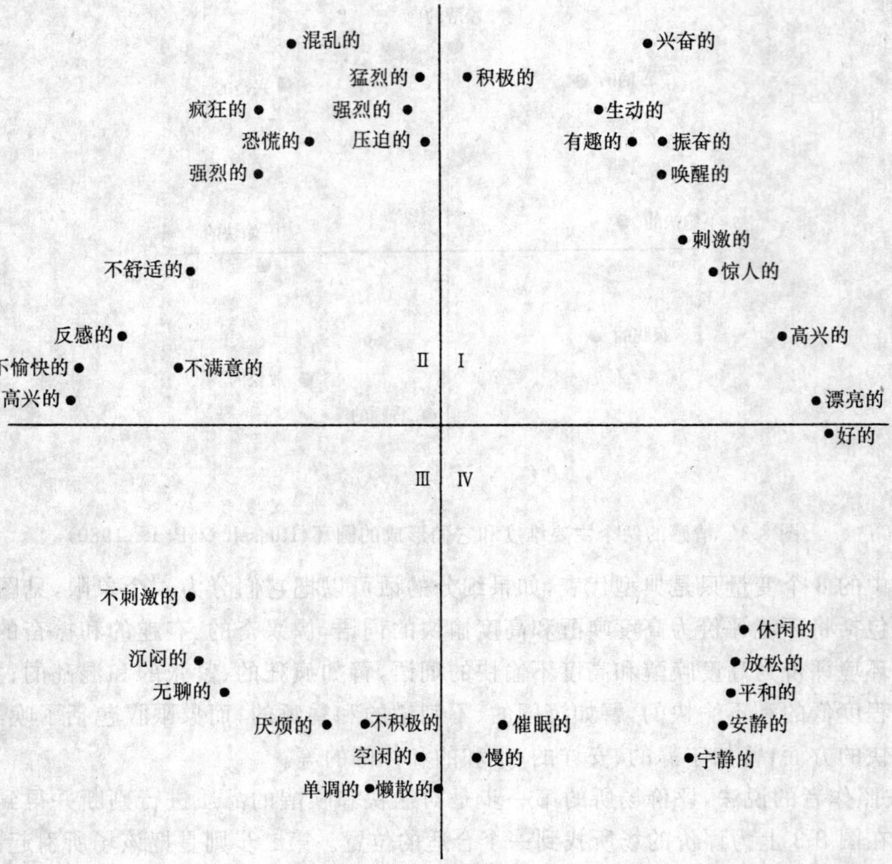

图 8-4 情感描述的 40 个类别(Russell & Lanius,1984)

方建筑密度相当低。第五组是一些居住、商业和工业的相混杂的城区。

从动态/静态维度上考量,土地使用方式是决定因素,商业贸易区(二组和三组)被认为是动态的,而居住区(一组、四组和五组)是静态的。从评价维度考量,土地使用、居住区的发展时间和社会经济地位是重要的影响因素。中上阶层住宅区比其他两个住宅区有更好的评价,被试对传统住宅区(一组)的评价最为负面,其他两个商业区的评价一般。

环境的实质特征和情感之间存在着密切的联系,我们从这个案例来看土地使用方式和居住区品质似乎是城市环境情感评价的决定因素,但是作者并没有系统地考察实质环境的各个特征,因而还需要更多的工作来解释其他环境特征的影响。在情感评价的实际工作中我们除了可以采用 Russell 和 Pratt 所建议的方法之外,也可以采用类似 Hanyu 的方法或是更灵活的途径。现在关于场所情感的意义研究特别是在建筑学界有些体现了现象学取向,虽然取得了较丰富的成果,但是如何在研究设计上做得更完善些仍是一个方法论上的难题。

(2) 经历

任何评价都离不开判断标准,不同的判断标准使得人们对相同环境的评价有差异。同样的黑夜,有的人觉得宁静,有的人觉得恐惧;同样的舞厅,有的人觉得刺激,有的人觉得没劲;同样的剧院,有的人觉得辉煌壮丽,有的人觉得朴素寒酸。一个人的评价标准不仅反映了他的个人需要，也是文化熏陶、传统习俗、社会影响的结果，并且与他的经验有关。一般来说设计人员对城市环境的评价比普通市民的低，这可能是因为后者长期处于视觉混乱的环境中，而前者受过严格的专业训练因而对环境显得格外挑剔，正由于此，设计人员也能洞察一般人所难以察觉的细部之美。

不同的经验导致人们的判断标准不一样，有时甚至是极细微的差异也会产生影响。Canter(1988)报告了Surrey大学的学生对格拉斯哥及其附近现存房屋的若干照片就愉快感予以评定，见表8-3。首先50个人都对所有照片评定，但每个人看照片的顺序不同。从第一次评定中选出三组照片，第一组照片评分最高，第二组评分最低，第三组居中。然后让另一些学生做第二轮的判断。这一次把得分居中照片的一部分放在高分的照片之后，另一部分放在得分低的照片之后。

表8-3　编排的得分关系不同时房屋愉快感的平均得分(Canter，1988)

照片编号	在令人愉快的房屋之后(分)	在令人不愉快房屋之后(分)
1	4.0	5.3
2	4.8	6.7
3	3.3	5.7
4	2.7	4.5
5	5.5	6.9
6	2.2	4.8

这个研究清楚地表明评价一个环境不仅和环境各因素有关，而且也和先前的经验有关。一个从迪斯尼乐园归来的人会觉得上海锦江乐园实在很乏味，但是只在社区游乐场玩耍的孩子去锦江乐园会高兴得不得了，正所谓"五岳归来不看山，黄山归来不看岳"。用适应水平理论来说，就是我们判断一个刺激总是与所在的情境有关，这包括现在的刺激和先前经验过的刺激。

Russell和Lanius(1984)把Russell和Pratt的情感评价模型与Helson的适应水平理论结合起来形成了一个综合的模型，见图8-5。简单地说这个综合模型就是，如果在评价一个刺激(A)之后，那么整个适应水平将会向(A)移动，造成的结果是在此之后目标刺激(T)的评价将会在评价空间图上沿着(A)的反方向移动。换句话说如果经历了一个非常愉快的场所以后，我们对后来场所的评价将会向不愉快的方向移动。你如果去上海大剧院看了一场戏，归来以后你会发觉学校大礼堂比以前更糟糕了。

总结　在分别讨论了描述、满意、喜爱和情绪等几方面的环境评价之后，我们将说明几个问题。首先美感和情绪等是人们体验和思考环境的方式，环境知觉建立了心理的表象，这样知觉信息便可以作为丰富的和有意义的信号，于是外部世界就超越了它的纯物理性质，对感知者来说它们就具有了价值，但美感和情绪是环境的一种或一组价值而不是环境品质的

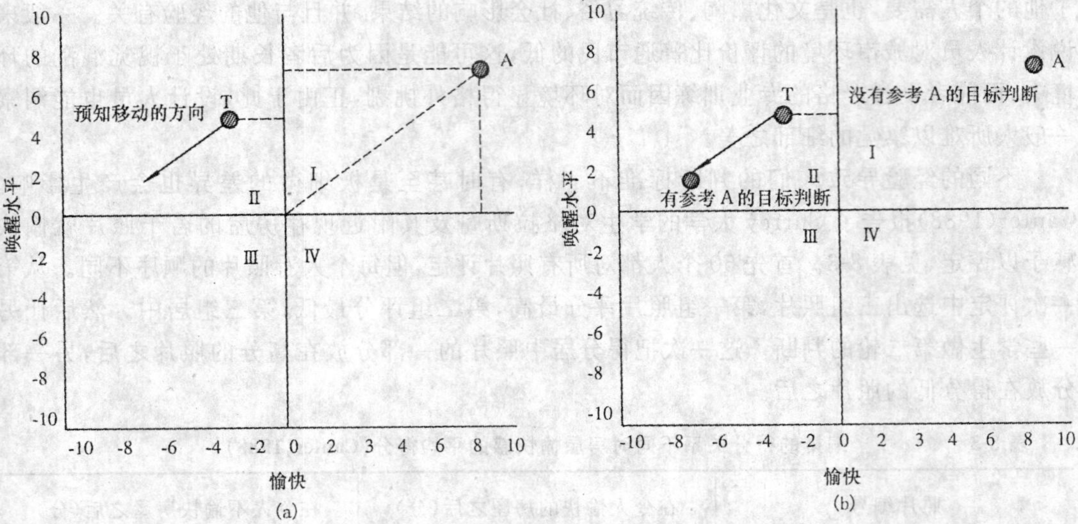

图 8-5　在评价刺激(A)之前,对目标刺激(T)评价的移动位置(a)和实际移动位置的预测(b)

全部,相比而言满意则较为全面,它是人们对环境的综合反应。满意通常作为用后评价的评价结构,虽然环境的特定方面对满意的贡献较难确定,但是有一些事情还是比较清楚的,对使用者来说最重要的是其直接生活和工作空间的空间品质和舒适程度。

其次,上述探讨的研究案例有不同的重点。有的案例考察了建成的实际环境,并以应用为主。它们通常选择有代表性的如学校、办公室、博物馆等,希望能用自己的工作来说明功能类似的环境在建筑和环境设计上的合理或不合理的措施,其中有的研究案例直接受业主委托,针对的是业主指定的建筑,通过对设计、使用和管理上诸方面的调查提供建议来增进绩效。另一方面有的研究工作直接应用的可能性较小,是以理论探讨和知识积累为主,可以看成是对评价研究本身的考虑。

最后,根据环境评价工作的目的、取向、方法和用途可以把环境评价分为两类,一类是对评价工作的研究,即以纯学术的观点对评价工作的有关理论和方法论的研究,二是专门对已被使用的建成环境的评价,这也就是我们下面要讨论的用后评价。此外广泛见诸于各建筑杂志的建筑评论,尽管它评价了建筑设计的作品,特别是设计的构思和表现,但是由于其缺少清晰的系统的方法,也更多地依赖于评价者个人的美学品味和好恶,有更多的互相讨论的性质,因而不属于我们的讨论范围。

二、用后评价

环境设计特别是建筑设计的主要任务,是为在其中生活和工作的人们提供一个良好的物质和社会环境,设计成功的主要标志是它能够满足人们在环境中的愿望和需要,人们的生活方式得到鼓励和加强,价值观得到确认。尽管这个信念在现代环境设计界从来没有动摇过,但是随着历史上的某些特殊事件,这个信念在逐步增长并为越来越多的人所接受。

发生在美国 Pruitt・Igoe 公寓的故事就是其中突出而深刻的实例。该公寓由一位著名建筑师设计，在上世纪50年代建成时曾作为一个解决贫民窟的榜样而大受赞扬，还获得了优秀建筑设计奖。然而设计本身并没有显示出对以往社区模式的理解和尊重，面对拥挤、破旧的状况，设计者推倒了原有的三层住宅，代之以高层住宅。于是过去低层住宅所具有的特点，譬如对街道的监视和对顽童的照看已不复存在。高层住宅把住户原来存在着的街道生活隔开，导致社区犯罪和破坏事件不断发生，公共财产受到重大损失，结果当局不得不把该公寓炸毁。此事件的来龙去脉耐人寻味，我们可以说建筑师遭遇到了一个非常糟糕的社会背景而不自知，但无论如何他不了解使用者，不了解环境又加上他的某些不符合事实的设计假设，直接造成了悲剧的产生。

1. 用后评价简述

现在我们都已经明确了环境设计过程的所有方面都应受到足够的重视，譬如精心调整现存环境，改进新设计，尽量避免建筑标准和生活安全准则的重大改变等，其中最重要的是关心使用者，了解他们的需求和爱好，了解他们对环境的看法和意见，这才是设计成功的最重要的保证。我们对使用者的关注并不应仅仅停留在诸如“评价是设计的终点，也是设计的起点”之类的教条上，确实地了解使用者的需要和愿望，首先就必须做大量的调查。非常遗憾特别是在国内针对建筑物和建筑环境使用方面的调查工作很少，这不仅造成实际工作中设计质量完全依赖于设计者的经验和个人好恶，也造成大学的建筑设计教育在教与学方面都受到了一些影响，以致难以提升建筑在设计和使用上的品质。国外对使用者的调查和检测他们对环境的满意程度已普遍采用用后评价的方式。

(1) 用后评价的性质

对建成环境中使用者的需要、愿望和他们对环境的看法与意见的调查，通常是以用后评价的方式进行的。用后评价是一个跨学科的术语，基本上它来自市场营销(marketing)领域，这也丝毫不奇怪，尽管说大多数设计师都在某种程度上迎合市场的要求，但是市场营销人员要比环境设计人员更重视市场，因而也更重视使用者的调查，不过市场方法在揭示人们对设计空间的意愿和满意度上的失败，为创立测试使用者反应的正规方法提出了需要。现在用后评价的理论背景涉及多种社会科学，如社会学、心理学、统计学、文化人类学以及环境心理学等，所研究的范围又包括城市系统、环境影响、建筑计划、建筑经济、能源使用、建筑设备以及视觉和美学等，因此用后评价是一个多学科介入的研究领域。

用后评价(post-occupancy evaluation，POE)是环境设计研究的一种重要方法，综而言之，用后评价就是用系统而严谨的方法以使用者的观点来评价建成环境的实际效果。用后评价可以视为对建筑环境中的设施、组织、使用者等与各种活动间的适合性的检测工具，它检测了个人或群体对建筑环境的满意程度。狭义的用后评价可以看成是检讨设计意图、目标与建成环境实际表现之间的得失，广义的用后评价可以看成是对建筑业在管理、规划和设计工作提供资讯，以改进决策品质的一种工具。

用后评价与我们每天所做的对建筑的非正式评判不同。我们路过一个快餐店而不驻足，想寻找另一家更惬意的，这不是用后评价。用后评价包括下面几个重要的特性：首先，用后评价强调以一种系统的方式展开评价工作，必须使用严谨而清晰的研究方法，并要求采用收集信息的标准技术(如访谈和问卷等)和使用者及其行为的抽样调查。第二，用后评价的评价准则必须客观合理，唯有如此的评价工作才具有说服力。第三，用后评价强调它的应用性，它多以分析和解决问题为取向。

阐明用后评价的目的或许能使人更容易了解它的性质。一般而言用后评价最根本的目的是收集资料以供相关决策，根据陈格理(1992)的说法，用后评价的目的可分成下列几项：1)改进相关计划和设计的决策工作；2)建立建筑基本类型的研究；3)设计工作参考性资料的修正；4)了解和评价相关生产性工作的效率；5)提升设施保养维护的效率和价值；6)了解能源事业的成本效益；7)了解和测试一些实验性的设计成果；8)评估企业组织的相关目标；9)用以建立前导性(pro-active)的设施管理计划。

(2) 用后评价的方法

用后评价主要系通过人的知觉能力对环境品质做出判断，具体的方法与环境心理学其他研究领域中所使用的方法很相似，如调查、访问、行为观察、问卷以及数据收集和相关结果分析等。Zeisel(1981)曾在《研究与设计——环境行为研究的工具》(台湾关华山译)一书中详细介绍了这些方法以及如何提升研究品质，这本书就像它的书名一样，已经成为环境行为研究和用后评价的必备工具和研究方法的首选教材。

除了这些通用的方法之外，许多研究人员致力于开发用于特殊建筑类型的评价手段。如 Moos 和同事们发展了一套评价护理环境的标准程序，Kraik 也化了很多年摸索了景观评价的方法等。在居住环境评价方面的评价模型就更多了，如 Canter 和 Rees，Francescato 以及 Gifford 都曾提出过类似的评价模型。用后评价的研究品质和可信程度几乎完全依赖于它的研究方法和程序。所以用后评价必须非常小心地使用合理而有价值的方法，这意味着多变量的方法要好于单变量的方法。使用者应该参与研究方法的制定，这样可以保证研究人员没有主观估计一些重要的命题。另外，其他研究文献中的方法不应该不加批判的吸取，实验的特征和小样本实验方法，譬如实验控制组，如有可能也应使用。

(3) 用后评价方法的品质

对于从事用后评价的人来说，阅读研究文献不仅要看研究的结论，可能更重要的是看该研究使用了什么方法，这样便能利用此方法来解决自己的问题，如此研究人员就有可能彼此改进研究品质。评价一种研究方法的效力主要看它的信度和效度。

信度(Reliability) 信度指的是评价的一致性和可靠性。一个完全可靠的研究方法如果在某一不变的情况下重复实验会有相同的结论。如果在解决实际问题时重复使用一种方法，所得结果变化很小，表示此法的信度大，相反每次我们以不同的研究工具测量相同的事件，如果结果不同则我们的工具便不可信。对于特殊评价的设计，我们可以评价不同方面的信度，譬如由两个以上观察判断的评价，我们必须在判断间建立其一致性，这种信度包括观察者的内部信度，一致性的计算是观察者的同意数除以判断的整体观察者。

信度检验有很多方法，如 Zeisel 所说的检验再检验，即用同样的方法在一段时间以后再询问同样的人，尔后比较两次的回答；或是替选技巧法，即将两种属同类的方法尽量设计得不一样，比较所得结果，而以较可靠的技巧检验另外一个；或是一分为二法，即将研究对象一分为二，用一种方法测试一半对象，再用另一种方法测试另一半，然后比较两种方法的结果。譬如调查校园环境的整体状况，将 50 个测试项目分成两组，设计得彼此重复，然后拿 25 个问题的回答与另一半的 25 个问题之回答相比较。

不幸的是绝大多数研究的情境都在持续变化之中，即使有完全的信度，也无法期待恒定的结论。为了应付这一难题，最好使用多重研究技巧，使用多重技巧可以收集同一现象的不同类型的数据，彼此弥补各种技巧的偏差。

效度(Validity) 效度指的是评价的准确性。假如一个评价能够很真实而正确地评价场所的特质时，我们便说评价具有很高的效度。效度可以从几个方面来衡量。首先是方法的适宜性，这称为表面效度，指面对事件时方法的准确性。这是由判断来决定的，通常是由评价法的接受度来决定。第二种形式是内容效度，主要指的是测试项目反映评价目的的程度。如果缺乏此效度会出现答非所问的现象。内容效度是由判断来决定，更进一步的是可以用统计法如因子分析来建立。效度的第三种检验是比较前后评价法及其结果，即交叉效度(cross validation)或联合效度(conjoint validity)，这通常是由相关性取得。

同时效度检验指的是比较用一种方法所得之结果，与用另一种已被接受并视为有效的方法所得之结果，譬如新近提出的住房满意度量表，如果所得之结果与其他曾成功使用过的某种量表所得结果大部分相合，就表示它有效。

效度的两个重要现象是评价法的敏感度与实用性。实用性是指评价程序中可用资讯的应用，敏感度是指与测量目的相合的程度。一般说来，同时使用愈多的方法去观察一个复杂现象的不同方面，愈容易确定研究方法的效度。

总之，效度检验可以让我们发现研究方法是否解释了我们需要它解释的问题，信度检验确定了研究者使用和重复使用一组方法所收集的数据的可比性，这样不同的用后评价可以彼此共享。当然研究方法的其他方面如取样方法也会对评价的品质产生重大影响，研究设计对这些也要非常重视。

(4) 用后评价的发展过程

用后评价应该说是在环境心理学还未成为一个专门的领域之前就已经开始了，特别是英国研究人员对建筑进行评价已经有四十多年的历史，尽管它当时的名称叫建筑鉴定(building appraisal)，主要是对建筑物做综合的检测。Brooks 和 Vermon(1956)的一个早期研究，调查了一个科学博物馆的儿童画廊，他们在报告中作了这样的预言“在将来这样的研究有很大的前途——这样的研究会受到绝大多数的博物馆馆长们的欢迎。”

英国用后评价研究在上世纪 60 和 70 年代的发展可以用苏格兰的建筑效能研究小组(BPRU)和 Canter 所做的学校、住宅和办公楼的卓有成效的评价工作为代表。美国的用后评价工作较英国为迟，可以认为是起自于上世纪 60 年代，但是美国的用后评价研究发展得很快，不仅所发表的文章最多，而且其影响也最大。譬如 Schorr(1963)对低收入者生活实质环境的调查研究中，清楚地显示出集合住宅的问题实际上是政治、经济、社会和建筑等多方面的因素共同作用的结果，他的成果最后促使美国更重视这方面的问题，而成立了房屋及都市发展部(HUD)，影响不可谓不大。

到了上世纪 70 年代，美国的用后评价无论是在范围、数量、规模和严谨性方面都有相当大的改进。此期间研究成果最突出的可能是 Newman 的工作了。Newman 对 100 多幢集合住宅做了深入的调查，这份报告对美国社会产生了重大的影响，它说明在集合住宅区里的犯罪原因与集合住宅的建筑造型、规划布局、建筑配置和交通安排有密切的联系。这个研究的结果不但直接影响到美国政府对集合住宅的政策，更促使政府对各地许多既有的公共集合住宅进行改建和更新，该报告中的某些结论甚至直接成为政府评价住宅的依据。Newman 的工作不但直接使民众认识到用后评价的功效，也使许多研究人员开始重视用后评价的价值和影响力。

另一个在上世纪70年代产生重大影响的用后评价工作是由以Francescato为首的Illinois大学建筑系的一群教授所做。这个研究案针对影响集合住宅使用者满意度的各种因素，特别是管理方面的问题，就其本质上的变化和相互间的关系做了详细的调查。研究结果显示提高集合住宅使用者满意度的最佳方式之一，在于让使用者参与设计或改善方案的决策工作。

总体上说，上世纪70年代是用后评价的蓬勃发展期，用后评价到了此时期进一步发展出了较清楚的研究理念和较具体的研究方法，这时期的研究工作开始注意到建筑物的物理性能和相关技术的问题，另外评价结果的公正性、合理性，以及评价准则和测试技术已逐渐被认为是评价研究的重要项目，而且研究的主题也转变到以使用者的满意度来反映实质环境的好坏。

累积了二十年大量的用后评价研究案例之后，研究人员开始认识到众多的建筑类型很难用同一个评价工具，因而上世纪80年代用后评价发展逐渐转移到建立研究框架和针对不同建筑类型发展出不同的评价模式，譬如Moos和Lemke发展了一套内容广泛的针对护理环境中实质环境和社会环境的测试方法，Farbstein和Wener也试图为收容所评价建立一套标准问卷，Canter和Rees试图用块面法为多变量居住满意度评价建立一个模板，Donald曾试图用块面法建构多变量办公室评价的全面标记语句，上世纪70年代末和70年代的一段时期很多攻读环境心理学的研究生的硕士论文就是为各种建筑环境的用后评价建立模型。

除了这些以外，比较重要的还有Marans和Sprecklmeyer的工作，他们从实质环境和企业组织的本质来研究一幢办公楼对使用者行为和满意度的影响(其部分结论可见上文)，并通过使用者的满意度来检讨工作环境的绩效，从而建立了一个新的模式。这个模式反映出使用者对满意度的表达和评价的结果都受到评价准则与标准的重大影响。在这个调查中他们开始逐步摆脱对问卷的完全依赖，利用各级主管对各种因素影响的评价表、各种资料档案以及对环境直接观察，才做出较完整的判断。由于此项研究的成就，美国的进步建筑(PA)杂志在1982年把它评选为年度的最佳建筑研究奖。Marans本人由于在用后评价方面的经验，也有机会接受委托为美国国家标准局建立一套小到单个建筑大到整个社区的评价指南。

上世纪80年代用后评价亦有两个主要趋势，首先是从以往对建筑环境中社会性关怀又回归到对建筑本身的重视，上世纪70年代略微提到的环境物理性能和环境舒适程度如照明、空调等现在已经成为调查的主题了。第二是以功能为导向成为研究发展的主流，这和以往以研究者兴趣为导向有明显的差异。功能导向的研究是以达到业主的需要为主，着重在调查既定目标和企业使命变动间的关系。这种研究方式在运作上很接近建筑设计的工作型态，清楚简明的研究结果帮助业主调整其决策以回应外部条件的变化，只是这种研究工作对评价准则或研究成果的品质没有很严格的要求，多属私人企业委托，其成果也极少对外公开。

进入上世纪90年代，用后评价依然保持强劲的发展势头，不仅数量上有增加，而且在地域上已经不仅局限在北美、欧洲和日本、澳大利亚、新西兰等发达地区和国家，南美、亚洲等发展中国家的用后评价研究的数量也大大增加。此外理论上又出现统合的趋势，发展出一些综合的评价理论，如Canter所建议的场所评价理论就是其中的代表。

(5) 环境设计评价和建筑计划

一些研究尽管它的名称不一样，但和用后评价密切相关。它们或者是调查的范围、类型以及调查方法和用后评价相似并有相当程度的重叠，或者是以用后评价研究为基础对所得资料进行再研究。这里介绍环境设计评价和建筑计划。

环境设计评价　环境设计评价就是对所设计的场所在满足和支持人的表面或内在需要及价值方面程度的评判（A·弗雷德曼等，1990）。环境设计评价也要求采用严格的方法，通过考察和分析建筑环境与使用者主观体验之间的相互关系，描述和评判建筑环境在多大程度上满足了使用者的需求，检讨设计的得失，并将此种分析量化和标准化。总体说来环境设计评价和用后评价非常相似。

由于环境设计师不能预测自己设计决定的结果，也不能系统地学习以往的经验，因而一直受到各界的批评，环境设计评价就是运用环境行为研究的方法和资料对建成环境进行严格而系统的评判。1974 年美国风景建筑师协会（ASIA）建议，在环境设计和规划专业中开设一个环境设计评价的研究课题，并将它列为该专业中最前沿的研究课题之一。该建议认为：

“对完成项目的系统分析和评价，为改进专业工作所需的基础资料和知识提供了最大潜力，系统化的方法应该为比较及案例研究提供基础，研究的结果不仅对持续、重复的现代教育课程具有价值，而且对设计—规划决策同样如此，它可以为决策的制定提供一个更加客观的依据”。

Zeisel 和 Griffin（1975）报告了一个集合住宅研究的例子，他们调查了观河住宅区居民的行为是否与设计者的意图吻合。在这个设计中建筑师布置了三块绿地，并希望它们能成为居民的活动中心。Zeisel 和 Griffin 访问了居民，并拿出一张完全按比例的基地图，请他们在上面画出或者指出他们由家门口走到停车位置、区内小店、公共汽车站的路径。见图 8-6和图 8-7。

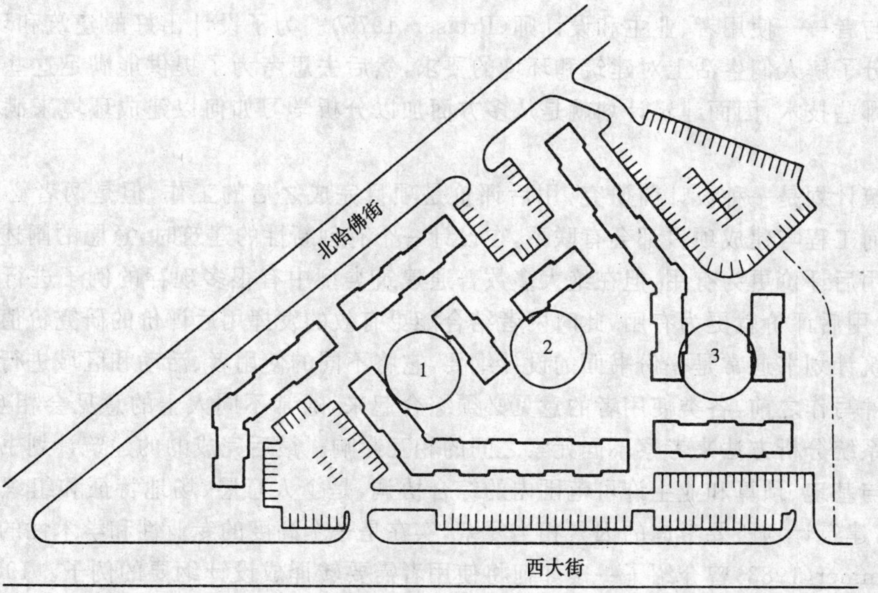

图 8-6　观河住宅区的基地平面图以及三块绿地（Zeisel & Griffin，1975）

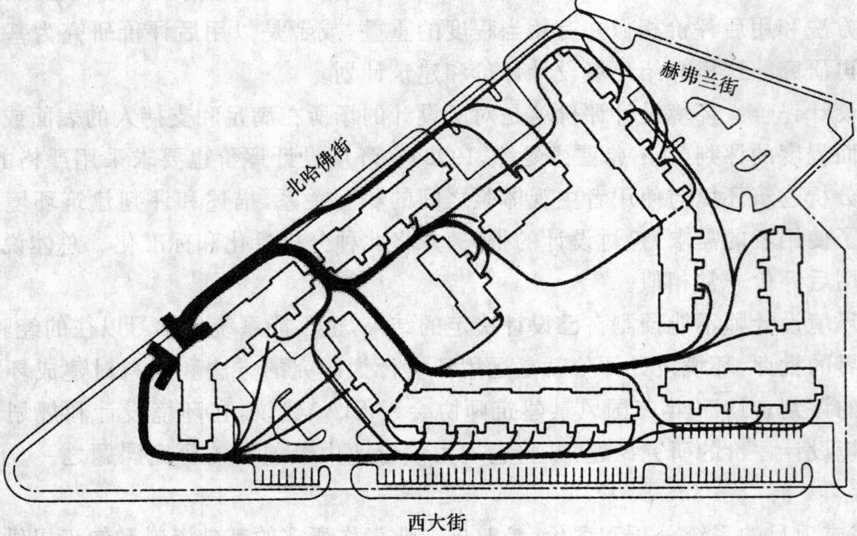

图 8-7 重叠所有受访人由自家到小店的路径(Zeisel & Griffin,1975)

这个研究可以清楚地看到设计师的意图落空了,大量的路线并没有从绿地附近经过,究其原因可能是停车场位置不当,商店的布点不合理和交通路线安排有问题等。这是一个典型的环境设计评价,当然也是一个灵活而精彩的用后评价。

建筑计划 用后评价的结果除了可以充实决策者的参考资料以外,对建筑设计者而言,最有效的方法就是将研究的成果资料转变成建筑计划书或设计准则。建筑计划(architectural programming)指的是设计过程开始阶段的一系列活动,包括系统、综合的数据收集和分析方法获得使用者的需要和愿望的陈述、具体目标和绩效标准,并把此信息传达给主要的场所参与者——使用者、业主和设计师(Preiser,1975)。为了设计出好的建筑和环境,需要事先充分了解人们生活上对建筑和环境的要求,然后去思考为了提供能满足这些要求的场所需要哪些技术,因而建筑计划就是从多方面加以分析学习如何以建成环境来满足需求的学问。

建筑计划是一种设计前研究,用后评价是项目完成之后的工作,但是两者必须结合起来。任何工程与建成项目都会有联系,在设计一个有创新性的建筑时,意愿的阐述会比建成项目的用后评价更为有用,但在绝大多数普通建筑类型中有很多现存的例子进行过用后评价,那么用后评价就更为有用,此时两者结合能更有效的发挥用后评价的研究价值。

建筑计划书通常是一份书面的设计纲要,它将不同的使用者、活动和区域进行分类。在这份文件写作之前,各类使用者的意见必须综合起来,通常不同人士的意见会相互矛盾,所以应用系统分析方法来考察不同元素之间的相互影响。最后完成的的建筑计划书将是人们的意愿与基地、预算和业主许可范围内的综合协调,是个人意愿、场地特征和组织目标协调的产物,建筑计划所要考虑的因素相当复杂,实在是一个高度的专业性和学术性的工作。

Sommer(1983)曾介绍了一个如何将使用者需要转译成设计纲要的例子。1982 年一位景观建筑学讲师弗朗西斯接受家长和老师的委托为学校的室外环境制定建筑计划,弗朗西斯调用他的学生进行需要分析。通过两星期的数据收集,包括对基地的观察以确定校园的特征和使用方式,组织交谈和班级地图联系,还包括对学生家长的询问、教职工的分组讨论等。一份报告总结了这些信息，并从中发展出设计途径，这些途径提供给由家长、老师和儿童参加的会议。将从询问反馈中概括出来的主要倾向转译成形态、材料、基地和行为活动的一般概念。大家一致同意选择木材、草皮和植物（为炎热的谷地气候多提供些阴影）作为庭院的材料。不喜欢的材料是混凝土、钢和塑料。年龄小的孩子们喜欢砂，教师们却怕因此添乱。很多小孩喜欢水，但老师们考虑到一些能源、资源和安全问题而不愿要。对于基地的形态，希望平坦的谷地能有少许的起伏，可以采用小山丘和台地的形式，但不能有太高的东西（家长所关心的）阻挡视线（老师所关心的）。既然发现孩子们在游戏活动中是按年龄分组的，就可以考虑用地形来组织障碍物和标志物，另外还应考虑孩子们在场地活动时教师监护的可能性。

为了尊重使用者的意见，室外区域就不能设计成有固定的金属设施、很少甚至无绿化的庭院，设计纲要的另一任务是无论取消砂或水等项目，还是包括这些项目并提供配套设施（如防止砂子在校园中到处洒落，或是提供水，但不至于浪费和脏乱环境），都要明确其间的冲突并尽量减少它们。最终的设计计划书包括一个有争议的项目，但至少要明了潜在的麻烦。

建筑计划研究不仅能为设计师提供设计纲要，而且也会增加各使用者对环境的信心和兴趣，它也有助于促成使用者参与设计，在此案例中有超过半数的家长愿意在暑假参加建造工作。

合理的方法和程序是建筑计划成功的关键。根据最终的形式和数据收集的模式可以把计划分成各种取向，Mazumdar(1992)建议可以把它们分成两个维度：即从所需要的空间或是从使用者的愿望之观点出发，来收集和呈现信息的人/空间取向，和从计划的解析单元如个体、群体(aggregated)和团体(group)出发的单元取向，从而确立一个包含六种建筑计划研究取向的类型模式，其中研究中使用较多的是群体空间取向、群体人员取向和个体空间取向。

2. 上海居住环境评价——一个用后评价的案例

1992 年至 1994 年，本书两位作者接受上海市建委的委托，在上海建设技术发展基金会的资助下进行了一个用后评价研究，期望通过此项研究能调查了解 20 世纪 80 年代以来上海新建住宅的优缺点，居民在这些住宅中的使用情况和各层次居民对居住环境的评价，进而建立一套居住环境评价的系统化方法。调查结果可以为新的住宅小区和商品住宅的规划、设计提供建议和信息，为房改工作提供重要资料，并为上海市小康居住水平标准提出建设性意见。下面我们介绍这个案例研究的部分资料（杨公侠、徐磊青等，1994）。

(1) 方法

研究目标　我们将此次调查的目的定义为运用用后评价的理论和方法来探讨住房的客观条件（包括居民在其中生活和流动的环境的实质特征，不同户型与住宅的设计特征等）、社区感染力和居民的社区生活、建筑的维护和社区管理、居民涉及环境的行为与居住环境的主观满意度评价之间的关系，揭示居住环境满意度的重要预报因子，进而对居住环境以量化评价。

研究模型　居住环境满意度评价有很多文献可以查阅，我们主要考察了 Canter 和 Rees (1983)的多变量住房满意度，Francescato 等(1978)的工作，以及 Oseland 和 Donald(1993)

的住房空间评价构架，并在此基础上建立本项调查的理论模型。见图 8-8。

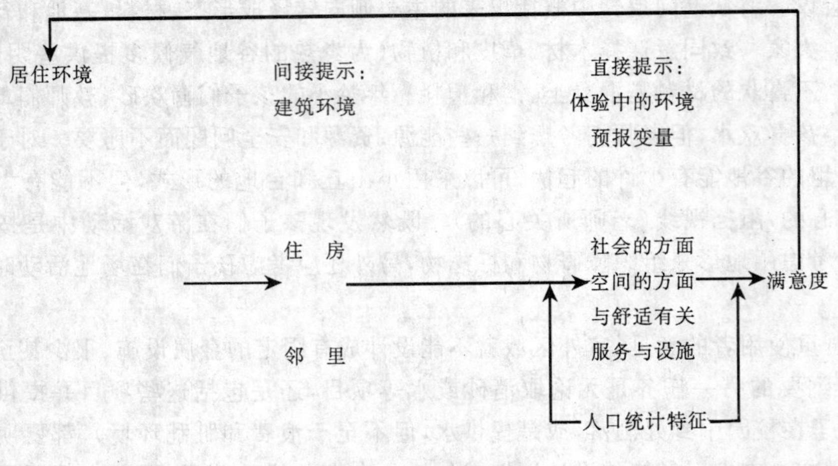

图 8-8　居住环境满意度主观评价的研究模型

居民对于居住区存在着住宅和邻里的明确分类。本研究进而对住宅和邻里根据建筑的一般原则进行细分。住宅包括厨房、卫生间、居室、卧室、阳台、储藏空间、大楼内的公共空间、楼梯(电梯)等。邻里包括小区道路、绿地、游戏场、停车场、管理设施、医疗设施、文娱设施、商业设施和社区总体等。本项调查中居住环境满意度评价的组成部分被分在三个方面：社会的方面、空间的方面和与舒适性有关的方面。

预报变量　从总体上说使用者的环境满意度评价取决于研究中使用的变量，这些变量应该包括个体的、社会的、城市的、心理的、和行为的等。各文献中并没有反映出一个被普遍接受的居住变量的分类，所以我们根据调查对象的特殊性，本研究的预报变量包括三方面：

空间的方面，包括大小、位置、布置、数量、方向、高度、活动、使用性、采光、通风和设计情况等；

社会的方面，包括私密性、邻里关系、交往、安全感、美观、安静、感染力等；

与舒适有关的服务与设施方面，包括交通、维修、基本设施供应、噪声、管理和社区服务等。我们把这些预报变量组织在一张五点量表的问卷中。

研究方法和步骤　调查问卷在初稿完成以后，邀请房地产专家、房管所(物业管理人员)和居民进行了两次对问卷的讨论会，原本问卷中有 200 多道问题，在两次修改之后完成了调查问卷的正稿。最后的调查表中对多层住宅的问题有 46 道，对高层住宅的问题有 47 道。

接着与居委会开会，讨论分发和回收调查表事宜，采纳了居委会对评价工作的建议。并了解了小区的背景资料，包括区块基地的历史，居民的生活方式、收入与人口组成，可得到的安全系统，居民娱乐的机会，老年人的比例，受教育的情况等。与此同时还收集小区的土建资料，如小区的总面积、绿化和容积率，被调查住宅的平面，各公共建筑的位置和管理经营情况等。

研究人员在居委会同志的陪同下，上门直接向居民分发调查表，居民在接到调查表一周以后填写完毕并交给居委会，由研究人员到居委会回收调查表。回收调查表以后，在填写调查表的居民中又随机挑选了 30 户作上门访问，采访内容包括十个问题和行为调查表，每户由男女主人分别填写，共 60 份，时间为两小时。

取样　研究所选择的样本由上海房屋科学研究院推荐，它们是分布在上海东北角的延吉新村和西南角的仙霞地区的几个新村。它们是上世纪80年代建成的两个有代表性的小区，其中前者在80年代中后期三次被评为全国文明住宅小区。调查问卷实发1120份，回收970份，有效问卷921份，其中多层住宅603份，高层住宅318份。

数据统计　研究采用上海计算研究所的RDAS数据统计软件包。

(2) 结果

样本特征　样本特征见表8-4和8-5。

表 8-4　样本中多层住宅的特征(总计603户)

项目	一室一厅	二室一厅	三室一厅	四室一厅
总数(%)	37.8	51.0	10.2	1.0
居住面积(不含厅)(m^2)	11～14	21.23	37～38	42～44
厨房面积(m^2)	2.5，2.9，3.3，3.5	3.3，3.5，3.6，3.2	3.3，4.7	3.3，4.7
卫生间面积(m^2)	2.3，2.5，3.3，3.5	3.2，3.3，3.5	3.3，4.2	3.3，4.2
厅的面积(m^2)	6.2，8.0，9.4，10.5，11.5，12.7，13.1，主要是6.2，9.4，10.5	7.5，8.5，12.1，13.0，11.5，主要是7.5	9.2，10.2	14

表 8-5　样本中高层住宅的特征(总计318户)

项目	一室一厅	二室一厅	三室一厅
总数(%)	24.4	73.1	2.5
居住面积(不含厅)(m^2)	14～15，少量的19	25～26，少量的29，30	43.4
厨房面积(m^2)	2.9，3.6，4.1，2.9占绝大多数	2.8，3.1，3.4，3.6，4.1，主要是2.9，3.6	4.3
卫生间面积(m^2)	大部分只有2，少量的4.1	主要是2，3.4，4.1	2.6
厅的面积(m^2)	7，10.2，12，大部分为7	5.6，7.4，8.4，10.2，11.5，主要是5.6，8.4	6

在调查的样本中，主要是工薪阶层人士，职业有工人、教师、职员、机关干部等，样本中老人的比例较高，达到20%，而在某些新村中比例则更高。

满意度评价的重要预报因子　本研究取累计贡献率为70%的公共因子个数，根据因子分析相关矩阵的特征值，预报因子的数目无论是多层住宅还是高层住宅都是17个。

分析结果显示多层住宅的居住环境满意度主观评价的最重要预报因子，集中在诸如厨房和卫生间的大小、设备和使用上的方便与舒适等问题上，我们为它取名为厨房/卫生间因子。第二个非常重要的预报因子出人意料，这个因子集中在老人对活动空间、社会交往和服务水平的评价等问题上，我们取名为老人的评价因子。另两个重要的预报因子是厅和储藏空间情况，社区服务设施、安全和管理，分别排名第三、第四位。以下的因子重要性大致相同，分别是卧室的位置和朝向，社区的文娱设施、水电供应、停车场，以及孩子对环境的评价，社区内的社会交往和亲切感，邻里关系，厨房和卫生间的空间品质，社区的安静感等。

高层住宅的居住环境满意度主观评价的预报因子与多层住宅相似。最重要的因子围绕厨房、卫生间的大小、设备布置和使用的方便与舒适等问题，该因子取名为厨房/卫生间因子，第二个重要因子围绕安全感和社区管理等问题，因子名为管理/安全。老人对活动空间、社会交往和社区服务水平的评价，水电的供应情况分列第三和第四个。以下因子的重要性大致相同，分别是住宅在大楼中的层次，对电梯使用和管理的评价，厨房的空间品质，卧室的私密性，储藏空间，社会交往和社区的亲切感，以及孩子对环境的评价，社区的服务设施，大楼的维修等。

满意度评价的结果　得到影响多层住宅和高层住宅居住环境满意度的因子后，就可以对样本计分，以确定评价的结果。计分方法是根据 17 个因子的重要性进行加权，每个因子以它的特征值作为权重 K，对集结在每个因子下面的问题的原始得分，取它们的平均值作为因子得分 W，这样每个样本的居住环境评价得分 Q 可以计为

$$Q=\sum KW$$

根据问卷的五点量表，“很不满意”计为 1，“不满意”计为 2，“一般”计为 3，“满意”计为 4，“很满意”计为 5，我们可以用上述公式计算这五点上的满意度得分。见表 8-6。

表 8-6　　居住环境评价五点量表的满意度得分

	很不满意	不满意	一般	满意	很满意
多层住宅	32.27	64.54	96.81	129.08	161.35
高层住宅	532.35	64.70	97.05	129.40	161.75

上海多层住宅总体的居住环境评价得分为　$Q=\sum KW=81.8$

其中　延吉新村样本居住环境评价得分　$Q=80.36$

茅台路样本居住环境评价得分　$Q=83.78$

天山路样本居住环境评价得分　$Q=66.1$

虹桥路干休所样本居住环境评价得分　$Q=99.75$

上海高层住宅总体的居住环境评价得分为　$Q=\sum KW=94.76$

其中　仙霞路样本居住环境评价得分　$Q=93.77$

延吉六村 13 号居住环境评价得分　$Q=100.58$

延吉六村 17 号居住环境评价得分　$Q=93.3$

延吉五村 65 号居住环境评价得分　$Q=96.04$

延吉四村 68 号居住环境评价得分　$Q=89.16$

(3) 结论

无论是多层住宅还是高层住宅，两者最重要的因子都是厨房和卫生间的大小、设备布置和使用上的舒适性。老人对居住环境的评价、社区管理质量和安全感都是极其重要的因子。在揭示的 17 个因子中，尤其是前面几个重要因子，都倾向于为对室内环境、社区配套设施及管理的评价，而对社区总体吸引力如美观、安静和亲切感等的评价都不重要，社区中得到的

社会关系和社会交往、邻里关系等也没有在主观满意度评价中占主导地位，我们将它与实地观察资料联系起来，充分说明在所调查的时间和样本里，上海居民的居住行为活动还不是很丰富多彩，主要还是局限在家庭内部，居民缺少关心环境的意识。

从居住环境评价得分来看，无论是多层住宅还是高层住宅的满意度得分并不高，都在一般水平之下，说明在当时及所选择之样本的居住水平较低。这主要是由于居民对厨房、卫生间的大小和使用性的评价不高，在多层住宅中尤其如此。还有一个重要原因是在两种住宅中老年人对住房和社区设施的评价都非常的低。

本次调查样本中，高层住宅的满意度高于多层住宅的满意度。这可能是由于在所选样本内高层住宅的居住面积大一些，也是由于高层住宅的安全性和社区管理质量是好的。多层住宅满意度得分低的另一重要原因是居民对厅和储藏空间的大小和使用性极其不满，可是此两点之重要性位列满意度的前茅。

总体说来，居民对社区的管理和服务水平是满意的，其中对水电煤的供应最满意，对社区的配套设施以及对社区的总体品质如安静感、亲切感和社区的规划布局是肯定的。但对停车的场地和管理以及诸如厅的大小和储藏空间等室内品质不是很满意。

本项研究说明环境心理学中的用后评价完全适用于我国的居住环境评价的调查，说明这个模式是有效的，另外也说明居住环境评价可以用理性、量化和公正的方法进行，它不是社会普查体系而是一个严谨的学术探讨系统。

(4) 深圳样本

本次调查工作华东师大心理学系是我们主要的合作单位，当时正在攻读博士学位的王青兰女士赴深圳莲花小区也进行了满意度调查。这是一个居住条件较好的样本。新村的环境较好，绿化程度高，活动场地多，住宅宽敞，大都为二室二厅、三室二厅、四室二厅，也有部分复式住宅。深圳作为一个年轻的移民城市，样本完全体现这一特点，年轻人多老年人少，人口素质高，这个新村建成于 1991 年，1993 年获得建设部文明小区称号，用做数据统计的样本有 80 份。对这个样本的因子分析我们提取了四个满意度的因子，它们是：

美观/社会活动/设施因子，它涉及诸如社区内住房的美观、形式上的吸引力，社区提供的活动场地，居民的社会交往，学校、幼托、交通等的便利和安全等方面。此因子名列第一。社区气氛和管理因子，它涉及亲切感、识别性，社区的管理、服务和防止犯罪等设施方面。卫生间因子，它涉及卫生间的大小，设备布置、洗澡的方便与舒适，以及洗衣机布置等方面，这两个因子是第二、三位。最后一个因子包括对客厅的评价和水、电、煤气的供应情况。

把这个样本与上海的样本比较之后我们会发现在住房宽敞以后，人们便开始关注社区的吸引力，开始追求社区生活的质量，最明显的变化是满意度的因子中社区本身的美观、活动、感染力等因素列在了住房室内环境特征等因素的前面，这从实证上说明随着居住水平的提高，居民在居住环境评价上已不仅仅关注室内生活方面，对社区和环境的重视程度大大提高，并朝着心理上更高的层次发展。

总结　受到环境与行为研究工作的影响，那些关心环境发展的学者们自上世纪 50 年代开始从事于一些建筑物的用后评价工作，尽管开始时的规模不大，但由于其揭示了与民众福利密切相关的环境问题之后开始获得大众的瞩目，政府和各机构开始大量投入经费，研究单位也积极进行这方面的工作，于是用后评价进入了一个蓬勃发展的时期，吸引了更多的学者投身到这个工作中来，研究的范围也大大拓展了，并且由于它极强的应用性，将在未来很长

的时间内继续保持生命力。本部分介绍了用后评价的性质、方法、标准和用后评价的发展历程，也阐述了与用后评价密切相关的环境设计评价和建筑计划研究，最后讨论了我们所从事的一个用后评价的实例——上海居住环境评价研究案例。

我们说用后评价是一个循序渐进的过程，这不仅指很多的用后评价研究是建立在前人工作的基础之上，并且对于特定的用后评价而言，它考察的环境也在持续地变化，一个用后评价有着很明确的适用时间，在此之后我们就需要对环境进行新的评价来认清事情的真相，就像上海居住环境评价研究，现在上海的住宅建设发展非常快，居住环境质量也提高很快，但人民对环境的要求也在变化之中，人们的居住环境满意度的预报因子肯定发生了变化，如果要了解这些就需要进行再评价。用后再评价的工作代表着用后评价的成果在经过几次实践（设计工作）和检讨（再评价）后，研究资料的累积和再研究以肯定用后评价的价值。

第九章 住宅与社区(一)——居住满意度

住宅是生活中最重要的场所。从人与环境相互作用的观点来看,首先,人在住宅里的时间最长,跨越整个人生,从生命的开始到终结,绝大部分时间是在住宅里度过的。据计算一个人每天在住宅里的时间平均约有13~14小时,也就是说,一个人在住宅里的时间超过了生命的三分之二。其次,住宅中有人们最重要的社会关系,与人们一起分享这个空间的,或是丈夫妻子,或是父母孩子,或是爷爷、奶奶、孙儿、孙女。无论你身处何时何地,他们都让你牵肠挂肚,如果失去其中的任何一个,生活将会遭到重大打击。再者,面对城市里的各种压力,住宅也是人们重要的"避风港湾",人们在自己家里享有较多自由,较少受到外界的干扰与限制。在住宅里,人们可以按照自己的兴趣布置家具,摆设器物,安排生活,修身养性。

住宅对人们来说不仅是一个纯粹功能性的、实用性的空间,人们在与住宅的相互作用过程中,为它附加了一系列重要的心理上的意义和价值。住宅是人们与之融为一体的地方,它不仅是一个场所,也是一个象征。它是安身立命之所,一个生命开始的地方,是力量的源泉和情感的汇聚之地,也是一个人生命旅程中安全而永恒的泊所。由此,我们才把住宅,而不是公司学校公园或是其他什么地方称为"家"。"家"这个词比住宅带有更丰富的色彩和更深刻的内涵。

生活中居住占有极重要的地位,尽管居住和健康、家庭和经济收入等与整体的生活品质的关系最为密切,但对环境设计而言,居住环境较其他因素更容易受到设计和规划的改变。

一、居住满意度

不同专业的人员对居住环境有不同的视角。政治学家、经济学家、社会学家和建筑学家可以在同一个居住区里发现不同的问题。居住问题实在关系国计民生,所以各个国家制定了一系列法律和政策确保居民能够得到适当的住房,并以经济和管理机构来配合,使这些法律和政策得到有效执行。传统上住房品质是由规划和设计人员用一定的判断标准来评判的,这些标准包括经济上的,如造价和租金;设计品质上的,如住房结构、卫生设备、面积等;和社会性因素,如拥挤程度等等。但是近年来这种评判标准使用起来已相当困难了,这一方面是由于这些评判标准本身受到了质疑,一些研究表明这些标准并不能准确地鉴别适当和不适当的住房。另一方面,有些住房本身的"品质"是相当不错的,但其居民却很不满意,典型的例子就是美国圣·路易市的Pruitt-Igoe高层公寓。

传统判据之所以不起作用,其原因在于缺少了居民本人对居住质量的判断。随着对居住环境研究的深入以及相关知识的积累,现在看来这一条是越发重要。居民们的重要需求得不到充分认识是传统判据不成功的主要原因。环境与行为研究正好能弥补这方面的缺陷,因为环境与行为研究从人与环境相互作用的观点来探讨环境各个方面之间的关系,其中就包括居住环境中居民的感觉和行为，社区中实质环境和社会关系的诸特征对居民行为的影响。

越来越多的研究人员在环境与行为研究中把满意度作为研究的主要组成部分，此方面Fried和Gleicher(1961)是满意度研究的开拓者之一，他们认为在住宅质量判断标准中，居民对居住的主观评价应该是比卫生设备或是住房的结构更重要的因素，而且确实有证据说明居民对居住的满意程度与个人综合的生活品质极为相关。在他们之后，有很多研究人员论证了这个观点。

你对你住的地方满意吗？你喜欢住在哪里？你梦想的家园是什么样的？你住房的实际品质与你的期望之间有差距吗？这些都是与居住满意度密切有关的问题。如果你是住在一个理想的环境里，或是接近理想的环境，你便会非常满意。不幸的是，许多人的住宅与他们的理想差距很大，他们对居住不太满意。居住的品质与人们的期望之间的比较就是居住满意度。理论上，居住满意度是使用者与建成环境之间，人们的期望、需要与实际的住房状况之间的平衡，如果此种平衡被打破，个体将重新修订他们的期望与需要，调整他们对住房的评价，或是改变这个居住状况，这种调整将持续到他们自我认同为止。

为了了解居住满意度就必须做大量的调查，但这种调查不是简单地去问"你喜欢你的住宅吗?"，研究人员已经发现当询问居民以前的住宅，或是理想住宅的情况时，满意度会随即发生变化，所以，相当多的因素都会影响居民的居住满意度。

总的来说，居民的满意度将取决于居民的个人特征，如人口统计特征、个人的需要与期望、居住时间和个人发展阶段等；社会联系，如邻里关系、朋友和家庭成员等；空间特征，如密度、设计特征、维护、是否与工作地点和以前居住区域邻近等环境的实质品质等；心理因素，如知觉、认知和情感构成，包括识别感、认同感、归属感等环境的意义，以及居民的态度、信念等；还有行为意向(intention)和实际行为，如参与、搬迁和捣乱破坏等。

二、住房中的环境心理

居住满意度(residential satisfaction)可以分为两个方面，一是住房满意度(housing satisfaction)，二是社区满意度(community satisfaction)，这两个方面密切相关，尽管在定义上各有侧重。住房满意度虽然提到了社区的重要性，但它更关注住房内部实质特征与居民行为之间的关系，这些包括住房面积、房间尺度、空间、私密性和活动等。社区满意度则强调了住房外部的实质特征、邻里中的社会关系品质，以及社区管理对居民行为的影响等。居住满意度要比上述两者更综合，很多地方与两者相互重叠，既包括住房内部的诸方面，如住房面积、空间等，也包括社区的实质的、社会的和管理的诸方面以及与此相关的个人因素。所以居住满意度研究就是一一剖析这些方面在满意度判断中的相对重要性。但我们应该牢记住房评价不应局限于住房内部的生活空间及其安排，它也应包括室外空间和邻里关系等。后者在住房满意度评价中起到了重要的调整作用。在居民的看来，住房并不仅仅指"可用的和有组织的空间"的客观方面(Lévy-Leboyer，1993)。反过来，居民对社区的知觉也对住房品质的具有重要影响。有确切证据表明，当住房条件改善以后，居民将更加关注社区里的社会联系和自然及接近自然的环境。

我们将以居住满意度为主线介绍居住环境的相关研究，让我们首先从住房开始。

1. 个人特征

这些居民是谁？他们的文化、个性、性别和职业是什么？这些居民居住此房以前有没有住过其他的房子？在评价住房时他们是与理想住宅相比较呢还是与其过去的住房相比较？抑或是与从朋友和媒介得来的居住标准相比较？在评价住房时，他们是住房的主人还是住房外的路人？研究证明居住满意度明显受到了居住者个人特征的影响。

(1) 生命周期的不同阶段

Michelson(1977)调查了加拿大多伦多市的居民以后说，超过85%的居民在一生的各个阶段都希望拥有自己的住房。有孩子的家庭喜欢住在市郊，老人和独身者更愿意住在市中心的公寓里，因为在市中心可以更经济地享受到城市提供的各种设施和服务。在一次对住房风格的调查中，Nasar(1983)发现年轻人热衷于装饰华丽的住宅，老人则喜欢朴素无华的风格。这种住宅外观看上去并不动人，却也净洁明亮，老人们喜欢这样的住房，重要的原因可能是他们自己已不能再像从前那样频繁地流动并接受复杂的信息了。

一般来说，老年人的居住满意度要高于年轻人。北爱尔兰的一份住房研究报告(Melaugh，1992)说，老年人(大于55岁)要明显比年轻人(18～34岁)对住房更满意(88%对77%)，在对住房不满意的人中，老年人只有年轻人的一半(8%对15%)。有的研究甚至发现，那些在旁人看来有明显缺陷的住房，而住在里面的老年人却对它挺满意(Campell等人，1976)。老年人的居住满意度较高的原因可能是他们对居住环境很熟悉，与环境之间建立一种归属感和认同感，也可能是他们对住房已不再有太多的期望，因而不愿意表达对其的不满。

国内的居住研究也有类似的结论。中国城市小康住宅课题组对全国九个城市做了抽样调查，在这个研究里，满意度可以看成居民对现有住房与小康水平住房的比较。课题组发现越是年轻的住户，认为与小康水平相差甚远的比例越高，而且人均面积与户主的年龄并无明确关系，由是得知，越年轻者对住房的要求越高(《小康住宅研究》科研组，1995)。但这绝不意味着老年人对住房就满意了，上海居住环境评价发现，老年人对住房评价非常不满意，在五点量表里的均值小于2，此说明老年人对居住很不满意(徐磊青，1995)。我们发现上海的样本与国外特别是西方发达国家的样本几乎无可比性。西方国家大多数老年人与孩子分开居住，居住标准高得多。但在我们的样本里，多数老年人与子女同住，住房面积小。老年人对住房不满意的主要原因在于拥挤，活动受限制，私密性严重缺失。

(2) 居住时间

居住时间越长，居民的满意度可能越高。北爱尔兰的研究报告(Melaugh，1992)说，有10～20年居住经历的居民里，满意者有88%，不满意者为7%，二年以下居住时间的住户满意者为82%，不满意者为13%。一般认为，居住时间越长，住户与居住环境会建立一种归属感和认同感，这有助于提高居住满意度。

但事情也不尽然，有时居住时间长短与满意度关系不大。譬如Kaitilla(1993)对巴布亚新几内亚的住宅研究说明两者的关系并不明显。可能问题在于居民对自己的居住状况有无选择权，在西方国家，房地产市场发达，居民收入也不低。如果对居住确实不满意的话就可以另觅他所。巴布亚新几内亚是个发展中国家，住房市场没有多大开发，住房短缺，居民除了住在这里以外并无其他选择。中国城市居民住房情况也有类似的地方，一方面房地产市场积压了大量闲置的空房少人问津，另一方面很多城市居民的住房品质不佳，但在商品房令人咂舌的价格面前却步，所以他们除了暂时将就以外也别无选择。

不过中国也有自己的特殊性。小康住宅研究科研组(1995)发现，从入住的年份来看，越是最近迁入的，认为与小康水平相差甚远的比例越少。这是因为中国十几年来居民的住房水平提升很快，越是晚建成的住房标准越高，面积越大。住房建造年代越是久远标准越低，面积越小。所以在中国快车道上发生的情况与西方发达国家所发生的恰恰相反，入住时间越短，居住满意度越高。

(3) 住房属权

很明显，拥有住房产权的居民比租房者对环境更满意，几乎每一个相关研究都认为存在这样明确的关系，尽管没有发现有关的国内研究工作，我们相信不会有太大差别。住房是一项成本极高的投资，如果对居住环境不满意，就不会在此置业。

其实购买住房产权的重要意义并不仅仅在于拥有，可能还与生活的安定感、安全感和归属感有关，这些方面都对人们生活的幸福起到了促进的作用。拥有产权的住户往往舍得在住房装修上大量投资，美化环境，并欲在此地居住更长的时间，这些都使得他们对环境更满意。

(4) 社会经济地位

生活富裕的人为了能够与自己的社会地位相适应而在住房上大量投资。他们选择或建造较好的住房，我们常常可以从社区和住房的外观就可以分辨出主人的收入情况。Melaugh 说北爱尔兰中产阶级和上层阶级对住房满意的人占 90%。高层工作人员(upper working)对住房满意的人为 87%，一般工作阶层(working class)对住房满意的为 84%，穷人对住房满意的只有 65%。在两个极端中，中产阶级和上层阶级对住房不满意的只占 8%，穷人不满意者占 20%。

小康住宅研究科研组的研究说，尽管家庭收入与小康感觉似乎没有多大关系(这可能与居民隐瞒收入有关)，但从其他一些相关方面可以管中窥豹，略见一斑。从职业来看，工人家庭认为与小康水平相差甚远的比例高，因为工人家庭人均面积比干部或技术人员平均少 1.5～2.2平方米。从学历来看，"大专毕业"者、"高、初中毕业"者、"初中以下"者和"小学以下"者差距明显，学历越高，认为与小康水平相差甚远的比例越少，它反映出这些家庭的人均面积上的差异。

(5) 性别

丈夫与妻子往往对住房的满意程度意见相左。譬如 Michelson(1977)对加拿大多伦多市新近搬家居民的满意度调查发现，当居民们被问及哪些方面使得他们的新家令人愉快时，在搬到市中心公寓的夫妻中，超过 40%的妻子提到她们满意于家的品质，但提到这点的丈夫只有 5%，另一方面，在搬到市郊公寓的家庭中，超过 50%的丈夫提到了家的品质是他们满意的原因，但只有 5%的妻子提及此点。

Canter 和 Rees(1983)也发现了这一性别差异。在他们的目标评价中，角色也是一重要的方面。他们从事满意度评价工作时，每一个问题分别由丈夫和妻子回答，然后通过 SSA (最小空间分析)统计发现，这两种角色在空间图上有不同的范围，妻子在评价她们的住房时非常重视与邻居间的社会交流。

影响居住满意度的个人特征还有很多，譬如是否有孩子、有几个孩子、孩子的年龄、妻子的就业情况等。居民的个性与居住评价经证明也有相关作用，可惜这些方面资料不多。

建筑师与规划师可能会怀疑研究个人特征与居住满意度之间关系的价值，他们认为根本不可能使一幢住宅楼里的所有人都满意。设计中经济的、技术的、法规的和场地的限制已经使他们没有多大一展才华的余地了，所以他们希望环境与行为研究能更多地揭示出空间品质对居民的主观评价的影响。当然此点也很重要，但个人特征与居住满意度的相关知识绝不是多余的。设计过程的关键在于了解使用者的需要，目前主要的问题是建筑师与规划师通常不去理会使用者与业主的需要。环境与行为研究的一个最普遍的结果是建筑师与他们的委托人对建筑的评价不一样，所以随着市场经济和买方市场的到来，此时积累一些个人特征与居住满意度之间相互关系的知识则显得很合乎时宜。

2. 住宅内部的空间与行为

住宅空间的实质特征与人们对住房的评价是密切相关的，这些特征包括面积、通风、保温、隔热、隔声、日照、景观和空间组织等。

(1) 空间大小

住宅设计意味着在决定尺度、细部、采光、材料和色彩的同时，综合考虑房间在功能、社会和心理上的需要，从居住满意度来说，可能最重要的莫过于空间的大小。

面积是极重要的，这在全世界都一样，无论是在美国（Marans 和 Wellman，1976），还是以色列（Oxman 和 Carmon，1986），抑或是在委内瑞拉（Wiesenfeld，1992），住房面积越大，越令人满意。

小康住宅研究认为，当前最大的住宅问题是面积不够。调查中提出住房“狭窄”者的比例最高，而日照、通风等环境与物理条件次之。面积越小者，认为与小康水平相差越远。从此点可以看出，小康住宅首先是面积达到一定标准的住宅。

住宅面积应该与家庭人口数一起考虑，于是和面积同样重要的是家庭密度。家庭密度主要反映在两个指标上：人均居住（建筑或使用）面积和每间卧房人数，前者是空间密度，后者是社会密度。更多的空间总是人们一致的追求，Wiesenfeld(1992)调查了委内瑞拉低收入迁居居民以后发现，这些居民迁居的理由，最主要的就是获得住房所有权和寻求更大的面积。

Lévy-Leboyer(1993)调查了法国带小孩的年轻夫妇的住房，这是一个中产阶级和上层阶级的样本，作者认为他们的住房条件很好甚至是相当好，这些人有较高的社会经济地位和令人羡慕的职业。43%的家庭人均居住面积在 17～21 平方米，34%的家庭人均居住面积大于 27 平方米，这次 Lévy-Leboyer 有意安排妻子而不是丈夫回答问题，因为妻子比丈夫更关心空间问题。调查得知，对居住满意度来说，最重要的是空间的大小，特别是家庭的人均空间，即人均居住面积和每间多少人数。

从中国目前情况来看，可以认为密度不仅是影响居住满意度的重要因素，而且是其中最重要的。小康住宅研究认为“狭窄”是住房的最大问题，当人均使用面积超过 10 平方米后，提出住宅“狭窄”的家庭比例 50%以下，人均使用面积达到 13 平方米时该比例是 40%以下，人均使用面积为 15 平方米时该比例为 30%。即使从小康感觉与住房密度的关系来看，也是住房密度越小，与小康的感觉越接近。

室内高密度是当前城市住宅的最大问题。客观地说，近 20 年来城市居民住房条件在不断改善，居住面积不断扩大。以居住问题比较突出的上海为例，1949 年市区人均居住面积为 3.9 平方米，到 1995 年已提高到 8 平方米，成套率 50%，到 2000 年，上海市区人均面积将达到 10 平方米（折合使用面积 13 平方米），成套率将为 70%。上海城市住房发展只是全国住房建设的一个缩影，城市居民人均住房面积大幅提高是中国改革开放的主要成果之一。但由于历史上的欠帐太多，即使是各级政府化了很大的力气，很多居民的住房还远谈不上宽裕，即使城市中人均居住面积已经超过 10 平方米达到了小康标准，还是有一批数量庞大的居民其住房条件比较差。

家庭室内高密度有很多不良效应，它会导致压力增加并与社会问题联系起来，特别是当社会密度高时后果更为恶劣。因而除了要强调人均居住面积以外，每房间人数也需重视。

与室内高密度紧密相连的就是拥挤，高度拥挤的环境使得人们对空间和空间里发生的社会活动极为不满，这会带来更多的行为和健康问题。这些知识我们在第五章里已详细讨论过了，需要强调的是，由于居住环境太重要了，所以家庭中的拥挤将比公共环境中的拥挤产生更严重的后果。来自 65 个国家的数字说明，高居住密度（每房间人数）与高自杀率有关。Saegert（1981）说在学校里成绩差的学生往往来自高密度的家庭。还有，高密度的实质特征将长期地影响儿童重要技能的发展。

Bradley 和 Caldwell（1984）首先考察了 12 个月大的孩子的家庭，他们发现那些高密度家庭里空间组织杂乱，孩子们没有多少游戏用品和空间。五年以后他们发现这些孩子的阅读成绩比较低（研究控制了智商的影响）（引自 Gifford，1987）。Rodin（1976）也发现那些生活在高密度家庭中的孩子与低密度家庭孩子相比，当被给予权利挑选奖品时，会放弃这种选择权而让研究人员为其挑选。这似乎说高密度家庭里的孩子还没有学会自我控制，或是当有机会时还没有学会掌握机会主动选择。研究还发现高密度影响了孩子与父母之间的正常关系。

但高居住密度的负作用显然要比研究所指出的小，这是怎么回事呢？首先，在居民家里直接研究拥挤有很大难度。我们显然对研究人员进入家里做调查感到不舒服，而且与其他问题相比，拥挤又是特别令人不舒服的，所以许多居住拥挤的相关研究都是在学生公寓或监狱等不太普遍的临时住所中开展的，有关儿童的拥挤研究也是在幼儿园和学校里进行的，通过观察与来自低密度家庭的儿童在学习等活动上的差异来获得知识。第二，家庭内部可以通过各种调和机制以努力减轻高密度的影响。从此角度来说，很多中国城市居民的居住活动也是为克服高居住密度而进行持续调整的过程，而且此种调整是相当成功的。

(2) 私密性

拥挤可以看成是私密性缺失。私密性是健康居住生活的关键因素，英国环境健康研究所（Institute of Environmental Health Officers，IEHO，1989）住房政策白皮书中强调保证最低限度的私密性是一个健康的居住环境的基本要求。

在家庭中个人生活和家庭生活是相辅相成的，家庭是社会的最基本单元，凭借家庭生活事务的参与及家庭人际关系的互动，把这种关系逐步推至邻里和社区，使我们定居的环境成为一个良性作用的社会生态体系。如果家庭中个人生活与家庭生活严重冲突，那么他与家人之间的的关系会出现障碍。有研究表明，为获得私密性而煞费苦心的家庭，以及教育孩子学会独处的家庭，将比不这样做的家庭里的孩子表现出更强的社交能力。

私密性就是人们控制他人接近他们所在之处的能力与程度，在环境设计里主要考虑的是视觉私密性和听觉私密性，前者侧重于活动不被人看到，后者表示声音不要让人听到，这两种私密性都与空间有关。因而从建筑与健康两者关系出发，居住空间的标准应该由人们的私密性需要和有利于儿童的健康成长两方面来定义。

与人均住房面积相比，每间卧房人数更准确地反映了家庭里的私密性的情况，一般来说，人们在住宅中的压力会随着每房间的人数之增加而增加，在对台北市都会区住宅品质标准的研究中，陈建仁和张金鹗(1992)建议将每间卧房人数为1人者可定为舒适标准，计80分。每间卧房人数为2人者定为最低标准，计60分。每间卧房人数为0.5人者定为最适标准，计100分。如果每间卧房人数4人以上者则为0分，因为此时无私密性可言。

对住房来说，个人私密性的最重要的保证就是有一个个人房间。世界卫生组织(WHO，1972)总结说，如果家里没有这样一个场所，那就会产生一种烦躁、不满和挫折的感觉。卧室就是这样一个场所。(单独使用的场所可以帮助人们控制私密性的水平，当他感到需要加强私密性时，他就可以躲在卧房里不受干扰地学习、休息或做其他一些私密性的活动)。

(3) 空间组织与家庭活动

讨论居住满意度则一定要谈到家中的环境与行为，两者关系极为密切。家庭中的行为包含广泛，这里讨论两个方面：空间组织与家庭活动。

当我们在家庭中工作和活动时必须知道如何布置有限的空间。从小康住宅研究和上海居住环境评价两个国内调查来看，住宅内部的设计与组织在居民对住房的主观评价中占重要的位置。后者通过因子分析发现，无论是多层还是高层住宅，对厨房与卫生间的评价是最重要的，在多层住宅中，对起居室与储藏空间的主观评价是第三位的因子(徐磊青、杨公侠，1996)。这两个调查可以反映出中国在上世纪90年代初的城市居民的居住水平，我们认为越是在住房不很宽裕的条件下，室内空间的组织与活动就越重要。

如果将上海居住环境评价与王青兰同时在深圳做的一个调查做比较的话，其中关系就更明白了。她于1993年对深圳的莲花小区以同样的方法也进行了调查，这个样本与上海的样本相比较就显得居住水平高很多，多数为二室二厅和三室二厅，也有部分的复式住宅和四室二厅。在居民的满意度评价中，名列前二位的因子是美观/社会活动/设施，此因子涉及对住房的美观、社区里的活动场地、社会交往和社区设施等的评价；和社区气氛/管理，此因子涉及亲切感、识别性、社区管理与服务、防止犯罪的设施等。比较这两个样本我们似乎可以得出如下的结论，即在居住满意度评价中，随着居住面积的增加，最重要的预报因子将逐渐从室内空间评价转移到对室外环境和社区总体的评价。

在住宅内部人们可以进行的活动几乎是无限的，所以我们也只能探讨典型的和有限的家庭活动与空间之间的关系。尽管不同的家庭或许有不同的空间使用模式，但随着社会的进步与工业化的发展，不同国家不同民族的空间使用模式存在着趋同的倾向。如果观察住房里每个房间所发生的事情，可以发现每个地方会发生一些典型的活动，这些活动构成了住房的整体特征，这就是住房功能上的分化。在住房功能高度分化的家庭中会有许多特殊目的的房间，如厨房、卫生间、起居室等。住房功能分化程度越高，住房品质越高，居住水平也越高。

厨房 在西方人眼里，厨房是家庭的核心，这与其空间组织有关。很多西方家庭的厨房里安排了一个用餐空间，所以事实上就存在两套用餐空间，厨房于是除了作为备餐外还是家庭团聚与活动的地方。Sebba和Churchman(1983)总结说，住房包括个人的、共享的、公开

的、专管的和活动区域。所有的卧房都被被试看成是私人领域，96％的起居室被认为是公共区域，56％的厨房被认为是专管(jurisdiction)区域，即为家庭所用但归母亲管辖，是家庭主妇的领域。Oseland 和 Donald(1993)采用块面法研究住房空间，他们支持上述说法，并更进一步认为厨房可以作为住房里私人区域和社交区域之间的过渡。我国学者基本上认为厨房既不是公共区域也不是私人区域，它是一个家务活动中心。

我国厨房的主要问题是面积不敷使用。小康住宅建议 6 平方米作为厨房的面积标准，并说可以在这样一个厨房里用餐。不过除了面积以外，设备布置也很重要。瑞典的实验证明，可同时容纳 2 个人操作的厨房，其设备布置最好成一直线。单独生活的轮椅使用者的厨房，其内部设备宜摆成拐角形。在紧凑式设计中常见的小面积厨房如果布置成 U 形，将会造成使用上的不合理(蒂伯尔伊，1993)。

餐室　小康住宅研究认为居住满意度与用餐地点有关。从用餐地点来看，有餐室的家庭认为与小康水平“相差甚远”的比例为 46％，在卧房用餐者该比例为 85％，在方厅、厨房和起居室进餐者该比例为 61％～65％。

从功能分化的角度来看，一个独立的餐厅事所必然。中国住房建设近几年发展如此之快，1995 年还在讨论 D＋K 式用餐厨房的可行性，1995 年以后大量在市场走俏的商品房已经将餐厅独立出来。俞永铭和罗戈(1995)说，他们所调查的深圳样本由于有专门的用餐地点，大多数家庭(94％)愿意在餐厅里用餐。

用餐的重要性不仅体现在地点上，用餐也促进了家庭成员之间的沟通，可以说吃饭是现代社会主要的社交形式。Omata(1992)调查了日本的各种住房以后发现，尽管家庭内许多活动都与家庭成员间的沟通有关，但吃饭是家庭内部沟通的最重要的方式。

起居室　起居室又称为客厅是中国家庭生活当之无愧的核心。小康住宅研究揭示了起居室对家庭成员的沟通和情感维系起到多大的作用。据调查，晚饭后家庭团聚频率每周三次以上者达 78.5％，1～2 次者为 18％，总和为 96.6％。其中在起居室团聚者达 65.6％，这在深圳和广州为最高，分别为 100％和 98.2％(赵冠谦，1995)。见图 9-1 和图 9-2。

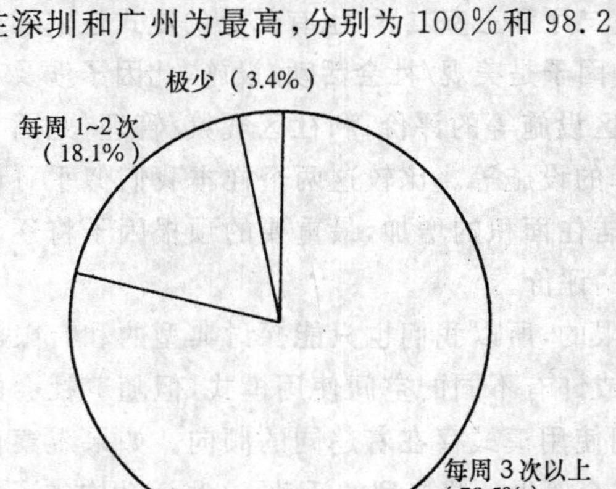

图 9-1　晚饭后家庭团聚频率(赵冠谦，1995)

深圳与广州的起居室利用率高的主要原因是面积大，譬如小康住宅研究所调查的九大城市中起居室小于 12.5 平方米为最多，有 45.7％，但广州大于 15 平方米的起居室为总数的 82.4％。起居空间的大小深刻地影响了家庭活动的模式，林建平(1995)把这种相关性量化了。见图 9-3 和图 9-4。

林建平说，随着起居室面积增大，选择起居室作为全家团聚、看电视和接待客人等活动的家庭明显增加。当起居室小于 10 平方米时，全家聚在一起和在里面看电视的家庭只有 33.1％，当起居室大于 17.5 平方米时，这一比例就达到了 93.5％。所以从图上可以看到，起居室的面积应在 12.5 平方米以上才能作为大多数家庭的活动核心。林建平还发现，起居室面积是和住房总面积以及人均使用面积有关的，住房总面积和人均使用面积越大，起居室的面积也越大。

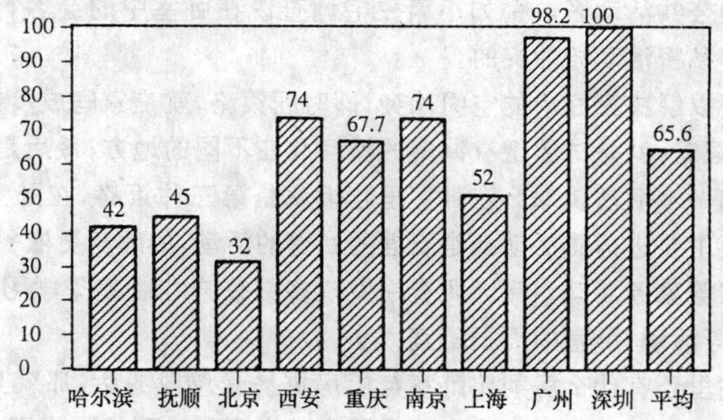

图 9-2　在起居室内的团聚频率(赵冠谦,1995)

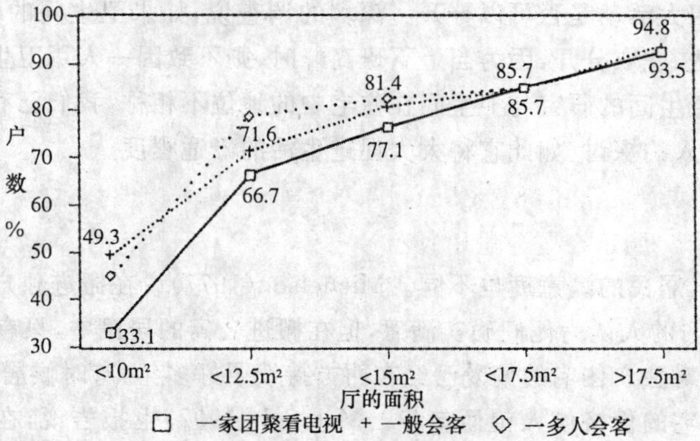

图 9-3　起居室的面积与主要起居活动的关系　(林建平,1995)

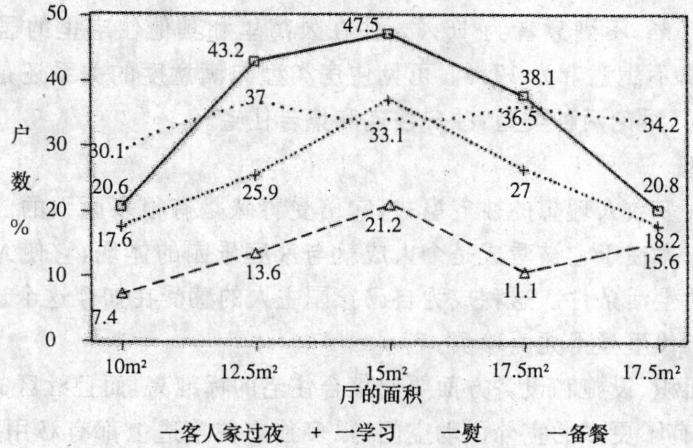

图 9-4　起居室的面积与辅助性起居活动的关系　(林建平,1995)

除了面积以外,朝向也很重要。当设计建成后起居室(厅)不符合使用要求时,譬如过道厅和小方厅等,小康住宅调查中发现,北京、上海和南京的居民们往往把住房中面积最大朝向最好的房间腾出来作起居室用。

卧室与卫生间　卧室是家庭中的私密区域,客人通常不进去,但如果家庭居住紧张,则卧室有时也会成为公共活动区。譬如小康住宅调查说在卧室中的会客行为有25.4%。很显然这是与睡觉等私密活动相冲突的。

有三种策略可以解决家庭中的空间冲突,即时间策略,就是家庭成员错开使用一个特殊的场所;二是空间策略,就是试图把有冲突的活动放在不同的地方;最后是互相妥协策略,即家庭成员共同参加一个活动。那么在卧室里吃饭就是第三种策略,在卧室里会客就属于空间策略。在卧室里主要进行的活动都是安静的私密的活动,如睡觉更衣等,有时也在卧室里做一些如缝纫熨衣等家务活动。深圳调查中发现多数住户在卧室里学习,所以考虑卧室中休息、学习和储藏等活动,卧室的面积不宜太小。

如果说在住宅里还有什么房间比卧室与厨房更易受忽视的话,那就是卫生间了。上海居住环境满意度调查说卫生间的合意程度是居住满意度最重要的预报因子之一。

卫生间大多数是三件套的定型化设计,现在国内研究关注的焦点是卫生间里的便溺、淋浴、盥洗和洗衣等四大活动是否可以分开。深圳的调查说,如果卫生间的面积较大,则应该把便溺、淋浴与盥洗、洗衣分开,因为当上下班高峰时,则不致因一人用卫生间而导致别人不能洗漱。总体上,卫生间的研究与卫生间在住宅中的地位不相称,我们已有的资料表明个人卫生问题需要更深入的探讨,如此它将大大促进生活的舒适程度。

3. 住房类型

住房类型不同,居民的满意度也不同。Michelson(1977)说在搬进独户住宅的多伦多市居民中,有超过50%的人认为他们确实满意,但在搬进公寓的居民中,只有不到25%认为他们确实满意。此种对独户住宅的偏爱已经在西方持续了好多年,有时候居民也会喜欢公寓,那只是因为独户住宅的价格使人望而却步。Melaugh(1992)也报告说,在北爱尔兰的调查中住在独立式(detached)住宅中的居民满意者达到89%,不满意者为6%。住在半独立式(semi-detached)住宅里的居民满意者为95%,不满意者为5%。住在联列式(terrace)住宅中居民满意者为76%,不满意者为16%。住在公寓里和其他住宅里的居民的满意程度最低,满意者为72%,不满意者为17%。可见住房类型与满意度的关系还是非常明显的。这里结合中国的情况,讨论两种类型:独户住宅和集合住宅。

(1) 独户住宅

独户住宅是大多数人理想的住宅模式,它倍受青睐是有很多原因的。许多事实证明独户住宅的巨大吸引力在于它被看成是个人成就与家庭乐园的体现,它使人感到自己有能力选择自己所喜欢的生活条件。这种成为自己家园主人的感受在如今这个让人们越来越感到无法把握命运的年代里显得尤为珍贵。

独户住宅在面积、设施和设备方面要比集合住宅的标准高,而且社区的建筑密度又相当低,于是每个家庭有了更多的室外活动空间,很多独户住宅边上都有私用的绿地,住宅之间的距离比较大,空间的层次又多,居民的领域感也容易满足。这些实质环境品质都促进了积极的社会交往。一方面居民们能在自己的社区里交朋友,并与邻里有更多的相互合作,另一方面,独户住宅是儿童的乐园,它有助于孩子们户外活动,增加与成人的接触。与集合住宅相比,独户住宅对儿童而言是安全的。

独户住宅中居民的私密性较强,但一些建筑理论家如Alexander相信这样的环境为居民提供了较多的私密性,从而导致居民们在社会交往中被孤立起来。Wilson和Baldassare

(1996)通过研究说明这种顾虑是多余的。他们调查了美国加州的橘市(Orange)市郊居住区的部分居民。统计表明约55%的居民说他们对私密性非常满意,31%的居民说他们在某种程度上满意,14%的居民非常不满意。最令人感兴趣的发现是居民对私密性的满意程度直接影响了人们的社区感,居民们对私密性越满意,他们的社区感就越强烈。这证明在市郊居住区里的居民通过避免与邻居间的不必要的交往而减少了社会压力。如此反而发展了与邻居间的积极交往,久而久之,形成了总体上的社区感。

人类学的研究也指出,独户住宅区里邻居之间的友情往往是通过隔着篱笆打招呼之中建立起来的。许多人对独户住宅的生活方式感到满意,而那些愿意迁出的家庭,则是希望搬到私密性更强的住宅中去,譬如独立的、带花园的别墅。

(2) 集合住宅

我国的情况与西方大不一样,从可持续发展的角度来看,在可以预见的将来,绝大多数城市居民依然会住在城市的集合住宅里,即我们通常所说的独门独户的新村住宅。那些独户住宅,只能是极少数人的奢侈品。所以研究集合住宅对行为的影响更具有现实意义,事实上我们上面提到的两个居住环境评价都是针对集合住宅的。

集合住宅与独户住宅相比有许多特点,首先,可能也是最重要的,集合住宅的密度大,住户之间的距离很近。第二,除了底层住户以外,楼上的住户没有独用的活动场地。从形象上看,集合住宅也很难混同于其他类型的住宅。它是一种密集的具有非个人财产的印象,是单元式的、漠视个性的城市景象。与传统住宅相比,它巨大、理性、抽象。在结构上,它既独立又相互依赖、既混杂又单纯、既密集又疏远。它是个人生活与集体居住的对立统一。

现在集合住宅有一些不良的名声,它被一些研究人员说成是对孩子的成长和成年人事业不利的地方。他们说集合住宅往往与许多孩童时代的痛苦联系在一起,这包括阻碍了活动的能力、更多的攻击行为、缺少睡眠、紧张、社交水平降低以及被迫分开的玩耍活动等。听起来这些挺吓人的,但显然是不真实的,否则还有哪个儿童可以生活在集合住宅里呢?尽管此类结论值得怀疑,但它提醒我们在集合住宅的研究工作上要化更大的力气。建筑学上通常把集合住宅分成很多类别,我们主要分析两种分类方式,即板式住宅与点式住宅,高层住宅与多层住宅。

板式住宅与点式住宅　板式住宅与点式住宅的主要区别是前者每一层楼的住户比较多,所以板式住宅有一个较长的走道。Baum 等人(1979)考察了大学公寓,他们比较了长走道与短走道的公寓以后说,那些住在长走道公寓里的居民要比住在短走道公寓里的居民在维持足够的私密性方面遇到了更多的问题,他们还观察到前者的房门比刚搬进来时关闭的次数明显增多。拥挤研究也有相似的结论,调查显示那些住在长走道公寓里的学生们不仅表现出更多的压力和不满,而且还利用各种应付机制在门厅里调节他们的社会交往,并且他们在公寓中呆的时间更长。一系列实验也说明住在长走道公寓中的学生在门厅里坐得离陌生人较远,很少聊天,也不太打量陌生人,表现出回避社会交往的倾向。

现在已经很少看到中间一条走道两边住户的双负荷板式住宅方案了,常见的是北面走廊南面住户的单负荷设计。不过这种设计不利于那些位于楼梯或电梯附近住户的私密性控制,经常有人走过家门和窗口,徒增拥挤感。

曾有一种设计特意放大外走道,认为这样可以有利于居民把一些住家的和邻里的活动安排到走道中进行。在走道里邻居们可以聊天,孩子们可以嬉戏,老人们可以打牌。但有调查说尽管这样的走道里放些椅子可以扩大为舒适的半私密空间，却很少有人这样做，走道基本上还是仅用于通行。

在英国曼彻斯特曾对15种不同型式的板式住宅做了调查，结果是2/3的居民认为走道不是游玩和活动的地方，超过一半的居民认为他们不会在走道中与他们的邻居聊天。可见，放大走道的效果不理想。这是什么原因呢？首先，那些在大街上和邻里中进行得很好的活动放到走道中就未必合适。第二，板式住宅中的问题是私密性不足和拥挤，因而居民们在走道中会刻意回避与邻居的交往。但此设想有一个优点，较宽敞的走道空间非常适合孩子们的游戏，家长对他们在走道里玩耍很放心，楼层越高越如此。

声名狼籍的Pruit-Igoe高层公寓也是板式住宅，这个由著名建筑师设计的住宅楼单体中每两层设置了一个电梯出口，那些住在没有电梯出口楼层的住户必须先通过两条走道和一段楼梯才能到自己家门口，建筑师相信，由于必须走这段路，增加了邻居们相互见面的机会。于是邻居之间的社交活动也会增加，邻里就会更加和睦。遗憾的是这两个目标都没有实现，因为居民们首先需要的是私密性，他们需要有足够的方法帮助他们控制在这些空间里与他人的接触，这样才会感到安全。可惜的是建筑师没有为此提供方法，却为流氓的恶行提供了方便。流氓们发现从住宅楼间的过道里逃跑要比从楼底下的街道上逃跑要方便得多。在这片高层板式住宅中，尽管住在一起的居民可以相互照应，但流氓们依然可以在居民进入家门之前，两面截击他们，把他们打翻在地，然后入室抢劫。虽然社区中社会的、文化的、经济的因素是造成这个悲剧的主要因素，但建筑设计也有直接责任，故该工程在竣工后十年不得不全部推倒夷为平地。

目前板式住宅已日趋式微，这多半不是因为听取了社会学家和心理学家的真知灼见，而是基于市场的选择。市场上板式住宅不受欢迎，市民们厌恶此种设计，建筑师也发觉板式住宅使他大缚手脚。为了应付激烈的竞争，满足人们越来越高的住房要求，建筑师纷纷放弃板式住宅而取点式住宅。

事实上成功的板式住宅设计极为鲜见。其中英国著名建筑师Erskine在纽卡斯尔设计的板式住宅是难得的亮点。这个住宅楼是曲线型的，它打破了板式住宅常给人的“公共机构”的印象。每个住宅单元的入口都做了特殊处理。它是一个凹形空间，与走道有一个踏步的高差，地面上铺了一块地毯。空间的主角是一个种植架，上面主人可以养自己钟爱的花草。种植架边上是一个板凳，它与种植架连在一起。整个入口空间可由主人的不同布置而凸射出主人的不同气质，是把过道与家门联系起来的过渡空间，主人在此空间里放上自己的东西而使它有更强的领域感，它避免了户门直接开向走道而引起的种种不便。

总体上说，板式住宅是不成功的，我们引用英国环境部的一份报告(1981)做最后的结论：“有着长走道的住宅，不大可能受到住家的欢迎。”

多层与高层　高层住宅总有些不良名声，一些研究说明高层住宅对人们的生活特别是对核心家庭有消极作用。McCarthy和Saegert(1978)比较了高层与多层集合住宅中门厅、楼梯间、电梯间和其他公共区域中的私密性情况，这些高层与多层住宅是纽约市为低收入者建造的，居住者年龄相似，教育程度与人口统计数据也差不多，然而高层的居民感到有更多的社交负担，更多的匿名性，安全程度低。居民对住房不满意，并感到难以与邻居建立互帮互助的支持关系，同时他们感到无力改变住房政策。一些西方学者相信，多层住宅居民往往比高层住宅居民更具社交性，更喜欢社交活动，更乐于参加社区中的各个组织，因而社区感

也较强烈。

高层住宅受到指责还由于它对儿童成长不利。当住户家里有孩子时,父母感到让孩子在室外活动不放心。Hall 也曾说过高楼简直不是抚育孩子的地方,如果孩子们在 15 层楼下的公共游戏场里玩耍的话,母亲根本看不见他。

但近年来有些研究则不支持这种负面印象,相反,发现高层住宅居民有良好的邻里关系,并可以获得私密性。我们在上海居住环境评价研究中比较了多层与高层住宅,调查了两个社区,一是延吉新村,一是天山小区,前者上世纪 80 年代末获得过建设部的文明小区称号。结果发现高层住宅居民的满意度略高于多层住宅居民的满意度,且在邻里关系、安全感和对孩子的活动之担心方面并无多大差异。我们对此的解释是,由于样本里高层住宅套型面积大于多层住宅,以及社区所提供的良好的管理与服务设施使得满意度较高(徐磊青,1997),不过这两点都不是高层住宅的特性。

高层住宅有两个主要特征,一是高度,二是人数。从高度来看,优点是新鲜空气、景观和远离地面的宁静,缺点是受到电梯的限制,大人为小孩的户外活动担心,也害怕孩子从窗口掉下去。从人数上说,人数多,无论是大人还是孩子都可以从中选择朋友,如果他愿意,他也可以从匿名之中获得私密性,这是人数多的优点,人数多的缺点在于噪声和拥挤,难以与邻居交往和协作。

Churchman 和 Ginsberg(1984)调查了以色列的三个中产阶级邻里,这三个邻里全部是由四层以上不同高度的住宅楼组成。实验组是从 16 幢不同高度(8,12,16,20 层)的点式高层中抽取。控制组是从相似设计的四层高住宅楼中选取。八层和十二层住宅大楼每层四户,十六与二十层大楼每层六户,344 个家庭主妇接受了个别的有组织的访问。两位学者发现,在满意度方面,高层住户与多层住户并无明显差别,虽然后者略高一些。因而居民们的满意程度与房屋的高度无关,只是多层住宅住户较高层住宅的住户较喜欢目前的住房高度。

在高层住宅的印象方面,所有居民都认为高层住宅既有优点也有缺点,一致同意的优点在于入住的人多。缺点则与房屋高度有关。所以在此样本中,以色列人的高层住宅印象是它一方面能使大人与孩子在邻里中有更多的机会交朋友,并获得所需的私密性。另一方面,虽然住得高有好的景观,但依赖电梯以及害怕孩子从窗口掉下去的缺点也很明显。有意思的是,那些不住在高层住宅的居民倾向于同意高层住宅的缺点,那些住得较高的居民更倾向于同意高度的优点。这里,是绝对高度而非相对高度影响了居民的感受,换句话说,那些住在八层楼里的居民,无论他是住在一幢八层住宅楼的顶层,还是住在十六层大楼的中间层,都一样。住得越低的人越倾向同意人多的缺点,这里,是相对高度而非绝对高度影响了居民的感受。换言之,住在 8 层建筑楼里第八层的居民与住在 16 层大楼中第八层的居民之回答是不同的,后者更多的同意大人多的缺点。另外研究发现,家里孩子的年龄越小且住得越高的居民越担心孩子们在户外的活动。

一个意料之外的结果是研究发现在高层住宅中,每台电梯的服务人数明显影响了居民的知觉。由于 12 层大楼中每台电梯服务人数较少,因而 12 层大楼居民的拥挤感最低,差不多与多层住宅居民所体验到的一样。两位学者说 12 层大楼与八层或更高的大楼相比,居民们在半公共空间内碰到的人比较少,碰到的不认识的人也少。此发现的意义在于,它似乎说减少每台电梯的服务人数,可能是缓和高层住宅中人多缺点的有效办法。

Churchman 和 Ginsberg 的工作很有价值,他们的结论与某些西方同类研究对高层住宅所持的负面印象有较大出入。两位作者认为，其原因至少包括以下几条：首先，居民的社会经济状况和家庭规模不同。以色列高层住宅居民主要是中产阶级和中等规模家庭，很多同类西方研究的样本则是社会上的穷人。第二，在邻居关系与孩子们自由活动上存在文化上的差异。以色列人经常能互帮互助，譬如帮助照看邻居的孩子在户外半公共空间里的活动。第三，以色列高层住宅是居民买下来的，而不是居民们租来的，这可以认为居民是自愿住在这里，而不像西方研究样本中，高层住宅是政府提供的福利房，居民们除了住在此地以外别无选择。第四，以色列的高层住宅不超过 20 层和 120 户，其规模不算很大。第五，在此研究中与高层住宅做比较的是四层楼住宅，但在许多西方国家的调查中与之比较的是独户住宅。

对照以色列的高层住宅，可以发现他们与我们有不少相似的地方，高层住宅并不像西方学者指称的那样都是缺点，如果在设计中降低住宅楼的高度，减少每层的户数，就可以弱化高层住宅的缺点。我们完全有理由相信高层住宅会受到居民的欢迎，并对人们的生活有较好的影响，目前上海房地产市场上九至十二层一梯两户小高层热销，可以从侧面说明这一点。

在研究工作中我们也应注意到，高层住宅的优缺点，是系于其独特的属性，还是系于居民的社会经济地位，生命周期的不同阶段，房屋产权，以及建筑的规模，设计和社区管理等。高层住宅十分复杂，还需要不断积累这方面的知识。

三、社区中的环境心理

住宅外部情形与住宅内部特征一样是居住环境的组成部分，这些外部环境就是邻里与社区。我们关心的是怎样的邻里与社区令人满意？社区中的哪些实质元素让人愉快？社区中的哪些环境条件使人们互相帮助而不是伤害？社区中人们相互交往的特点何在？首先让我们回答这个问题："为什么要住在这个地区的这幢房子里呢？"

1. 住房的选择

选择住房有许多理由，譬如说希望能多一些空间，对孩子们的成长有好处，这个地段有更大的升值潜力，并能享受到更多的自由，这些因素已经很重要了，尽管必须付出诸如丈夫上班时间增加以及太太又不得不结交新朋友的代价。有关研究说明影响住房选择的因素主要分为两方面，一是住宅本身的属性，这包括住房类型、价格、面积等；邻里的特征，包括噪声水平、空气品质、户外环境、犯罪率、交通、邻居和是否适合孩子等；以及住房的位置，这包括附近是否有学校和托儿所、是否有商店和超级市场、是否靠近娱乐设施、与上班地点的远近、是否邻近自然区域和是否靠近朋友与亲属等。

第二个因素是个人和家庭的因素，这些变量也有一大堆，其中包括年龄、职业、教育程度、收入状况、种族、有无孩子，以及孩子的年龄等。譬如 Feldman 和 Tilly 曾利用户口调查资料，证明教育程度是一项相当重要的决定因素，收入状况也与此有关。当将职业和收入放在一起考虑时，工资较高的蓝领工人(技术工人与监工)显然有利用其较高的可支配收入脱离蓝领阶层的其他成员，而迁到他们高薪支付得起地区的倾向。但就这两个方面来看，住房本身的属性可能更重要。

不过，以上这两个方面也受到人们对这些属性的价值判断的调和。Lindberg 等人认为(1987)人们对住宅各种属性的评价显然与他的价值观和生活信念有关。人们对住房这些属性的评价标准，是看这些属性对他重要的生活目标或价值有多大的帮助，这些目标包括幸福、自由、舒适和好的经济状况等。

较受青睐的居住地点的空间分布表明，多数居民愿意居住在离中心城区有一定距离但不是太远的地方，譬如市郊。这是因为大城市的中心区人口稠密，尤其是繁华的中心地带地价昂贵，建筑密度高且多数都是商业和办公区。其中的住宅区则往往历史悠久，设施破败不堪。而市郊的环境质量相对好得多，建筑密度小，绿化率高。Fuguitt 和 Zuiches(1975)曾说明，与大城市的接近程度是人们选择小城镇与乡村生活的决定要素。他们发现大部分居民愿意生活在离较大的城市约 50 公里以内的地方，其最主要的理由是这些地方犯罪率较低，空气清新水源洁净，有适合孩子的户外环境，当然他们对娱乐和文化设施并不看重。相反，那些愿意生活在大城市里的人则不是很注重低犯罪率、干净的水与空气以及适宜抚育孩子等因素，而是把娱乐和文化设施看成是最重要的。

事实上人们如何评判这些住房属性和邻里与社区的品质是与个人因素有关的。譬如不同年龄就有不同的价值观，于是评判的标准也不一样。Lindberg 等人(1992)调查了瑞典 Umeå 市从 17 岁到 80 岁不同年龄的居民，并把住宅与市中心的距离分为 6 段(分别距市中心 0.5，1.5，3，7，15，40 公里)。他们发现尽管总体上各年龄组都希望使居住地点与市中心保持一个中等距离，总体上距市中心 1.5 和 3 公里选择者最多，但家里有孩子的被试组(30～49 岁)要比其他组希望住得更远一些。另外两个最年轻的组(17～18 岁，19～29 岁)和年纪最大的组(65～80 岁)则比其他组希望住得里市中心更近一些。对于不同年龄居民对住宅地点的不同选择，Alonso 曾形象地用图来描绘这种迁居模式，见图 9-5。

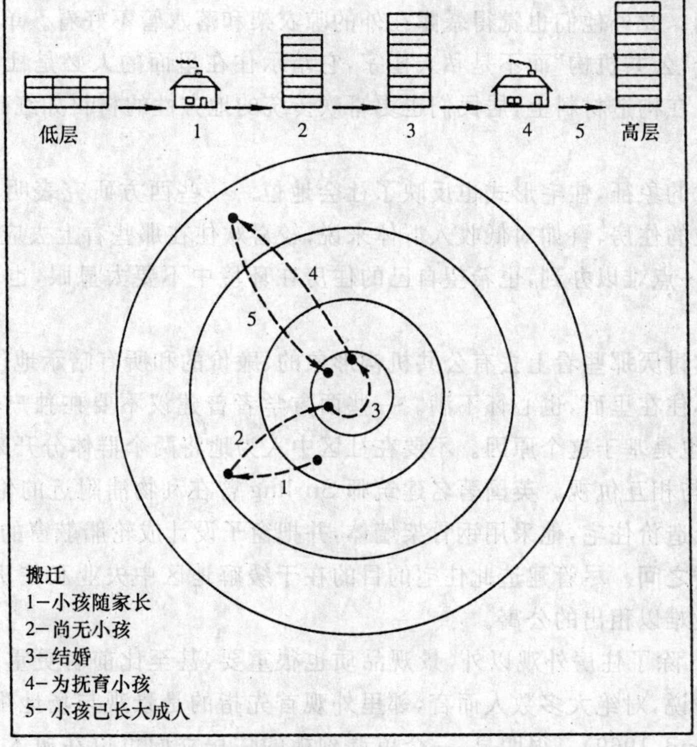

图 9-5　北美城市居民的搬迁与所处生命周期的关系(Alonso)

年轻人和老年人更愿意住在城市中心，前者希望能经常到各色文化和娱乐设施中去玩，后者比较重视商店和医院的便利程度。有孩子需要抚育的年轻夫妇总是为孩子考虑很多，通常会选择市郊。因为市郊环境品质好建筑密度低，是有利于孩子健康成长的地方。中国在这方面也差不多，可能中国人更重视孩子的教育，于是有较好的幼儿园和学校的社区总是受欢迎的。在目前不景气的房地产市场上有精明的商人便在自己开发的居住区里建设高级别的幼儿园或小学、中学，有的楼盘干脆就建在有名望学校的周围。由于购房者大都定位在30到40岁的人士，通常这样的经营策略是有效的。

2. 社区品质

社区和邻里品质不仅是人们选择住房地点的一个决定性要素，而且社区满意度也部分地取决于它，社区的与邻里的品质包括它的美学品质、噪声、管理与服务等。

(1) 美学品质

住房外观　居民对邻里的满意与否在很大程度上依赖于邻里的美感。Nasar(1983)曾经把60张居住区照片给建筑师和居民看，请他们就喜爱程度打分。结果发现他们都喜欢整理良好的庭院和外观华丽的建筑，只有老年人喜欢风格素朴的房子。

住房外观形式使人悦目，与住房设计风格无关，而主要系于建筑是否错落有致，轮廓线是否有变化，以及立面的丰富与和谐等。Francescato等人(1979)在美国住宅与城市发展部(HUD)的资助下调查了全美很多住宅区，他们说居民们普遍把外观上较复杂的住房评分较高。譬如一幢联列式房子，不同质地的各种材料变化而和谐的统一在一个立面上，屋顶形式和装饰也较复杂，居民们很喜欢这样的形式。另一方面，居民们不喜欢的住房外观，其共同点就是立面单调。此外他们也觉得暴露在外的晾衣架和落水管不好看。单调的立面使住房看起来更像一个"公共机构"而不是私人住家，它暗示住在里面的人必是社会地位低下的接受社会福利者。在构造材料上，居民们也更喜欢传统的地方性的材料如红砖，而不喜欢钢和混凝土。

住宅是自我的象征，住宅形式也反映了社会地位。一些西方研究表明人们喜欢看上去有较高社会地位的住房，譬如对低收入群体来说，较喜欢住在那些看上去应该属于中产阶级的住房，即使这一点难以办到，也希望自己的住房在环境中不要太显眼，也不要明显低人一等。

低收入群体讨厌那些看上去有公共机构形象的、廉价的和所有暗示地位低的住房形式，即使他们不得不住在里面，也心怀不满。一些西方学者曾建议不要在独户住宅区里或附近建造高层住宅，也是基于这个原因。不要在社区中人为地将两个群体分开来，否则将造成社区的冲突、不安与相互仇视。英国著名建筑师Stirling曾在利物浦附近的伦康(Runcorn)为低收入者设计低造价住宅，他采用钢骨架墙体，并把窗子设计成轮船舷窗的样子。各种管道横贯在各住宅楼之间。尽管建造此住宅的目的在于缓解地区中失业和住房短缺的情况，但它现在是当地最难以租出的公寓。

景观品质　除了住房外观以外，景观品质也很重要，甚至比前者更重要。一个伦敦的房地产研究报告说，对绝大多数人而言，邻里外观首先指的是景观与场地配置，其次才是住房本身(Shankland,1969)。很明显，一个单调刻板的住房立面可以在树木与花草的映衬下楚楚动人，反过来，一个高品质的住房立面设计如果缺少自然要素的掩映也显得刻板。随着住房水平的提高，居民们将会比以往更加注重社区和邻里的景观，如上海居住环境评价所揭示，住房拥挤的上海居民的居住满意度的最重要的预报因子都偏向于室内，但居住水平较高的深圳莲花小区居民就更加重视社区总体上的吸引力和景观。社区中的景观多种多样，包括绿地、种植、水池、活动场地、小品、雕塑和社区设施等，其中最重要的是自然或接近自然的元素，特别是绿化。

种树可以美化环境，陶冶情操，同时又能调节空气和小气候，具有非凡的生态价值。在房地产市场上，那些有大量树木的住房和社区较受人欢迎，且地产价格也较高。很明显绿化增加了房地产的价值，那么它的经济价值到底有多少呢？

Getz 等人(1982)报告说 90%的城市居民认为树木可以使地产价值至少增加 10%，25%的居民认为增加的价值超过 25%。但由于研究使用了非正式的分析方法而损害了结论的可靠性。一些使用严谨的实验方法，如控制了包括个人特征、建筑面积、浴室间数、上市时间和地段等变量，并采用回归分析的研究报告所得出的数据就谨慎得多。如 Morales 等人(1976)的数据是 6%，Anderson 和 Schroeder(1988)则认为树木增加了地产价值的 3.5%～4.5%。不过后者指出，这些数字明显是较保守的，在很多情况下树木种植与房地产的很多特征紧密联系在一起，它增加了其他项目如楼地板面积等的附加值，因而单计算树木与房地产价格之间的关系不足以完全体现树木的经济价值。一个比较可信的数字可能在两者之间，既不是 10%，也不是 4.5%，而是在 6%～7%之间。

虽然树木的经济价值很重要，在房地产项目的投资、管理和保险补偿方面可以利用这些研究成果，但对居民的社会生活美满和邻里来说，树木有更重要的社会意义。很多工作说明，大量种植树木可以大幅提升居住品质。人们普遍渴望树木葱葱绿意盈盈的环境，研究证明树木与居住满意度和环境喜爱度密切相关。Schroeder 和 Cannon(1983)采用景观美感估计法(Scenic Beauty Estimation Methodology)为城市树木估算价值，发现在回归模型中与植物有关的变量可以解释人们察觉到的美感的 60%以上。

树木使邻里生气勃勃，更具吸引力，更美更舒适。因而树木的经济价值与社会价值也密切相关。Orland 等人(1992)考察了两者的关系，他们请了 85 名被试并给他们呈现一些住宅照片，让他们填写一份量表和回答一些开放性问题。三位学者发现，尽管住房的大小对住房的商品价格有最重要的影响力，但房子的吸引力与察觉到的住房的商品价值高度相关($r=0.75$)，也与实际住房商品价格高度相关($r=0.70$)。

良好的视觉品质，首先需要建筑师精心设计，它包括精心配置绿地，细心挑选树种，合理安排活动场地和社区设施，在必要的地方点缀个别雕塑和小品也可为社区增色。所有的证据表明，对以上因素不予考虑的住宅项目，即使是那些高密度的低收入住宅区，也将注定失败。

(2) 噪声

噪声是许多人对社区与邻里不满意的主要原因。Lindberg 等人(1992)以主成份分析计算了不同年龄段的被试所选择的与市中心的各种距离。他们揭示了四个因子，最主要的一个涉及无噪声/对孩子的成长有利，这说明这些人在选择居住地点时首先考虑的是安静和对孩子的健康成长有利。然后计算各个距离的因子得分发现，随着与市中心的距离逐渐增加，因子得分也逐渐增加。研究发现的第二个因子与是否靠近设施有关，这包括靠近学校、娱乐设施和社区设施等，这个因子得分最高的区位出现在与市中心中等距离的地方，即离市中心 1.5 和 3 公里的地方。

噪声对人们的工作、学习和生活都有负面影响，以儿童来说，Wachs 等人(1971)从事的研究说明，家中的高噪声级对孩子的语言学习和注意力的发展起着消极的作用。研究人员收集了年龄从 7 至 22 个月的 102 个幼儿发展资料，结果发现家中的噪声级是孩子发展水平的最可靠的预报因子。在此实验中，环境的噪声级并不是客观测量的，而是由居民主观估计的。同样的，Goldman 和 Sanders(1969)也证明住在喧闹社区里的学龄儿童，在一个略微喧闹的房间中进行的听觉实验不合格，但当他们在一个静室中测试时，他们的成绩明显地较佳。作者的结论是，持续喧闹的环境降低了孩子们在一堆听觉信号中分离出一个信号的能力。

Cohen 等人(1973)做过的一项有名的实验提供了这个问题的另一个定量资料。54 个小学生分别住在一幢 32 层的大楼里，此住宅楼靠近一条快车道。他们对孩子们做了阅读和听觉辨别测验。公寓里测量到的噪声级为 55 至 66 分贝，这取决于高度(八层为 66 分贝，32 层为 55 分贝)。楼层与噪声级的相关很高($r=0.9$)。Wepman 听觉辨别测验的得分和这个孩子所住高度的相关也很大($r=-0.48$)。对至少在此地住过四年的孩子的分析说明，Wepman 听觉辨别测验和阅读实验的相关也很显著($r=0.53$)。作者总结说："公寓中的噪声级可以解释听觉辨别方差中的很大部分，也可以解释阅读能力方差中的很大一部分，在日常生活中较长久地暴露在噪声中，产生了持久的作用……很可能实验中的孩子已学会滤去噪声并适应于一个喧闹的环境，然而这种适应的代价是语言和听觉能力的损失。"

噪声除了对儿童的学习能力有负面影响以外，对人们的生活也有冲击。几乎所有人都被噪声骚扰过，噪声引起的烦恼不仅与噪声本身的特性有关，还与听者的特征、听者与噪声的关系，以及噪声是否可以控制有关。

国外许多社区噪声烦恼度评价的调查结果认为，噪声暴露与抱怨、恐吓和不法行为等有关。一般来说，等效声级越高，人们的烦恼度越高，两者存在线性关系。我国也有环境噪声烦恼度评价的调查研究，如王家柱、何存道等人(1983)抽样调查了上海住宅与文教区，得到了不同噪声强度下烦恼度主观评价的百分比。见表 9-1。

表 9-1　449 人烦恼度的主观评价统计表(王家柱、何存道等人，1983)

中心声级(dB)	评价等级							
	安静	比较安静	闹	很闹	不可容忍	同声级频数和	烦恼频数	烦恼概率(%)
45	3	6				9	0	0
50	12	46	16			74	16	21.62
55	15	89	57	9	2	172	68	39.53
60	11	39	60	7	2	119	69	57.98
65	2	9	16	1		28	17	60.71
70			6	3	4	13	13	100
75			13	20	1	34	34	100

在我国现行规范中，规定居住与文教区户外允许噪声级白天为 50 分贝，夜晚为 40 分贝，实际上很多地方严重超标。噪声污染是居民对社区与邻里不满的重要原因。在影响居住安静的噪声中，交通噪声名列首位。1986 年北京市建筑设计院专题研究组的调查报告说，拖拉机和公共汽车噪声为第一、第二位。学生放学和商业活动为第三、第四位。在这次调查中，70％以上的临街住户都不同程度地受到城市交通噪声的干扰。对北京劲松居住区的抽样调查说，不同位置住户的反应不同，临街住户要比不临街的住户反应强烈得多。

如何恰当地布置沿街住宅，把噪声干扰减至最低是小区规划和建筑设计必须考虑的问题。利用合理的布局，形成一种屏障以隔离外部交通噪声的传播，保障内部环境安宁，经证明是较好的办法。吴硕贤(1982)报告说，通常沿街住宅垂直于街道布置的方法并不好，虽然住宅不面向街道，但由于噪声传入后形成一条声廊，经墙面多次反射，使噪声衰减缓慢。他建议采用混合布置的方法，避免了声廊的形成。这样沿街住宅受噪声干扰较大，但可在单体上采取措施，如设双层窗，外墙的专门部位设吸声材料等。而小区内其他住宅则受益匪浅，见图 9-6 和图 9-7。

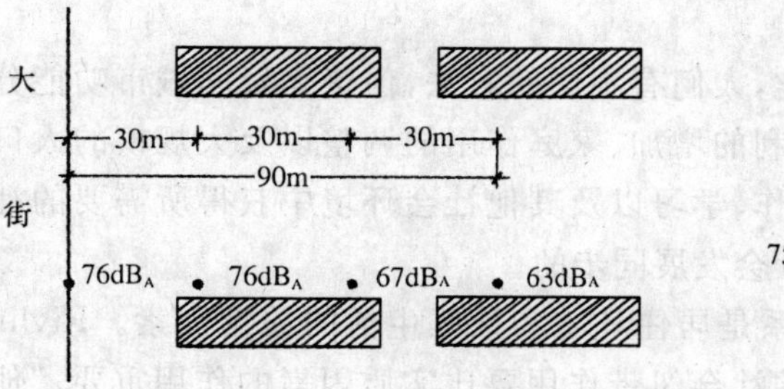

图 9-6　垂直街道布置，离大街 90 米处，
噪声达 63 分贝(吴硕贤，1982)

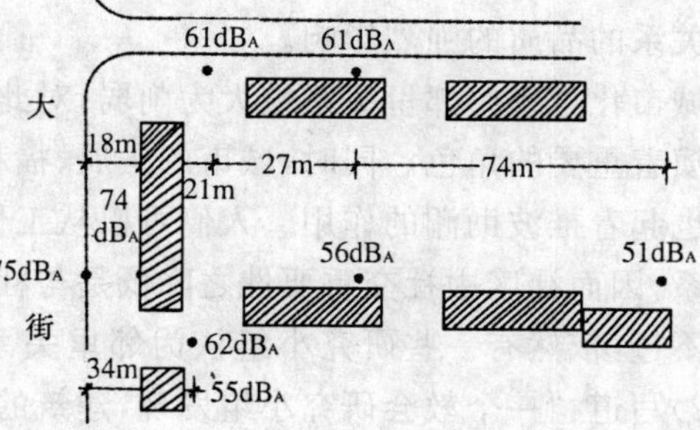

图 9-7　混合布置，离大街 67 米处，
噪声只有 56 分贝(吴硕贤，1982)

(3) 管理

社区的美学品质首先系于设计，但主要系于管理。一份对纽约七个大型低层和高层住宅项目的研究报告指出，精心维护的路面和环境中无垃圾无废物，是居民们对具体设计特征满意的前提条件(Becker，1974)。只有管理不成为问题，居民才会更加注意建筑外观和社区里的景观。这份研究报告说在居民对社区外观的评价中，最重要的影响因素依次为维护、景观、外部材料和建筑外形。报告甚至指出，对大多数居民而言，社区的外观品质是管理质量的代名词。

虽然景观、建筑外形和管理都对社区的美感有重要作用，但研究显示不同的社区，其重要程度的排序也不尽相同。Orland 等人(1992)的调查发现，在地产价值较高有较强吸引力的社区中，其重要性依次为景观、建筑和管理。但在地产价值较低吸引力不强的社区中，其重要性依次为管理、景观和建筑，后两项相差不大。我们对这个结论所做的解释是：地产价值低吸引力不强的社区中，社区的美感主要系于管理，因为在这些社区里管理质量往往不佳，从而造成景观品质低，吸引力不强。在那些吸引力较强、地产价值高的社区中，并非管理不重要，而是在这些社区里，管理往往相当好。

社区管理除了对社区的实质品质有重要贡献以外，它还有助于提高居民的安全感并减少社区里的犯罪。有关这方面的论述见下一章。

3. 邻里交往

很明显,对社区的满意程度也依赖于社会生活的质量,但令人惊讶的是,在一些社区中社交网络并不是社区满意度的一个非常重要的原因。Fried 曾经在 1961 年的一个经典调查中说明社会纽带是绝大多数居住满意度的一个关键角色,但 1982 年的研究他却发现对社区满意度来说,社区的实质品质要比社区的社会作用重要得多。Fried 访问了 40 个城市的 2500 人,除了那些强烈需要社会支持的人以外,大多数人认为社会纽带在社区生活里不怎么重要。这个结果是多么地让人沮丧,它意味着我们中的大多数已经不再注重邻里间的朋友关系了。所以在社区满意度方面,社区和邻里的实质方面要比社会方面更重要。

不过正如我们上面所指出的,人们对社区生活的关注程度与人们的居住水平密切相关。与居住水平不佳的上海居民相比,居住水平较高的深圳居民就更重视社区的社会品质。Lévy-Leboyer(1993)调查了居住水平较高的带小孩的法国年轻夫妇,她说尽管居住面积和人均居住面积是居住满意度的最重要因素,但是它也受到了社区里的社会生活,准确地说是邻里关系的品质的强烈影响。

城市化过程中邻里关系被大为削弱,对此,人们有不同的看法,但毫无疑问城市功能分化扮演着重要的角色。同时,城市的扩展、福利的增加、家庭作用的调整以及大规模的人口流动也起着推波助澜的作用。人们可以从工作、学习以及其他社会环境中获得所需要的社会关系,因而社区中社交重要性之降低是与社会发展同步的。

不过,依然有一些研究小组认为邻里关系是居住环境和社区生活的关键因素。Rivlin(1982)写道:“一个教会研究小组发现,建筑的社会纽带作用要比实质因素的作用重要。”他的论点成为许多研究人员参照的典范,特别是那些在现代文明中仍然保留着自己的语言和风俗的古老国家里的研究人员,他们奋力地探索在占统治地位的现代文明中濒于崩溃的本土传统价值观,这些研究在发展中国家和文明古国非常普遍,中国也不例外。无可奈何的是,在传统文化熏陶下的人们一旦有了钱,往往脱离传统文化而到现代文明中去享受舒适的物质生活去了。所以这也证明了 Fried 的主张,即对绝大多数人而言,实质品质要比社会纽带重要。

无论如何,尽管邻里关系与以前相比其重要性降低了,但它还是居住满意度和社区生活的重要内容,特别是在居住水平有了较大提高以后。马丘比丘宣言(1977 年)指出:“我们深信人们的相互作用与交往是城市存在的基本依据,城市规划与住房设计必须反映这一现实。”在现代社会的基本社会关系组合中,居住区是家庭、工作或学习单位以外的第三种基本组合方式。人们日常生活的大部分时间都在居住区里度过。因此居民间的邻里关系,是构成社会关系的重要组成部分。

另一方面。邻里关系不佳和社会交往少的居住区,看上去只不过是毫无生气没有亲切感的房屋组合排列而已。我们过去的小区规划正是忽视了社区感和居家感,仅仅是解决了人们生理上的需要,忽视了社会生活的质量。

(1) 空间与邻里交往

邻里交往与邻里的空间特征有关,这主要包括两个方面:各住宅间的距离和住宅的相对位置。Festinger 等人(1950)的早期研究,曾就居民的友谊模式,调查了美国麻省理工学院由环绕公共庭院的独户住宅所组成的学生邻里。研究显示，住宅间距离和友谊之间有直接联系，通常住在同一组团内的家庭比较能建立社交关系，而且随着同一组团内各住宅间距离的减少，居民之间的友谊有增加的趋势。在此情况下。那个与邻里中其他人有最多交往者，其住房将位于邻里中心。而那些住在邻里边缘的居民，在社交上会与邻里中的其他人隔离开来。

研究人员对住户之间的距离做了明确的划分，即实际距离和功能距离。两组人家，虽然距离相同(实际距离)，但前者两户人家面对面(功能距离)，故有较多机会来往，后者两户人家方位相反(功能距离)，便减少了许多接触的机会，见图 9-8。

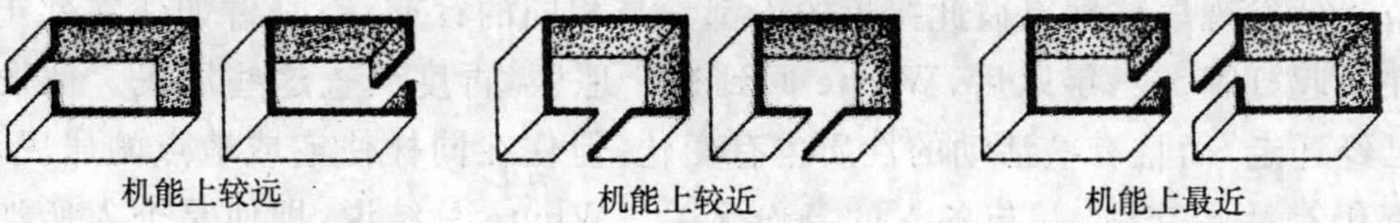

图 9-8　功能距离的程度

Festinger 等人的上述概念，有助于解释为什么某些成对的邻居比其他对交往得快。虽然两组公寓，公寓 1 和 6，公寓 2 和 7，实际距离一样，但左边的楼梯令公寓 6 的住家，不论进出都经过公寓 1，而另两家进进出出从不经过彼此大门。根据上述原则推测，公寓 1 与 6 的住户功能距离近，于是比公寓 2 与 7 更容易交朋友。作者指出，在他们的研究中所显示的关系，还系于住在此地的人在职业、年龄、阶层、家庭背景、教育、兴趣、抱负和对邻里的态度与看法方面高度相似，见图 9-9。

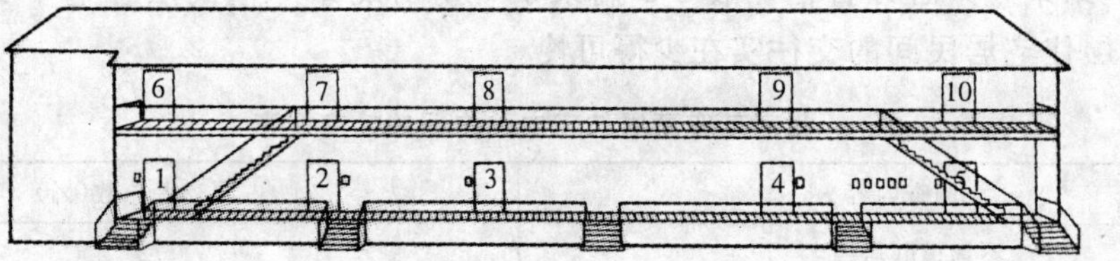

图 9-9　Festinger 等人(1950)所研究的公寓楼简图

Heimstra 和 McFarling(1985)介绍了三个此方面的研究工作。吉冈和 Athanasion(1971)调查了不同社区中的独户住宅的 300 位居民。这些人在收入与职业上有相当大的差异，因而其居住环境和社会行为之间所发现的任何关系，均比上述 Festinger 的工作更有推广价值。他们请被试介绍一些有关家庭生活方式、态度以及社会的、教育的和职业方面的背景，也请被试将他们所住地区绘成图，并指出他们经常或偶然见面的朋友们的地点。在发现的关系中，至朋友家的距离，与不同社区的住宅布置方式有关，一般而论，居住在尽端路的家庭，比住在两头有通路街道上的家庭，与朋友家的距离较近。作者提示说，一条路可能是社交的障碍，但尽端路则不然。

不过，与其说道路是社交的障碍，还不如说交通是社交的障碍。Appleyard 和 Lintell(1972)两人调查了一个旧金山意大利裔社区里的交通量有很大差别的三条街，住在交通量最大之街道上的居民只认得街这边的几户邻居，街对面的住户都不认得。而住在交通量中等和交通量最少两条街上的居民，他们的社交关系可以发展到街对面。交通量最小的街上的居民平均每人有 9.3 个朋友，交通量中等的街上的居民平均每人有 5.4 个朋友，而交通最频繁街道上的居民每人只有4.1个朋友。

其他研究人员则证实了另外一项影响社会行为的环境特征：大门位置。Caplow 和 Forman(1950)在研究一所大学的集合住宅时，曾观察到住宅大门开向公共人行道者，其居民较能建立友谊。而且，大门即使开向不同的人行道，只要比较靠近也可以适用。因此这个研究说明除了共同的空间以外，门的方位也影响友谊的发展模式。不过这里隐含了一对矛盾，把门开向公共人行道，住户的私密性必有减损，却有利于居民之间的社交。

Heimstra 和 McFarling 所引证的另一研究是 Whyte(1956)提供的。Whyte 调查的是芝加哥南端快速发展的一部分新区，这里的居民一般说来是均质的，大都年轻，具有管理或专业职位。他发现居住地点彼此接近的人都参与相同的社交活动，譬如住在邻街或对街的人时常在一起打牌。三年以后，Whyte 回到这个地区，再度调查这些居民。他发现尽管许多家庭已经迁走，而且有些活动的性质也有变化，但住在同样住宅或地点的居民，无论从哪一点看都仍有社会交往，并与各人的身份无关。Whyte 总结说，即使是个人所涉及的都已有变化，住宅与住宅之间的距离和住宅的方位，仍对维持社会交往具有重大影响。

集合住宅在邻里交往方面的贫乏也受到了国内外学者的批评。它包括两个方面，其一为集合住宅的实质特性无助于住户间社交的发展，以多层住宅为例，当家庭主妇们在楼上料理家务时，她们社交的机会就减少了。又譬如，家里有一幼儿，孩子玩耍常被限制在屋内，而不象独立式住宅那样有围墙的院落，在后者的情况下，母亲有较多机会与邻居有不拘形式的接触。

与多层住宅相比，高层住宅就更糟糕了，已有的对高层住宅邻里交往的正式与非正式调查所取得的结果令人难以置信。表9-2摘录了一份对北京一幢高层住宅中百户居民的调查，说明高层住宅居民间的交往实在少得可怜。

表9-2　　北京某座高层住宅中住户间的社交调查

调查内容	占调查者总数(%)
不知道邻居姓名	72
不知道邻居工作单位	68
从不串门	95
经常串门	0
了解邻居社交爱好的	1
经常互助的	1
没有交往的	93

集合住宅的特性就是密度大住户多，拥挤程度较独户住宅严重，根据拥挤理论，当人们体验到拥挤压力时，便会回避社会交往，这也对集合住宅中的邻里交往不利。由于高层住宅的密度比多层住宅更大，此种压力和回避社交的倾向越明显。另一方面，高层住宅的形式使居民地面活动的内容、方式、时间与机会都较多层住宅的少得多，于是居民的隔离感就越明显。徐雷(1987)报告了他对高层与低层住宅居民地面活动调查之比较。见表9-3。

表 9-3 高层住宅与低层住宅居民的地面活动比较(徐雷,1987)

项目		交谈	休息	修理	娱乐	儿童	观赏	总人数
周日(人)	高层	43	9	0	0	7	7	66
	低层	138	5	1	3	16	28	191
周末(人)	高层	52	0	5	0	2	17	76
	低层	157	16	15	14	8	20	230
平均(人)	高层	47.5	4.5	2.5	0	4.5	12	71
	低层	147.5	10.5	8	8.5	12	24	210.5

集合住宅的第二个方面在于设计上的缺失而使邻里交往困难。集合住宅区缺少私有空间和公共空间之间的中间层次。以高层住宅为例,大楼与大楼间常有大片空旷的用地,缺少空间划分,缺少围墙,使得居民难以控制自己的领域,这也造成这些区域里的活动大为减少,并导致犯罪案件上升。此方面多层住宅与高层住宅类似。

邻里交往减少和邻里关系价值降低是社会发展的结果,无论是独户住宅区还是集合住宅区此趋势都一样,只是前者的实质特性较有利于开展社区活动。不过集合住宅也不是无所作为,至少可以有两种措施来应对。首先,必须降低组团规模,减小组团密度,这有助于减轻拥挤感。有资料说居民社交有一定范围,,达到亲密程度的不超过 3～5 户,建立相识关系的不超过 25 户,不熟悉但见面相识的不会超过 100 户。我们现在小区规划规定组团规模是 300 户到 700 户,这些居民可能永远也不会完全认识或接近。大城市中一般 500 户设一居委会,但一个居委会并不等于一个组团。一个居委会完全可以由两个或两个以上组团组成。

实际上小区规划中各学者对邻里的规模和住宅组团也有不同的观点,譬如 Perry 和 Bardet 就认为住宅组团应小于 12 户,这是最小的一个层次。接着是 50～100 户或 150 户的层次,他们认为在这个规模上人们之间还能相互知道彼此的名字。Blumenfeld 也认为 300 户以下孩子们还能认识,但超过 500 户孩子们就做不到这点了。

Lee(1968,1970)也曾明确地把作为城市单元的大邻里和作为社会交往的小邻里区分开来,前者主要考虑如何合理配置安排公共服务设施,但大邻里不可能对居民的社会交往有什么促进作用。而范围更小一些的邻里,如果实质环境的设计上考虑得更细致一些,就有利于提升居民社交的品质。

组团中应该把空间划分明确,特别是要强化组团是一个半公共半私有空间。虽说集合住宅区划分空间要比独户住宅区困难,但也可以有一些方法,其中较重要的是只设一个出入口,拒绝机动车进入内部,并在活动场地上加强空间限定等。重要的是要让居民们认为组团是属于他与组团内其他居民共享的,这些户外空间是他家室内空间的延伸,他对这些空间有发言权和责任感,所有有助于达成此项目标的设计手法都是受到欢迎的。尽管邻里间良好的交往并不仅仅因为有良好的场所可以进行公共活动就可以形成,但用心良苦的设计可以促成人们的沟通。

(2) 社会结构

户外活动的范围与邻居间的交往频率有关,户外居民越多,他们见面机会也越多,社交活动也会更多。但这些不足以断定,只要有了某种特定的建筑形式,邻里交往和密切联系就能不同程度地发展起来。仅有好的空间是不够的,设计的作用在于通过创造适宜的实质条件，鼓励社交。

邻里接触和各种形式的公共活动之发展，其先决条件是居民间有某些共同点，如相似的经历、背景、兴趣、生活方式和价值观。丹麦哥本哈根建筑学院对这些条件的研究作出如下结论：社会交往的形成与否主要取决于居民在经济、政治或意识形态方面是否有共同兴趣，如果找不到这些因素，就没有相互交往的基础。(Bistrup，1976，引自盖尔，1991)。Carey 和 Alapes 调查了英国六个私人住宅区以后说，尽管空间位置很重要，但如果一个妇女在此居住区里要有一定程度的社交活动，还必须满足两个条件，一是她发现与自己相似的人，特别是在她和她孩子的年龄方面，二是此人要住得相当近。没有这两个因素，她不能在此居住区内发展许多朋友。

4. 社区感

社区社会生活质量的另一重要指标就是社区感，社区感是社区意识的基本体现，是对地区和居民的认同感和依恋感。McMillan 和 Chavis(1986)说，社区感是指其成员有归属感，成员之间、成员与团体之间有依赖感，并存有通过共同努力就能满足成员需要的共同信念。社区感是由一系列积极的社会结果促成的。居民在社区生活中表现出对社区和当地居民的认同、忠诚、关怀、亲密和参与等心理作用。如果居住在某社区里的居民缺乏对该地区的归属感，那么这个社区就仅仅是在地理意义上存在而已，它在社会意义上的存在是不全面的。

居民的社区感是与当地居民感受到的个人生活的快乐以及社会环境、实质环境和生活方式的满意程度密切相关，更进一步与社区居民相互交往，参与社区活动与公共事务密不可分。社区感不但可以协助个人了解与适应社区环境，更可作为社区内部成员沟通程度以及社区发展的指标。

社区感受到各种因素的影响。从个人特征来说，性别、年龄、职业、收入、有无孩子、文化程度、信仰以及居住时间等都会影响社区感。譬如，男人与女人的社区感有不同。女性有较强的社区意识，女性本身就比男性更重视社交，她们在社区里又有较多时间，所以她们的社区感也较高。一般来说，居民在此地居住时间越长，认识的人也越多，社会关系越广泛，社区感也就越强烈。台湾学者侯锦雄和宋念谦(1998)对台中市黎明住宅区 422 户所做的社区意识调查中发现，居住时间长短对社区意识影响非常显著，其中居住时间在 20 年以上者之社区意识明显高于居住时间五年以下者。但居住时间在一年以下者在“社会联系”方面又高于 20 年以上者。两位作者认为，其原因可能是刚搬进社区之“新鲜人”，急于增加对邻居的了解与沟通，使他们的社会联系程度高。

与居住时间有关的，老年人的社区感最高。从收入上说，收入高者社区感较强烈。侯锦雄和宋念谦发现家庭平均月收入在 5 万至 7 万元(台币)者，在“场所认同”“环境认知”方面明显高于收入在 3 万元以下者。而 3 万收入以下者在“社会联系”上明显高于收入在 10 万至 15 万元者。其原因作者指出可能系于高收入者较不愿意与社区内其他人相互联络。

在社区实质特征方面，侯锦雄和宋念谦发现两项要素与社区感有关。就住宅类型而言，两层楼半独立式或联列式住宅类型的居民，其社区感最高。当住宅为 14 层高层集合住宅时，居民的社区感最低。在居住密度上，居住密度在每人 5 坪(1 坪约为 3.1 平方米)以下之居民的社区感，要明显高于密度在每人 15 坪以上之居民。这个结果似乎是说，如果居住密度处于适当环境条件下，将有利于增进居民对邻里与社区的关怀。

当然对社区感来说，最重要的莫过于社区内部居民的社会交往，邻里活动，并积极参加社区事务与活动。影响社区感的因素实在很多，至少还包括社区的大小、人数、居民的相似程度等。穷尽所有影响因素实非本书所能，但作为社区生活质量的重要指标，社区感不但可以增加居民人际间的情感联结，更可以凝聚对社区问题的共识，增加社区的安全感，减少犯罪。社区感使社区内的幢幢房子不只是无个性特征的无亲切感的建筑，它是我们生活的家园。当我们这个社会渐渐从过去相互合作相互尊重的社会关系转变为以追求个人私利为主的社会关系时，社区感，虽然困难一些，依然是我们，包括建筑设计、规划、心理学和社会学共同追求的目标。

总结　在建成环境的体系中，居住环境就是逻辑上的次级系统，它对人们的生存与发展至关重要。我们以居住满意度为主线，介绍了环境与行为研究的相关知识，对居住环境中实质的、社会的和个人的方面之间的相互作用，以及这些因素在住房和社区两个层面上对人们居住行为上的影响做了具体的讨论。确实再也找不出任何其他建成环境像居住环境那样与人们如此亲密并持续如此长的时间。鉴于中国的发展现状，全国在未来的几十年中，还将建设大量的住房和居住区。以上海为例，根据上海市政府确定的住宅建设目标，到 2000 年，每年要建设 1000 万平方米左右的住房，2000～2010 年约需兴建 5750 万平方米，2010～2020 年约需兴建 6210 平方米。建设如此多的住房与居住区，如何提升建筑设计与规划的质量，提升居民的居住品质，提高人们的居住满意度，是各方面都要努力解决的问题。下一章，我们将关注居住环境的另一热点——居民的安全感和如何减少社区中的犯罪。

第十章　住宅与社区(二)——社区中的犯罪与居民的安全感

每个国家都受到犯罪问题的困扰,新兴工业化国家在工业化和城市化进程中也出现了犯罪案件向城市集中的情况,中国也不例外,目前中国城市人口占总人口的30%多,而发生在城市的刑事案件与治安案件占全国同类案件的50%以上。社会学家谭深和李盾(1991)曾对中国与西方国家的城市犯罪问题做过比较。两位学者说,尽管从统计数字看中国的犯罪率远远低于西方国家的统计数字。譬如在十年里,中国犯罪率最高时(1981)为8.9‰,一般年份在5‰~6‰,同期美国为515.9‰(1983),日本为128.9‰(1983)。

但统计数字上的差异并不意味着犯罪在中国不是一个严重的社会问题,相反,研究社会问题的学者与普通民众一致认为社会治安与经济秩序中的问题是十分严重的。在一次政府研究机构的公共安全感调查中,近1.5万名民众接受了调查,结果发现民众对社会治安状况与安全感评价均为“一般偏下”。接受调查的人中有49.1%的人表示不敢夜间独自行走。而在美国的类似调查中,表示不敢夜间独自行走的只占39%(1987年,当年美国的犯罪率为600‰左右),在当时的联邦德国的调查中,也只有44.1%(联邦德国巴登府腾堡调查,1983年联邦德国犯罪率为707.4‰),可见人们的实际感觉不同于统计数字。

犯罪问题非常复杂,犯罪形式也多种多样,但与人们生活切身相关,社会民众最关心的就是社区的治安。我们每个人、每个家庭都生活在社区中,唯有社区安全安宁,才有每个人每个家庭的安居乐业。中外的一些社区研究都说明低犯罪率和社区的安全是人们居住生活满意的最重要因素之一。美国伊利诺斯大学的一个住宅研究小组(HR&D)对该州Longview住宅区的满意度调查说,与满意度最密切相关的5个因子中,其中有两个与社区的安全有关,一个排名第一,为涉及警察和吸引力的总体气氛,一个排名第五,为低犯罪率和高度安全(Weidemann等,1982)。上海居住环境评价的研究发现,在多层住宅的评价里,社区的安全感和管理是居住满意度的重要的预报因子,排名第五。在高层住宅评价中,社区的安全和管理则是最重要的预报因子之一,排名第二(徐磊青,杨公侠,1996)。

现实的情况显然不能让我们掉以轻心。白德懋(1992)的资料表示,据调查北京西城区1980破门案件中,破住宅门者占83%,丢自行车案件的75%是在住宅附近发生的,盗窃时间多半在白天居民上班或学生上学的时间里。据公安部介绍,自1980年以来,入室盗窃案已占全部盗窃案件的60%以上,而发生在城市新建住宅楼里的入室盗窃案更为突出。据《人民日报》1989年5月17日报道北京在1988年入室抢劫、盗窃、诈骗等侵犯财产案件,占北京重大刑事案件的75%。建设部1991年2月12日报道1990年广州市入室盗窃案达1万多宗,平均不到1小时就有一起。北京日报1991年5月25日报道,北京劲松地区每天丢失自行车1.5辆左右。新建的西落园9区住宅楼,540户居民已丢失了300辆自行车。

读到这些数字真是触目惊心,但上世纪90年代社区犯罪率比80年代有增无减,如果考虑到很多自行车被偷的居民根本没有报案,统计数字上的犯罪率与实际相比有低估的倾向。

社区治安的防范工作是一项关系社会稳定和民众切身利益的重要工作，也关系到一个城市的形象。它不仅是政府工作的重点，也是社区研究的热点。近年来环境与行为研究的各种文献也反映了这个趋势。环境心理学家与其他研究人员一起试图理解社区环境、犯罪和居民的安全感之间的关系，试图剖析所建成环境在犯罪行为中所起的作用。毫无疑问，实质环境能影响潜在罪犯，如何看待和使用空间，在犯罪行为中具有一定的意义，因而环境的组织与犯罪的机会存在着某种联系，那么这种联系到底是什么呢？研究在这些方面既体现了理论上的一致性，但在具体见解上又有较大的分歧。

一、可防卫空间

在理解环境与安全、环境与犯罪之间关系的问题上，理想的切入点就是 Newman 的可防卫空间理论。这不仅是因为这一理论较早地论述了实质环境与安全感和社区犯罪之间的关系，并对建筑设计、后续的研究以及政府制定政策等方面产生了巨大的影响，并且这一理论所引起的争议也最多。

1. 实质环境

良好的城市规划可以使社区街道社会充满生机，减少街道上的犯罪案件。Jacobs (1961)是第一位提出实质环境可以影响安全的学者。她在其名著《美国大城市的生与死》(*The Death and Life of Great American Cities*)中认为最安全的地方是居民可以自然监视的区域，如通过窗户，居民可以看得到发生活动的大街是安全的，(那些由于街道太宽而导致居民看不到街对面闲逛者的街道是不安全的)。在土地混合使用的社区中，那些紧挨着 24 小时营业的商业设施的住房也是安全的。她认为从减少犯罪角度来说，公共空间和私有空间应该明显地区分开来，公共空间应安排在交通集中的地方。她说，如果居民对一个空间产生了拥有感，他们就会主动的观察这个空间，一旦他们发现有犯罪活动发生，他们就不得不进行干预。此外，街道宽度也很重要，街道如果比较宽或是经常有交通穿越(其中就包括潜在的犯罪者)，偷窃和其他犯罪案件就会上升。

2. 设计特征

Newman 扩展了 Jacobs 的想法，并把他的理论称为可防卫空间，关于这些知识我们曾在领域性一章中作过介绍。他认为一定的设计元素可减少犯罪，即：1) 建立真正或象征性的障碍物。真正的障碍物包括高墙，铁门和门窗上的铁栅栏等，这些可以阻止潜在犯罪人的犯罪行为。象征性的障碍物可以包括矮墙、树篱和围栏等，这些虽在实质上不能阻止犯罪人的闯入，但可以把公共空间与私有空间分开，并在心理上起威慑作用；2) 改善居民对公共空间的自然监视机会，这包括提供室外照明，使居民们可对公共空间一览无遗，以及提供居民们户外小坐的场所和设施等；3) 促进居民对公共空间的拥有感。

Newman 指出正是由于公共空间与半公共空间的主权模糊不清，而导致这些好像是属于所有人但所有居民对这些空间却漠不关心，使之成为犯罪滋生的温床。

实际上，除了以上三个元素以外，还应加上第四个，即实质环境的尺度，这主要包括邻里的规模和住房层数。小规模邻里和低层住宅楼有助于居民间有更多的社会交往和控制，并导致熟悉感(Newman 和 Frank,1982)。

从纽约公共集合住宅的犯罪资料中。Newman 说明六层以下的建筑和七层以上建筑的犯罪率间的差异非常显著。六层以下公共集合住宅中,其犯罪率为每千户 46 件,在较高层的公共集合住宅中则犯罪率为每千户 56 件。如果将这类公共集合住宅计划的建筑物内或附近所发生的重大刑事案件加以分析,同样显示出剧烈的差异。如图 10-1 所示,四种不同高度房屋之重大犯罪率中,低层房屋(二、三层)所发生的犯罪案件为十六层以上高层犯罪率的一半。

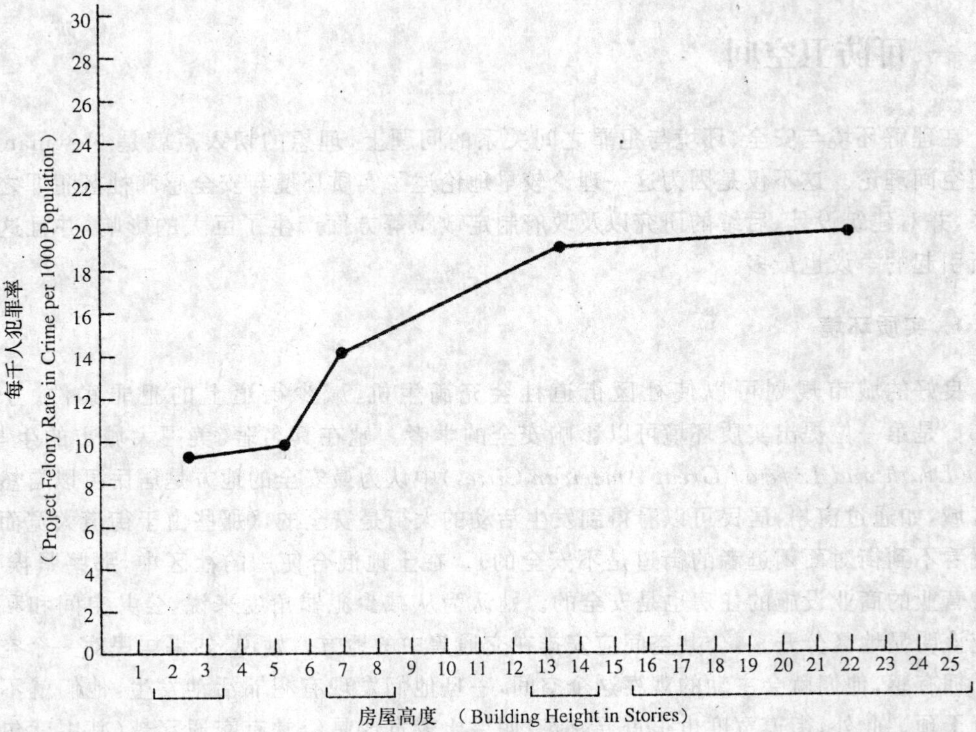

图 10-1　公共集合住宅中重大刑事犯罪发生率与房屋高度之间关系(Newman,1972)

Newman 说房屋层数与犯罪率之间之所以存在正比关系,原因有二:一是与人数有关,由于房屋层数越高,房屋容纳的人数也越多,结果是居民之间互不相识者更多,特别是在高层住宅中,居民是很不容易认出其他人是否是同楼的。另一原因在于楼梯间和电梯,在较大建筑物里此类设施必有好几处。Newman 发现如将电梯内所发生的犯罪加以单独考虑时,犯罪率与房屋高度就有了直接关系。在多数公共集合住宅里,楼梯间与通道隔开,因此使邻近住户不但不敢认为那是属于他们的领域,而且这些地方不容易看得见。因此,楼梯间常常是颇有名的犯罪发生地。

此外,住宅楼中的走道大小也有关系。Newman 认为如果一条走道所服务的人数较少,譬如只有几户时,这样的设计是可以抑制犯罪行为的,但在公共集合住宅中走道服务人数往往超过 10 户或为双负荷走道,或是通道比较宽比较长,也会使犯罪行为增加。他说这是因为在这些空间中居民难以建立领域以及作非正式监视的机会也较少。Newman 为了证明他的想法,他将各种类型通道分别计算犯罪率,结果发现通往五家以下公寓住宅之通道,所报告的犯罪率比较低。

大城市中由于用地紧张地价高昂，建造同样数目的住宅单元高层住宅的用地经济得多，故大城市房地产项目有不少以高层住宅为为主。Newman 报告说那些由高层住宅组成的大型住宅计划(超过 1000 个住宅单元)，其犯罪率是最恶劣的。它不仅仅是由于建筑物本身的问题，而且也与小区规划有关。高层住宅规划方案中建筑间会有较宽阔的空地，这些空地上的情形，居民们不容易看得见，在这些地方发生的事情，居民们常常也就无关痛痒。相反在低层住宅中由于经济上的原因，建筑间的距离往往较小，于是，居民们能看清场地上发生的情形，也比较容易诱发领域性行为，有助于居民的非正式的控制，也容易激发住户对住宅周围地区的归属感。

3. 可防卫空间理论的发展

(1) 社会结构

自 Newman 的可防卫空间理论问世以来，很多涉及居住环境与犯罪之间关系的研究陆续发表，他本人也曾为其理论的有效性提供一些观察性资料。总体上说，在改善居民生活品质与降低居住区犯罪方面，实质环境形式与社会环境都起着重要作用，社区居民可以通过建成的实质环境形式对居住环境进行有效的控制，但设计是绝不可能在一个支离破碎的社区结构中促成居民形成此种有效控制的，故良好的实质环境设计形式是使居民对社区和邻里产生有效控制，防止犯罪和提高居民安全感的先决条件。

实际上尽管 Newman 的目的是以设计来解决社会问题，但他也承认居住区规划在控制犯罪问题上，社区特征比实质环境更重要。在美国，社区犯罪最重要的三个预报因子都与贫困有关，它们是社区中接受社会福利家庭的比例；接受 AFDC(Aids to Families with Dependant Children)即对有未成年儿童家庭资助之住户的比例；和居民税后可支配收入比例(Newman，1976)。

Hanyu(1993)对东京各社区所做的调查发现，中产阶级居住区的犯罪率，差不多是中低阶层居住区犯罪率的十分之一。所以对任何一个犯罪案件少、居民安全程度高的社区来说，一个良好的住宅发展计划应同时包括优良的规划与设计，以及社区居民的合适选择。英国的一个对社区中遭到破坏电话亭的调查发现，有专人照看的电话亭竟然比无人照看的电话亭受破坏程度仅轻一点，研究人员说，电话亭附近居民之类型要比电话亭是否有人照看重要得多(Mayhew，1979)。这好像与 Newman 的理论不符合，因为据 Newman 的说法如果有人监视，犯罪案件会有很大程度下降。

除了居民的社会经济地位以外，社会因素的其他方面对社区犯罪问题也有很大关联，如住宅的所有权，这个房子是买下来的还是租借的、居住时间有多长、社区里人口流动性有多大以及是否有种族差异、社区中土地使用方式如何、社区中儿童的比例怎样以及家庭环境等，经证明这些方面都与社区的犯罪问题有关。

一般来说，如果社区中房屋产权属于居民所有者越多，居民居住的时间越长，社区人口的流动性越低，以及居民的收入越高，往往社区中犯罪事件较少。相反，居民收入相差悬殊，文化、价值观和生活方式有重大差异，经常有居民搬进搬出，社区居民稳定性低的非匀质社区，必然受到犯罪问题的困扰。

通常新住宅区发案率高，如 1987 年 1～4 月，上海杨浦区共发生刑事案件 97 起，其中新住宅区69起，占71%，上海浦东新区1985年发生在新住宅区的案件，占住宅区发生案件的80%，其中发生于白天的占93%。另一方面，强占定居区的犯罪率高。所谓强占定居区是指一部分外来人口流入城市以后，呈现相对不稳定状态，沉积于城市弱控地带长期谋生、居住而形成的居住区。譬如农村剩余劳动力涌入城市，租借城乡结合部民房，或是在城市空地上搭建简易民房居住。在这里居住的人有些是找不到住房的城市职工，但更多的是“黑户口”居民，包括流窜作案的犯罪分子、乞丐、暗娼，有的也从事流动工作的人员。中国很多大城市周边都有这样的事实上的居住区，而且通常是犯罪案件多发地区。在美国强占居住区主要是黑人居住区，如纽约的哈姆莱区，就是以案发率高而著称，那里，斗殴比其他住宅区高6倍。

罪犯来自外部还是来自内部　Newman的理论主要是针对来自社区以外的潜在犯罪者，但有证据说很多犯罪者就是社区里的居民。美国住房与发展部(HUD)1979年所发表的都市初始防止犯罪计划指南(*Urban Initiativies Anti-Crime Program Guidebook*)中说，美国的高犯罪率住宅区，犯罪人主要都是其中居民。Pruitt-Igoe高层住宅中所发生的情况就很典型。另一典型例子发生在旧金山的Yerba Buena East，这个社区改建计划就运用了可防卫空间的一些特征，其中几幢高层住宅共用一个严加检查的进口门厅等，但由于犯罪者就来自内部，所以这种策略难以成功。社区内部居民比外来者更熟悉社区情况，故引起的问题更严重。这种由社区内部居民实施犯罪的现象通常发生在居民之间贫富差距悬殊，年龄构成差别大，或是生活方式和信仰有很大不同的非匀质社区中。

(2) 实质特征

Newman的可防卫空间理论中包含大量的设计特征，他认为这些设计特征可以降低犯罪事件的发生，除了我们上面提到的以外，他还有更为具体的说明。譬如他说超过七层的住宅楼是糟糕的，设两部楼梯的住宅楼也很不好。住宅入口只为少量住户服务的低层住宅楼是安全的等。Coleman(1989)继续发展了Newman的这些想法，她认为在那些犯罪率高的社区里，住宅楼设计不应该超过三层，共用一个入口的住户不超过12家，住宅楼间的架空通道应该取消等等。这些详加规定的构想当然好，但由于没有考虑社区的社会因素，而遭到很多人的质疑。

高层之犯罪率　Newman用司法部的犯罪档案说明高层住宅楼的犯罪率最高，而低层住宅楼的犯罪率最低，并用大量分析来论证此点。但Butchel(1991)的研究却得出相反的结论，他调查了加拿大温哥华市中心的一个住宅区，那是一个中上阶层社区，社区里既有私人豪宅，也有供出租的住房。这个社区吸引了大批的退休者到此地居住，而且社区中很多家庭都有两个人上班。居民们对在此社区居住感到较满意，对犯罪的恐惧感较低。Butchel发现在此社区中，偷窃案最多发生在底层，二层发生的偷窃率次之，顶层单元被窃的概率为第三，故在高层住宅楼中，大量的中间层所发生的偷窃案件是极少的。总体上，与三层或低于三层的住宅楼相比，高层住宅楼所发生的偷窃率低得多。他还发现在五年的研究期内，并不是所有的住宅楼都发生了偷窃案件，有的楼一件偷窃案也没有发生，而有的楼则不断受到小偷的洗劫。

上海居住环境评价研究也认为，高层住宅与犯罪率和居民安全感这两者之间并没有必然的联系，而且在这个研究中高层住宅的安全感还略高于多层住宅。可见，尽管高层住宅的空间特征不利于居民观察与监视，而且潜在罪犯的隐蔽程度高，实施犯罪以后又容易逃离，但这些特征似乎受到了社区的社会因素和社区管理等的修正。Newman 关注的社区都是低收入的大型混合居住区，而中产阶级社区，管理良好的社区中似乎就较少诱发犯罪问题。我们认为当社区管理水平差、社区居民的社会经济地位不高，以及社区没有凝聚力时，高层住宅才是大问题。

障碍物的有效性　Newman 相信矮墙、树篱、台阶等象征性的障碍物和高墙、铁门和铁栅栏等真正的障碍物都可以防止犯罪的发生，并提高居民的安全感。Brown 和 Altman (1983)对美国巴尔的摩居民的调查以后说，无论是来自于犯罪率高的地区的居民，还是来自于犯罪率低的地区的居民，当住宅照片上有栅栏和植物等障碍物时，他们都相信别人擅自闯入的可能性较低。Coleman(1989)在对英国 729 个街区的调查后也发现障碍物与防止犯罪有关，特别对不良少年顺手牵羊式的犯罪之减少有关。

有的学者也有不同意见，如 Perkins(1992)发现，有些真正的障碍物与减少犯罪有积极的联系，但是某些特征，如在窗户上装铁栅栏则意味着社区里已发生过较多的犯罪案件，社区中人心惶惶，故不得不如此。这一点只要稍稍留心一下周围环境，我们就可以发现几乎家家都装上了铁门和防盗的钢锁，底层人家甚至二层三层的窗户上都装上了铁栅栏，这与其说此类障碍物减少了犯罪案件，还不如说降低了居民的恐惧感。

如果换一角度，从犯罪人的目标选择来看此问题似乎更容易一些，那么小偷是否把象征性的障碍物放在眼里呢？Brown 和 Bentley(1993)调查了管教所里的 72 名小偷，并让他们从一些住房照片中判别哪些住房是被小偷偷过的。两位研究人员发现，住房进入之难易是小偷判定那些没被偷过之住房的重要预报因子，但很少有小偷把住房之难易进入仅仅看成是住房是否坚固，或是有无真正的障碍物和安全系统。他们说，在小偷判定为难以进入的住房，与邻居的反应关系密切。

看一下犯罪人对犯罪目标的选择是很有意思的，可惜这方面资料有限。真正的障碍物可以提高居民的安全感，降低恐惧感。但象征性的障碍物，如 1 米高的围栏或树篱的价值在于明确空间界限，并告诉那些潜在的犯罪者你已经进入一个危险区域。但无论是真正的还是象征的障碍物，仅靠这些措施不足以阻挡不法之徒，对犯罪人来说，打开一道门或撬开一扇窗子实在不需要太多的技巧。

如果把视点转向另一种社区——校园的话，那么这些象征性的障碍物使学生们感觉更不安全了。Nasar 和 Fisher 的系列研究(Nasar 和 Fisher 1993，Fisher 和 Nasar 1992)调查了学生们对发生在校园里犯罪案件的恐惧感与实质环境之间的关系。这个系列研究是在美国俄亥俄州立大学 Wexner 视觉艺术中心室内和附近的一些地点展开的。Wexner 视觉艺术中心是一个设计竞标获奖方案，设计者是美国著名解构主义建筑师 Eisenman，作为疯狂的解构主义大师，他曾一度是很多建筑系学生的偶像。

通过一系列现场调查，Nasar 等发现，对大学生来说，实质环境中最不安全的因素与隐蔽处有关(concealment)，譬如暗角、树木和灌木丛、停下的小汽车等。学生们认为没有可隐藏地点的、有广阔视野的环境是安全的，这包括有照明的、周围有很多人的和开敞的公共空间等。此外，学生认为不遮挡视线的树木和灌木丛也是安全的环境，见图 10-2。

居民们认为安全的环境，犯罪人则可能觉得不安全。对银行抢劫案的研究发现，抢劫者喜欢那些室外不容易看清室内而室内很容易看清室外以及逃跑路线的银行，对犯罪人而言最理想的环境，莫过于他能看清楚一切而别人看不到他的地方。这就是为什么一些都市环

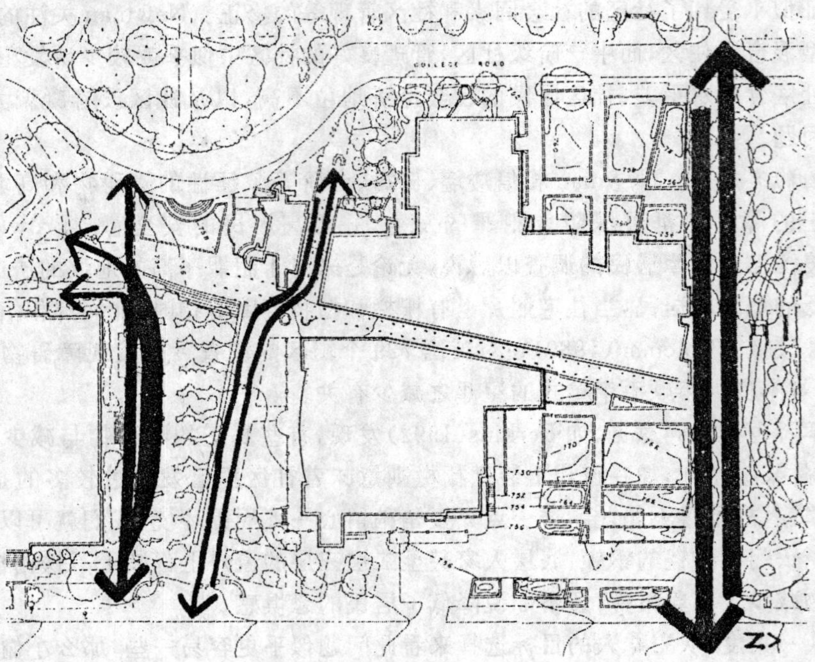

(a) 白天

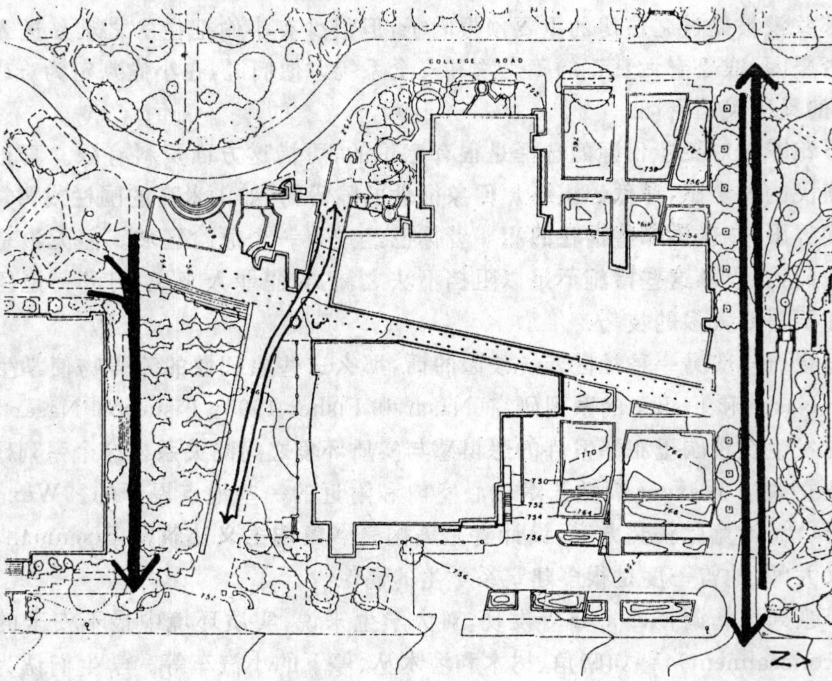

(b) 夜晚

图 10-1　学生们白天和夜晚步行通过该区域时的通行方向、路径和密度

（请注意晚上在大楼右边行走的学生与白天相比远离大楼，

左边，晚上穿越大楼的人也明显减少。）(Nasar 和 Fisher，1993)

境喜爱度研究报告与 Kaplan 喜爱度理论相矛盾的地方，Kaplan 与 Kaplan(1982)曾认为神秘感是喜爱度的一个重要预报因素，这可能在自然环境中如此，在城市环境中神秘感意味着人们不容易看清环境中的情形，环境存在着不确定性，于是人们感到不安全。Herzog (1992)的都市环境喜爱度研究报告说，人们不喜欢城市中很有神秘感的曲径通幽的景观，在有危险的和犯罪率高的地方，这种神秘感往往引起人们的恐惧感。

Fisher 和 Nasar 说一个安全的环境在实质方面应该是视野与隐蔽处的函数，视野越开阔，遮挡得越少，则越安全，反之则越不安全，见表 10-1。

表 10-1　　安全知觉理论(Fisher 和 Nasar,1992)

视野 / 隐蔽处	高(视野开放)	低(视野被阻挡)
低(无隐蔽处)	最安全	中等的安全
高(很多隐蔽处)	中等的不安全	最不安全

居住区中的障碍物可以提高居民的安全感，校园里的障碍物却起了相反的效果，这可能与环境的类型有关。住宅和其周围的环境是人们的首属领域和次级领域，在这些领域中容易建立领域性行为，容易对环境进行有效的控制以阻止犯罪的发生。Nasar 等人调查的是公共建筑，在这些地点，学生们不容易对周围发生的一切产生有效控制，也很难诱发领域性行为。

公共空间中的树木、灌木、汽车、墙体和凹形空间等人工构筑物遮挡了人们的视线，并使人们有不安全感，但它并不意味着建筑设计时要把此类元素排除在外，否则我们的城市空间将会空空荡荡、一览无遗，城市的美丽并不仅仅在于大片的绿地和广场，城市设计中依然要考虑这些充满活力的城市元素，关键是要在晚上安排合适的照明。

可见度　良好的人工照明与开敞的空间是居民安全感的重要保证。Nasar 和 Jones (1997)的校园调查报告说大学生感到安全的环境，所提到实质要素最多的就是光线(40.6%)，而最不安全的实质要素就是黑暗(29.6%)，这与先前的一系列校园调查一致。Loewean 等人请大学生说出哪些环境因素使他们感到安全，55 名被试中有 44 名提到光线(天然光或人工照明)，30 名被试提到开敞空间，接着研究人员请这些被试以安全感来评定一些幻灯片，结果证实他们的假设，光线和开敞空间都使大学生感到安全，其中光线的影响力最大。

Newman 用了另一术语来说明可见度——自然监视。他说如果居住区中居民可以看到陌生人，那将会提高犯罪活动的难度，因而“监视”提高了潜在犯罪人被别人看到和识别的可能性。居住区环境设计中可以有很多办法提供居民监视邻里的机会，譬如，降低障碍物高度，窗子开向街道或邻里活动中心，减小道路的宽度，将活动区域与道路接户布置，合理布置灯具，增进照明品质等。

把组团布置成内庭院式有利于居民观察组团活动。以北京幸福村小区为例，该小区是北京崇文区公安局所管小区中盗窃犯罪率最低的。这是一个住宅楼为三四层高的中密度小区，住宅楼入口开向内庭院，住宅外廊也面向庭院。在廊子里走动的人看得见庭院里的情形，庭院里活动的人也能看见各家的出入口，这就起到了自然监视的作用，潜在犯罪者发现在如此环境中犯罪的难度将大大增加。

土地使用方式　社区土地混合使用方式对社区犯罪有负面的影响，Perkins 等人(1993)说，在他们的调查工作中，如果社区和邻里中有学校、商店、商业、工业用地时，这些都与犯罪案件之增多有关。

土地混合使用的邻里要比纯居住的邻里会遇到更多的犯罪问题，这就向小区规划带来新的挑战，如何更理性的配置社区公建，设计和管理、维护如何相结合也对防止犯罪有重要意义。根据我国小区规划设计规范，每个居住小区应配置托儿所、幼儿园、小学和中学，这些设施如何在场地设计上与各住宅楼有明确区分是很关键的，它不仅与社区安全有关，也曾有资料说明学校的噪声如上下课铃声、广播声和学生的嬉闹声是社区重要的噪声源。

1983 年开始规划的北京富强西里场地设计此方面做得较好。在这个规划中，住宅组团沿小区周边布置，中学、小学、幼儿园和托儿所等设施放在小区的一边，靠近城市公园，环境好，与住宅楼互不干扰。小区有两个出入口，从主入口开始的主干道把住宅小区分为两半并串联三个公共绿地，连接次入口的次干道把住宅区域和学校区域分开。这个设计还通过加强空间等级和把组团道路设计成尽端式等一系列手法，使得小区在 1988 年建成使用后很少发生盗窃案件(引自白德懋，1992)，见图 10-3。

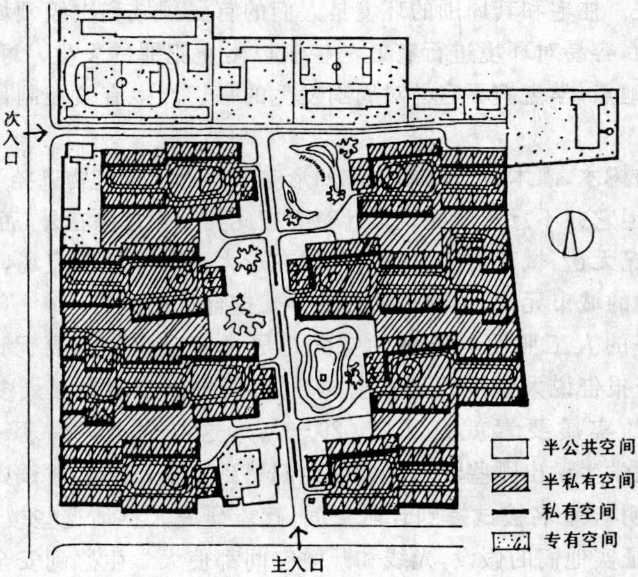

图 10-3　北京富强西里空间层次序列

二、领域性行为

环境设计为防止犯罪发生并提高居民安全感起着重要作用，但这只是先决条件，可防卫空间的特征必须和社会因素、领域性行为相结合，才能取得更显著的成效。

1. 共同领域

在对巴尔的摩63个街区的687户居民的调查中，研究人员出示了一些现场图片，请他们回答这样一个问题："为什么有的街区比别的街区发生了更多的犯罪案件，居民们有更多的恐惧感?"。Brown等人(1983)分析之后说，可防卫空间的特征确实阻止犯罪并提升居民的安全感，但效果不明显，但当地居民的紧密联系则直接或间接地减少了犯罪，这主要依赖于居民们的领域性行为的增强。

防卫空间可以使潜在罪犯暴露在众目睽睽之下，但居民们看到可疑者是一回事，作出反应则是另一回事。有的案件说明，抢劫犯承认他们在作案时邻居完全可以看到他，但他判断邻居是不会干涉他的行动的。事实上那些闯入小区实施偷窃或抢劫的不法之徒，在作案之前都必须评估一下周围邻居是否会作出反应。前述的Brown和Bentley的工作报告说，被小偷评定为"脆弱的"住房，其中最重要的两个因素分别是住房难以进入和邻居的反应。如果把与领域性行为有关的各因素一起考虑的话，则可以排在第二位。其中住房难以进入也是和邻居们的反应有密切的关系。特别重要的是，这个研究只是给小偷呈现了住房外观照片，并没有把小偷带到现场，换句话说，小偷只是看到偷窃目标却无法了解周围环境的情况下，就把邻居的领域行为作为住房是否脆弱的最重要因素。故即使某些社区具有可防卫空间的特征，但邻居之间相互不认识，无法辨别陌生人，或即使发现有潜在苗头，却也不会作出任何反应的小区或组团，那么这些社区也是脆弱的和不设防的。

如果社区居民把社区看成是他们彼此(mutual)拥有的领域，居民之间对社区内部形成共同的领域感和责任感，就可以使居民们更注意观察社区里发生的一些事情。一旦发现不良事端，邻居们就可以作出反应，包括高声呵止，出面阻止，直至叫警察。于是居民们就不会感到自己是孤立无援的。此共同的领域性行为既可以使居民们关系更密切，互帮互助，也容易识别陌生人，让孩子们在附近的活动更放心，也有助于提高居民对社区的情感联系。

显然要使居民形成这样的社会纽带绝不是一件容易的事，它与居民对社区的信心，对其他居民的认同，以及社区归属感都有很大关联，此种社会纽带之形成也非一朝一夕之功。这就是为什么某些居民贫富不均、生活方式和文化信仰分歧明显、常住人口流动性大、且绝大多数都是借房者之社区犯罪率高，实在是因为在此类社区里居民难以形成共同的领域感。另一方面，社区中非居住用地譬如学校、商店、工厂、公园等区域，这些地方居民无法建立领域性行为，正好是领域控制"中断"的地方，故也是犯罪案件多发地点。

2. 明确的空间划分

领域性理论认为，人们若没有对不同空间的所有权、占用权和控制权，人们的相互作用就会乱成一团。领域之建立首先依赖于领域界限，没有界限，不仅领域防卫无从谈起，而且成员间的冲突频生。良好的小区规划应该为其居民划分明确的空间，从向每个居民开放的空间(社区中心与主干道)，到只有部分居民可以共享的半私密空间，如组团绿地、次干道，最后才是每家每户的私有空间。糟糕的场地设计只有两种空间，要么是私有空间，要么是所有人都可以进入的公共空间。

在小区规划中形成从小组团和小空间到较大组团和较大空间，从私密空间到半私密空间再过渡到更开放的空间，此种不同层次的空间结构有助于建立相应的社会结构。当然这样的空间划分不会直接促成共同领域感的产生，但是在住宅边上所形成的半公共和半私密的熟悉空间，可以导致有更多的居民使用这些空间，这些活动既能减少他们成为犯罪目标牺牲品的机会，也可以使共同参与此活动的居民相互了解。这些都加强了对外来者的警觉和半公共空间中的集体责任感，这些空间成了住宅产权的一部分。所以清晰的边界划分是明确内部结构和解决地区性问题的重要一步。

不过以前我们的小区规划在这方面做得不够好，一些新建居住小区道路四通八达，条条道路在宅前通过，直接通向城市街道，小区空间与城市空间没有区别，任何人都可以不受阻拦、大摇大摆的进进出出，外来车辆可以到处自由穿行。

白德懋(1992)提供了两个观察性例子可以说明明确的空间划分对居住安全的影响。北京前三门大街是交通繁忙的城市干道，其南侧在长约五公里的区域里，三十几幢高层住宅沿大街一字排开，住宅区域南侧则是与前三门大街平行的一条辅路。于是住宅楼完全暴露在两面街上，一出门就是路，毫无自己的领域可言，加上高层住宅内部通廊长，路线曲折，通大街出口多，这里的犯罪率比一般居住区高。另外一个例子是北京三里河南区两个布局完全相同的住宅组团，但有无领域划分对安全防卫的效果就完全不一样。见图 10-4。

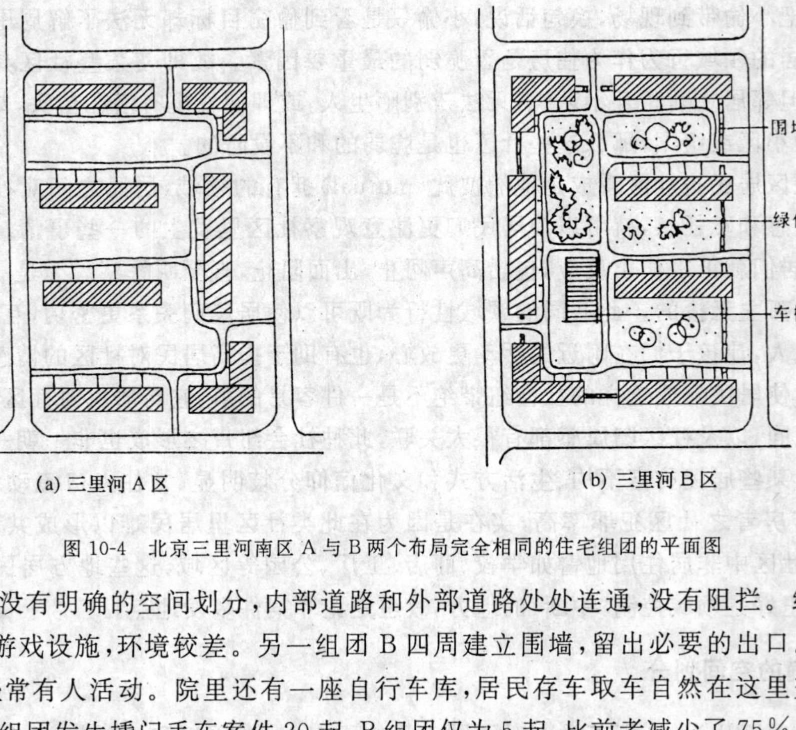

(a) 三里河 A 区　　(b) 三里河 B 区

图 10-4　北京三里河南区 A 与 B 两个布局完全相同的住宅组团的平面图

组团 A 没有明确的空间划分，内部道路和外部道路处处连通，没有阻拦。组团内缺少树木和休息游戏设施，环境较差。另一组团 B 四周建立围墙，留出必要的出口。组团内庭院有绿化，经常有人活动。院里还有一座自行车库，居民存车取车自然在这里交往。1987 年一年里 A 组团发生撬门丢车案件 20 起，B 组团仅为 5 起，比前者减少了 75%。

尽管这两个例子是观察性的，还存在其他影响因素，但依然可以看到空间的明确划分对犯罪率和居民的安全感之间确实存在重要联系。此点上小区管理与小区规划负有同样重要的责任，如果没有管理措施，那么小区规划做得再好其作用也不明显。除了小区入口应有专人照看以外，组团出入口也应有专人管理，否则潜在的犯罪者还是能堂而皇之地进入组团内部。现在黑色广告在各住宅楼里满天飞也说明组团管理的弱点，虽然组团内部空间是半公共和半私密性质，但它却有很强的渗透性，对外来人员不设防，所以如何明确组团内部空间的所有权和控制权是小区管理的重点。

3. 建立领域标志品

除了小区规划之外，居民们自发建立的领域标志品也有助于领域感，这些住房周围的领域行为包括培植树木，修剪花草，园艺，装饰住房外观，在门上挂有自己名字的门牌以及挂其他个性化的标志物等，此类标志物不仅可以美化环境，据说也可以提高居民对社区和邻里的认同感，并减少无序和杂乱，降低犯罪问题。

Perkins 报告，即使在控制了社会经济地位和住房属权两个变量以后，建立领域标志品与犯罪减少之间的关系仍很显著，Cooper(1975)发现如果让居民投票表决，是由地方当局管理他们的前院还是由自己来维护时，大多数居民都会赞成后者，因为居民认为这些活动体现了更强烈的自豪感和领域感。对医院病房和开放办公室的调查也发现，如果允许使用者在空间中建立领域标志品，他们对环境会越满意。美国、英国和爱尔兰的研究人员都观察到新房乔迁以后的第一步，居民就是明确产权范围，他们种植树木，建立围栏和矮墙，这些领域标志品可以使居民更加关注住房周围的空间。

一般来说，无论是租房者还是购房者，在花了时间、精力和金钱打扮住房周围环境以后，他们显然比不这样做的住户想在社区里呆的时间更长，对社区有更强的信心，更热爱社区，也更倾向于把这些区域视为自己住房的一部分，这本身导致了主人会更多地使用这些空间，也会激励他们与邻居之间有更多的交往。

4. 邻里的规模

只有在特定情况下，建筑的高度才与犯罪之间有必然的联系，不过减小住宅区的规模确实可以促进居民间的共同领域感，这里主要是指共享半公共空间的人数。组团里的住户越多，越不利于居民的相互熟识和发展交际，特别对非匀质社区越是如此。

一份美国的住宅研究报告(Cooper，1972)说，当只有六户居民共用一个出入口和楼梯时，居民们的邻里关系极佳并且互帮互助。在一美国郊区中密度住宅区的调查中，研究人员请居民报告当他们的邻居为多少时他们能够发展较密切的社交时，居民的回答是六至八户。很难用具体数字描述一个邻里有多少住户才是合适的，不同形式的住宅肯定有不同的数据。国外这些数据都是从独户住宅或低层住宅的调查中得来的，像我国城市中的集合住宅，要做到如此规模是不现实的。

组团里居民多容易导致私密性缺失等若干问题，居民们不得不与较多的人共享半私密空间，如走道、平台、停车库、活动场地或是垃圾箱，他们有可能体验到拥挤，于是导致邻里间有回避社交的倾向。所以在小区规划中把住宅区划分成更小、更明确的单元，并与一个分级体系联系起来，已经成为越来越重要的设计理念。新住宅发展项目和旧城区改造的事例证明，邻里规模划分得越小，这些小邻里中的居民更快、更有效地组织自己的集体活动并解决共同的问题。

Newman 和 Kingsley(1995，引自 Shure，1995)曾在一个社区改建计划中运用此手法成功地降低了社区里的犯罪情形。Five Oaks 是美国俄亥俄州代顿市中心附近的一个社区，总面积 0.5 平方公里，有 2000 户居民。上世纪 60 年代时这个社区里主要是白人和中产阶级人士，他们都是住房的拥有者。到了 90 年代社区居民中有超过一半都是少数民族和租房者，犯罪率上升，地产价值下降。Newman 参与了该社区的改建工作，并把 Five Oaks 分成了更多的小组团，用大门封闭了一些大街和小巷。这个改建计划实施以来，总的犯罪率下降了26%，暴力犯罪案件下降了50%。尽管与60年代相比，犯罪案件上升，地产价值下降了，但总体上这个社区还是被看成是一个中产阶级社区。

三、环境的文明程度

社区环境的文明程度，包括社会层面和实质环境两个层次，也与居民的安全感有关。从社会层面上说，乞丐、流氓、无业游民和娼妓等扰乱了正常的社会秩序，使得居民担心自己成为犯罪的牺牲品。从实质环境上说，垃圾、涂鸦、废弃的房屋、残破的建筑、黑色广告和肆意破坏留下的痕迹等都是环境不文明的体现。这些不文明的标志倒不一定真的会引起犯罪，但它们却传达了一种当地社会状况不佳的信号，使居民感到恐慌。

Wilson和Kelling(1982)以及Skogan(1990)认为，当实质环境不文明的现象越来越多时，居民会察觉到当地存在着更多的问题，降低他们对整个社区的信心，使他们怀疑警察对该地的监控能力，从而导致居民们对社区和邻里的非正式的社会控制力减弱，居民开始为社区担心，于是潜在的犯罪者就有可能乘虚而入。一些考察环境文明程度与居民恐惧感之间关系的调查都证实了这三位学者的假设。Hope和Hough(1988)发现在邻里规模上，两者高度相关($r=0.70$)。Perkins(1992)证实，环境衰败与对犯罪的恐惧感之间的关系即使在控制了社会与人口的各统计特征以后，也依然显著。

环境的文明程度系于小区管理。一个房地产项目可能拥有一个非常优质的设计却被差劲的管理和居民糟糕的使用方式给糟蹋了。美国纽约州的一个调查报告(Becker，1974)发现，影响居民对社区外观评价的最重要的四个因子依次是：环境的维护，景观，外装修材料和住房的形状与布置。

对居住环境来说，环境品质不是取决于设计标准，而是取决于管理和维护的质量，故在社区中加强维护措施是很关键的，这包括保持小区的清洁卫生，保护水池，更换陈旧的设备，保持居民公用设施的卫生与安全，并经常维修等。不过，制定较完善的维护项目是一回事，如何执行又是另一回事。Cooper(1975)报告了一个调查，这个工作比较了旧金山的两个中密度的中产阶级社区，其中的一个有专职维护人员和园艺师，他们平时都在社区里，社区里的居民和他们很熟。另一社区没有专职的维护人员，维护工作是一星期一次的“飞行维护”。在前者中研究人员发现社区维护标准高，有漂亮的景致，社区清洁卫生，完全没有涂鸦或是肆意破坏的行为，尽管此社区与一个低收入的高犯罪率社区相邻。这些专职的维护人员为他们的工作而自豪，当有小孩做出有损景观的举止时，他们会毫不犹豫地规劝他们的言行。

在后者“飞行维护”的社区里，尽管它是一个有益于健康的市郊社区，但研究人员还是发现存在肆意破坏、涂鸦和垃圾成堆的问题，这说明该社区维护品质很差。

良好的管理是居住环境满意度的关键因素之一。维护是管理的重要方面，但对居民来说，环境外观就是维护的代名词。地面洁净卫生、水池清洁、没有乱涂乱画等既是居民们对居住环境感到满意的先决条件，也提升了环境的品质，使居民对社区有信心。对管理者来说，除了必须制定完善的措施并有效地执行它们以外，如何让居民们一齐配合帮助执行这些措施也很重要。应该使居民明白，环境中的不文明行为既不利于社区，最终也会使他们本人受害。

四、总结：迈向环境犯罪学

社区是我们安身立命之所，唯有社区安宁，才有我们的安居乐业。不幸的是，犯罪是这个世界的组成部分。如何才能减少犯罪增强居民的安全感是每一级政府、每一个社区和每一个居民都关心的问题。环境心理学是一个解决具体环境的学科，它趋于在最有挑战性的领域从事最艰难的任务。社区的安全和犯罪研究清楚地体现了环境心理学的这一特点。三十多年的研究证明，设计的、社会的和管理的因素对社区的安全和减少犯罪方面同时起着重要作用。

可防卫空间理论依然很有生命力，尽管不少人不断质疑它，它已经去粗存精不断完善。实质性障碍物可以提高安全感，并增加犯罪行为的难度。象征性的障碍物可以给居民心理上的安全。可防卫空间的设计特征对防止犯罪的有效性还系于社区中社会的和管理的方面。邻里团结和互帮互助的社区相对于那些貌合神离老死不相往来的社区有更高的安全感。一套良好的并得到有效执行的小区管理措施也是防止犯罪的有力保证。

环境心理学研究给予我们社区治安一些很好的启示。譬如从实质环境设计方面而言，合理布置社区照明、封闭小区围墙，门口安排治安岗，住宅安装防盗门窗等。另外还须减小社区规模，明确划分公共的、半公共半私密的和私密空间几个层次。从社会层面来说，加强邻里团结，积极参加社区的各项活动，培养居民对社区的整体责任感。从管理角度说。除了配合警察正式的监控以外，组织治安联防队、物业保安队或其他任何形式的巡逻和安保组织，并努力维护环境卫生，提高环境的文明程度。

环境犯罪学则从另一更广阔的视角来分析犯罪与环境之间的关系，以 L. Brantingham 和 J. Brantingham(1993)为例，他们把犯罪看成是在一个特殊地点的一个特殊情境中发生的一个案件，实施犯罪的个体既受到了地点和情境的影响，也影响了地点和情境，所以他们认为环境与犯罪研究的重点应该是犯罪人如何选择目标，什么是典型的犯罪样板(template)等。这些研究从犯罪人的环境认知角度出发，并取得了一些成果。譬如，他们发现犯罪人的认知地图和空间知识对犯罪地点之选择有强烈的影响，犯罪行为一般发生在对犯罪人而言的主要道路附近、其邻近道路附近、其日常活动地点附近、对犯罪地点的熟悉程度等。

研究发现，城市道路系统对犯罪有一定影响，如果某区域对犯罪人很有吸引力的话，城市道路系统越复杂，犯罪率越低；道路系统越简单，则犯罪率越高。方格网道路系统上的住房被偷窃的可能性最高，盗贼普遍喜欢路角上的住房，在所有的道路系统中，尽端路死胡同所发生的犯罪事件最少。犯罪模式存在明显的边界效应。一般而言，偷窃率随着空间向居住区中心方向递进而递减。在居住区边界上，混合用地的方式使得陌生人更容易被接受，于是此过渡区域中的犯罪率较高。

可以认为从环境认知角度去分析犯罪与环境的关系将成为未来社区安全研究的新方向，但是这方面并没有形成一个比较完善的理论框架。高度复杂的犯罪根源和犯罪动机，以及时刻都在变化着的环境，都意味着这样的研究极富挑战性。从某种程度上说，环境与犯罪、环境与安全的研究才刚刚开始。

跋

环境心理学研究和教学所面临的挑战与发展方向

环境心理学是一个多学科介入的边缘学科，它所面临的任务涉及众多的方面，仅从单一学科的观点是无法完全了解的。譬如分析城市和社区需要具备城市设计和建筑学的基本常识，和这些环境设计的基本过程，也要了解与城市功能分析有关的社会学和经济学的有关方面，城市赖以生存的各种文化的人类学，以及与社区和城市生活有关的各种心理因素。这并不是说人们必须成为每个领域的专家，或者是不能从自己特定的学科的观点出发思考问题，但环境与行为研究意味着要对不同学科的内容和研究方法有一个大致的了解。

多学科介入的取向既令人兴奋也令人懊丧。令人兴奋的是人们有机会从许多观点出发去思考一个问题，研究工作往往需要高度的专业化，这样人们就有可能只见树木不见森林，而多学科取向可以使各学科对相同现象的不同方面相互沟通和参照，在此过程中既学到了新的知识，又实现了各学科间知识的统一，这一切都令人兴奋不已。

但是采用多学科观点并不总是一帆风顺的，因为不同观点之间的沟通通常是很困难的。特别是环境设计学家和心理学家之间无论是在工作方法上还是在研究目的上都有巨大的差异。建筑师和规划师注重实际，以解决问题为主，他们希望心理学的研究能为某一具体的设计提供资料，但他们常常会抱怨心理学家的回答过于笼统或是模棱两可。譬如实验心理学中积累了很多色彩知觉的资料，但当一位建筑师去询问设计一个地铁出口应采用什么颜色时，实验心理学家的回答可能是含糊和不肯定的，同样的社会学家对邻里网络进行了相当多的研究，但他们的这些资料对城市规划师来说显得太概括而起不到多大作用。反过来心理学家则批评环境设计师的问题太具体、时间太紧，而且在建筑元素和行为的联系上过于武断。他们力图使设计人员确信单是凭设计并不能决定行为，甚至即使实质环境对行为产生了很大的影响，这种作用也须通过个体的、社会的和文化的因素作为媒介。

一大挑战

这就是环境心理学现在面临的一大挑战，环境心理学在未来有多大的发展和影响力，将在很大程度上取决于建筑师、规划师和心理学家、社会学家有多大程度的沟通与合作，很不幸的是这方面实在是谈何容易。环境心理学的研究工作是在实验心理学的基础上发展起来的，它有一套完整的方法论，具有很明显的社会科学性质。在研究的开始阶段研究人员提出新的问题或是假设，然后观察或抽样调查以实证的方法来检验和印证假设，研究人员希望能将此结果总结概括，并能应用到新的情况中去。

绝大部分的环境心理学理论是解释性(explanatory)理论，这些理论的共同特点是它们包含一系列与可观察现象相对应的概念，并试图用这些概念来解释现象。譬如，私密性现在被认为是“对接近自己的有选择的控制”(Altman,1975)，接近自己、有选择和控制这些概念都与日常生活中人们的行动有关，这些概念组织在一起共同组成对环境的解释和人们对环境的反应的陈述。解释性理论通常很周密很完善，它描述的是一个整体，如果分解其中的部分则必有遗漏。私密性并不等于身体活动、文化习惯和人们对自身及别人的态度的简单叠加，就如同你把家庭成员、住房特征、生活细节和历史变迁描述一遍并不能把“家”这个概念定义得很清楚一样。

与环境心理学研究的完整、严密和逻辑相比，建筑设计只有局部的系统性。设计活动可以归结为：想象、表达和检验的连续循环(Zeisel,1981)。首先设计者在脑海中形成某部分环境的图像，他藉草图、平面图、模型和照相等方法表达这个内心的意象，通过比较、反省、评价、批评、判定等检验方法，使现阶段的成果与现有的资料进行核对，然后修改脑海中的意象，并把它表达出来，再检验它，这一设计过程将一直持续到成果与各现有资料核对时达到可以接受的程度。这些现有资料包括环境中的各项功能要求，场地、技术、经济、材料、施工等的要求，业主脑海中的意象，以及社会、文化、历史等要素。这些信息范围广泛，往往需要综合处理而不是深入分析。因而设计方案很难用纯粹逻辑思想与线性方法得出，所以设计方案的确定，本质上是设计者主观好恶的表现，他对一系列不相关的信息进行评价，对各种情况凭直觉加以判断，并以个人的标准为依据，对无数可能性加以选择，从而形成自己的设计。

Lynch(1984)认为绝大多数的设计理论是以“规范性”(normative)为取向的，本质上是描述的和规定的(prescriptive)。这些理论由一系列关于好的设计应该包括哪些的陈述组成，这些陈述是基于经验和个人的专业信条，常常有辩论和争鸣性质，于是在外行看来设计理论包含了各种相互竞争的和对立的观点。规范性理论的一个特点就是难以用实证的方法检验，有人甚至认为规范性理论根本就不能被验证。但是如果想把环境心理学研究工作与环境设计结合得更紧密一些的话，我们就必须对规范性理论是“不能被验证”的观点提出挑战，相反我们应该认为建筑理论在原则上是可以用实证检验的。譬如著名建筑师 Portman 的共享空间理论在很大程度上已经得到了验证，著名的建筑理论家 Alexander 在《模式语言》(*A Pattern Language*,1979)一书中，所提出的二百多个设计模式很多都是可验证的。另外，尽管有的设计理论较难以验证，特别是关于美学信条方面的，但是我们还是可以探讨一些特定的视觉形式对给定人群的美学意义。藉对规范性理论的证明，环境心理学研究可以与设计研究结合得更紧密。

合作源于需要。现在已经没有人怀疑，一个成功的设计必须关心社会需求，可是为了达成这一共识，社会付出了巨大的代价。曾获建筑奖的 Prutt-Igoe 住宅区是最典型的例子，因为在住宅中公共空间的设计与人流的组织太糟糕了，它鼓励了犯罪并破坏了居民的社区感。对于该住宅区内所发生的种种问题当局无能为力，唯一的解决之道就是将它彻底消灭。围绕这一工程的社会政治背景的调查说明，欧美在上世纪五六十年代建造了一大批这样的建筑，即使是最优秀的建筑师也难以幸免。Prutt-Igoe 住宅区被炸毁时的照片在各大专业刊物上不断出现，提醒着设计人员和学生，建筑设计的质量不仅取决于建筑的形式，而且更是取决于使用者。这一切促使整个建筑设计界重新审视建筑环境的本质并更深刻地理解使用者对建筑环境的需要，可是由于各种原因，设计者和使用者之间存在着鸿沟。

在建筑设计看来，环境心理学提供了很多有价值的研究资料，它强调了在设计过程中须兼顾不同的人和不同的文化对建筑的要求，环境心理学通过研究人与实质环境之间的关系，发掘使用者对环境的需要、欲望、反应，使设计者了解到各项设计决定对使用者的影响，设计者进而能与使用者多方讨论，藉丰富的专业知识和设计手法满足使用者的社会、文化和心理的各种需要。可是环境心理学研究的很多文献所提出的问题，譬如私密性、领域性、拥挤、满意度和安全感等，对建筑师来说是太一般化、太宏观、太系统了，而且环境心理学的信念是，尽管实质环境的设计会影响上述因素，但是要满足使用者的要求，还系于个体、社会、政治和文化的因素。譬如，当建筑师被告知社区的安全尽管与实质环境的设计有关，但这种影响关系还取决于社区中社会的和管理的要素时，他们通常感到沮丧，因为这些因素他们力不能及。在根本上建筑师被局限于“以既定政策”为依据进行建筑设计，从而环境心理学沦落为从理论到理论的尴尬境地。

教学的三个目标

这既是建筑学教育所面临的挑战，也是我们为选修环境心理学的研究生授课时所遇到的困难。这些学生大部分刚刚结束建筑学、城市规划等环境设计专业五年的本科阶段，一脚踏进一个新的领域想学些新知识，希冀这些知识能对他的设计手法有所助益，进而藉此能对未来的执业生涯有所添助，当然我们并不想让这些愿望落空。我们认识到从环境心理学的研究到教学过程中需要做更多的努力，一个紧要的问题是为建筑学、城市规划和其他环境设计专业的学生开设环境心理学课程，我们到底要达到什么教学目标？

毫无疑问，第一个目标应该是系统地介绍人与环境相互作用的有关知识，使学生们理解建筑环境对人们行为的影响，了解使用者对环境的需要，唤起学生们的社会性意识，这通常是环境心理学教学的最主要目标。尽管说能做到这一点已经不错了，但这只是最基本的，而且很不够。环境心理学的研究被看成是一个独立的学科，而不是设计的基本功，于是一些学生只是在口头上奢谈使用者的需要，但实际上还是依靠灵感而不是行为研究的资料来设计环境。这实际上也是建筑学教育的一个通病，建筑构造、结构和设备等也是建筑环境设计中不可或缺的内容，但它们也没有反映在学生的设计之中。

在教学中，我们并不只是简单地传递知识，事实证明这种简单传递的效果不好，我们应该承认目前的环境心理学研究文献并不完全适合于建筑学教学的需要，所以我们建议的教学的第二个目标是：为学生提供如何把环境心理学的研究成果结合到具体的建筑设计之中的指导和方法。

对于学生来说，整个的设计过程就是靠推敲和评价视觉效果来选择建筑形式，在此过程中学生的图纸上画满了各种零碎的、有时甚至是无法辨认的图形，他们靠这些图形来构思方案，在分析与构思过程中，他们弃行为研究的文字性资料而取更容易在视觉形式上表达出来的信息。为了使学生更好地学习环境心理学知识并应用到具体设计过程中去，教师的工作应该包括相关行为研究资料的综合、提炼和创造性转译，并为建筑创作提供可能。

把行为研究的资料结合到具体的设计中去绝非易事，Lynch 为我们指出了方向，但这只是一条路，更多地需要我们自己探索，这将是教学研究的主要内容。我们在教学中曾尝试以平面注解行为技术为工具，探讨如何把私密性的有关研究资料结合到住宅平面的设计中去，通过对人们视线和声响的分析以及可控制这些“私密性污染源”的设施和可能性的讨论,我们就把建筑私密性的有关研究信息融入住宅平面的设计之中,这样的教学常常能起到较好的效果。所谓平面注解行为技术,即是将有关行为的知识和传统的设计表现法——平面图结合在一起。注解平面是设计图上注记文字或符号来表达环境与行为之间的关系,这些资料包括设计决定的基本要素、设计者所希望的行为或供以后检验有关行为回应的假设(Zeisel,1981)。平面注解行为技术是很有潜力的,因为当你注解平面时,你已经把研究资料连接到特殊的设计决定中,也就是说,你不只是表现你的意象,而且也开始检验你所知道的行为资料,并把行为资料作为一种检验意象的素材。平面注解行为技术并不困难,只要具备三年的建筑学正规教育就可以熟练掌握这种很有用的工具。

于是教授环境心理学的老师就不得不在两个不同的方向上努力,我国各大建筑院校中开设此课的教师一方面应积极地从事相关领域的研究工作,不断地积累并创造知识。另一方面必须训练学生如何选择其中对建筑学有用的概念,把它们综合与提炼成空间关系的不同模式,教会学生如何就不同建筑类型以及不同使用者的需要,系统地分析与收集有关资料。从此点上说,环境心理学课程可以分成两个阶段,第一个阶段是系统地教授环境心理学的相关知识,第二个阶段是训练把行为研究的知识结合到具体的设计中。前者可以在大学的前几年进行,后者则在后几年开设。

这就是教育的实际情况,如果把注意力集中在建筑形式上,就会影响培养未来的建筑师的社会责任感,如果允许学生割裂建筑的功能与形式,用诸如风格和主义片面地评价建筑质量,就会影响学生为社会服务的能力,这与我们对建筑设计的信念:坚固、实用和美观是背道而驰的。

毋庸置疑,教学的第三个目标应该是使学生掌握行为研究的基本手段,训练学生借助于行为观察、认知地图、专题访问等从使用者或其他潜在对象那里系统地收集和分析资料的能力,当然这是一个较高的要求。在前两个阶段,学生们都是应用研究人员积累的资料,尽管环境心理学已经积累了很多的信息,但这些信息的数量与现实世界的千变万化是不相称的,在很多时候,设计人员将面对一个没有多少资料可以借鉴的充满挑战的环境,于是他可以选择:自己调查,与研究人员合作,或是邀请使用者参与设计过程,无论他选择其中的任何一项,或是把这些途径结合起来,都有助于克服时下流行的个人主义的盲目的自我表现。

我们并非要求学生掌握所有的行为研究的手段和工具,以及数据统计的各种方法,而是培养学生能结合自己的兴趣,选择适合于自己的方法,能就某一专题进行调查、设计和使用后评价,并能独立作出决策的能力。未来无论他从事理论研究还是从事设计实践,他可以具备把理论研究、应用原则和设计实践结合起来并形成自己专长的能力和素养。

这个教学目标只有通过教师带领学生进行至少一个完整的研究才能达成,在研究中学生不仅是数据的收集者,还是研究过程和计划的制定者,因而他也是教师的合作者,通常这是研究生教学的目标。我们在教学中的做法是把一个较综合的科研分成几个子课题,三到四个学生组成一个研究小组去独立分析、制定研究方案,实地收集和分析数据并完成最后的研究报告,教师在这一过程中进行指导。我们于 1998 年的教学工作,把关于地铁的人流分析分解成六个子课题,30 名选修环境心理学的学生被分成六个小组,他们在老师的指导下独立进行研究,并最终完成科研报告。其他未参加该研究的学生,则对他们感兴趣的课题中提供建议,而具体的研究工作则是由他们自己完成的。我们认为这是一个很不错的教学模式，尽管我们也只是在起步和摸索阶段，如果能多积累这方面的经验并使之系统化，便可以起到更佳的教学效果。

环境心理学的发展依赖于民众的环境与社会意识，而教育责无旁贷。教学也是一项事业推广工作，在建筑系教授环境心理学，我们的教学应该使建筑学的学生能更好地参与使建筑环境满足现代需求的决策过程。鉴于建筑师和规划师对实质环境的特殊责任，教学的意义更加重大。

有潜力的三个研究方向

为促进环境心理学研究和建筑设计之间的合作与沟通，研究课题需要更配合当前的应用实际。环境心理学有几个很有潜力的研究方向，它们面向环境设计界，比较切合设计的需要，而且都与环境评价有关。

第一个有潜力的方向就是建筑计划(programming)。建筑计划指的是设计开始时的一系列活动，它包括用系统、综合的数据收集和分析方法来了解使用者的需要和愿望，并确定设计的具体目标和绩效标准。对建筑设计而言，把环境心理学的研究成果转化为设计准则的最有效途径就是把它变为建筑计划书。建筑计划书包括了影响设计决定的各方面意见，经济、文化、形态、结构、社会和心理上的意见只是其中的一部分。

在社会中建筑师充当着典型的执行既定政策的角色，然而，建筑师因受过训练而独具慧眼，能敏感地观察建筑物中各种活动之间的关系，因此藉环境心理学有关知识和工具，能够帮助业主收集和处理有关具体使用者、具体地点与各种活动的要求，于是他们在设计实质环境时就能起到更有效的作用，也会扩大建筑师在社会中的影响。不过，建筑计划所考虑的因素相当广泛，编制建筑计划书以及如何实现计划书需要具体的理论与方法的指导，它实在是一个高度专业性和学术性的工作。

第二个方向与建筑计划有密切的关系，即作为建筑计划基础的用后评价(POE)。现在对建成环境中使用者的需要、愿望和他们对环境的看法与意见调查，通常是以用后评价的方式进行。用后评价就是用系统而严谨的方法以使用者的观点来检测建成环境的实际效果，用后评价的研究资料可以为相关的建筑设计和城市规划直接提供资讯，以提升设计品质，增益未来的设计。

最后一个极有潜力的方向是景观评价，或可称为视觉品质评价，这往往与城市设计中对城市形态的分析联系在一起，它评价的常常是环境中的美感。景观评价与用后评价有着几乎相同的目的，就是将景观品质及其经营管理评价之后将资讯回馈给城市设计师和城市的管理者，这种资讯可以避免过去的错误，延续过去的成功，使新的城市设计方案更正确。传统上此一工作常常是由城市设计师完成，即通常所说的专家法。城市设计师相信藉着绘图技术包括定点拍照可以完整地检验记录与分析各视觉要素之间的关系。

1960年以后，环境心理学家与城市设计师合作开发了以研究观察者的知觉为基础的喜爱度(preference)评价。如果要简单归纳的话，这种方法就是请不同的观察者对以不同的环境展示媒体(如现场、模型、照片或幻灯片、计算机虚拟现实以及建筑的平面、立面和剖面和透视图等)上展示的环境作出视觉品质上的判断，然后研究人员用不同的测试工具收集这些资料，并做分析得出结论。于是通过这种喜爱度评价，可以明显地改善城市设计程序并排除不佳的设计方案，可对未来的城市设计提供新的指导信息。

环境心理学与建筑设计之间的合作，其中很实际的一面是设计者为业主设计环境，而环境心理学研究可以在设计过程中逐渐配合设计。我们只是提出了与建筑设计配合最密切的几个方向，从原则上说任何环境心理学的有关知识都对设计具有指导意义，设计是从产生意象、表达意象到检验意象的循环往复过程，环境与行为的知识可以作为检验的资讯，从而在设计过程中不断检验和修改设计者头脑中的意象。

参考文献一

[1] 杨公侠.视觉与视觉环境.上海:同济大学出版社,1985

[2] 杨公侠、周志.中国画陈列室的视觉环境研究.同济大学学报,1988(3):19～32

[3] 杨公侠、司耘.青铜器、彩陶的唐三彩陈列室的视觉环境研究.同济大学学报,1987(4):443～455

[4] 杨公侠、徐磊青、刘盛璜、王青兰.上海居住建筑的评价研究.同济大学建筑与城市规划学院.1994(预印本)

[5] 徐磊青.场所评价的理论与实践.同济大学建筑城规学院硕士学位论文.1995(预印本)

[6] 徐磊青、杨公侠.上海居住环境评价研究.同济大学学报,1996(5):546～550

[7] 徐磊青.居住环境评价的理论与方法.同济大学建筑系教师论文集.北京:中国建工出版社,1997

[8] 林玉莲.武汉市城市意象的研究.新建筑,1999(1):41～43

[9] 林玉莲.认知地图研究及其应用.新建筑,1991(3),34～38

[10] 林玉莲.幼儿园——儿童的花园.中国建筑环境心理学学会第二次研讨会论文.1995

[11] 胡正凡.依靠性与舒适感.建筑学报,1985(2):26～29

[12] 赵冠谦、林建平主编.居住模式与跨世纪住宅设计.北京:中国建筑工业出版社,1995

[13] 周晓虹.现代社会心理学——多维视野中的社会行为研究.上海人民出版社,1997

[14] 杨治良、蒋韬、孙荣根.成人个人空间圈的实验研究.心理科学,1988(2)

[15] 王家柱、何存道、陆道熊、王永祥.城市环境噪声主观评价的调查研究.华东师大学报(自然科学版),1983(3)

[16] 侯锦雄、宋念谦.台中市黎明住宅社区居民社区意识之研究.台湾:建筑学报,1998(24)

[17] 陈建仁、张金鹗.台北都会区住宅品质标准之研究.台湾:建筑学报,1992(7)

[18] 吴硕贤.居住区的防噪规划.建筑学报,1982(2)

[19] 夏祖华、黄伟康.城市空间设计.南京:东南大学出版社,1992

[20] 严明、陆元鼎主编.西双版纳村寨聚落分析.中国传统民居与文化,北京:中国建工出版,1992

[21] 郝洛西.视觉环境的非量化设计研究.同济大学博士学位论文.同济大学建筑与城市规划学院,1998(预印本)

[22] 俞永铭、罗戈.居住生活模式与住宅室内空间.居住模式与跨世纪住宅设计(赵冠谦、林建平主编)北京:中国建筑工业出版社,1995

[23] 赵冠谦.居住生活实态与室内空间环境——实态调查综合分析.居住模式与跨世纪住宅设计(赵冠谦,林建平主编)北京:中国建筑工业出版社,1995

[24] 林建平."大厅小卧"量化分析初探.北京:居住模式与跨世纪住宅设计,赵冠谦、林建平主编.中国建筑工业出版社,1995

[25] 白德懋.居住区规划与环境设计.北京:中国建工出版社,1992

[26] 赵长城、顾凡.环境心理学.甘肃:甘肃人民出版社,1990

[27] 冯国胜、张遴伟.用聚类分析法确定住房使用功能指标的权重.中国人居问题研讨会会议论文,1995(预印本)

[28] 潭深、李盾.中国城市发展中的犯罪问题.都市人类学,北京:华夏出版社,1991

[29] 徐雷.高层居住环境邻里关系问题分析.建筑学报,1987(2):51～54

[30] 罗亮.环境设计中的觅路研究.新建筑,1993(4):42～45

[31] 陈格理.建筑用后评估在美国发展历程之探讨.建筑理论与应用研讨会论文集,1992,169～183(预印本)

[32] 盖尔·杨.何人可译.交往与空间.北京:中国建筑工业出版社,1991

[33] 蒂伯尔伊.张珑等译.瑞典住宅研究与设计.北京:中国建筑工业出版社,1993

[34] A·弗雷德曼、K·齐默宁、O·佐布.薄曦、韩冬青译.环境设计评估的结构一过程方法.新建筑,1990(2)(3)

[35] R·萨默.吴向阳译.使用者需要的分析.新建筑,1983(4):73～76

[36] I·Altman,M. Chemers. 骆林生、王静译. 文化与环境. 北京:东方出版社,1991
[37] D·Canter. 谢立新译. 建筑心理学入门. 北京:中国建筑工业出版社,1988
[38] Gehl, J. (1987). 何人可译. 交往与空间. 中国建工出版社,1992
[39] Heimstra, N. W. & McFarling, L. H. 王锦堂译. 环境心理学. 台湾:茂荣图书有限公司,1985
[40] Jacobs, A. & Appleyard, D. (1987). 叶明、龚则均节译. Toward an urban design manifesto. Journal of American Planning Association. 新建筑,1990(3)
[41] Lynch, K. (1960). 项秉仁译. 城市的印象. 北京:中国建筑工业出版社,1990
[42] Rapoport, A. (1982). 黄兰谷等译. 建成环境的意义. 北京:中国建筑工业出版社,1992
[43] Zeisel, J. (1981). 关华山译, 研究与设计—环境行为研究的工具. 台湾:田园城市文化事业有限公司,1996
[44] Acting, C. A. Evaluation of Planned Environment. Document D7. Stockholm: National Swedish Institute For Building Research. 1974
[45] Acting, C. A. & Küller, R. The perception of an interior sa a funtion of its colour. Ergonomics 15,6: 645—654. 1972
[46] Agabani, F. & Weaver, M. Lostness in buildings. Mimeo: University of Surrey. 1974
[47] Alexander, C. A Pattern Language. New York: Oxford University Press. 1977
[48] Allen, G. L. A developmental perspective on the effects of"subdividing" acrospatial experience. Journal of Experimental Psychology: Human Learning and Memory, 7,120—132. 1981
[49] Altman, I. Environment and Social Behavior. Belmont, CA: Brooks/Cole. 1975
[50] Altman, I. ,Taylor, D. A. , & Wheeler, I. Ecological aspects of group behavior in social isolation. Journal of Applied Psychology 1: 70—100. 1971
[51] Altman, I. , & Vinsel, A. M. Analysis of Hall's proxemics framework. In Human Behavior and Environment, vol. 2. New York: Plemun Press. 1978
[52] Anderson, L. M. , & Schroeder, H. W. Influence of trees on residential property values in Attens, Georgia (U. S. A.). A survey based on actual scales prices. Lanscape and Urban Planing, 15, 153—164. 1988
[53] Appleyard, D. Why buildings are known: a predestined tool for architects and planners. Environment and Behavior, 1, 131—156. 1969
[54] Appleyard, D. Notes on urban perception and knowledge. In Downs and Stea (eds.) Image and Enviornment. Chicago:Aldine. 1973
[55] Appleyard, D. , Lynch, K. & Myer, The View From the Road. Cambridge, MA: M. I. T. Press. 1964
[56] Appleyard, D. , & Lintell, M. The environmental quality of city strees. Journal of the American Institute of Planners,JAIP, 38(2), 84—101. 1972
[57] Barker, R. G. Ecological Psychology. Stanford, CA: Brooks/Cole. 1968
[58] Barker, R. G. & Gump, P. V. Big School, Small School: High School Size and Student Behavior. Stanford. CA: Stanford University Press. 1964
[59] Barker, R. G. & Wright, H. The Midwest and Its Children: The Psychological Ecology of an American Town. New York: Row & Peterson. 1955
[60] Baum, A. & Valins,S. Architecture and Social Behavior. Hillsdale, NJ: Erlbaum. 1977
[61] Baum, A. & Vallins,S. Architectural mediation of residential density and control: Crowding and regulation of social contact. In Berkowitz, (Eds.), Advances in Experimental Social Psychology. New York, NY: Academic Press, vol. 12, 131—175. 1979
[62] Becker, F. D. Design for Living: The Residents' View of Multifamily Housing. Ithaca, N. Y. : Center for Urban Development and Research, Cornell University. 1974
[63] Bennett, C. A. & Rey, P. "Whats's so hot about red?" Human Factors 14:149—154. 1972
[64] Best, g. Direction finding in large buildings. In: D. Canter (ED.) Architectural psychology. RIBA Publications: London Building Performance Reaserch Unit (1972). Building Performance. London. 1970
[65] Block, L. K. , & Stoks, G. S. Performance and satisfaction in private versus nonprivate work setting. Environ-

ment and behavior, 21, 277—297. 1989

[66] Bonaiuto, M. & Bonnes, M. Multiplace analysis of the urban environment: a comparison between a large and a small Italian city. Environment and Behavior, 28(6), 699—747. 1996

[67] BPRU. Building Performance. London: Applied Science Publishers. 1972

[68] Brantingham, P. L. & Brantingham, P. J. Nodes, paths and edges: considerations on the complexity of crime and the physical environment. Journal of Environmental Psychology, 13, 3—28. 1993

[69] Brennan, T. Midland City. London: Dobson. 1948

[70] Briggs, R. Urban cognitive distance. In Downs and Stea (eds.) Image and Enviornment. Chicago: Aldine. 1973

[71] Brill, M., Margulis, S. & Konar, E. Using office design to increase productivity. Grand Rapids, MI: Westinghouse Furniture Systems, vols 1 and 2. 1984

[72] Brodin, C. A study of preferences for simulated outdoor environments with different intensities of feeling of encloded space. In Küller (eds.) Architectural Psychology, Proceedings of the Lund Conference. Stroudsburg, PA: Dowden, Hutchinson & Ross, 310—322. 1973

[73] Brown, B. B. & Altman, I. Territoriality, defensible space and residential burglar: An environment analysis. Journal of Environmental Psychology, 3, 203—220. 1983

[74] Brown, B. B. & Bentley, D. L. Residential burglars judge risk: the role of territoriality. Journal of Environmental Psychology, 13, 51—61. 1993

[75] Brunswik, E. Perception and the Representative Design of Psychologcal Experiments. LA: University of California Press. 1956

[76] Bryant, K. J. Personality correlates of sense of direction and geographical orientation. Journal of Personality and Social Psychology, 43, 1318—1324. 1982

[77] Buhyoff, G. & Wellman, J. P. The specification of a nonliner psychological funtion for visual landscape dimensions. Journal of Leisure Research, 12, 257—272. 1980

[78] Burton, I. Culture and personality variables in the perception of natural hazards. In Wohlwill, J. F. & Carson, D. H. (Eds.), Environment and Social Sciences: Perspectives and Application. Washionton, DC: American Psychological Association. 1972

[79] Butcher, D. Crime in the third dimention: A study of burglary patterns in a high—density residential area. M. A. Thesis. Simon Fraser University, British Columbia. 1991

[80] Campell, J. M. Ambient stressors. Environment and Behavior, 15, 355—380. 1983

[81] Campell, A., Converse, P. E. & Rodgers, W. L. The Quality of American Life. New York, NY: Russell Sage Foundation. 1976

[82] Canter, D. An intergroup comparison of connotative dimensions in architecture. Environment and Behavior, 1, 40, 76—80. 1969

[83] Canter, D. Evaluating building: emerging scales and the salience of building elements over constructs. In Küller (eds.) Architectural Psychology, Proceedings of the Lund Conference. Stroudsburg, PA: Dowden, Hutchinson & Ross, 214—238. 1973

[84] Canter, D. Environmental Interaction. London: Architectural Press. 1975

[85] Canter, D. Distance estimation in great London. Final Report to SSRC. Mimeo: University of Surrey. 1975

[86] Canter, D. The Psychology of Place. London: Architectural Press. 1977

[87] Canter, D. The purposive evaluation of place: a facet approach. Environment and Behavior, 15, 659-698. 1983

[88] Canter, D. Understanding, assessing, and acting in places: is an integrative frameworck possible?. In Garling, T. & Evans, G. (Eds.), Environmental Cognition and Acting: An Integratived Approach. New York: Oxford University Press, 191—209. 1991

[89] Canter, D. The facets of place. In Moore, G. T., & Marans, W. (Eds.), Advances in Environment, Behavior, and Design, Vol, 4, The Integration of Theory, Research, Methods, and Utilization. Plenum Press: New York and London. 1993

[90] Canter, D. & Tagg, S. K. Distance estimation in cities. Environment and Psychology, 7 (1) March, p. 59—80. 1975

[91] Canter,, D. & Rees, K. A multivariate model of housing satisfaction. International Review of Applied Psychology, 31, 185—208. 1982

[92] Carlestam, G. & Levi, L. Urban conglomerates as psychosocial human stressors. Cited in Ittelson, W. H. (Eds.) Environment and Cognition. New York: Seminar Press. 1973

[93] Carlopio, J. R. & Gardner, D. Direct and interactive effects of the physical work environment on attitudes. Environment and Behavior, 24(5), 579—601. 1992

[94] Carp, F. M. & Zadawaski, R. T. Dimensions of urban environment quality. Environment and Behavior 8,2: 199-239. 1976

[95] Churchman, A. & Ginsberg, Y. The image and experience of high rise housing in Israel. The Journal of Environmental Psychology. 27—41. 1984

[96] Cohen, S., Glass, D. C. & Singer, J. E. Apartment noise, auditory discrimination and reading ability in children. Journal of Experimental Social Psychology 9: 407—422. 1973

[97] Coleman, A. Disposition and situation, two sides of the same crime. In Evans, D. & Herbert, D. (Eds.). The Geography of Crime. London: Routledge. 1989

[98] Cooper, C. Residents dissatifaction in multi-family housing. In Behavior, Design and Policy Aspects of Human Habitats. GreenBay. Unversity of Wisconsin. 1972

[99] Cooper, C. Easter Hill Village: Some Social Implication of Design. NewYork: Free Press. 1975

[100] Couclelis, H., Golledge, R. G., Gale, N. & Tobler, W. Exploring the anchor-point hypothesis of spatial cognition. Journal of Environmental Psychology, 7, 99—122,1987

[101] Downs, R. & Stea, D. Images and Environment: Cognitive Mapping and Spatial Behavior, Chicago, Aldine. 1973

[102] Duvall-Early K. & Benedict, J. O. The relationships between privacy and differnt components of job satisfaction. Environment and Behavior, 24, 670—679. 1992

[103] Edney, J. J. Human territoriality. Psychological Bulletin 81, 12, 959—973. 1974.

[104] Evans, G. W., Smith, C. & Pezdek, K. Cognitive maps and urban form. Journal of the American Planing Association, 48,232—44. 1982

[105] Evans, G. W., Skorpanich, M. A., Garling, T., Bryant, K. J. & Bresolin, B. The effects of pathway configuration, landmarks and stress on environmental cognition. Journal of Environmental Psychology, 4, 323—335,1984

[106] Feimer, N. R. Environmental perception: the effects of media, evaluative context, and observer sample. Journal of Environmental Psychology, 4, 61—80. 1984

[107] Festinger, L. S., Schachter, S. & Back, K. Social Pressures in Informal Groups. NewYork: Harper. 1950

[108] Fisher, B. & Nasar, J. Fear of Crime in relation to three exterior site features: prospect, refuge, and escape. Environment and Behavior, 24, 35—56. 1992

[109] Fleming, I., Baum, A. & Weises, I. Social density and perceived control as mediators of crowding stress in high density neighborhoods. Journal of Personality and Social Psychology, 52, 899—906. 1987

[110] Foley, J. E. & Cohen, A. J. Mental mapping of a megastructure. Canadian Journal of Psychology, 38, 440—453,1984

[111] Francescato, D. & Mebane, W. How citizens view two great cities: Milan and Roma. In Downs and Stea (eds.) Image and Environment. Chicago: Aldine. 1973

[112] Francescato, G. et al Residents' Satisfaction in HUD—Assistated Housing: Design and Management Factors. Department of Housing and Urban Development, Washionton, D. C. 1979

[113] Frewald, D. B. Preferences for older buildings: A psychological approach to architectural design. Unpublished doctoral dissertation, University of Michigan. 1989

[114] Fried, M & Gleicher, P. Some sources of residential satisfaction in an urban slum. Journal of the American Institute of Planners, 27, 4: 250—264. 1961

[115] Fried, M. Residential attachment: Sources of residential and community satisfaction. Journal of Social Issues, 38(3). 1982

[116] Fuguitt, G. & Zuiches, J. Residential preferences and populations. Environment and Behavior,12, 451—466. 1975

[117] Gans, H. J. The Urban Villagers. New York: Free Press. 1962.

118. Gärling, T. Some applications of multidimentional scaling methods to the structural analysis of environmental perception and cognition. In Küller (eds.) Architectural Psychology, Proceedings of the Lund Conference. Stroudsburg, PA: Dowden, Hutchinson & Ross,169—181. 1973

[119] Getz,D. A. & Kielbaso, J. J. Inner city preferences for trees and urban forestry programes. Journal of Arboriculture, 8(10), 258—263. 1982

[120] Gibson, J. J. The Ecological Approach to Visual Perception. Boston, MA: Houghton Mifflin. 1979

[121] Gifford, R. Environmental Psychology: Principles and Practice. Needham Heights, MA: Allyn and Bacon. 1987

[122] Goldman, R. & Sanders, J. W. Cultural factors and hearing. Exception Child 35: 489—490. 1969

[123] Gump, P. V. School and classroom environment. In Stokols, D. & Altman, I. (Eds.), Handbook of Environmental Psychology: vol, 1, 691—732. New York:John Wiley & Sons. 1987

[124] Hall, E. T. The Hidden Dimension. NewYork: Doubleday. 1966

[125] Hanyu, K. The affective meaning of Tokyo: verbal and non—verbal approaches. Journal of Environmental Psychology, 13, 161—172. 1993

[126] Hanyu, K. & Itsukushima, Y. Cognitive distance of stairways: distance, traversal time, and mental walking time estimation. Environment and Behavior, 27, 579—591,1995

[127] Heller, J., Groff, B. & Solomon, S. Toward an understanding of crowding: the role of phsical interaction. Journal of Personality and Social psychology, 35, 183—190. 1977

[128] Henson, H. Adaption-level Theory. New York, NY: Harper & Row. 1964

[129] Herzog, T. R. A cognitive analysis of preference for urban spaces. Journal of Environmental Psychology, 12, 237—249. 1992

[130] Herzog, T. R., Kaplan, S. & Kaplan, R. The prediction of preference for familiar urban places. Environment and Behavior, 8, 627—645. 1976

[131] Herzog, T. R. & Gale, T. A. Preference for urban buildings as a function of age and nature context. Environment and Behavior, 28(1), 44—72. 1996

[132] Hope, T. & Hough, M. Area, crime and incivility: a profile from the British Crime Survey. In Hope, T. & Shaw, M. (Eds.), Communities and Crime Reduction, London: HMSO, pp. 30—47. 1988

[133] Housh, E. W. Office furniture's effect on employees. The Office, 107,113. 1988

[134] Howell, S, & Epp, G. Shared Spaces in Housing for the Elderly. Cambridge, Mass: Design Evaluation Project, Department of Architecture, Massachusetts Institute of Technology. 1976

[135] Hull, R. B., & Stewart, W. P. Validity of photo-based scenic beauty judgements. Journal of Environmental Psychology, 12, 101—114. 1992

[136] Hutt,C. Males and Females. Penguin, Harmondworth. 1973

[137] IEHO (Institute of Environmental Health Officers) Space Standards in Dwellings: Environmental Health Professional Pratice, Vol. Ⅱ. London. 1989

[138] Jacobs, J. The Death and Life of Great American Cities. NewYork, HY: Random House. 1961

[139] Jonge, D. D. Applied hodology. Landscape, 17, No,2, 10—11. 1968

[140] Kaitilla, S. Satisfaction with public housing in PaPua New Guinea: the case of west Tarake housing scheme. Environment and Behavior, 25(4), 514—545. 1993

[141] Kaplan, S. Concerning the power of content—identifying methodologies. In T. C. Daniel & E. H. Zube (Eds.), Assessing Amenity Resource Values, pp. 4—13. USD A Forest Service General Technical Report RM—68. 1979

[142] Kaplan, S. & Kaplan, R. Cognition and Environment: Functioning in an Uncertain World. New York, NY: Praeger. 1982

[143] Kaplan, R. & Herbert, E. J. Cultural and sub—cultural comparisons in perferences for natural settings. Landscape and Urban Planing, 14, 281—293. 1987

[144] Kasmar, J. V. The Development of a usable lexion of environmental descriptors. Environment and Behavior, 2, 153—164. 1970

[145] Kates, R. W. Hazard and Choice Perception in Flood Plain Management. Chicago: University of Chicago Press. 1962

[146] Kaye, S. M. & Murray, M. A. Evaluations of an architectural space as a function of variations in furniture arrangement, furniture density, and windows. Human Factors, 24(5), 609—618. 1982

[147] Kurk, L. B. Why consider seating last? The Office, 109,45—50. 1989

[148] Kwok, K. Semantic evaluation of perceived environment: a cross—cultural replication. Man—Environment System, 9,243—249. 1979

[149] Lazarus, R. S. Psychological Stress and the Coping Process: New York, NY: MacGraw—Hill. 1966

[150] Lynch, K. Managing the Sense of a Region. Cambridge, Mass: M. I. T. Press. 1976

[151] Lynch, K. A Theory of Good City Form。Cambridge, MA: MIT Press. 1984

[152] Lee, T. Urban neighborhoods as a socio—spatial schema. Human Relations 21, 3: 241—268. 1968

[153] Lee, T. Perceived distance as a function of direction in a city. Environment and Behavior, 2, 1, 40—51. 1970

[154] Levy-Leboyer. Psychology and Environment. Beverly Hills: Sage. Canter, D. & Griffiths, I. (Trans.) 1982

[155] Levy—Leboyer. The need for space and residential satisfaction. Architecture & Behavior. 9(4),475—490. 1993

[156] Lindberg, E., Gärling, T., Montgomery, H. & Waara, R. People's evaluation of housing attributes: a study of underlying beliefs and values. Scandinavian Housing and Planing Research, 4, 81—103. 1987

[157] Lindberg, E., Hartig, T., Garvill, J. & Gärling, T. Residential—location preferences across the life span. Journal of Environmental Psychology, 12, 187—198. 1992

[158] Marans, R. W. Planned Residential Environments. Ann Arbor, MI: Institute for Social Research. 1970

[159] Marans, R. W. & Spreckelmeyer, K. F. Measuring overall architectural quality, a component of building evaluation. Environment angd Behavior, 14(6), 652—670. 1982

[160] Marans, S. & Wellman, J. D. The Quality of Nonmetropolitan Living: Evaluations, Behavior and Expections of Northen Michigan Residents. Ann Arbor, Survey Research Center, Institute for Social Research, The University of michigan. 1976

[161] Marans, R. W. & Yan, X. Lighting quality and environmental satisfaction in open and enclosed offices. Journal of Architectural and Planing Research, 6, 118—131. 1989

[162] Marshall, N. J. (1972). Privacy and environment. Human Ecology, 2, 261—268

[163] Maurer, R. & Baxter, J. C. Image of the neighborhood and city among Black-, Anglo-, and Mexican-American children. Environment and Behavior, 4, 351—388,1972

[164] Maxwell, L. E. Multiple effects of home and day care crowding. Environment and Behavior. 4, 494—511. 1996

[165] Mayhew, P. R., Clacke, V. G., Burrows, J. M., Hough,N. M. & Winchester, S. W. C. Crime in public view. Home Office Research Study, No. 9. London: Her Majesty's Stationery Office. 1979

[166] Mazumdar, S. How programming can become counterproductive: an analysis of approaches to programming. Journal of Environmental Psychology, 12,65—91. 1992

[167] McGrew, P. L. Social and spatial density effects on spacing in pre—school children. Journal of Child Psychology

and Psychistry, 11: 197—205. 1970

[168] McMillan, D. & Chavis, D. Sense of commuity: a definition and thoery. American Journal of Community Psychology, 1, 6—23. 1986

[169] Mehrabian, A. & Russell, J. A. An Approach to Environmental Psychology. Cambridge, Massachusetts: M. I. T. Press. 1974

[170] Melaugh, M. "Housing" from Social Attitudes in Northern Ireland, the Second Report. Edited by Peter Stringer and Gillian Robinson. 1992

[171] Michelson, W. Environmental Choice, Human Behavior and Residential Satisfaction. Newyork: Oxford University Press. 1977

[172] Milgram, S. The experience of Living in cities. Science, 167, 1461—8. 1970

[173] Milgram, S. A psychological map of New York City. American Scientists. 1972

[174] Milgram, S. & Jodelet, D. Psychological maps of Paris. In: Proshanky et al (Eds) Environmental Psychology. New York: Holt, Rinehart & Winston. 1976

[175] Miller, G. A. The magical number sevsn, plus or minus two: some limits on our capacity for processing information. Psychological Review, 63,81—97. 1956

[176] Minami, H. & Tanaka, K. Social and environmental psychology: transaction between physical space and group—dynamic processes. Environment and Behavior, 27(1), 43—55. 1995

[177] Mocrales, D. , Boyce, B. N. , & Favretti, R. J. The contribution of trees to residential property value: Manchester, Connecticutt. Valuation, 23(2), 26—43. 1976

[178] Nasar, J. L. Adult viewers' preferences in residential scenes: A study of the relationship of environmental attributes to preference. Environment and Behavior, 15, 589—614. 1983

[179] Nasar, J. L. Visual preference in urban street scenes: A cross—cultural comparison between Japan and United States. Journal of Cross—Cultural Psychology, 15, 79—93. 1984

[180] Nasar, J. L. & Fisher, B. "Hot spots" of fear and crime: a multi—method investigation. Journal Environmental Psychology, 13, 187—206. 1992

[181] Nasar, J. L. & Jones, K. M. Lanscapes of fear and stress. Environment and Behavior, vol, 29 No. 3,291—323, 1997

[182] Newman, O. Defensible Space: Crime Prevention Through Urban Design. NewYork, NY:Macmillian. 1972

[183] Newman, O. Design guidelines for creating defensible space. National Institute of Law Enforcement and Criminal Justice. Washington, D. C. , U. S. Government Printing Office. 1976

[184] Newman, O. & Frank, K. The effects of building size on personal crime and fear of crime. Population and Environment, 5, 203—220. 1982

[185] Newson, J. & Newson, E. Four Years Old in an Urban Community. London: Penguin. 1968

[186] Omata, K. Spatial organization of activities of Japanese famliles. Journal of Environmental Psychology, 12, 259—267. 1992

[187] O'Neill, M. J. Effects of familiarity and plan complexity on wayfinding in simulated buildings. Journal of Environmental psychology, 12, 319—327. 1992

[188] Oldham, G. R. , & Brass, D. J. Employee reactions to an open-plan office: a naturally occurring quasi-experiment. Administrative Science Quarterly, 24, 267—284. 1979

[189] Oldham, G. R. Effects of changes in work space partitions and spatial density on employee reactions: a quasi-experiment. Journal of Applied Psychology, 73(2), 253—258. 1988

[190] O'neill, M. Work space adjustability, storage, and enclosure as predictors of employee reactions and performance. Environmen and Behavior, 26(4), 504—526. 1994

[191] Orland, B. , Vining, J. & Ebreo, A. The effects of street trees on perceived values of residential property. Environment and Behavior, 24(3), 298—325. 1992

[192] Orleans, P. Differential cognition of urban residents: effects of social scale on mapping. In Downs and Stea

(eds.) Image and Environment. Chicago: Aldine. 1973
[193] Osgood, C. E., Suci, G. J. & Tannenbaum, P. H. Measure of Meaning. Urban, IL: Unversity of Illinois Press. 1957
[194] Osmond, H. Function as the basis of psychiatric ward design. Mental Hosptial, 8, 23—29. 1957
[195] Oseland, J. & Donald, I. The evaluation of space in homes: a facet study. Journal of Environmental Psychology, 13, 251—261. 1993
[196] Oxman, R. & Carmon, N. Responsive public-housing: an alternative for low income families. Environment and Behavior, 18(2), 258—284. 1986
[197] Passini, R. Spatial representations, a wayfinding perspective. Journal of Environmental Psychology, 4, 153—164, 1984
[198] Patsfall, M. R., Feimer, N. R., Buhyoff, G. J. & Wellman, J. D. The prediction of scenic beauty from landcape context and composition. Journal of Environmental Psychology, 4, 7—26. 1984
[200] Perkins, D. D. The crime-related physical and social environmental correlates of citizen partcipation in block associations. Paper presented at the annual meeting of the American Psychological Association, Washionton, D. C. 1986
[201] Perkins, D., Meeks, J. W. & Taylor, R. B. The physical environment of street blocks and resident perceptions of crime and disorder: Implications for thoery and measurement. Journal of Environmental Psychology, 12, 21—34. 1992
[202] Perkins, D. D., Wanderaman, A., Rich, R. C. & Taylor, R. B. The physical environment of street crime: defensible space, territoriality and incivilities. Journal of Environmental Psychology, 13, 29—49. 1993
[203] Preiser, W. F. (Ed.) Programming for Habitability: Symposium Proceedings Urbana-Champaign, IL: University of Illinois, Department of Architecture, Monograph. 1975
[204] Pocock, D. Urban environmental perception and behavior: a review. Tidschrift voor Economish en Geographi 62. 1973
[205] Rivilin, L. G. Group membership and place meanings in an urban neighborhood. Journal of Social Issues. 38 (3). 1982
[206] Rivilin, L. G. & Wolfe, M. The early history of a psychiatric hospital for children. In Proshansky et al (Eds.), Environmenal Psychology. New York: Holt, Rinehart & Winston. 1972
[207] Rodin, J. Density, perceived choice and response to controllable and uncontrollbable outcomes. Journal of Experimental Social Psychology 12: 564—578. 1976
[208] Ruback, R. B. & Snow, J. N. Territoriality and nonconscious racism at water fountains: intruders and drinkers (blacks and whites) are affected by race. Environment and Behavior, 25(2), 250—267. 1993
[209] Russell, J. A. & Pratt, G. A description of the affective quality attributed to environments. Journal of Personality and Social Psychology, 38, 311—322. 1980
[210] Russell, J. A. & Lanius, U. F. Adaptation level oand affective appraisal of environments. Journal of Environmental Psychology, 4, 119—135. 1984
[211] Saegert, S. Crowding and Cognitive Limits. In Harvey, J. (Eds.). Cognition, Social Behavior, and the Environment. Hillsdale, NY: Erlbaum. 1981
[212] Sako, T. Big school, small school: a case study of a large scale comprehensive high school based on the campus plan. (Draft), 1995
[213] Schmitt, R. C. Density, health and social disorgnization. Journal of the American Institute of Planners, 32: 438—440. 1966
[214] Schorr, A. Slums and Social Insecurity. U. S. Government Printing Office. 1976
[215] . Schroeder, H. W. & Cannon, W. N., Jr. The esthetic contribution of trees to residential streets in Ohio towns. Journal of Arboriculture, 9(9), 237—243. 1983
[216] Sebba, R. & Churchman, A. Territories and territoriality in the home. Environment and Behavior, 15, 191—

210. 1983
[217] Selye, H. The stress concept and some of its implications. In Hamilton, V. & Warburton, D. M. (Eds.) Human Stress and Cognition. London: John Wiley & Sons, pp. 11—30. 1979
[218] Shankland, Cox and Associates. Private Housing in London People and Environment in Three Wates Housing Schemes. London. 1969
[219] Shure, M. Defensible space in East St. Louis. University of Illinios at Urbana-Champaign. 1995
[220] Siegel, A. W. The externalization of cognitive maps by children and adults: in search of better ways to ask better questions. In L. S. Liben, A. Patterson & N. Newcombe, (Eds.), Spatial Representation and Behavior Across the Life Span: Theory and Application. New york: Academic Press, pp. 167—194. 1981
[221] Siegel, A. W. & White, S. H. The development of spatial representations of large-scale environments. In H. W. Reese (Eds.), Advances in child development and behavior, 10, 37—55. New york: Academic Press. 1975
[222] Sitte, C. City Planing According to Artistic Principles. Phaidon Press, 1965
[223] Skogan, W. G. Disorder and Decline. NewYork. NY: Free Press. 1990
[224] . Smith, P. L. & Connolly, K. J. The Ecology of Preschool Behavior. Cambridge, England: Cambridge University Press. 1980
[225] Sommer, R. Personal Space: The Behavioral Basis of Design. London: Prentice-Hall. 1969
[226] Sommer, R. Studies in personal space. Sociometry 22, 247—260. 1959
[227] Sommer, R. The distances for comfortable conversation: a further study. Sociometry 25, 111—116. 1962
[228] Sonnenfeld, J. Equivalence and distortion of the perceptual environment. Environment and Behavior, 1, 83—99. 1969
[229] Spreckelmeyer, K. F. Office relocation and environment change: a case study. Environment and Behavior, 25, 181—204. 1993
[230] Stevens, A. & Coupe, P. Distortions in judged spatial relations. Cognitive Psychology, 10, 422—437. 1978
[231] Stokols, D. The experience of crowding in primary and secondary environments. Environment and Behavior, 8, 49-86. 1976
[232] . Stokols, D. & Shumaker, S. People in places: a transactional view of settings. In Harvey, J. H. , (Eds.), Cognition, Social Behaviour, and the Environment. Hillsdale, NJ: L. Erlbaum, 441—488. 1981
[233] Sundstrom, E. Work Place: The Psychology of the Phycical Environment in Office Design. New York: Van Nostrand Reinhold. 1986
[234] Sundstrom, E. , Burt, R. E. & Kamp, D. Privacy at working: architectural correlates of job satisfaction and jod performance. Academy of Manmagement Journal, 23, 101—117. 1980
[235] Taylor, R. B. , Gottfredson, S. D. , &Brower, S. Block crime and fear: defensible space, local social ties, and territorial functioning. Journal of Research in Crime and Delinquency, 21, 303—331. 1984
[236] Turnbull, C. The Forest People. London: Reprint Society. 1961
[237] Wachs, T. D. , Uzgiris, J. C. & McHunt, J. Cognitive development in infants of different age levels and form different environment backgrounds. Merrill-Palmer Quarterly of Behavior Development 17: 288—317. 1971
[238] Walden, T. A. , Nelson, P. A. & Smith, D. E. Crowding, privacy. And coping. Environment and Behavior, 13(2), 205—224. 1981
[239] Weidemann, S. , Anderson, J. R. , Butterfield, D. I. & O'donnell, P. M. . Residents' perception of satisdaction and safety: a basis for change in multifamily housing. Environment and Behavior, 14(6), 695—724. 1982
[240] Weinstein, C. S. Privacy-seeking behavior in an elementary classroom. Journal of Envionmental Psychology, 2, 23—35. 1982
[241] Weiseman, J. Evaluating architectural legibility, way-finding in the built environment. Environment and Behavior, 13, 189—204, 1981
[242] Westin, A. F. Privacy and Freedom. New York: Atheneum. 1970
[243] Wicker, A. An Introduction to Ecological Psychology. Monterey, CA: Brooks/ Cole. 1979

[244] Wicker, A. Behavior settings reconsidered: temporal stages, resources, internal dynamics, context. In Stokols, D. & Ailman, I. (Eds.), Handbook of Environmental Psychology. New York: Wiley. 613—653. 1987

[245] Wiesenfeld, E. Public housing evaluation in Venezuela: a case study. Journal of Environmental Psychology, 12, 213—223. 1992

[246] Wilson, R. L. Liveability of the city: attitudes and urban development. In Chapin, F. S. & Weiss, S. F. (Eds.), Urban Growth Dynamics. New York: Wiely. 1962

[247] Wilson, G. & Baldassare, M. Overall "sense of community" in a suburban region: the effects of localism, privacy, and urbanization. Environment and Behavior, 28(1), 27—43. 1996

[248] Wilson, M. A. & Canter, D. The development of central concepts during professional education: an example of multivariate model of the concept of architectural style. Appled Psychology: An International Review, 39(4), 431—55. 1990

[249] Wilson, J. Q. & Kelling, C. The Policy and Neibgborhood Safety: Broken Windows. Atlantic, 127. 1982

[250] Winkel, G. H., & Sasanoff, R. An approach to an objective analysis of behavior in architectural space. In Proshansky, H. Et al. (Eds.), Environmental Psychology. New York: Holt, Rinehart & Winston. 1976

[251] Wood, D. Fleeting glimpses: adolescent and other images of the entity called San Christobal Las Casas, Chiapas, Mexico. M. A. thesis, Clark University. 1971

[252] . Wools, R. M. The assessment of room friendliness. In D. V. Canter (eds.) Architectural Psychology. Londen: RIBA Publications. 1970

[253] Wright, H. F. Recording and Analyzing Child Behavior. New York: Harper & Row. 1967

[254] Yang, B. & Brown, T. J. A cross-cultural comparison of preferences for landscape styles and landscape elements. Environment and Behavior, 24(4), 471—507. 1992

[255] Zeisel, J. & Griffin, M. Charlesview Housing: A Diagnostic Evaluation. Cambridge, Mass.: Architectural Research Office, Harvard Graduate School of Design. 1975

[256] Zeisel, J., Epp, G., & Demos, S. Low-Rise Housing for Older People: Behavioral Criteria for Design. Washiondon D. C.: U. S. Goveronment Printing Office. 1978

[257] Zimbardo, P. G.. The human choices: individuation, reason and order versus disindividuation, impulse and chaos. In Arnold, W. J. & Levine, D. (Eds.), Nebraska Symposium on Motivation. Lincoln: University of Nebraska Press. 1969

